中国社会科学院学部委员专题文集
ZHONGGUOSHEHUIKEXUEYUAN XUEBUWEIYUAN ZHUANTI WENJI

日本·世界·时代

值得我们关注的若干问题

冯昭奎◎著

中国社会科学出版社

图书在版编目（CIP）数据

日本·世界·时代：值得我们关注的若干问题／冯昭奎著 . —北京：中国
社会科学出版社，2013.1

（中国社会科学院学部委员专题文集）

ISBN 978 - 7 - 5161 - 2076 - 7

Ⅰ.①日…　Ⅱ.①冯…　Ⅲ.①中日关系—文集②日本—研究—文集
Ⅳ.①D822.331.3 - 53②K313.07 - 53

中国版本图书馆 CIP 数据核字（2013）第 014433 号

出 版 人	赵剑英	
出版策划	曹宏举	
责任编辑	王　茵	
特约编辑	叶　琳	
责任校对	韩天炜	
责任印制	戴　宽	

出　　版	中国社会科学出版社
社　　址	北京鼓楼西大街甲 158 号（邮编 100720）
网　　址	http://www.csspw.cn
	中文域名:中国社科网　　010 - 64070619
发 行 部	010 - 84083685
门 市 部	010 - 84029450
经　　销	新华书店及其他书店

印刷装订	环球印刷(北京)有限公司
版　　次	2013 年 1 月第 1 版
印　　次	2013 年 1 月第 1 次印刷

开　　本	710×1000　1/16
印　　张	25.5
插　　页	2
字　　数	405 千字
定　　价	78.00 元

凡购买中国社会科学出版社图书,如有质量问题请与本社联系调换
电话:010 - 64009791

前　言

哲学社会科学是人们认识世界、改造世界的重要工具，是推动历史发展和社会进步的重要力量。哲学社会科学的研究能力和成果是综合国力的重要组成部分。在全面建设小康社会、开创中国特色社会主义事业新局面、实现中华民族伟大复兴的历史进程中，哲学社会科学具有不可替代的作用。繁荣发展哲学社会科学事关党和国家事业发展的全局，对建设和形成有中国特色、中国风格、中国气派的哲学社会科学事业，具有重大的现实意义和深远的历史意义。

中国社会科学院在贯彻落实党中央《关于进一步繁荣发展哲学社会科学的意见》的进程中，根据党中央关于把中国社会科学院建设成为马克思主义的坚强阵地、中国哲学社会科学最高殿堂、党中央和国务院重要的思想库和智囊团的职能定位，努力推进学术研究制度、科研管理体制的改革和创新，2006 年建立的中国社会科学院学部即是践行"三个定位"、改革创新的产物。

中国社会科学院学部是一项学术制度，是在中国社会科学院党组领导下依据《中国社会科学院学部章程》运行的高端学术组织，常设领导机构为学部主席团，设立文哲、历史、经济、国际研究、社会政法、马克思主义研究学部。学部委员是中国社会科学院的最高学术称号，为终生荣誉。2010 年中国社会科学院学部主席团主持进行了学部委员增选、荣誉学部委员增补，现有学部委员 57 名（含已故）、荣誉学部委员 133 名（含已故），均为中国社会科学院学养深厚、贡献突出、成就卓著的学者。编辑出版《中国社会科学院学部委员专题文集》，即是从一个侧面展示这些学者治学之道的重要举措。

《中国社会科学院学部委员专题文集》（下称《专题文集》），是中国社会科学院学部主席团主持编辑的学术论著汇集，作者均为中国社会科学院学部委员、荣誉学部委员，内容集中反映学部委员、荣誉学部委员在相关学科、专业方向中的专题性研究成果。《专题文集》体现了著作者在科学研究实践中长期关注的某一专业方向或研究主题，历时动态地展现了著作者在这一专题中不断深化的研究路径和学术心得，从中不难体味治学道路之铢积寸累、循序渐进、与时俱进、未有穷期的孜孜以求，感知学问有道之修养理论、注重实证、坚持真理、服务社会的学者责任。

2011 年，中国社会科学院启动了哲学社会科学创新工程，中国社会科学院学部作为实施创新工程的重要学术平台，需要在聚集高端人才、发挥精英才智、推出优质成果、引领学术风尚等方面起到强化创新意识、激发创新动力、推进创新实践的作用。因此，中国社会科学院学部主席团编辑出版这套《专题文集》，不仅在于展示"过去"，更重要的是面对现实和展望未来。

这套《专题文集》列为中国社会科学院创新工程学术出版资助项目，体现了中国社会科学院对学部工作的高度重视和对这套《专题文集》给予的学术评价。在这套《专题文集》付梓之际，我们感谢各位学部委员、荣誉学部委员对《专题文集》征集给予的支持，感谢学部工作局及相关同志为此所做的组织协调工作，特别要感谢中国社会科学出版社为这套《专题文集》的面世做出的努力。

《中国社会科学院学部委员专题文集》编辑委员会

2012 年 8 月

目　　录

第一篇　环境、人口、移民问题

第二篇　科技革命

第三篇　经济发展与改革开放

第四篇 中美关系

第五篇 中日关系

第六篇 日本经济研究

序

　　我这本文集即将出版之际，正值中日邦交正常化 40 周年的金色九月，秋高气爽，阳光灿烂。然而，本应庆贺"不惑之年"的中日关系的政治气氛却与自然的景色极不协调，由石原慎太郎发起、被野田内阁巧妙地加以利用的所谓"购买"钓鱼岛的闹剧，使中日关系受到严重破坏，呈现出一派山雨欲来风满楼的危险景象。

　　不久前，韩国总统李明博在 APEC 领导人非正式会议上同美国国务卿希拉里·克林顿会面时表示，日本正在走向极右主义。这话看来是有根据的。比如，鼓吹"日本应拥有核武器"的极右分子、东京都知事石原慎太郎居然能在日本赢得广泛的支持和喝彩；日本政府在南千岛群岛、独岛、钓鱼岛问题上坚持错误立场，对世界反法西斯战争胜利成果提出挑战；石原慎太郎近日狂妄地声称中国海监船有部分"入侵日本领海"，日本不妨对中方说："敢来就砍"；此外，右翼政客在竞选纲领中争先恐后地提出修改和平宪法，将自卫队改编成"国防军"等右翼主张。

　　从 2010 年 4 月以来，以石原慎太郎为代表的右翼势力就利用钓鱼岛问题兴风作浪，先是在 2009 年"全国知事会议"上痛骂主张"尖阁诸岛归属（即我钓鱼岛及其附属岛屿）问题还要同中国商量"的时任首相鸠山由纪夫是"混蛋总理"，打出了推倒鸠山政权的第一拳，在接替鸠山上台的菅直人内阁时期，于 2010 年 9 月发生所谓"撞船事件"后，石原在 2011 年 3 月声称："如果日本拥有核武器，中国就不敢侵犯尖阁群岛。"2012 年 4 月，石原在美国华盛顿凭着"在日美军事同盟的刺刀下叫板"的醉人幻觉，悍然宣称要"'购买'钓鱼岛"，并狂言"如果中国反对（购岛），无异于宣战"，明确地显示出石原慎太郎就是要把中日关系推向战争状态。

　　以石原慎太郎为代表的右翼势力通过在钓鱼岛问题上兴风作浪，在日本国内煽起狂热的民族主义情绪，煽动对世界反法西斯战争胜利成果的极度不满，令人想起在世界反法西斯战争之前，欧洲臭名昭著的法西斯头目正是利用民众对第一次世界大战结果的极度不满，煽动狂热的民族主义情绪而登上政治舞台，进而通过发动侵略战争将世界推入空前的灾难深渊。

　　李明博警告说"日本正在走向极右主义"，他用了"走向"两个字，可以理解为以石原慎太郎为代表的日本右翼势力在周边岛屿问题上向中国、韩国、俄罗斯发难，正是日本走向极右主义的一个重要步骤，石原慎太郎煽动狂热的民族主义情绪，就是为他自己或某些具有"一呼百应"的政治强势的极右分子夺取政权进行铺垫，填好土壤，而一旦强势的极右分子登上政治前台，什么修改和平宪法，什么组建"国防军"，什么拥有核武器等极右主张将可能一一兑现，在与周边国家的岛屿争端中也必然采取更加强硬的立场，从而给亚太地区乃至世界的和平造成严重的威胁，也必将使我们围绕钓鱼岛主权争端的斗争更加复杂、更加艰巨。

　　坚决阻止日本走向好战的极右主义导致亚太地区的和平和安定遭到破坏，这是包括日本在内的全世界和平力量的共同责任。美国作为世界反法西斯同盟的成员国，出于其战略利益的需要，竟采取纵容日本极右主义发展的谋略，淡化了美日军事同盟对日本军国主义复活的"瓶塞"作用，还在华盛顿为主张拥有核武器的石原慎太郎提供宣称"买岛"、向中国"宣战"的舞台，其一系列行为有悖于世界反法西斯战争的正义立场，有悖于全世界人民保护自身的生存发展环境的殷切期望，是到了应该刹车的时候了！

　　作为日本问题研究者，面对中日关系的新形势、新问题，更加感到肩上责任之重大，可以说，日本问题研究的重要性进一步增强了。这本《文集》收入了我自1983年改行搞日本问题研究以来的部分成果，既有关于日本问题、中日关系的文章，也有关于环境问题、科技革命乃至中美关系的文章，似乎是超越了日本问题研究的领域，然而，这恰恰说明所谓"日本问题"不是孤立的，研究日本问题必然促使我们去关注世界，关注时代，日本是"世界中的日本"，也是"时代中的日本"，因此我们不能不把日本放在世界之中、放在时代之中来进行研究。

　　感谢中国社会科学院学部工作局、中国社会科学文献出版社对《文集》出版所给予的支持，感谢中国社会科学出版社编辑王茵同志、中国社会科学院日本研究所叶琳同志对《文集》的精心编辑、整理和指正。

作者谨识　2012 年 9 月 25 日

第一篇

环境、人口、移民问题

气候问题的辩证法①

　　2009 年 12 月 7—18 日，在丹麦首都哥本哈根召开了联合国气候变化框架公约第十五次缔约方会议（COP15）和《京都议定书》第五次缔约方会议，来自世界 194 个国家和地区的政府、国家组织、非政府组织、学术团体和企业界的 4.3 万名代表参加了这次会议，其中包括 119 位国家和政府首脑，其规模之大、级别之高，创下了联合国多边谈判的新纪录，凸显了国际社会对于应对以气候变化为代表的环境危机的高度关注。虽然参加大会的各方代表并没有就 2012 年后的全球减排行动、资金技术支持等问题达成具体共识，但此次会议通过的《哥本哈根协议》仍然具有重大意义，应该说是 2009 年世界最重大的、具有历史意义的事件。

　　然而，在哥本哈根会议前后，作为这次大会讨论的科学基础的、由联合国政府间气候变化专门委员会（IPCC）提出的"人类活动排放的温室气体是导致近 50 年来全球气候变暖的主要原因，未来 100 年全球地表温度可能会升高 1.6—6.4 摄氏度"② 的论断却遭到质疑。③ 气候变化问题既包含科学问题，又包括人与自然、人类内部矛盾等问题，当人们面对有关气候变化的各种观点和争论的时候，运用马克思主义的哲学——辩证唯物主义（包括自然辩证法和历史唯物主义）和政治经济学对气候变化问题加

---

　　① 《世界经济与政治》杂志的匿名评审专家对本文提出了很多宝贵的修改建议，在此表示衷心的感谢。

　　② IPCC, *Climate Change 2007: The Physical Science Basic*, Cambridge: Cambridge University Press, 2007.

　　③ IPCC 在 2007 年的报告中错误地断言喜马拉雅冰川最早将在 2035 年消失。虽然 IPCC 已经发表声明为此错误表示遗憾，但是 IPCC 及其主席拉津德·帕乔里（Rajendra Kumar Pachauri）还是受到世界各地那些认为全球变暖理论是危言耸听的科学家和怀疑论者的尖锐批评，读者可以从互联网上搜集到潮水般的大量有关信息，本文因为篇幅有限，不再进行综述。参见 http://home.hebei.com.cn/xwzx/jygb/climate/201002/t20100209_1164345.html。

以分析，会有助于人们正确、深刻地理解 IPCC 关于 "整个气候系统在变暖" 的科学结论。

一　全球气候变暖是具有充足依据的科学结论

"气候门" 丑闻[①]、在 2009 年冬季里寒潮肆虐北半球、IPCC 承认喜马拉雅冰川将在 2035 年消失的结论违背事实等问题在世界各地激起了争论和质疑气候变化的声浪，尤其是多个国家的科学家依据各自的研究对气候变暖提出了争议和质疑，极端的意见甚至认为，全球气候变暖是一场闹剧和骗局。上述争论和质疑的焦点体现在两个问题上：近百年来以变暖为主要特征的全球气候变化是否真实？这一变暖现象在多大程度上是由人类活动导致的？在这场争论中，中国也有科学家指出 "人类活动不是全球变暖的主因，本世纪的全球平均温度最多上升 0.6℃，不可能达到 2℃ 的阈值"。[②] 那么，IPCC 强调 "人为活动引起的全球气候变暖" 的结论是否正确呢？

在不少人看来，如果说一个判断或结论是科学的，就应该是 100% 正确，如果发现哪怕是 1% 的瑕疵，就应该推翻它。然而，按照马克思主义关于相对真理与绝对真理的辩证关系的科学理论，人们对真理的认识是一个过程，任何真理都包含着相对性和绝对性这两个侧面，我们一方面认为人类有能力正确反映客观事物，另一方面又承认人们对客观世界的认识受到多方面因素的制约，特别是考虑到作为人类认识对象——客观物质世界的无限性和永恒的发展变化（这种发展变化总要出现在人们认识它之前），因此人们对客观世界的即便是 "正确的" 认识，也都具有近似性质；人们只能在有限中去认识无限，只能以自己不断发展的认知能力去认识不断发展的物质世界，而永远不能完全彻底地认识物质世界。在人类的知识向客观真理接近的程度受到各种主客观条件制约的意义上，必须承认我们的一

---

① 气候门事件始于 2009 年 11 月，东英吉利大学学者有关气候变化研究的大量邮件被黑客公布到互联网上，内容显示一些学者涉嫌篡改研究数据。

② 钱维宏：《人类活动导致全球变暖并非定论》，2010 年 2 月 11 日，http://www.sina.com.cn。

切知识都具有相对性。正如恩格斯所说的："真理是包含在认识过程本身中，包含在科学的长期的历史发展中，而科学从认识的较低阶段上升到较高阶段，愈升愈高，但是永远不能通过所谓绝对真理的发现而达到这样一点，在这一点上它再也不能前进一步，除了袖手一旁惊愕地望着这个已经获得的绝对真理出神，就再也无事可做了。"① 然而，坦率地承认我们每一次认识至多是近似的正确反映，并不意味着对客观真理的否定。

　　事实上，IPCC 第四次评估报告（《气候变化 2007：自然科学基础》）并没有认为自己的结论是 100% 正确的"绝对真理"，而只是说"有 90% 的概率"。② 地球是一个有大约 46 亿年历史的复杂的客体；地球气候变化是一个充满变数的体系，为此，围绕气候变化问题的科学活动出现争论、批驳、质疑、怀疑，应该说是再正常不过了。的确，IPCC 应该以更加严谨、科学的态度对迄今得出的有关气候变暖的结论进行检验，有错误就应该纠正，然而，IPCC 的基本结论没有错。"人们感知到的气候变化，是气候的趋势性变化与年际、年代际波动共同影响的结果。全球气候以变暖为总体特征的变化趋势，并不排除在个别区域和个别时段出现气温下降的情况。"③ 由于气候变暖，20 世纪全球平均海平面升高了 0.17 米，北半球季节性冻土最大面积减少了大约 7%，1978 年以来北极地区平均海冰面积以每十年 2.7% 的速率退缩，这些现象已经被众多的国际研究机构发布的观测数据所证实。与此同时，人们也必须正视从大气、水质和土壤的污染日趋严重、沙漠化不断吞噬"一望无际的草原"直到热带雨林遭受极其严重的摧残和破坏等事实，必须正视如今的地球家园确实已经千疮百孔、病入膏肓的现实。现实已经让人们无法否认：以 IPCC 为代表的众多科学家对地球环境危机所做出的科学结论是有相应依据的，因而具有其"真理绝对性"的一面，他们的科学结论所引发的"拯救地球家园"的口号反映了对环境污染有着切肤之痛的广大民众的强烈愿望，并已经开始落实到世界各国的实际行动之中。

---

　　① 恩格斯：《路德维希·费尔巴哈和德国古典哲学的终结》，载《马克思恩格斯选集》第 4 卷，人民出版社 1972 年版，第 212 页。

　　② IPCC, *Climate Change 2007：The Physical Science Basic*, Cambridge：Cambridge University Press, 2007.

　　③ 《中国气象局局长郑国光：全球气候变暖是一场骗局?》，《人民日报》2010 年 6 月 25 日。

二　气候变化是环境问题相互联系和作用的集中表现

在 20 世纪 80 年代，美国学者莱斯特·R. 布朗（Lester R. Brown）曾列举热带雨林减少、沙漠化、臭氧空洞变大、气候变化等地球的十大变化，反映了 20 世纪 80 年代科学界对环境问题的认识高度。[①]

唯物辩证法认为，一切事物和现象都是普遍联系的。如果说在 20 世纪 80 年代，科学家们对环境问题的基本认识尚停留在地球发生的种种不利于人类生存和发展的现象的话，那么从 20 世纪 90 年代开始，科学家们对环境问题的基本认识越来越从"并列"各种现象转向抓住和分析各种异常现象之间的相互联系和作用的链条，进而找到各种异常现象的共同核心、枢纽和本质。例如，号称"地球之肺"的热带雨林的减少不仅导致热带地区生态环境的破坏，而且也是导致气候变化的重要原因；臭氧层破坏不仅增加到达地面的紫外线并导致皮肤癌发病率提高，而且是加速气候变化的一个诱因，至于引起臭氧层破坏的氟利昂、沼气、氧化氮等也是造成气候变化的重要因素；沙漠化不仅威胁着占世界陆地面积近 40% 的土地和占世界人口 20% 以上的人口（主要是贫穷人口）的生活，而且还与气候变化形成相互推进的恶性循环。与此同时，从普遍联系的观点看，尽管人为因素导致地球趋向温暖化，但由于拉尼娜现象及其他自然因素的作用，完全可能在某个时期、地球某个部分出现气温异常下降。

普遍联系是辩证法的总特征。恩格斯说："在自然界中没有孤立发生的东西。事物是相互作用的，并且在大多数情形下，正是忘记了这种多方面的运动和相互作用，就阻碍着我们的自然科学家去看清楚即或是最简单

---

① 莱斯特·R. 布朗在《世界现状，1988 年》报告中指出的地球十大变化是：（1）热带雨林迅速减少，世界各地森林明显受到大气污染和酸雨的损害；（2）耕地表土减少；（3）沙漠化扩大；（4）在工业化的北半球，数以千计的湖泊已经或将要在生物学意义上死灭；（5）由于流入带水层的水量跟不上需要，非洲、中国、印度各地的地下水位下降，致使淡水减少；（6）每年有几千个动植物种在绝灭；（7）地下水质恶化，受到农药的污染；（8）全球平均气温上升；（9）气候变化导致海平面上升；（10）南极上空的臭氧空洞每年春天变大，表明全球臭氧层的稀薄化已逐渐开始。参见 Lester R. Brown, et al. , *State of the world*, 1988; *A Worldwatch Institute Report on Progress toward a Sustainable Society*, New York: W. W. Norton and Company, 1988。

的事物。"① 20 世纪 90 年代以来，正是通过对影响地球环境的各种问题的相互联系和作用的分析研究，科学家们越来越坚定地将气候变化置于环境问题之首。与此同时，通过运用"现象与本质"、"原因和结果"、"偶然性与必然性"、"可能性与现实性"等唯物辩证法的基本范畴，可以帮助人们从诸种所观察到的现象来抓住现象背后的本质；从地球诸多变化的因果关系的无穷链条中抓住关键；从此起彼伏的偶然事件中找到偶然事件背后的必然性（混沌理论及蝴蝶效应就是一个被广泛提及的例证）；② 从"未来可能如何"的预测日益走向科学的现实判断。

三　气候变化是人类活动不断影响自然的量变过程的结果

气候变化源自于自然活动和人类活动两种原因。前者是以"万年"为时间单位的冰期（冰河期）与间冰期（温暖期）反复交替的气候变迁过程；后者则是以"百年"甚至更短时期为时间单位的、在温暖期内地球气温能否保持在适合人类生存发展的狭窄范围。当今人们议论的气候变化显然是指后者，而非考古学家等所感兴趣的、由于自然原因导致的超长期气候变迁问题。在人类存在时期，地球平均气温大体上是由以二氧化碳（CO_2）为主的温室气体在大气中的浓度决定的。在产业革命前，大气中的 CO_2 浓度曾是 280ppm（即 0.0280%），在 2005 年升高到 379ppm，平均每年升高 1.5—2.0ppm。这意味着当今地球温暖化是 CO_2 浓度日积月累，给地球"戴帽保温"所造成的结果。③

---

① 恩格斯：《自然辩证法》，人民出版社 1959 年版，第 144 页。

② 美国气象学家爱德华·罗伦兹（Edward Lorenz）1963 年在一篇提交纽约科学院的论文中分析了蝴蝶效应（The Butterfly Effect），对于这个效应最常见的阐述是："一只蝴蝶在巴西轻拍翅膀，可以导致一个月后美国得克萨斯州的一场龙卷风。"参见 Edward N. Lorenz, "Deterministic Nonperiodic Flow", *Journal of the Atmospheric Sciences*, Vol. 20, Issue 2, 1963, pp. 130 – 141.

③ 据联合国政府间气候变化专门委员会估计，二氧化碳被海水吸收前一般会在大气中停留 5 年到 200 年时间。又及，英国南安普敦大学的托比·蒂勒尔（Tobey Tyrrell）博士率领的研究小组指出，目前排放的二氧化碳有 10% 会在大气中停留 10 万年甚至更长时间，参见 http：//www. xinhuanet. com/ 20070901。

　　由此可见，地球气候变暖是西方发达国家自产业革命以来长期无节制地使用化石燃料、排放温室气体等人为原因所造成的漫长的量变和渐变过程的结果。诚然，拯救人类共同的地球家园是世界各国的共同责任，然而，鉴于发达国家对温室气体排放与气候变化的漫长的量变过程负有历史性责任，因此，坚持"共同但有区别的责任"原则恰恰是意味着一种公平，包括地区之间的公平、国家之间的公平、代内公平、代际公平、不同群体之间的公平（如妇女儿童、贫困群体等）。总之，气候变化与公平问题正是气候谈判的焦点之所在；而发达国家在何种程度上愿意向发展中国家转让其在新能源和节能环保方面的先进科技和必要的资金，成为国际社会能否同心协力应对气候变化问题的关键。

　　近 30 多年来，一方面，世界人口进一步增长，工业化从发达国家向广大发展中国家不断扩展；另一方面，发达国家尤其是进入所谓"后工业化社会"的美国的奢侈性过度消费进一步膨胀，并越来越依靠从发展中的新兴工业国家进口工农业产品以满足其消费欲望，致使 CO_2 浓度增加与地表气温升高的量变过程日益加快，量变与质变的相互渗透显著增强。据 IPCC 报告，目前大气中的 CO_2 浓度每年上升 1.9ppm，而且上升幅度日趋加大，预计地球表面平均气温比 2005 年再升高 2 摄氏度，也就是比产业革命前升高 3 摄氏度，将可能出现若干个"恶性循环"：（1）海面温度上升→海水对 CO_2 的吸收能力减弱→大气中 CO_2 浓度上升→海面温度进一步上升；（2）海面温度上升→对海水溶解的 CO_2 有固定化作用的珊瑚礁死灭→海水对 CO_2 的溶解能力减弱→CO_2 浓度上升→海面温度进一步上升；（3）地球温暖化导致森林地带干燥化→森林火灾发生频度增加导致产生大量 CO_2→温暖化进一步加剧；（4）温暖化导致南北两极及其周围地区的冰雪减少→冰雪对阳光的反射作用变弱、失去冰雪覆盖的海面和地表反而吸收热量→温暖化进一步加剧；（5）温暖化导致西伯利亚等地区的永久冻土所储藏的，温室作用比 CO_2 强 21 倍的甲烷被释放出来→温暖化进一步加剧，等等。[①]

---

　　① IPCC, *Climate Change* 2007：*Synthesis Report*，http：www.ipcc.ch/pdf/assessment-report/ar4/syr/ar4 _ syr. pdf.

由于以上"恶性循环"的作用，气候变化有可能迎来从量变到质变、从渐变到突变的"拐点"，届时在地球的较低纬度地区（大约在南北纬45度之间）将出现水资源急剧减少、极端气候发生频度加大（在局部地区也可能与"温暖化"反向而行，出现极端严寒气候）、农作物收获大幅减少、传染病大量流行、15％—40％的生物物种绝灭等环境灾害，这意味着大部分地区在北纬45度以内的中国将可能成为气候变化的最大受害国之一。与此同时，尽管温暖化将最终导致整个地球家园的毁灭，但在一定阶段也将惠及北美、西伯利亚等高纬度地带，使那里的适合农作物生长的地区趋于扩大。

气候变化量变的一个主要特点是，按照人类设定的温度单位来看，似乎是"没什么了不起"的"微小"变化（如IPCC的报告预测，2050年不将温室气体排放量比2000年削减一半，届时气温将可能上升2摄氏度）其实影响很大。正如马克思主义认为的，任何事物都有发生、发展、灭亡的过程。人类文明是在具有亿万年历史的大自然发展过程中诞生的一朵脆弱的花，它的存在是以大自然这个巨大系统达到适合人类生存的特定平衡状态作为前提的，它是在地球的一个十分狭窄的气候带内发展起来的，而地球平均气温则是反映自然系统平衡状态的一个关键参数。如果以气候变化为标志的自然系统平衡状态的偏离超过某个临界点，导致气候变化的"量变"过程达到"质变"的门槛，这对于自然系统来说不过是从一个平衡状态向另一个平衡状态的迁移而已，然而对于人类文明来说，则是关系到人类生死、文明存亡的根本问题。[①] 顺便提一句，如果人们对地球气温上升2摄氏度的情景缺乏想象力，不妨设想一下人的体温上升2摄氏度，即从37摄氏度上升到39摄氏度会是怎么样！地球与人体一样，都是一个极其复杂、精密、微妙的平衡体，容不得哪怕是很小的失衡。当前，正值气候变化的量变加速奔向质变的关键时期，世界各国如果总是不能同舟共济，诚心诚意地开展国际合作，将会给人类文明的生存发展造成极大的威胁。

---

① 冯昭奎：《新工业文明》，中信出版社1990年版，第76页。

四 气候变化是人与自然、人类 内部关系缺乏和谐的产物

对立统一规律是唯物辩证法的实质与核心。运用对立统一规律分析人类社会与自然系统之间的关系，可以看到相互矛盾的两个对立面（即人类社会与自然系统之间），既存在着同一性即和谐相处的一面，又存在着斗争性即相互排斥的一面。当今的地球环境危机则反映了人类社会与自然系统之间的矛盾斗争性日益上升和突出。

恩格斯说过："我们不要过分陶醉于我们人类对自然界的胜利。对于每一次这样的胜利，自然界都报复了我们。"①

应对气候变化等环境危机必然要求人类抑制、约束和改变那些引起气候变化的活动。1992年5月，192个国家和地区的代表参加了联合国政府间谈判委员会，就气候变化问题达成的《联合国气候变化框架公约》（United Nations Framework Convention on Climate Change，简称《气候公约》）确立了应对气候变化国际合作的基本原则，成为世界上第一个关于全面控制二氧化碳等温室气体排放的国际公约（见表1）。1997年12月，在日本京都召开了联合国气候变化框架公约参加国第三次会议，制定了《京都议定书》（Kyoto Protocol）作为《气候公约》的补充条款（见表2）。尽管有联合国政府间谈判委员会的不懈努力，有世界各国科学工作者的刻苦研究，有各个民族、各种肤色的广大民众的强烈要求，然而至今世界各国并未能按照《气候公约》的要求团结一致，应对人类共同的危机，尤其是作为世界上最大的温室气体排放国的美国，时而迫使气候大会（2000年11月在海牙召开的第六次缔约方大会）陷入僵局，时而又退出《京都议定书》，令世界人民感到失望。

---

① 恩格斯：《劳动在从猿到人转变过程中的作用》，《马克思恩格斯选集》第3卷，人民出版社1972年版，第517页。

表1　　　　　　　《联合国气候变化框架公约》的要点（1992 年）

目　的	将温室气体的浓度稳定在使气候系统免遭破坏的水平上
原　则	共同但有区别的责任；根据各国的能力对气候系统进行保护
缔约国的义务	编制排放目录，制订减排计划
发达国家的义务	以排放量减至 1990 年水准为目的，报告本国的减排活动
发达国家支援发展中国家的义务	提供资金、转移技术、帮助发展中国家增强减排能力

资料来源：《联合国气候变化框架公约》（1992 年 6 月 4 日通过）。

表2　　　　　　　　《京都议定书》的主要规定

温室气体	二氧化碳（CO_2）、甲烷（CH_4）、一氧化二氮（N_2O）、氢氟化碳（HFC）、全氟化碳（PFC）、八氟化硫（$3F_6$）
吸收源	计入森林等吸收源的 CO_2 的吸收量
基准年	1990 年（HFC、PFC、SF_6 的基准年为 1995 年）
目标期间	从 2008 年到 2012 年的五年间
数字目标	日本：-6%；美国（未批准）：-7%；欧盟：-8%

资料来源：《京都议定书》（1997 年 12 月 11 日通过）。

如何实现《气候公约》所提出的减排要求，需要分析导致温室气体排放的种种原因。以下公式反映了导致各国的 CO_2 排放量增加的主要因素：人口、人均国内生产总值（GDP）、生产单位产值所需的能源使用量、单位能源使用量所产生的 CO_2 排放量。

$$CO_2\text{排放量} = \text{人口} \times \frac{GDP}{\text{人口}} \times \frac{\text{能源}}{GDP} \times \frac{CO_2}{\text{能源}} \text{①}$$

上述四个变量对 CO_2 排放量的影响分别是：第一，人口多会导致消费能源多和排放 CO_2 增加；人口增长快，导致 CO_2 排放量的增长率高。第二，人均 GDP 的现有水平高，生产和消费多，人均能源消耗和 CO_2 排放就多；人均 GDP 增长率高，相应的导致人均 CO_2 排放量增长率高。第三，$\frac{\text{能源}}{GDF}$ 即

---

① バリー・C. フィールド著、秋田次郎など訳：《環境経済学入門》，日本評論社 2002 年版，第 374 頁。

"能源效率"，相对而言能源效率高的国家，所需能源和所排放的 CO_2 就越少；在现有水平上努力提高能源效率的国家，相应的导致 CO_2 排放量下降的幅度较大。第四，$\dfrac{CO_2}{能源}$ 即"单位能源使用量所产生的 CO_2 排放量"，由于各种能源的单位 CO_2 排放量不同，在能源结构中较多采用单位排放量小的能源（如核能或其他可再生能源）的国家有利于维持较低的 CO_2 排放，而在能源结构中较多采用单位能源排放量大的能源（如煤炭和石油）的国家，则导致 CO_2 排放量大；在现有水平上努力改善能源结构，增大使用单位能源排放量小的能源的比重，相应的导致 CO_2 排放量趋于下降。

通过对上述公式的分析可以看出，不同变量的性质和水平在不同国家之间是有区别的。前两个变量即人口和人均 GDP 具有较强的刚性，发展中国家当中人口大国较多，[1] 而且其人口增长率明显高于发达国家，而除去长期执行计划生育政策的中国，很难指望任何其他国家为了抑制 CO_2 排放而采取控制人口增长的政策（进入"人口减少社会"的日本反而在千方百计地采取鼓励生育的政策）；人均 GDP 也具有较强的刚性，人们既很难指望人均 GDP 高的发达国家为了抑制 CO_2 排放而降低国民收入和生活水平，又很难指望人均 GDP 低的发展中国家为了抑制 CO_2 排放而降低其人均 GDP 的增长率。

后两个变量即能源效率和能源结构则具有较强的弹性，换句话说，只要真下力气提高能源效率，改变能源结构，就可望在较短时期内产生明显成效，用以抵消前两个变量的刚性。然而，为了提高能源效率，改变能源结构，需要大量的资金和先进的技术，而这些方面的优势又大多掌握在发达国家手中。为了以弹性变量带来的正效应克服刚性变量带来的负效应，一个根本途径就是扩大发达国家在环保方面对发展中国家的资金和技术的支援。如果没有可观的资金流动和有效的技术转移，将难以实现温室气体的大幅度减排。

令人遗憾的是，现在发达国家不肯做出应有的减排承诺或执意降低承诺，同时在为发展中国家减排提供支援方面表现得十分吝啬。这说明，处

---

① 人口数量超过 1 亿的 11 个国家中，除去美国和日本，其余都是发展中国家。

理好人与自然的矛盾的一个关键在于如何处理好人类内部的矛盾，包括人类文明的全局利益与民族国家的局部利益之间的矛盾；当代人的近期利益（追求 GDP 的近期增长）与后代人的长期或长远利益（随着地球环境的日益恶化，从当代的少年儿童到后代人的受害程度将可能比当代的成年人要大得多）之间的矛盾；低收入国家（优先课题是摆脱贫穷，早日实现工业化和现代化）和高收入国家（要求继续提高已经很高的平均生活水平）之间的矛盾；经济增长率高的国家与经济增长率低的国家之间的矛盾；低纬度国家和高纬度国家（例如，气候变暖可能使靠近两极的严寒地带国家利大于弊）、受海平面上升影响较大的小海岛国家和内陆国家之间的矛盾①；政治家的利益（例如，美国前总统布什决定退出《京都议定书》就是出于争取自己任期内的国内经济有较好表现以及争取石油、军需产业等利益集团的政治支持的需要）与环境利益之间的矛盾；国内不同利益集团和产业部门之间的矛盾（例如，低碳产业部门与高碳产业部门及其相关利益集团之间的矛盾）；欧盟与美、日等国围绕气候变化问题力图掌控国际规则的主导权之争；随着两极冰川融化而日益显现的南北两极，特别是北极的海洋战略价值所引发和加剧的俄、美、加等世界大国围绕海洋权益（资源和航道）的争夺等。有学者认为："各国都在保护地球环境的美名之下，动员一切专业知识，热烈地展开'露骨'的政治战。"② 发展中国家有学者则认为，"在发达国家的减排话语下隐藏着一个巨大陷阱"。③ 由于上述的极其复杂的国际关系、国内政治、经济、社会矛盾的影响，围绕气候变化问题的争论大大超出了"纯粹的科学争论"范畴，涉及哲学、自然科学、经济学、国际法乃至地缘政治学等广泛领域。

可以说，气候变化等环境危机在本质上是人类文明病态的一面镜子。这种病态主要表现为世界各国及其内部贫富两极分化的矛盾；个人利益、

---

① 作为全球气候变化的最大受害者，马尔代夫、巴布亚新几内亚、图瓦卢等沿海小岛国家组成了小岛国联盟，由 43 个成员国和观察员组成，占当代全球国家总数的五分之一强。对这些国家来说，应对气候变暖等地球环境危机是关系到人民生死、国家存亡的头等大事，气候变暖导致的海平面升高有可能使这些低海拔的小国在未来几十年中面临灭顶之灾。

② 宫家邦彦：《地球温暖化の地政学》，《産経新聞》2010 年 2 月 25 日。

③ 章轲：《中科院副院长丁仲礼解析"减排话语下的陷阱"》，第一财经网 2009 年 12 月 29 日。

国家利益与地球家园整体利益之间的矛盾；物质文明发展与精神文明发展之间失衡的矛盾；物质力量的增长与人类驾驭物质力量的能力增长之间失衡的矛盾；掌握话语权的当代富国富者利益与不掌握话语权的穷国穷人以及子孙后代利益之间的矛盾等。人与自然的矛盾的激化归根结底是与人类文明内部的矛盾、病态与冲突紧密相关的。

　　尤其是从世界贫富两极分化的角度人们可以看到：一方面是富裕国家的富人们只管自己的奢侈型、浪费型的物质享乐，消耗着远远超出其生活合理需要的资源和能源；另一方面是生活在被称为"地球之肺"的热带雨林地区，以及对全球气候有着关键性影响的某些地区的极端贫困者为了生存而伐倒大批热带林木以取得农地和薪柴；疯狂追求财富的人们为了赚取超额利润而乱采各种资源、滥伐宝贵林木用于贸易和出口，结果把好端端的地球挖得坑坑洼洼，满目疮痍。而当一些有识之士挺身而出，要求富国少些浪费，少些糟践，为维护作为人类公共财产的地球环境多作些贡献、为子孙后代多些着想、为发展中国家的环保事业提供资金和技术支持的时候，又会有人出来说风凉话："穷人又在向富人要施舍了！"而那些说风凉话的人们忘记了富人、富国所炫耀的财富一方面凝结了多少穷国人们的血和泪，另一方面又让全世界为他们付出了多么惨重的环境代价！不管发达国家的某些"政治天才"们如何狡辩，都无法掩盖由于温室气体不断增加的量变过程导致大气中现存二氧化碳累积排放量的 70%—80% 是由发达国家产生的。截至 2005 年，中国的人均累积排放量只有发达国家的 10% 左右。[①]

　　一位美国学者在多年前曾说过："我想，我最为关注的是我们（西方国家的人们）在消费资源时的那种贪得无厌的态度。"这是"我们的文化的一种反映，这说明我们在精神文明方面不对头，至少在美国社会，我们是在过度消费物质财富，用光它，消耗它，浪费它"。[②] 甘地有一句名言："世界满足人的需要绰绰有余，却不能满足人的贪婪。"而发生在 2009 年

---

　　① 丁仲礼、段晓南、葛全胜、张志强：《2050 年大气 CO_2 浓度控制：各国排放权计算》，《中国科学》（D 辑：地球科学）2009 年第 8 期，第 1009—1027 页。

　　② *The News of The Christian Science Monitor*, Boston, July 25, 1988，转引自冯昭奎《新工业文明》，中信出版社 1990 年版，第 65 页。

12月哥本哈根会议上某些国家之间的激烈争吵，难道不正是一部分国家与人们的生存、发展的"需要"与另一部分国家与人们醉心于过度消费的"贪婪"之间的拼命较量吗？当然，我们需要注意到，发达国家也提出中国存在着日趋庞大的富人群体，他们的奢侈消费能力比之发达国家的富人毫不逊色。

"在马克思看来，科学是一种在历史上起推动作用的、革命的力量。"① 我们一方面感叹一代又一代富有天才、极其勤奋的科学家、工程师创造了如此辉煌、强大的科技成就和工业实力；另一面却不能不感叹人类至今未能造就一个能够将如此辉煌、强大的科技成就和工业实力在全球宏观治理上运用好、掌握好，能够把人类全部智慧和创造力聚焦于人类面临的共同危机和课题上去的团结一致的世界。富国已经拥有足以对抗气候变化等环境灾难的技术和资金，却不肯稍微大方一些积极支持发展中国家的减排行动。《2007/2008 人类发展报告》指出，假如发展中国家公民与德国或者英国的普通人具有相同碳足迹，目前全球排放量将达到我们确定的可持续排放途径的六倍；如果发展中国家人均碳足迹提高到美国或者加拿大的水平，目前全球排放量将提高到九倍。到 2030 年之前，要达到将全球增温控制在 2 摄氏度以内的目标，需花费每年世界各国生产总值的1.6%。② 令人遗憾的是，美国在环境治理方面却充当了一个极其吝啬的"反面教员"。以"软实力"之精明夸耀于世的美国，确实有些"才华出众"的政治家、战略家，他们为自己的国家利益和国内"产军复合体"的资本利益进行算计的时候，能表现出"绝顶的"聪明，然而，由于受国家利己主义和国内权益集团的牵制，他们在拯救包括本国人民在内的整个人类的全局问题上的表现却是那样的狭隘、吝啬、虚伪。如果对于由一个如此自私、霸道的超级大国主导的国际政经秩序不加以改革，人类面对自然的惩罚还有自救的希望吗？

---

① 恩格斯：《在马克思墓前的讲话》，《马克思恩格斯选集》第 3 卷，人民出版社 1972 年版，第575 页。

② 参见联合国开发计划署《2007/2008 年人类发展报告　应对气候变化：分化世界中的人类团结》，http：//hdr．undp．org/en/media/HDR ＿20072008 ＿Summary ＿Chinese．pdf。

五　气候变化与能源危机正在激发一场新产业革命

IPCC 强调指出，为了实现温室气体浓度的稳定，预计 60%—80% 的减排将来自能源供应、使用以及工业生产过程，因此提高能源效率至关重要。

IPCC 根据观测和预测所绘制的从公元 1000 年至 2100 年的气温变动曲线图表明，从公元 1000 年至 1900 年，地表平均气温基本没有变动。这是因为在产业革命之前，人类经历了一个漫长的、以人和牲畜的体力、薪炭、水力等为主要动力来源的低碳低排时代，那时影响气候的主要因子为自然因素。然而自 18 世纪中叶以来一波又一波的工业革命的发展与推广，人类进入了大规模利用以碳元素为主要成分的煤炭、石油（在石油中碳元素占 83%—87%）等化石能源以获取动力的高碳高排时代，随着燃烧化石能源而产生的二氧化碳日积月累，导致大气中二氧化碳等温室气体浓度持续增加，全球大气平均二氧化碳浓度已从工业革命前的 280ppm 增加到 2008 年的 385ppm，明显超过了 65 万年以来的自然变化范围，随着二氧化碳浓度的增加，地表平均气温在 1900 年前后开始逐渐上升，人类活动对气候系统的影响日渐明显。[①]

万物生长靠太阳。太阳能是地球上的大部分能源（除去核能、地热、地球自转所产生的能量）的终极来源。在低碳低排时代，人类主要利用的是太阳能的"流量"，即植物吸收太阳辐射到地表的能量进行光合作用，为人类和其他动物提供食物和氧气，然后产生人力、畜力以及部分植物燃烧所产生的动力和热量。而在高碳高排时代，人类主要利用的是太阳能的"存量"，即千百万年前埋在地下的动植物经过漫长地质年代而形成的高度浓缩的"能源结晶"——化石燃料。正是人类依靠自己的智慧开采出以"万年"为时间单位而积蓄起来的太阳能存量，才使人类得以获得过去利

---

① Intergovernmental Panel on Climate Change, *Climate Change* 2007: *Synthesis Report*: *Contribution of Working Groups I, II, and III to the Fourth Assessment Report of the Intergovernmental Panel on Climate Change.* Core Writing Team, R. K. Pachauri and A. Reisinger, eds., *Geneva: Switzerland, Intergovernmental Panel on Climate Change*, 2007, p. 104.

用年复一年的辐照地球表面的太阳能流量所不可比拟的巨大能源，与此同时，高度依赖化石能源的工业化发展导致了高碳高排的生产和生活方式，成为目前气候变化问题的肇端。

与此同时，支撑高碳高排的经济活动与生活方式的，需在地层深处"历练"千百万年，因而对于人类生存的时间尺度而言是"不可再生的"最主要化石能源——石油将可能在21世纪内耗尽的"枯竭性天然资源"，[①]其他化石能源虽然"寿命"长一些，也终将趋于枯竭。

为此，人类文明注定逃不出辩证法的否定之否定规律的掌心：从产业革命以来愈演愈烈的高碳高排时代，再一次"返回"到产业革命前的低碳低排时代，当然这不是历史的简单重复，而是"螺旋式的上升"：通过发展将太阳能流量转化为电能和热能的技术，利用来自于太阳能的风力进行发电的技术等，人类将有能力对广而薄地播散于全球的太阳能流量进行高水平的充分利用，同时大力发展核能、地热等取自地球自身的能源。据预测，2040年全世界的电力需求将比2001年增加两倍以上，其中太阳能发电所占比例将达到25%，而在2009年，这个比例还不到全部电力需求的1%。[②]

正如人类从低碳低排时代过渡到高碳高排时代，经历了不止一次的产业革命一样，人类从高碳高排时代过渡到低碳低排时代，也必然迎来堪与18世纪末第一次产业革命相比拟的新的产业革命。新产业革命的核心是能源革命，即从重视利用太阳能的"存量"再次"螺旋式上升"地返回到重视广义的太阳能的"流量"。在日本，有学者将这场新产业革命称为"低碳革命"或"环境能源革命"。[③]

从低碳到高碳再到低碳，对广义的太阳能的利用从"流量"到"存量"再到"流量"，人类文明发展的历史进程成为辩证法的否定之否定规律的又一生动例证。当前，面对环境危机与能源危机，世界各国高度重视发展低碳经济（LCE，Low Carbon Economy）或"低化石燃料经济"（LFFE，Low-Fossil-Fuel Economy），这是一种能够将温室气体特别是二氧化碳排放量降至

---

① 经济产业省・厚生劳働省・文部科学省编《ものつくり白書2009年版》，佐伯印刷株式会社、2009年、126页。
② http：//www.erec.org/documents/publication/2040—scenario.html.
③ 参见饭田哲也《日本の環境エネルギー革命はなぜ進まないか》、《世界》2009年5月号。

最小的经济，是一种能够大大减小对趋于枯竭的石油等化石燃料的依赖的经济。而当今世界各国承诺合理的减排目标，则与化解能源危机，推进经济转型，抓住节能、环保、新能源等新经济增长点存在着"异曲同工"的关系。鉴于低碳革命发展在世界主要国家之间的差距不大，正在世界主要国家或地区之间迅速传播，以至可以说当今世界主要国家都处在发展低碳经济的同一起跑线上，从而在世界上展开了争当低碳革命"领跑者"的竞争。

诚如马克思所指出，"现代的社会不是坚定的结晶体，而是一个能够变化并且经常处于变化过程中的有机体"，[①] 伴随新产业革命的兴起，整个人类社会也将迎来一场以确立低碳经济形态与低碳生活方式为主要内容的真正的社会革命。

六 结论

IPCC 的研究成果中确实出现了错误和纰漏，遭到了大量的批评，围绕气候变化问题的争论十分激烈。[②] 但是，本文的结论是，IPCC 依据过去 22 年来发表的数千页严谨的科研文献所得出的气候变暖的总体结论的科学性并未动摇，社会公众对于"拯救地球家园"的呼吁也日益达成共识，人类必须紧急行动起来，捍卫我们的生存权利和文明成果。俗话说"眼见为实"。触目惊心的格陵兰冰川的融化、图瓦卢等海岛居民的悲惨遭遇，[③] 都已是洞若观火的事实，而且，"随着我们继续每 24 小时向大气中释放 9000 万吨导致全球变暖的污染物，危机仍在不断加剧"[④]。至于 2009 年冬

---

① 马克思：《资本论》第一卷，人民出版社 2004 年版，第 13 页。

② 在 2010 年 2 月中旬，备受责责的《联合国气候变化框架公约》秘书处执行秘书伊福·德布尔宣布，他将于今年 7 月 1 日辞职。

③ 在太平洋和印度洋，诸如图瓦卢、基里巴斯、马尔代夫等对海平面上升特别脆弱的岛国已经受到海面上升的威胁：沙滩被海水埋没，涨潮时海水渗出地面浸入民居甚至机场，井水从淡水变成盐水，农田里的作物受到损害，海岸植物成片倒下，珊瑚礁被漂白化而走向死亡，渔获量不断趋于减少……由于这些岛国将面临被海水吞没、从地球上彻底消失的灭顶之灾，导致目前离岛出走的人们越来越多，图瓦卢已开始执行移民计划。

④ Al Gore, "We Can't Wish Away Climate Change", *New York Times*, February 27, 2010.

天北半球的"寒冷化"其实早被认为"气候变暖"的科学家预测到，[①] 全球变暖与局部地区在某个时期变冷并非是矛盾的。世界气象组织发布的监测结果显示，2000—2009 年是 1880 年全球有系统气象观测记录以来最暖的十年，美国国家航空航天局（NASA）也证实，从 2000 年 1 月到 2009 年 12 月，是自有现代记录以来最热的十年。[②]

唯物辩证法并没有具体教给我们如何正确看待可能影响到人类文明生死存亡的气候变化大论战，但是，通过运用真理的绝对性和相对性、普遍联系、量变质变、否定之否定等原理，深刻理解气候科学认知问题中的辩证法和国际气候制度（气候政治与环境外交）中的辩证法，对于人们正确理解和处理气候变化问题应该是大有助益的。正如恩格斯所说："大量积累的自然科学的事实迫使人们达到上述的认识；如果有了对辩证思维规律的领会，进而去了解那些事实的辩证性质，就可以比较容易地达到这种认识。无论如何，自然科学现在已发展到如此程度，以致它再不能逃避辩证的综合了。"[③]

（原载《世界经济与政治》2010 年第 4 期）

---

① 德国波斯坦气候变化研究所的科学家斯台芳·拉姆斯托夫（Stefan Rahmstorf）通过计算机模拟证明，全球气候变暖有可能导致欧洲大陆进入一段冰期，参见 http：//www.wwfchina.org/bbs/viewthread.php。

② http：//www.nasa.gov/topics/earth/features/tem-analysis-2009.html.

③ 恩格斯：《反杜林论》，《马克思恩格斯选集》第 3 卷，人民出版社 1972 年版，第 54 页。

从日本看世界

——日本的人口问题:老龄化与少子化

2008 年,有一则消息说:居住在日本南部宫崎县的田锅友老人现年 112 岁,据信为世界上健在的最长寿男性,他共有 8 个孩子、23 个孙辈、52 个曾孙辈和 6 个玄孙辈。他长寿的秘诀是"快乐生活,多与人交流,每天写日记和看报纸"。他说自己"还想再多活 10 年"。

日本已成为世界上人口平均寿命最长的国家。这一方面成为日本的骄傲,另一方面也给日本带来各种问题;能不能正确应对老龄化及少子化问题,已经成为日本经济能不能实现可持续发展的关键问题。

一 日本人口变迁:从"多生多死"到"少生少死"

据称在旧石器时代后期,日本的人口仅有 1.5 万人,进入绳文时代增加到 15 万—25 万人,1573—1600 年期间增至 1200 万人。在 17 世纪日本进入了从战国时代到江户时代的转换期,由于没有频繁发生战乱,从 1600 至 1700 年的 100 年间人口增加了一倍多,从 1600 年的 1200 万人增至 1700 年的 2769 万人,其后人口继续缓慢增加,从 1750 年的 3110 万人增至 1850 年的 3228 万人。[①] 明治初年 (1872 年) 日本人口为 3481 万人,大正元年 (1912 年) 为 5057 万人。

目前,日本的总人口为 127770794 人 (日本总务省统计局于 2008 年 3 月发表的 2007 年 10 月 1 日数字)。表 1 是 1995 年以来日本人口的变迁。

---

① 速水融·宫本又郎:《日本经济史1/経済社会の成立/17—18 世紀》,岩波书店,1988 年。

表1 近年来日本的人口（推算值）（各年 10 月 1 日的数字）

	总人口 （千人）	人口增加数 （千人）	日本人人口 （千人）	不同年龄段的人口占比（%）		
				0—14 岁	15—64 岁	65 岁以上
1995	125570	305	124428	15.9	69.4	14.5
2000	126926	259	125613	14.6	67.9	17.3
2002	127486	170	126053	14.2	67.3	18.5
2003	127694	208	126206	14.0	66.9	19.0
2004	127787	93	126266	13.9	66.6	19.5
2005	127768	−19	126205	13.7	65.8	20.1
2006	127770	2	126154	13.6	65.5	20.8
2007	127771	1	126085	13.5	65.0	21.5

注：1. 推算人口是以国势调查人口为基础，加上或减去各月的出生儿、死亡者、入境者、出境者等所得出的数字。

2. 不同年龄段的人口的比例加起来应该是 100%，但是，由于存在年龄不详的人口，因此其比例之和不一定是 100%。

资料来源：総務省統計局《推計人口》，《国勢調査報告》による。

马克思说，人口是"全部社会生产行为的基础和主体"。[①] 生产力与生产关系的发展变化又反过来影响人口增长的变化。随着日本生产力与生产关系的发展变化，日本人口的增长经历了战前的"多生多死"和战后的"少生少死"这样两个阶段。从"多生多死"转为"少生少死"的原因是，明治维新以后，虽然随着工业化的进展与经济的增长，国民的生活较之过去有所提高，从而导致死亡率有所下降，但依然停留在较高水平。与此同时，人们对结婚、生育的传统看法仍然倾向于"多生贵子"，因此，形成了"多生多死"的局面。但由于死亡率较明治维新以前有所降低，导致人口增长率从 1880 年的 0.76% 缓慢地提高到 1900 年的 1.18%，1915 年的 1.4%。

从 1920 年起，日本每十年进行一次大规模的"国势调查"（国情普查），在每两次国势调查的中间（即上次国势调查后的第五年）进行一次

① 《马克思恩格斯选集》第 2 卷，人民出版社 1972 年版，第 102 页。

简易的调查。① 根据 1920 年进行的第一次国势调查，当时的日本人口为 5596.3 万人（见表 2）。

表 2　　　　　国势调查人口（各年 10 月 1 日的数字）

年　份	总人口（千人）	五年间人口增加率（%）	人口密度（每平方公里人口）
1920	55963	6.1	146.6
1925	59737	6.7	156.5
1930	64450	7.9	168.6
1935	69254	7.5	181.0
1940	71933	3.9	188.0
1945	72147	1.1	195.8
1947	78101	—	212.0
1950	83200	15.3	225.9
1955	89276	7.3	241.5
1960	93419	4.6	252.7
1965	98275	5.2	265.8
1970	103720	5.5	280.3
1975	111940	7.0	300.5
1980	117060	4.6	314.1
1985	121049	3.4	324.7
1990	123611	2.1	331.6
1995	125570	1.6	336.8
2000	126926	1.1	340.4
2005	127768	0.7	342.7

注：1. 1945—1970 年数字不包括冲绳人口。

2. 1945 年数字为 11 月 1 日人口调查结果，并使用除冲绳外的 1940 年人口数字算出。

3. 1970 年的数字使用加上冲绳县的人口算出。

资料来源：総務省統計局《日本統計年鑑》及び《国勢調査報告》による。

---

① 国势调查（国情普查）：这是由日本总理府实施、发表的有关人口的统计调查，调查对象为全体国民，调查项目有人口的地区分布、年龄结构、劳动力状况、产业结构、就业结构以及社会、经济的实际状况等。战后的国势调查在人口统计方面采取"属地主义"，即只要是在日本国内的常住人口，不问其国籍，均作为调查的对象，但外国的外交官及其家属、外国驻军军人及其家属除外（与"属地主义"相对的是"属人主义"，即只要是本国国民，不论其住在世界什么地方，均作为调查对象）。这里说的"常住人口"是指平常住在特定地区的人，包括临时外出者，除去临时滞留者（"常住人口"一般也是"夜间人口"，即夜间在该地区居住的人口），为此也可说日本的国势调查采取"常住地主义"。国势调查每十年进行一次大规模调查（以调查实施年 10 月 1 日凌晨零时为调查时刻），每五年进行一次简易调查。而在调查实施年之间的人口动向则发表于总务省统计局《人口推算月报》与《人口推算资料》。

战后日本经济发展顺利，社会保障制度改善，为了"防老、养老"而多生孩子的必要性在下降；妇女的高学历化与参加工作的妇女的增加，又使生儿育女的"机会成本"上升；此外，教育费负担与住宅条件等因素也促使"少而精"的生育观日益普及。由于上述原因，战后日本人口变化逐步从"多生"转向"少生"。从 20 世纪 50 年代到 70 年代，日本人口的平均增长率一直保持在 1% 强的水平，1980 年人口增长率下降到 0.78%，1994 年下降到 0.23%，2004 年进一步下降到 0.05%。在 20 世纪六七十年代，一对夫妇平均生孩子数大致稳定在两个，大致保持在能够维持人口规模不变的水平。然而，到了 70 年代后期，由于人口生育率下降，新生婴儿不断减少。1980 年全国新生婴儿减少到 156.4 万人，1998 年减少到 120.3 万人，2002 年进一步减少到 115.6 万人。

由于生活条件的改善和医学的进步，在"少生"的同时，"少死"的趋向也日趋明显。日本每 1000 人中的死亡率在 1947 年是 14.6 人，1950 年是 10.9 人，1960 年是 7.6 人，1970 年是 6.2 人，1980 年是 6.2 人，1990 年是 6.7 年，1996 年是 7.2 人。进入 90 年代以后，死亡率略有回升，但总的趋势是 60 年来不断在降低。这里特别需要提到的是 4 岁以下的婴幼儿死亡率的下降，例如在 1935 年，日本每 1000 名婴儿的死亡率为 106.7 人，1940 年下降为 90.0 人，1950 年下降为 60.1 人，1960 年下降为 30.7 人，1970 年下降为 13.1 人，1980 年下降为 7.5 人，1990 年下降为 4.6 人，1996 年下降为 3.8 人，在总死亡者中只占 0.5%。与此同时，促使死亡率下降的另一重要因素是 65 岁以上老人死亡率的下降。

由于死亡率的降低，日本人的平均寿命由 1948 年的男性 56 岁、女性 59 岁提高为 2003 年的男性 77.9 岁、女性 85.1 岁。日本已超过瑞士等国成为全世界平均寿命最长的国家。目前，日本人死亡原因依次为癌症、心脏病和脑血管病（见表3）。据预测，一旦对这"三大杀手"的治疗取得重大突破，日本男性的寿命可望再延长 9.09 岁，女性延长 8.00 岁。

表3   各年代日本人死亡原因的前五位

	第一位	第二位	第三位	第四位	第五位
1900 年	肺炎及支气管炎	结核病	脑血管病	胃肠炎	衰老
1920 年	肺炎及支气管炎	胃肠炎	结核病	流感	脑血管病
1940 年	结核病	肺炎及支气管炎	脑血管病	胃肠炎	衰老
1960 年	脑血管病	癌	心脏病	衰老	肺炎及支气管炎
1980 年	脑血管病	癌	心脏病	肺炎及支气管炎	衰老
2000 年	癌	心脏病	脑血管病	肺炎	事故

资料来源：厚生労働省「人口動態統計」。

　　但是，战后的"少生"也有过两个例外时期。第一个例外时期是1945—1950年，由于战争而推迟的结婚、生育集中到战后的最初几年，从而出现了第一次生育高潮，在战后第一次生育高潮最后一年的1949年，日本全国新生婴儿有269.7万人，这期间出生的一代人被称为"团块世代"，当时一对夫妇平均生孩子数达4—5个。第二个例外时期是在1971—1974年，由于"团块世代"进入结婚、生育期，引起了第二次生育高潮，在第二次生育高潮最后一年的1974年，全国共有209.2万名婴儿诞生。到了2007年，"团块世代"的平均年龄达到60岁，出现了"团块世代"大量退休的局面。

　　从人口总量看，第二次世界大战刚结束时，日本的人口仅8000余万人。1967年日本人口超过1亿人，成为世界上少数几个人口超过1亿的国家之一。1973年发生第一次石油危机以后，日本人口增长速度趋缓，总人口大体维持在1.2亿人的规模。2005年10月1日日本总人口第一次出现减少（见表1），为1.2777亿人，比上年减少了19000人，这意味着2005年日本已进入"人口减少社会"，比日本政府原来的预测早了两年。按国别比较，日本人口被尼日利亚超过，退居世界第十位。2008年日本总人口进一步降至1.2771亿人。

　　据2002年1月日本厚生劳动省国立社会保障和人口问题研究所发表的预测报告，日本人口将在2027年降为1.2亿人，2040年降至1.1亿人以下，2050年降至1亿人左右，约为目前人口的78.7%。

二 日本人口年龄结构的变迁

人口年龄结构的变化既是经济发展的原因之一，也是经济发展带来的结果之一，特别是对于预测经济发展的长期变动来说，人口年龄结构的变化是一个可预测性较强的重要依据。

在日本一般将人的一生划分为三个年龄段：15—64岁称为"生产年龄"（或"就业年龄"）①；14岁以下与65岁以上称为"从属年龄"（因为这两个年龄段的人口在生活上需依靠生产年龄人口，故称为"从属年龄"）。其中，14岁以下又称为"少龄"，65岁以上又称为"老龄"。

反映人口年龄结构的最主要参数是上述三个年龄段的人口占总人口的比例。从战前到1955年，日本的65岁以上的老龄人口占总人口的比例大致保持在5%左右，14岁以下的儿童占总人口的比例大致保持在35%左右。其后老龄人口占总人口的比例不断上升，而少儿人口在总人口中所占比例不断下降，1997年老人所占比例上升到15.4%，儿童所占比例却下降到15.3%，两者开始出现逆转。

据日本总务省2008年公布的调查统计显示，2008年度日本65岁以上的老龄人口达2819万，占人口总数的22.1%。这意味着每五个日本人中就有一人超过65岁。日本是世界上老年人口占总人口比例最大的国家。②而在65岁以上的老龄人口中，70岁以上人口达2017万，这意味着每六个日本人中就有一人超过70岁。至于75岁以上人口，也创纪录地达到1321万（其中男性498万，女性823万），75岁以上老龄人口在总人口中所占比例达10.3%，已突破总人口的10%。至2008年9月底，日本百岁以上人口达到36276人，其中女性占86%。街头巷尾，人们总是看到老太太比

---

① 生产年龄人口是指满15岁、被作为"劳动力调查"的对象、有可能在劳动力市场上出现的劳动力人口。生产年龄人口中，又分为有工作志向的"劳动力人口"与没有工作志向的"非劳动力人口"（学生、主妇、病人等就是非劳动力人口）。劳动力人口又进一步分为就业人口与完全失业人口。

② 同年日本75岁以上的老年人口突破千万大关，达1003万人。日本还是世界上老年劳动力人口占总人口比例最大的国家，2001年日本有492万65岁以上的老年人仍在工作或在寻找工作，占同年龄人口的21.8%。

老头更多、更活跃。预计在 2005—2015 年间，65 岁以上人口将可能再增加 740 万人，进入所谓"超老龄化社会"。①

从国际比较看，2006 年 9 月日本 65 岁以上的老龄人口达 2640 万，占总人口的比率为 20.7%，而在发达国家中只有日本的 65 岁以上老龄人口比率超过 20%，意大利为 19.5%，德国为 18.6%，法国为 16.2%，美国为 12.4%，日本成为全球该项指标最高的国家。

至 2007 年，日本的 14 岁以下人口占总人口的比例下降到 13.5%，至 2008 年，14 岁以下人口只有 1718 万人，少于 70 岁以上人口。15—64 岁人口占总人口的比例为 65.0%，65 岁以上人口占总人口的比例上升到 21.5%。而在 1920 年，这三个比例分别是 36.5%、58.3% 和 5.3%。通过比较 1920 年与 2007 年的数字，可以看出这 87 年来日本人口结构的最显著变化是："少龄"人口的比例从 36.5% 降至 13.5%，下降了一半多；老龄人口的比例从 5.3% 上升到 21.5%，增至 4 倍还多。

如果不以总人口、而以生产年龄人口作分母，则可得出三个指数："从属年龄人口指数"，即从属年龄人口与生产年龄人口之比例；"少龄人口指数"，即"少龄"人口与生产年龄人口之比例；"老龄人口指数"，即老龄人口与生产年龄人口之比例。其中，从属年龄人口指数反映了生产年龄人口所承受的人口负担。

在 2007 年，日本的从属年龄人口指数为 53.8%，"少龄"人口指数为 20.7%，老龄人口指数为 33.0%。而在 1920 年，这三个指数分别为 71.6%、62.6%、9.7%。这说明当今日本的老龄人口占总人口的比例虽

---

① 面向老龄化社会，日本采取了种种措施。（1）对 60—70 岁的"低龄老人"，由于他们大多身体健康，又有丰富的经验和知识，因此采取各种措施鼓励企业推迟退休年龄，或鼓励老人从事适合于老年人做的工作。例如"银发人才中心"之类的中介机构专为老人们介绍各种可使老年人扬长（经验或知识）避短（体力或活动）的工作，还把许多老人特别是曾经是中小企业经营者的老人介绍到中国等国家当经营或技术顾问。（2）对 70—80 岁的"中龄老人"，政府鼓励他们在社区内多发挥作用。而对老年人的各种优待也大多从 70 岁开始。比如在东京，70 岁以上老人可以免费乘坐东京都经营的地铁和公共汽车，但如果收入超过一定里程则需少量付费。据说，政府为老年人出这笔钱最终还是为了节省开支。因为老人有了免费乘车券就会多出门，而多出门就可有利健康少生病，从而减少政府的医疗费负担。现在日本的老年人的健康状况很不错，据日本厚生劳动省进行的"老龄人健康意识调查"，只有 17.6% 的老年人认为自己的健康不太好。（3）至于对 80 岁以上的高龄老人，政府尽量使他们保持健康，对有病的老人提供更加便利的护理等方面的服务。日本还在大兴土木造老年公寓。

然比过去有明显上升（上升了 16.2 个百分点），但生产年龄人口的负担却比过去减轻了（从属年龄人口指数下降了 17.8 个百分点），其原因是"少龄"人口比例下降的幅度很大（下降了 23.0 个百分点）。

当然，实际的"从属年龄"在不同时代会有所区别。在大学升学率上升到 40% 的当下，将 15 岁规定为从属年龄的上限未免过低，多数人到了 17—18 岁仍可说是实际的从属年龄人口，何况还出现了大量二三十岁还依赖父母的"啃老族"。因此，生产年龄人口负担减轻的程度不像以上统计数字所反映的那样大。

据 2002 年 1 月日本国立社会保障和人口问题研究所发表的预测报告，2025 年 65 岁以上的老年人口占总人口的比例将增为 28.7%，2050 年将增为 35.7%（这意味着每三人中就有一名 65 岁以上老人）。

从 1995 年开始，日本的生产年龄人口开始下降，预计其下降速度到 2020 年以后还会加快，到 2025 年从属年龄人口指数将可能升高到 67.5%，接近 1920 年的水平（71.6%，如果考虑到当今年轻人依赖父母的年龄的提高，实际的从属年龄人口指数将大大超过上述统计值），其中"少龄"人口指数为 24.3%，老龄人口指数为 43.2%。由于"少龄"人口指数比 2007 年上升了 3.6 个百分点，而老龄人口指数则比 2007 年增加多达 10.2 个百分点，致使从属年龄人口指数将可能比 2007 年增加 13.7 个百分点。这意味着战后以来生产年龄人口的负担虽然在过去几十年趋于减轻（主要因为"少龄"人口比例减少），但今后将转为趋于加重（主要因为老龄人口比例增加），日本生产年龄人口感到轻松的日子将成为过去。2007 年版《老龄社会白皮书》指出，2005 年时日本平均每 3.3 个劳动力人口要负担 1 位老年人；而到 2055 年时，这一比例为 1.3：1，也就是说，每 1.3 个劳动力人口就要负担 1 位老年人。日本国立社会保障和人口问题研究所还提出了 2035 年日本全国各地的人口预测，结果显示，与 2005 年相比，人口减少 20% 以上的地方将高达 60% 以上；每四人中有一名 75 岁以上老人的地方将超过一半；2005 年 75 岁以上老人所占比率在 25% 以上的地方占 1.1%，但到 2035 年将突破 50.1%；15—64 岁的劳动人口不足 50% 的地方将增至 36.5%。①

---

① 《日本经济新闻》2008 年 12 月 25 日。

表4　　　　　　　　　　　近年来日本人口动态　　　　　　　（每千人，单位:%）

	出生率	死亡率	自然增加率	合计特殊出生系数（人）
2000	9.5	7.7	1.8	1.36
2001	9.3	7.7	1.6	1.33
2002	9.2	7.8	1.4	1.32
2003	8.9	8.0	0.9	1.29
2004	8.8	8.2	0.7	1.29
2005	8.4	8.6	-0.2	1.26
2006	8.7	8.6	0.1	1.32
2007	8.6	8.8	-0.1	

注：（1）此表仅反映在日本的日本人。（2）所谓"合计特殊出生系数"是指女性一生所生孩子的平均数。

资料来源：厚生労働省「2007年人口動態統計の年間推計」による。

按照日本的"老龄化社会"定义，当65岁以上人口占总人口比例超过7%时，就算进入老龄化社会。1956年联合国经济社会局的报告书给"老龄化社会"下定义时采用的标准是：65岁以上人口与15—64岁人口之比（即老龄人口与生产年龄人口之比，或"老龄人口指数"）超过7%。[1] 显然，这个标准比日本采用的标准更"严格"，即当65岁以上人口占总人口之比尚未超过7%时，其占生产年龄人口之比就已经超过7%了。1970年，日本65岁以上老人占总人口的比率已经达到7%，这意味着日本早在20世纪70年代就已进入老龄化社会，今后面临的问题恐怕就是进入全球尚无前例的"超老龄化社会"的问题了。

人口老龄化是世界上很多国家，特别是发达国家的一个普遍趋势。但是，日本人口老龄化的一个突出特征是其速度之快。老龄人口比例从联合国定义"老龄化社会"标准的7%上升到14%，日本只用了25年时间（1970—1994年），而英国用了46年（1930—1976年），德国用了42年

---

[1] UN, "The aging of populations and Its Economic and Social Implications", *Population Studies*, No. 26, 1956.

（1930—1972 年），法国用了 114 年（1865—1979 年），瑞典用了 82 年（1890—1972 年），美国预计要用 69 年（1945—2014 年）。[①]

表 5　　　　　　　　　　　平均寿命的国际比较　　　　　　　　（单位：岁）

国　家	男　性	女　性
日　本	77.9	85.1
瑞　典	77.6	82.6
西班牙	75.9	82.8
澳大利亚	76.4	82.0
加拿大	76.7	81.9
瑞　士	75.9	82.3
法　国	75.2	82.8
挪　威	76.0	81.9
比利时	75.7	81.9
意大利	75.5	81.9
奥地利	75.4	81.5
希　腊	75.7	80.9

资料来源：联合国：《2003 年世界人口白皮书》。

从国际比较看，预计到 2020 年，日本的老龄人口将进一步上升为 25.5%（这意味着每四人中就有一名 65 岁以上老人），而届时美国只有 16.1%，德国为 20.9%，法国为 19.7%，英国为 18.0%。预计从 1990 年到 2020 年的 30 年间，日本的老龄人口将可能增加 13.4 个百分点，而美国、德国、法国和英国分别增加 3.6 个百分点、5.9 个百分点、5.7 个百分点和 2.3 个百分点。日本的老龄人口增加速度不仅遥遥领先于其他发达国家，也超过了前 30 年增加速度 1 倍以上。

---

① 1960 年日本总人口中 65 岁以上老人所占比例仅为 5.7%，远低于美国的 9.2%、德国的 11.5%、法国的 11.6% 和英国的 11.7%。到 1990 年日本的老龄人口比例为 12.1%，美国为 12.4%，德国、法国和英国分别为 15.0%、14.0% 和 15.7%。在 30 年内，日本的老龄人口所占比例增加了 6.4 个百分点，美国、德国、法国和英国分别只增加 3.3 个百分点、3.5 个百分点、2.4 个百分点和 4.0 个百分点。日本的增加幅度超过其他发达国家一倍以上。

表6　　　　　　　　　　　　各国的人口动态比较　　　　　　（单位：每千人，%）

国　家	调查年	出生率	死亡率	自然增加率
日　本	2005	9.5	7.7	1.8
中　国	2006	12.1	6.8	5.3
美　国	2004	14.0	8.2	5.8
德　国	2005	8.3	10.1	-1.8
法　国	2005	12.7	8.6	4.1
印　度	2005	23.8	7.6	16.2

资料来源：UN，"Population and Vital Statistics Report"，July，2007。中国的数字引自中国国家统计局编《中国统计年鉴》，不包括台湾、香港和澳门。

　　日本是世界上人口最稠密的国家之一，每平方公里超过337人。尽管如此，日本的人口分布却很不均匀，高度集中于东京等大城市圈。[①] 与之相应，日本各地的人口老龄化的速度也呈现出很大差异。一般来说，农村的老龄化速度比城市快，边远地区的农村又比大城市周边地区更快。以2000年为例，老龄人口比重最高的是日本海沿岸的农业县岛根县，达24.8%，最低的是毗邻东京都的埼玉县，为12.8%，岛根县几乎比埼玉县高出一倍。其原因非常明显。随着日本经济越来越向东京等大城市集中，农村地区的青壮年人口大量涌向大城市，以致农村地区老龄化速度超过大城市老龄化速度。1960年至1985年，日本总人口中老年人口比重由5.7%上升为10.3%，增加了4.6个百分点，同期农业人口中老年人口比重却从8.2%猛增为17.3%，增加了9.1个百分点。农业人口的老龄化进程大致上比总人口的老龄化进程早20年。1980年，日本全国老年人口指数（65岁以上人口占15—64岁生产年龄人口的比重）为13.5%时，农村地区已是23.6%。

————————

　　① 日本三大都市圈（以东京都厅旧厅舍、大阪市役所、名古屋市役所为中心的50公里范围）的人口分别为：东京50公里圈31554千人，大阪50公里圈16059千人，名古屋50公里圈8939千人。三大都市圈的人口密度（每平方公里）分别为：东京50公里圈（7628平方公里）4137人，大阪50公里圈（7498平方公里）2142人，名古屋50公里圈（7339平方公里）1218人。全国人口密度的平均数为343人（2007年3月31日数字）。

与人口老龄化同时发展的人口结构变化是人口"少子化"。早在第一次生育高潮后，日本的人口出生率就趋于下降，到 1960 年降到了 17.2%（仅相当于 1946 年人口出生率的一半左右），不过在 20 世纪 50 年代中期到 70 年代中期的大约 20 年时间里，日本的出生率基本稳定在可维持人口替代水平上。然而在 70 年代中期以后，日本的人口出生率下降趋势日趋明显，1980 年降到了 13.6%，1990 年为 9.9%，1996 年为 9.7%。2008 年度，14 岁以下人口只有 1718 万人，少于 70 岁以上人口。日本总人口比上一年减少了 5 万，为 1.2771 亿人。出生率的下降在大城市表现得更为明显。如东京都的特殊出生系数仅为 1.03。由于适龄儿童逐年减少，东京都内已有不少小学校关门。由于 18 岁人口不断减少（比如在 2002 年为 150 万，在 2003 年减少到 144 万人），致使一些大学面临着生源危机甚至可能倒闭。

决定出生率高低的是育龄妇女特殊出生系数（即一位女性一辈子平均生几个孩子）。为维持一国人口的总体规模，特殊出生系数至少要达到"人口置换水准出生率"（使孩子一代的人口不少于父母一代的人口所应达到的出生率）的 2.09。在 1947 年日本的这一系数为 4.5，1960 年减至 2.2，1965 年为 2.14，1970 年为 2.13，在这期间仍可满足维持现有人口规模的需要。1975 年日本的特殊出生系数第一次跌破 2 的关口为 1.91，1980 年为 1.75，1989 年进一步下降为 1.57（日本传媒把它称作"1.57 冲击"）。这一时期，日本国内不少有识之士疾呼政府及时采取措施阻止特殊出生系数继续下降，否则日本的人口将无法维持简单再生产。尽管如此，特殊出生系数的最低纪录仍不断更新：1990 年为 1.54，1995 年为 1.43，2000 年为 1.36，2003 年为 1.29。日本的出生率已经大幅度低于"人口置换水准出生率"。在国际上，日本的育龄妇女特殊出生系数已降到与意大利、西班牙、德国等国相当的水平，日本已进入了"少子化"（少生子女）时代。日本的出生率在 1995 年进一步减至 1.42 人。

日本人口减少的主要原因是出生率不断下降。众所周知，维持人口不变所需的出生率约为 2.09（即平均一位妇女生 2.09 个孩子）。而在战后日本，人们长期担心"人口增加过快"，1974 年"日本人口会议"上仍在提倡"生两个孩子好",在该会议召开的第二年即1975年,全国平均出生率就跌破了2,在1995年进一步跌破1.5,在2005年甚至降至1.25(当然,世界上存在类似问题的国家不光是日本,比如韩国2005年出生率比日本还要低,为1.08,有的韩国报纸称之为"国家非常事态";俄罗斯则每年减少70万人,被普京总统称为"当今俄罗斯的最深刻的问题")。①

在2007年5月5日日本儿童节来临之际,日本政府公布的统计数字显示,日本15岁以下的儿童人数为1738万人,其中男孩891万人,女孩847万人,分别比上一年减少大约7万人,即总共比2006年减少了14万人,创历史新低,而且是日本15岁以下的儿童人数连续26年来持续下降;根据统计,目前日本15岁以下儿童占全国人口的13.6%(与之相比,中国21.5%、美国20.7%、韩国19.1%),15岁以下的孩子人数占总人口比例连续33年下降,预计到2015年这一数字将下降到12.3%,约为当时老龄人口比的一半。日本老年人口对年轻人口的比例世界最高,引发了人们对经济增长前景和养老资金来源的担忧。

有分析人士认为,日本人口不断下降是因为妇女晚婚以及结婚后不愿意多生孩子的结果。为此,日本政府希望通过提高孕妇和儿童的福利来改善女性怀孕生子的社会环境。

年轻一代的结婚观和家庭观的改变,可能是导致出生率降低的最根本的,也是一时难以扭转的原因。据日本内阁府调查,在1972年,80%的男女主张男人在外工作,女人从事家务(即不管男女,只有20%的人反对这种主张);到了2002年,42%的男性和51%的女性反对这种主张。职业女性不再以男人为依靠,独身也可以过得很自在。从30岁到34岁的女性当中,未婚者占27%,这个比例比十年前增加了一倍。

---

① 由于少子化问题的扩大,联合国将2025年世界人口预测数字从83亿人(1984年预测)调低到79亿人。尽管少数发达国家为"少子化"而困扰,但是从整个世界来说,考虑到资源和环境问题,仍然需要继续努力抑制人口的增长。此外,美国非政府组织PAI认为,从15岁到29岁的年轻人口占全人口的比例超过40%的"年轻国家"发生纷争的风险是其他国家的两倍,比如,苏丹、伊拉克、卢旺达等"高风险国家"都是出生率高达4—7人的国家。

表7　　　　　　　　　　　年龄结构的国际比较　　　　　　　（单位:%）

国　家	0—14 岁	15—64 岁	65 岁以上
日　本（2007 年）	13.5	65.0	21.5
印　度（2001 年）	35.4	59.8	4.8
中　国（2006 年）	19.8	72.3	7.9
美　国（2005 年）	20.5	67.1	12.4
俄罗斯（2005 年）	15.2	71.0	13.7
巴　西（2005 年）	27.9	66.0	6.1

资料来源：国連及び総務省資料により作成。

　　出生率下降与男女青年的晚婚、不婚和婚后不愿生育的倾向有很大关系。日本女性的平均初婚年龄从 1950 年的 23.0 岁上升到 1995 年的 26.3 岁，其初婚年龄之高为世界第二（仅次于瑞典的 26.8 岁）。1998 年厚生省发表的人口动态统计表明，女性的平均初婚年龄为 26.7 岁，第一次生育年龄为 27.8 岁。另一方面，独身主义者的人数有上升的趋势。在 1985 年，30 岁至 34 岁的女性中，未婚者所占比重仅为 21.5%，在 35 岁至 39 岁的男性中，未婚者只占 8.5%；可是，到了 1995 年，这两个数字分别上升为 37.3% 和 22.5%。

　　晚婚化一方面引起"有配偶率"（15—49 岁育龄妇女中已结婚者的比例）的下降，另一方面引起"有配偶出生率"（专指已婚妇女的出生率）的下降。从 50 年代至 70 年代初，日本出生率下降的原因中，"有配偶出生率"的下降是更主要的原因，而在 70 年代至 80 年代，"有配偶率"的下降成为导致出生率下降的更主要的原因。

　　由于女性生育的终点年龄大致不变，晚婚化导致女性生育期的缩短，也导致女性在最有生育能力的年龄期（25—29 岁）的有配偶率下降（从 1970 年的 82% 下降到 1990 年的 60%），加上人们的生育观从"多生贵子"转向"少生贵子"，也是致使已婚女性的出生率明显下降的一个重要原因。在当今的日本，到 30 岁仍保持单身的妇女所占比例自 1980 年以来已翻了一倍还多。2008 年在美国中央情报局全球生育率排名榜上落在最后的十个国家或地区中，日本名列前茅。里昂证券亚洲公司发表的一项报告

《妇女闹"罢工"》指出，生育率下降"几乎完全是由于不结婚或不要孩子的育龄妇女数量增加所致"。①

从国际比较看，1995 年日本的特殊出生系数为 1.42，同年美国为 2.019。这说明日本人口结构变化的又一特征是老龄化与少子化同时进行，而美国虽然也面临老龄化问题，但少子化问题尚不明显。

表面上看，日本人口的少子化似乎是与老龄化"平行"的两种现象，其实两者是融为一体的。人口老龄化出现的一个原因固然是老年人口生存时间的延长，导致老年人口的比重增加所致，然而，由于人口生育率下降，少年儿童人口的数量和比重减少，也导致了老年人口的数量和比重的相对增加。换句话说，即使老年人口数量没有增加，但由于少年儿童人口数量和比重的减少，老年人口的比重也会相对增加，从而促使人口进一步趋于老龄化。

表 8　　　　　　　　　　战后日本的出生率与平均寿命　　　　　　　（单位：岁）

年　份	女性平均寿命	男性平均寿命	特殊出生系数（人）
1950	61.5	58.0	3.65
1955	67.75	63.60	2.37
1960	70.19	65.32	2.0
1965	72.92	67.74	2.14
1970	74.66	69.31	2.13
1975	76.89	71.73	1.91
1980	78.76	73.35	1.75
1985	80.48	74.78	1.76
1990	81.90	75.92	1.54
1995	82.85	76.38	1.42
2000	84.80	77.72	1.36
2004	85.59	78.64	1.29

注：出生率指一位女性一生所生产孩子的人数。

资料来源：厚生劳働省《人口動態統計》、《日本人の平均余命　平成 16 年简易生命表》。

---

① 美国华盛顿邮报网站 2008 年 8 月 28 日。

表9　　　　　　　　　　　对日本未来人口的推测　　　　　　　　（单位:%）

年　份	总人口 （千人）	人口动态（每千人）		不同年龄段的人口		
		出生率	死亡率	0—14 岁	15—64 岁	65 岁以上
2000	126926	9.5	7.7	14.6	67.9	17.3
2005	127768	8.4	8.6	13.7	65.8	20.1
2010	127176	7.3	9.4	13.0	63.9	23.1
2015	125430	6.7	10.5	11.8	61.2	26.9
2020	122735	6.3	11.6	10.8	60.0	29.2
2025	119270	6.1	12.8	10.0	59.5	30.5
2030	115224	6.0	13.9	9.7	58.5	31.8
2035	110679	5.8	14.9	9.5	56.8	33.7
2045	100443	5.2	16.3	9.0	52.8	38.2
2055	89930	5.1	17.3	8.4	51.1	40.5

注：（1）不同年龄段人口的百分比没有调整到合计 100%。（2）2000 年和 2005 年为实际值。（3）2000 年和 2005 年为在日本的日本人的统计数字，2010 年以后的推测数字包括在日本的外国人。

资料来源：国立社会保障・人口問題研究所《日本の将来推計人口》（2006 年 12 月推计）による中位推計。

三　少子化与老龄化对日本经济的影响

日本人口结构和总数的变化，对日本经济社会将带来深刻的影响：

（一）从 15 岁到 64 岁的人口的减少，必将从需求和供给两方面影响日本的经济

这是因为从 15 岁到 64 岁的人口既是"生产年龄人口"，也是"消费年龄人口"（消费最旺盛的人口）。数据表明，15 岁到 64 岁人口的减少速度比总人口的减少速度快得多。比如，预计到 2015 年，15 岁到 64 岁的人口将比 2005 年减少 9%，即减少 730 万人，同期间总人口减少 1% 强，即减少 140 万人。从需求方面来说，占 GDP 大约 60% 的个人消费将由于"消费最旺盛的人口"的减少而趋于减少。这个趋势已经被过去十年的事实所证实。1995 年日本的 15 岁到 64 岁的人口达到峰值，为 8700 万人，到 2005 年这十年间减少了近 300 万人，减少幅度接近 3%。

其结果，导致食品消费量在 2003 年度比 1996 年度减少了 2.8%，衣类消费金额在 2005 年比 14 年前减少了 40%（当然这里包含了价格下降的因素）。[①] 从日本总务省《家计调查》中反映的家庭实际消费趋势来看，1995—2004 年，服装、酒类、美容理发服务等需求分别下降了 33%、15%、14%。预计随着劳动力短缺问题的日趋严重，为满足老龄人口的需要而新开拓的市场（例如老龄者护理等）几乎不可能弥补由于生产年龄人口下降导致的市场萎缩，因此，整个需求的萎缩将进一步扩大。

从供给方面来说，劳动力是生产力的最重要的因素。日本的生产年龄人口正在以世界最快的速度减少。据厚生劳动省推算，2030 年日本的劳动力人口将比 2004 年减少 16%。假定劳动生产率不变，[②] 那么劳动力供给数量减少就意味着总产出下降。

表 10　　　　　劳动力与劳动力（15 岁以上人口）（年平均）　　　（单位：万人）

年　份	15 岁以上人口	劳动力人口			非劳动力人口	完全失业率（%）	劳动力人口比例（%）
		总数	就业者	完全失业者			
1970	7885	5153	5094	59	2723	1.1	65.4
1980	8932	5650	5536	114	3249	2.0	63.3
1990	10089	6384	6249	134	3657	2.1	63.3
2000	10836	6766	6446	320	4057	4.7	62.4
2006	11020	6657	6382	275	4355	4.1	60.4
2007	11043	6669	6412	257	4367	3.9	60.4

注：劳动力人口在 1998 年达到峰值 6793 万人以后转为减少。

资料来源：総務省統計局「労働力調査」。

由于日本老龄者的健康水平比较高，健康状态平均能保持到 75 岁（美国为 69 岁）。2004 年日本已经决定从 2013 年开始将 65 岁退休作为一种义

---

① 参见《日本经济新闻》2006 年 5 月 15 日。

② 20 世纪 60 年代日本的劳动生产率增长率为 9.8%，70 年代为 4.2%，80 年代为 3.0%，90 年代为 2.1%。预计今后日本的劳动生产率增长率至少可能达到 2%（原田泰：《富裕社会实际上已经到来》，《日本经济研究中心会报》2006 年 5 月号，第 21 页）。

务。然而，尽管采取这些措施仍不能改变日本劳动力人口迅速减少的趋势。专家估计技术进步将无法抵消生产年龄人口减少带来的负面影响，人口老龄化将可能降低整个社会吸收新知识和新观念的速度，导致技术创新能力下降，削弱技术进步对经济发展的促进作用。与此同时，生产年龄人口减少则可能带来所谓"技术的传承"问题（特别是一些基础性的制造技术"后继无人"）。有专家预计2010年日本经济实际增长率可能为负的0.1%（与2005年日本政府预测2010年的增长率3.1%相差悬殊），2020年为−1.1%，2030年为−1.7%；在2000年为370.3万亿日元的日本国民收入，到2030年可能萎缩至314.6万亿日元，比2000年减少15%。

由于人口结构老化，国民收入中用于非生产性消费（例如养老、老年人的护理和医疗等）的比重上升，用于生产性投资的比重下降，这将导致总产出和人均国民收入增长速度随之下降。与此同时，由于"人才锁国"，致使日本医疗、护理等非生产性消费也面临供需失衡（缺乏医护人员等）的问题。

为了应付老年人口增加所导致的财政负担的增大，政府将不得不增加税收和社会保险，到2050年国民负担率（社会保障和税金的负担占国民的比例）将高达51.5%，再加上财政赤字的大幅度增加，国民负担率实际上将可能达到73%，即社会保障和税金的负担将可能占到国民收入的约3/4，而国民负担的增加将进一步抑制家庭的可支配收入，抑制个人消费，进而使经济增长减缓（有专家认为，今后即使推行养老金改革也难以解决老龄化带来的财政问题）。据国际货币基金组织的估算，由于人口负增长导致消费市场缩小、教育机关倒闭、社会保障费用增大和劳动力人口负担增加等原因，2005年至2050年日本的国内生产总值（GDP）可能每年下滑0.8%。

此外，一部分老年人由于收入低下、健康衰退和情感孤单而铤而走险，走向犯罪道路，影响社会治安。有报告指出，与人口老龄化增速相比，老年犯罪增长速度更快。过去20年里，日本老年人口增加一倍，而老年犯罪人数却增加了五倍。该报告还指出，老年犯罪主要为在商店偷窃和扒窃等小偷小摸行为，几乎不涉及暴力行为。① 又据报道，2006年日本

---

① 引自日本法务省《日本2007年度犯罪报告》。

北海道老年人因犯罪被捕人数首次超过年轻人，这在当时创下纪录。从那以后，老年人犯罪现象激增。每有两名年轻人因犯罪被捕，就会有三名65岁以上老年人被捕。东京防止商店遭窃组织的一名成员说："他们想找人聊聊天，即使被警察逮住，他们也可以与警察聊天。他们有时甚至自己'送上门'。"[1] 这说明一部分老年人存在着严重的孤独感，甚至不惜通过盗窃寻求"刺激"。

（二）有可能导致整个国民经济缩水，致使日本经济在世界经济中的地位下降

今后，世界的人口和经济将继续增长。日本人口则在2005年达到大约1.28亿这个峰值之后趋于下降，其人口占世界总人口的比例将从现在的约1/50下降到2045年的1/90。在除去西亚的亚洲地区，日本、中国、印度、印尼的人口占该地区总人口的比例在1950年分别为6.2%、41.3%、26.6%、5.9%；在2005年分别为3.5%、35.7%、29.9%、6.0%；在2050年将可能分别为2.3%、28.8%、33.0%、5.9%。换句话说，日本的人口在亚洲地区总人口（39亿人）的比例将从2005年的3.5%降低到2050年（届时亚洲总人口将可能达到52亿人）的2.3%。这有可能导致日本经济在亚洲经济中的地位的下降。[2] 据日本厚生劳动省2007年初的预测，到2055年，日本的人口有可能从现在的约1.27亿人减少到8993万人，也就是比现在减少约3700万。假定人均国内生产总值不变，总人口的减少意味着国民经济规模的缩水。

（三）人口减少和少子老龄化将可能导致城市与地方、地方与地方之间的"两极分化"

因为有活力的年轻人多流向大城市，老年人则留在了地方；地方人口"过疏化"问题日趋严重。据日本国土交通省等对全国6万个地区进行调查后发现，在老龄化的影响下，今后十年内有很多地方将没有人继续居

---

① 美国《华盛顿邮报》2008年11月30日。

② 美国芝加哥论坛报网站2008年8月27日。

住，甚至村落本身可能销声匿迹，这样的地方在四国和中部地区等地将达到 423 个，将来有一天也许会消失的村落则超过了 2200 个。目前，在这些村落中，有 680 个村落的老龄化现象非常严重，65 岁以上的老龄人口比例超过了 75%。

总之，日本正面临着以"出生率低、老龄化"为主要特征的人口危机。据日本政府在 2008 年预测，50 年后的日本的人口将下降到现在的 2/3，低于 9000 万人。如果这样的话，国家将为之一变，社会的活力将趋于枯竭。

当然，少子老龄化不止是日本一国的问题。一般来说，经济越是发达的国家，低龄人口的比例越低，老龄人口的比例越高。

四　日本应对人口少子老龄化的对策

面向老龄化社会，日本采取了种种措施，对 60—70 岁的"低龄老人"，由于他们大多身体健康，又有丰富的经验和知识，因此采取各种措施鼓励他们从事适合于老年人做的工作。据总务省根据人口推算得出的老龄人口就业情况显示，65—74 岁的人中有 32.2% 仍在工作，比 2002 年上升了 1.1%。地方前三名分别为长野 43.7%、福井 40.1%、山梨 39.9%。2007 年日本 65 岁以上者中在企业等工作的人数为 287 万，其中非正式员工 140 万，比 2002 年增加了 45 万；担任领导职务者 79 万，大幅超过 68 万的正式员工数量。随着少子老龄化的发展，虽然退休后仍工作的老人数量增多，但在目前的就业环境下他们难以找到稳定的职业。

在这方面，值得提到"银发人才中心"之类的中介机构，这些机构专为老年人介绍各种可使老年人扬长（经验或知识）避短（体力或活动）的工作。近年来，"银发人才中心"还把许多老人，特别是曾经是中小企业经营者的老人介绍到中国等国家当经营或技术顾问。①

---

① 总务省根据人口推算得出的高龄人口就业情况显示，65—74 岁的人中有 32.2% 仍在工作，比 2002 年上升了 1.1%。地方前 3 名分别为长野 43.7%、福井 40.1%、山梨 39.9%。2007 年日本 65 岁以上者中在企业等工作的人数为 287 万，其中非正式员工 140 万，比 2002 年增加了 45 万；担任领导职务者 79 万，大幅超过 68 万的正式员工数量。随着少子高龄化的发展，虽然退休后仍工作的老人数量增多，但在日本经济形势不好的情况下他们难以找到安定的职业。

对 70—80 岁的"中龄老人",政府鼓励他们在社区内多发挥作用;对老年人的各种优待也大多从 70 岁开始。比如在东京,70 岁以上老人可以免费乘坐东京都经营的地铁和公共汽车,但如果收入超过一定水平则须少量付费。据说,政府为老人出这笔钱最终还是为了节省开支。因为老人有了免费乘车券就会多出门,而多出门就可有利健康少生病,从而减少政府的医疗费负担。现在日本的老人的健康状况很不错,据日本厚生劳动省进行的"高龄人健健康意识调查",只有 17.6% 的老人认为自己的健康不太好。

至于对 80 岁以上的高龄老人,政府尽量使他们保持健康,对有病的老人提供更加便利的护理等方面的服务。

在少子化对策方面,面对有史以来最低的出生率,日本政府大力推进少子化对策,采取各种措施鼓励国民生育并充实保育服务,包括生一个孩子可领取 30 万日元补助,还可以少缴税,从 2006 年开始许多地方的商店对有孩子的家庭购物给予优待。此外,政府还实行促进青年男女交往的各种计划,然而,这些措施效果甚微。据报道,日本政府在岛根县实施了一项为期 3 年、耗资 15 万美元的"幽会计划",结果只促成了 7 对恋人结婚和 4 个婴儿出生的结果。

与此同时,日本的媒体也在为一种可称之为"生育爱国主义"的呼声推波助澜,为 2006 年结婚和出生人数比上年有所增加而兴高采烈。然而,"远水解不了近渴",即便少子化对策产生效果,出生率从现在起年年增加(实际上很难做到),至少在今后 20 年甚至更长的时间,对于日本经济社会发展来说,人口减少与少子化仍将是一个挥之不去的阴影。而日本的少子化对策鲜有效果的根本原因在于,少子化现象是日本经济、社会、文化等方面发展变化的综合产物,而政府却企图仅仅使用经济手段来解决这个综合性的问题。

日本前首相福田康夫于 2008 年 5 月表示:"我们需要动员全社会的力量,以便让妇女和家庭在工作之余有能力抚养孩子。"① 日本政府正在推行"工作与生活平衡"计划,其最终目的就是让日本人生育更多的孩子。但

---

① 美国华盛顿邮报网站 2008 年 8 月 28 日。

是，有专家称，"在英国、美国这样的国家，每出生一个孩子所产生的碳排放量是埃塞俄比亚的 160 倍"。① 为了减少碳排放，拯救地球，最好的办法就是少生孩子。以现在的增长率估计，世界人口将从目前的 67 亿增加到 2050 年的 90 亿，那样的人口数量将使全球资源不堪重负，并可能使气候变化达到极限。为了减缓地球温暖化，减少出生率可能是最好的选择之一。然而，日本出于民族主义的忧虑，要人们多生孩子的政策，从拯救地球的角度看，不免让人觉得是"倒行逆施"。

归根结底，一个封闭的、保守的社会，一种不够开放的、缺乏大度的文化，决定了日本不可能走出少子化的死胡同。

马克思、恩格斯认为：只有当人口生产、物质生产和精神生产这"三种生产"相互联系、相互影响和相互作用，只有当人类进入到社会发展的高级阶段，"三种生产"才能达到高度协调一致、同步运作和发展。笔者认为：只有运用马克思主义的"三种生产"相互协调的理论，采取正确、有效、开放的对策，才可能为日本真正解决少子化问题找到出路。②

（原载《当代亚太》2009 年第 2 期）

---

① 美国芝加哥论坛报网站 2008 年 8 月 27 日。
② 马克思和恩格斯：《费尔巴哈》，《马克思恩格斯选集》第 1 卷，人民出版社 1972 年版，第 32—35 页。

从日本看世界

——日本的移民问题

移民可以分为移出民（emigrant）和移入民（immigrant）。当今日本人谈到"移民问题"时一般指"移入民"问题。

不过，为了深入讨论日本面临的"移入民"问题，不应该忽视日本曾是一个"移出民大国"，至今每年仍有大约7000日本人移居美国。所以，为了客观、公正地讨论日本的移民问题，不能不从"移出"和"移入"两个方面回顾和观察一下过去的日本与现在的日本的"移民问题"。

一　日本的移出民与移入民

在中世纪，日本曾经输出过奴隶。在明治维新以前实行锁国政策期间日本没有大规模输出移民。1868年明治维新开始之年，日本应夏威夷驻日本总领事的要求，向夏威夷送出150多名移民，成为日本开国后送出的第一批移民，但是，这批移民由于在当地受到极其恶劣的待遇，甚至发展成国际问题。从明治维新到第二次世界大战以后，由于劳动力过剩、20世纪20年代末的世界经济危机以及对外发动侵略战争和实施殖民统治的需要，日本成为大举送出移民的国家。

（一）日本向北美、南美等地的移出民

日本最初的移民目的地包括美国、巴西等南美国家、美国统治下的菲律宾以及日本托管的太平洋岛屿。其中巴西是在世界上最大的有日本血统的人们的居住地。第二次世界大战以前，很多日本移出民在当地从事农

业、修路及其他土木工程，那些以从事农业为目的的移民在到达目的地后，面对着广阔的可供开垦的原野，开荒种地，付出了极大辛劳。但是，也有的日本移出民去了没有可供开发的荒地（例如多米尼加），成了事实上的"弃民"（被国家遗弃的移出民）。

在向国外移民形成一股潮流的岁月里，横滨、神户成了希望向国外移民的人们的主要集聚地，出现了为移出民办出国手续和提供暂时寄宿场所的"移民宿"。

巴西曾经是日本移出民最大的目的地。1908 年日本移出民从神户港出发，开始向巴西迁移，至 2008 年已有 100 年的历史。日本血统的巴西人，即移民到巴西的日本人的子孙，现在有 150 万人。由于农村贫穷，日本"帝国政府"奖励向海外移民，但是，进入 20 世纪 20 年代，当时接受日本移民最多的美国对日本血统的移民的种族歧视愈演愈烈，鼓吹所谓"黄祸论"，实际上禁止接受日本移民，从而使巴西成为接受日本移民最多的国家。战后日本继续向巴西移民，到了 20 世纪 60 年代以后，很多日本企业到巴西进行直接投资，作为当初的日本移民的第二代、第三代，日本血统的巴西人在巴西社会形成的"日本人勤劳、守信用"的社会舆论，起到了促进日本企业对巴西市场的渗透作用。现在，已经到了日本移民的第四代、第五代，他们已经完全被巴西社会同化了。

当初移民到美国的日本人的子孙、即日本血统的美国人（Japanese American）也不少，达 1221773 人，占美国总人口的 0.4%，在美国的亚裔中，日本血统的美国人仅次于菲律宾血统的美国人、中国血统的美国人，居第三位。

据 2001 年的数字，日本血统的加拿大人有 85230 人（其中 26000 人为混血）。日本血统的秘鲁人估计达数十万，占秘鲁人口的约 3%。在南美洲，秘鲁是仅次于巴西的日本移民的目的国。此外，日本血统的菲律宾人估计有 10 万—20 万人。

从日本移民到北美及南美的日本人及其后代，在第二次世界大战中有很多人被收容到强制收容所，即使在战后一段时期，仍有很多人遭受到强烈的民族歧视。之所以出现这种情况，在很大程度上与日本军国主义对外发动侵略战争，甚至将战火扩大到美国的夏威夷、挑起太平洋战争有紧密关系。

马克思在 1853 年所写的《强迫移民》中指出，资本主义社会的人口迁移"正是生产力的增长要求减少人口，借助于饥饿或移民来消除过剩的人口。现在，不是人口压迫生产力，而是生产力压迫人口"。① 马克思的这段话深刻地揭示了日本在战前和战后向北美、南美等地大量移民的原因。

（二）日本向中国东北的移民

1904—1905 年日俄战争后，日本向中国东北地区进行农业移民，但其移民侵略活动由于各方面原因，特别是中国人民的坚决反对，没有完全得逞。20 世纪 20 年代末，世界爆发了空前的经济大危机，大危机的飓风迅速席卷日本，农村受到严重冲击，米价大幅度下跌，部分农作物的价格甚至抵偿不了运输费，出现了"丰收饥馑"。日本帝国主义认为，要解决危机带来的各种社会矛盾，最好的办法是向海外移民。"九·一八"事变为日本帝国主义向"满洲移民"创造了一个千载难逢的良机。1931 年发生"九·一八"事变后，日本政府通过了《满洲农业移民案》，并组织五次试验移民。1936 年 2 月 26 日，日本爆发了"二·二六"事件，冈田内阁垮台，原外相广田弘毅上台，组成了听命于军部的内阁。广田内阁成立后，制定了七大国策，向中国东北大规模移民成为七大国策之一，随后，关东军制定了《满洲农业移民百万户移住计划案》。1939 年 4 月，日本帝国主义开始实施向中国东北"百万移民"的侵略计划，民间立即掀起了向中国东北移民的热潮。在 1931—1945 年的长达 14 年的殖民统治期间，日本帝国主义大规模地将日本人迁徙至中国东北地区和朝鲜，并逐渐使之成为中国东北和朝鲜占统治地位的民族，进而同化当地人民，为完全吞并东北和朝鲜创造条件。②

从上述情况可以看出，战前日本向美洲等地的移民与向中国东北和朝鲜的移民有着不同的特点和目的，前者的实质是"弃民"，是其国内"生产力压迫人口"所造成的结果；后者的实质是"殖民"，是为了实现和巩

---

① 《马克思恩格斯全集》第 8 卷，第 619 页。
② 《环球时报》2003 年 9 月 10 日第四版。

固对移民目的地的殖民统治而有计划地实施大规模的人口迁徙。

（三）战后日本的移民：从"移出"到"移入"

第二次世界大战以后，日本继续向国外移民，直到进入战后经济高速增长时期，由于国内对劳动力的需求增大，移出民迅速减少。

战后首先流入日本的是战前成为日本殖民地的朝鲜移民。1946 年日本的大阪府行政机关就急急忙忙制定了专门针对朝鲜人的"朝鲜人登录制度"（由于遭到朝鲜人的强烈反对，该制度施行仅一年即告废止），就反映了战争刚刚结束就有大批朝鲜人涌入日本，1950 年朝鲜战争爆发后，流入日本的朝鲜难民不断增加。据日本总务省统计，如今旅居日本的朝鲜族移民共有 63.24 万人，居旅日外国人首位，而日本的新老华侨达到 42 万人。经过几十年的风风雨雨，旅日朝侨已经融入日本社会，不少朝侨已经加入了日本国籍。据统计，1952—2000 年的入籍者共有 24.37 万人，与此同时，朝侨与日本人的通婚率也开始上升。

战后来自中国台湾的"侨民"也大量增加。这是因为甲午战争后台湾地区成为日本的殖民地，大量台胞以"日本国民"身份移入日本。日本发动侵华战争以后，旅日台胞被视为"敌对国国民"在日饱受歧视和屈辱。日本战败后，数以万计的旅日台胞恢复华侨身份，使在日华侨激增 75%，随着台胞在日本的身份被正当化，从台湾地区流入日本的移民（侨民）逐年增加。

日本在 20 世纪五六十年代实现经济高速增长，还清了世界银行的借款，继而在 1985 年广场协议后出现了日元大幅度升值，日本成了名副其实的发达国家，从外国向日本的移民稳步增加。

在 20 世纪 70 年代，巴西出现严重的通货膨胀，经济陷入困境，而日本却实现了高速经济增长，克服了两次石油危机带来的冲击。在此背景下，日本与巴西之间的移民流向出现了逆转。大批巴西的日裔回流到日本打工。特别是 1990 年日本修改出入境管理法，开始不受限制地接受日本移民的第二代、第三代入境，导致大批巴西日裔来到日本打工。现在，在日本生活的巴西日裔已增至 30 万人。作为当年日本移出民的第二大目的国的秘鲁，也有大量日裔返流日本，在 2006 年底，有 57728 名持有秘鲁国籍的日裔（包括与日本的双重国籍者）在日本登录。

这就是说，从20世纪70年代开始的日本的移入民潮，正是战前战后日本的移出民潮的后裔的返流，体现出了日本的移民问题的"双向性"。

在冷战结束以后，整个世界的跨国人员流动日趋活跃，在此背景下，从外国流入日本的移民增加的速度有所加快。

与日本人口趋向老龄化相比，在日本的外国人的人口结构却呈"青壮化"倾向。在日本的全体外国人人口中，0—14岁的人口占9.5%，65岁或以上的人口仅占5.3%。因此，接受大量移民对缓解日本人口的少子化和老龄化也将作出贡献。

截至2005年末，在日外国人已达203万人。由于日本在国籍政策上采取的是血统主义政策，因此，200多万在日外国人中，除去非法滞留、旅居、留学生、就职人员之外，真正以日本国民身份生活在日本的外国人比率是很低的。据日本法务省2003年的统计资料，在日本定居的外国（族）人只占日本总人口的1.98%，这里面还包括久居日本的在日韩国人和朝鲜人（大约70万人左右）、华侨（40多万人左右）。少数民族及外国移民在日本总人口所占比例之低，与欧美国家相比是世界上罕见的。

表1 　　　　　　在日本的外国人登录人口的比例（2006年底）　　　　（单位:%）

韩国、朝鲜	中国	巴西	菲律宾	秘鲁	美国	其他
28.7	26.9	15.0	9.3	2.8	2.5	14.8

注：中国人的比例在2007、2008年又有进一步的提高。

资料来源：财团法人入管协会《在留外国人统计》（2007年版）。

二 战后日本对待移民问题的态度和政策

40年前，全球移民的58%是一些发展中国家的人们为了逃避自然灾害、饥荒、战争等而移民到外国。如今，移民潮流的主要特征体现为从穷国流向富国，从发展中国家流向发达国家以及从经济增长缓慢甚至停滞的国家流向经济增长迅速的国家。目前全球移民的46%都在发达国家重新开始自己的新生活。在经济全球化的背景下，各国政府和国际社会更加全面、理性地看待移民问题，采取进一步放宽对技术移民的准入的比较务实的政策，以期扩大国际迁徙的积极作用，特别是在争夺科技人才成为21世纪国家利益和综合国力竞争的核心领域的情况下，世界各国为了增强本国科技和经济竞争力，把超越国界吸引科技人才作为一项重大战略措施。[①]与此同时，大量接纳移民也给一些国家的社会和经济发展带来不利影响，甚至导致一些国家的仇外、排外的极右势力的抬头。为此，作为移民目的地的各个国家在接纳移民问题上也注意到尽量"趋利避害"。[②]

据联合国的估算，2005年全世界约有1.9亿人在他们出生地以外的国家生活，这个数字不及世界总人口的3%，即相当于全球每33个人中只有一个移民。这说明与经济全球化潮流相比，当今世界人口迁移的规模并不大。

作为移民的主要目的地的发达国家，面临着由于人口结构老化而导致"社会老化"、一般劳动力短缺等问题。其中，一般劳动力短缺问题未必是"绝对短缺"，因为大多数发达国家还存在失业问题，这意味着一方面是"有事没人干"，另一方面是"有人没事干"。"有人没事干"的原因在于当经济萧条时，有吸引力的就业机会减少，导致失业率增高；"有事没人干"的原因在于不少人宁愿选择失业也不愿从事工资少、社会地位低的"累活儿、脏活儿、险活儿"。为此，大多数发达国家均在不同程度上引进一般劳动力乃至接纳移民，防止社会老化现象继续发展。

---

① 比如，美国从1990年起开始发放H—1B签证，专门用于吸收具有特殊技能的国外人才。从1999—2001年，每年又逐步增加了H—1B签证数额，从6万人增加至11.5万人。美国前任总统克林顿甚至向国会提出将该类签证增加到20万人。此外，美国政府还不断通过为国外科技人员提供优厚的待遇、增加科研资金和设立荣誉奖励等措施吸引其来美定居和服务。德国在2001年7月出台了新移民政策，旨在应对德国专业人才缺口所导致的国际竞争力下降问题。根据该政策，德国每年将有5万名外国移民，其中科技人员占输入移民总数的比例超过60%。2005年初，德国又颁布实施了《新移民法》，在增加对非法移民及劳工的限制的同时，采取了进一步有利于高技术移民来德工作或定居的措施，包括允许留学生毕业后可延长一年居留期等。

② 例如，近年来欧盟各国纷纷调整移民政策，概括起来包括：（1）加强了打击非法移民的力度；（2）进一步协调和规范成员国有关难民准入的标准；（3）更多地关注移民的人权以及移民融入目的国所带来的社会问题；（4）引导和控制欧盟内部新成员以及来自其他地区的移民流动，防止大量非技术移民涌入发达地区等。2005年7月，英国提出了新的移民政策咨询文件《有选择的准入：使移民为英国利益服务》，旨在强化对移民的管理。美国移民政策一直比较宽松，但"9·11"恐怖袭击事件后，因反恐和国土安全的需要，美国采取了严格的出入境管理措施，移民政策亦趋收紧。

　　在接纳移民问题上，世界各主要国家的态度和政策有很大不同。有的国家十分积极、开放，比如美国，这个本来就是由移民构成的国家，20世纪初，外国出生人口占到美国人口的13.6%，但因为第一次世界大战和20年代移民政策紧缩的影响，这一比例急剧下降，到1970年已经降到4.7%。其后美国的移民政策趋于稳定，移民人数不断增加，外国出生人口占全国总人口的比例在1990年上升到了7.9%，在2006年进一步上升到了12.5%。预计美国的移民人数及其占人口的比例还将继续增加。[1] 此外，面临劳动力短缺问题的加拿大、澳大利亚、新西兰等国对引进知识移民也很积极。

　　欧洲在接纳移民问题上比较积极、开放，移民在总人口中所占的比例达到6.4%。尽管大量接受移民给欧洲带来不少社会问题，但是，由于人口结构日趋老龄化，今后欧洲仍然需要继续接纳移民。据联合国2000年的报告，到2050年欧洲共需引入7700万外国劳动力。西班牙每年至少要输入25万名普通劳动者才能满足对劳动力的需求。英国劳动力市场现有55万个岗位空缺。法国现在每年接纳近20万移民劳动力。就连葡萄牙这样的小国，每年也需引入2万劳动力。

　　在古代和近代历史上，日本尽管也曾接纳过移民（大约公元前200年前后，大批的汉人和朝鲜人移居日本）并输出过大批移民，当今日本却是一个对接受移民十分消极、保守的国家。日本人口结构少子化和老龄化问题十分严重，有专家估计日本要保持经济长期稳定增长，每年需补充60万劳动力，然而，日本却担心大量移民的涌入会导致日本从"单民族国家"变成"多民族国家"，破坏日本社会的秩序和安宁，为此，战后日本对待外国移民采取了一种近乎"锁国"的政策，禁止从事简单劳动的无技能外国人移入，[2] 原则上不接受以永住为目的的外国人移入，[3] 严格控制境内外国人"永住"权的发放（除在日有恒久的生活基础，且其永住会给日本带来益处者外，不轻易允其永住）。[4] 由于采取了各种限制移入民的政

① 据美劳工部统计，到2010年美国普通岗位需引入6087万劳动者。
② 内田直作：《日本华侨社会研究》，日本同文馆1949年版，第6—7页。
③ 请参照朱慧玲《当代日本华侨教育》，山西教育出版社1996年版。
④ 人国管理局编《外国人入国在留登录手册》，1990年，第15页。

策，导致日本成为发达国家中移民人口占总人口比例最低的国家。直至 2008 年，在日外国人总数仅为 215.3 万人，仅占日本人口的 1.7%。① 在引进知识移民方面，日本也十分保守，根据经济合作与发展组织（OECD）的数字，发达国家的外籍高层管理人才占该国所有工作者的比例，加拿大以 7.2% 居冠，美国也有 6%，日本却仅占 1.1%。

但是，由于少子老龄化问题日趋严重，也由于日本年轻人疏远普通劳动，特别是艰苦劳动的倾向日益增强，日本产业界人手不足的问题越来越尖锐，70% 的日本企业仍感劳动力短缺。在此背景下，在接纳移民方面十分保守，特别是不愿引进外国单纯劳动力的日本，在事实上不得不通过引进临时性的外国劳动力作为递补，民间企业雇用外国劳动力逐年递增。另外，日本以援助培训名义短期接纳发展中国家的熟练工人，称其为"研修生"，日本还存在大量非法移民（25 万），2007 年在日本的外国劳动者超过 100 万人，许多产业实际是靠外国研修生和实习生来支撑的。据 2007 年 10 月 1 日开始实施的"外国人雇佣状况报告义务化"制度进行的调查表明，目前日本企业雇用的外国劳动者数据竟然是 1993 年第一次调查时 96528 人的 3.5 倍（显然，这个统计远非全面）。这一现象进一步表明，随着日本劳动力不足的进一步深化，日本企业越来越需要雇用外国劳动者。

在引进临时性的外国劳动力的同时，日本政府越来越重视吸引外国留学生到日本学习，其目的一方面在于为日本的大学扩大生源（由于少子化问题，日本的大学普遍面临生源紧张问题），另一方面就是将来日留学生作为接纳外国人才的后备军。日本学生支援机构公布的调查结果显示，截至 5 月 1 日，2008 年度在日留学生的数量比去年增加 5331 人达 123829 人，创历史新高。在留学生中有 32666 名研究生，63175 人就读于大学、大专或高等专门学校，25753 人就读于专门学校。其中，进入专门学校学习日语及技术的留学生比去年增幅较大，该机构分析称"也许留学生认为进入此类学校有利于就业"。在 2008 年，日本政府提出了接受 30 万名留学生的目标，已把约 430 亿日元（约合 32.5 亿元人民币）的支出列入

① http：//www. 47news. jp/CN/200806/CN2008060301000175. html.

2009 年度预算，以用于扩充奖学金制度等用途。

日本是一个四面环海的岛国，对外国非法移民的流入的阻挡和监控相对来说比较容易，与此同时也在长期的历史过程中形成了比较封闭的岛国心态，不大喜欢或不大善于同外国，特别是邻国的人员交往。

三　日益高涨的要求实行"移民立国"的呼声

一个国家的人口变化，由人口的出生、死亡、国际人口移动这三个主要因素决定。在出生率下降的趋势难以改变、人口结构日趋老龄化的形势下，为了维持一定的人口数量和比较合理的人口年龄结构，只有求助于国际人口移动、即从外国移民的因素来解决。因此，除了接纳海外移民之外没有解救日本人口危机的有效方法。日本的生存之道，只有成为世界公认的国际国家，开放自己，依靠接纳移民，向能够使日本变得生机勃勃的"移民立国"转变。

然而，对于如何应对劳动力减少的问题，日本社会一向存在着两种意见，一是主张听其自然，顺应人口减少趋势，建设一个"小而美的日本"，同时发掘老人和妇女作为生产力的作用，不主张大量接纳外国人；另一种主张就是大量接收高素质外国人口，接受移民，营造适合外国人居住的生活和人文环境。近年来，两种立场一直争执不下，但是，后一种主张有所增强。

在少子老龄化问题日趋深化的背景下，为了确保廉价劳动力，财界和政界呼吁接受移民的呼声日益高涨。日本经团联前领导人奥田硕抱怨说，日本当年明治维新的成功，就是借重外国的脑力，并加以发扬光大。如今，在日本最需要重新站起来的时候，为什么反而将优秀人才拒于门外？可以说，日本是"不积极接受外国人才的失败例子"。

为了缓解日本的少子化和老龄化倾向，日本引进外国劳动力的措施势在必行。2003 年 9 月，民主党议员提出了"接受 1000 万移民的构想"。[①]近五年后的 2008 年 5 月 15 日，以自民党前干事长中川秀直为会长，包括

---

① 浅尾慶一郎等：《1000 万人移民受け入れ構想》，《Voice》2003 年 9 月号。

前总理森喜朗等有影响力的 80 多名自民党议员组成的"推进外国人才交流议员联盟"举行会议，就扩大外国移民问题展开了深入的讨论，6 月 20 日，他们向时任首相福田康夫提出了题为《人才开国！日本型移民政策提案》的建议书，福田康夫对此十分肯定并表示将积极推动日本向移民国家的历史性转变。有人认为：日本对待移民的政策"正在发生根本的改变"，"日本吹响了走向移民社会的号角"，"日本的一场人口革命正在拉开序幕"。①

《人才开国！日本型移民政策提案》的主要建议有：

1. 日本应该在一年以内向世界宣布：为了维持日本的活力而采取"移民立国"方针，在今后 50 年实现移民占日本总人口的 10%（约 1000 万人）的"多民族共生国家"。

2. 实施不是以"获得人才"，而是以"培养人才"为基本的日本独特的"培养型移民政策"或"日本型移民政策"。其核心是通过对移民实施精心培育、使之成为能够同日本人建立良好关系的"新国民"，"将具有热情的外国人才，培育成支撑各个产业的技术员和能工巧匠，使他们尽快作为日本国民在各地区和日本社会生根开花"。这样，也就不会招致国民所担心的"因为导入移民而引起治安恶化"现象。与此同时，对日本人也要迅速展开一场建立移民国家的国民教育运动。

3. 将入住日本后到可取得"永久居住许可"的时间从现在的十年以上缩短到七年，使在日本的外国人在入境（入国）之后七年能取得日本国籍。从永住者的孩子出生那天起，就给予他（她）日本国籍，直到他（她）到 22 岁为止，允许其持有双重国籍。缩短外国人加入养老金的必要年限，使他们在老后能够及时在日本拿到退休金。

4. 在三年之内通过"移民法"，设置对移民政策实施一元化管理的"移民厅"，安排专设国务大臣。地方自治体导入外国住民的基本户籍册制度，以便于向在日外国人提供行政服务。

5. 对外国人政策从不接受以就业和定居为目的的外国人所谓的"防止定居型"政策转向"人才育成型"和"定居促进型"的入管政策。到

① 张石：《1000 万移民"进军"日本》，《世界知识》2008 年第 17 期。

2025 年将外国留学生增加到 100 万人，建立崭新的外国人培训制度，利用职业高中、专门学校培训外国人，产生出一大批由日本自己培养出来的外国人才。这种政策也有助于解决日本学校生源不足的问题。与此同时，在世界各地实施促进外国人来日和定居的各种具体措施。如在世界各地建立日语和日本文化中心，培养日语人才，争取在 2025 年之前实现留学生 100 万人计划。[①]

这个建议提出后，引起了韩国等亚洲近邻国家的人们的高度关注。

然而，笔者认为，这个被称之为"革命性文件"的《人才开国！日本型移民政策提案》依然是一个十分保守的提案，即使这个建议书被采纳，也很难说日本将从一个非移民国家向移民国家转变。

首先，按照上述建议书提出的 2050 年接受移民的数量目标，日本每年将接受移民约 8 万人，虽然超过目前日本每年接受移民的人数（只有 5 万—6 万人），但远远不能满足日本对劳动力的需要。据日本厚生劳动省于 2007 年 11 月公布的推测，到 2030 年日本的劳动力人口约为 5500 万人，比现在减少 1000 万人以上。这说明日本的劳动力人口正在以超出预想的速度在减少。世界经济论坛发表的报告估计，为了保证劳动力的供应，日本每年需要移民 61.6 万人，是上述建议书提出人数的 7.7 倍。

其次，日本政府很难改变其基本的移民方针，这就是从国外引进优秀人才或"高级人才"，参与国际的人才争夺战。专家建议，日本接受移民最好的方法就是将目标锁定在日本各大学的留学生群体中。想办法留住这部分人，才是最聪明的选择。专家建议日本政府增加接纳留学生的数量，对那些学有所长的留学生，放宽对他们的就业劳动许可。这样的话，也可以将人们担心的移民可能导致社会混乱的问题，限制在最小范围内。

的确，诚如"推进外国人才交流议员联盟"事务局对日本《中文导报》副总编辑张石所说：以前在议员中有一些人对建立移民社会抱有抵制情绪，但是现在他们回到自己的选区，回到地方，和那里的企业主、农民们谈话，都会遇到一个严重的劳动力不足的问题，因此他们的思想也发生

---

① 《読売新聞》2008 年 6 月 8 日。

了转变，有的开始支持日本建立移民国家，认为这是势在必行的。"推进外国人才交流议员联盟"的议员们还表示：把劳动分成"单纯劳动"和"技术劳动"是一种非常不合理的说法，是对从事某个领域的劳动者的不尊重，任何劳动都是需要技术和技巧的，应该彻底抛弃"单纯劳动"和"技术劳动"这种阻碍合理引进外国劳动者的观念。尽管如此，日本"不接受单纯劳动力"的国策不会轻易改变。

再者，近年来，主张大量接受移民的政治家提出了种种主张：

有的认为，应该实行"日本型的移民政策，这就是不仅接受外国的优秀人才，而且对有积极性的外国人也要加以培养"。

有的主张，"要建立日本民族和其他的民族互相尊重彼此立场的共生社会。在确认自己民族主体性的同时，必须承认所有的异民族是一种完全平等的存在。在坚持日本民族的根本精神的同时，必须尊重少数民族的固有文化"。

有的主张，"日本型的移民政策将以实现这样的社会为目标：在将来移民占日本人口10%的社会中，日本人会觉得移民是为解救日本的危机而来，因此抱有一种感激之情，他们会觉得救助在世界上要求受到保护的人（接受难民），是日本作出的贡献，令人感到骄傲"。

但是，要使日本人像美国人那样，能够与异民族的人们和谐相处，恐怕需要一个相当长的历史过程。2007年7月日本国土交通省公布的一项调查显示，只有一成的日本居民愿意与居住在当地的外国人打交道，那种认为"日本是远东的岛国，社会的均等性相对很高，不适合接纳移民"的看法相当普遍。现在，在具有根深蒂固的等级观念的日本，企业即便对本国的从业人员也要区分"正式社员"和"非正式社员"等的不同等级，他们能不能平等地对待外国劳动者，从近年来中国研修生在日本遭遇的不公平待遇可见一斑。日本要真正实现"日本民族和其他的民族互相尊重彼此立场的共生社会"这样的美丽辞藻或许真是个遥远的梦想。

2008年11月18日，日本众议院通过了由日本政府提出的《国籍法》修正案，该修正案删除了原《国籍法》要求父亲婚前指认胎儿或婚后指认必须与婴儿母亲结婚的日本国籍取得的必要条件。这个法案对于现在日本居住的几万名不能得到日本国籍的外国母亲所生之子和因为同样情况被赶出日本的孩子们无疑是一个喜讯。但是这个法案在众议院通过以后,在日本社会却掀起了轩然大波,出现了许多中伤外国人的言论,参议院也不得不推迟对这个修正案的审议。此法案的风波暴露了日本社会排斥外国人的倾向根深蒂固,日本走向国际化的路程仍然步履维艰。

最后,目前,即使上述这样保守的建议依然遭到激烈的反对。有人举出居住在日本的外国人犯罪的事实,认为扩大接受移民将影响日本社会的安定,还举出欧盟一些国家相继推出限制移民的政策,或对接受移民、难民采取更严格的措施等事实,激烈反对扩大接受移民的政策。有人甚至蛊惑人心地展望今后的日本社会将会因为移民而改变面貌:"十年后日本人多为老人,年轻人多为外国人(特别是中国人和朝鲜人),届时日本社会将形成三层结构,最上层是在美国取得博士学位、仰美国鼻息的精英层,中间是以中国、朝鲜移民为主的经营层,最下层是日本劳动者。"[1] 2008年5月30日,日本法务省的课题研究小组负责人、副大臣河野太郎表示,该小组已草拟了《入境管理改革案》,将规定定居日本的外国人口不得超过日本总人口的3%。《改革案》同时将建议收紧外籍日裔居留条件,申请居留人必须有固定职业并具备一定的日语能力。可以认为,日本的"人口革命"尚路途遥遥。

然而,一个号称"国际化"的日本如果不彻底改变迄今的"闭关锁国"式的人口政策,对今后的日本很可能是一个历史性的错误选择。

四 中国人或将成为日本移入民的最大源泉

中国海外移民最显著的特点是民间自发的移民活动,走和平相处、共同发展的道路,而不是走帝国主义的道路,在海外建立殖民地。[2]

当代中国海外移民与近、现代中国海外移民相比,移民结构发生了很大的变化,以前以劳工为主,而现在大致可以分为三类:一是劳工移民,

---

① 平田文昭:《正统保守宣言》,http://hiratafumiaki.blog.so-net.ne.jp/archive/c2300202865—1。
② 曾少聪:《东洋航路移民——明清海洋移民台湾与菲律宾的比较研究》,江西高校出版社1998年版,第227—228页。

二是专业人才移民，三是投资移民。在劳工移民中，非法移民占有一定的比例。

有关中国的对日移民，报道很多，但深入的研究不多，因为在亚洲，近、现代中国移民主要流向东南亚。战后，尤其是日本成为经济大国、中国实行改革开放以后，流向日本的中国移民迅速增加。

首先，在日本有很多来自中国台湾的侨民。甲午战争后台湾成为日本的殖民地，大量台胞以"日本国民"身份迁移日本。在日本侵华战争期间，旅日华侨作为"敌国国民"在日本饱受歧视和屈辱。日本战败后，数以万计的旅日台胞恢复华侨身份，使在日华侨激增75%。1949年新中国成立至1972年中日邦交正常化，迁徙到日本的中国人几乎都是台胞而没有大陆的中国人，致使中国台湾籍人士占旅日华侨总数的比重一度达到50%。中日邦交正常化后，以留学、工作、国际婚姻等资格进入日本的中国大陆籍人士与日俱增，改革开放后到日本定居的"新华侨"人数日渐超过"老华侨"（1972年以前，主要是1972年前从中国台湾等地迁徙日本的人们及其子孙，多为"永住者"）。今后，日本走向移民社会，在世界上人口最多的近邻中国必将成为其移民最大的源泉，当前的现实已经展现出这种趋势（见表1）。

表1　　　　　　　　　　近代以来在日中国人总数的推移　　　　　　　　（单位：人）

年　度	人　数	年　度	人　数	年　度	人　数
1840	3400	1920	14258	1975	48729
1876	1372	1926	22272	1980	50353
1880	3739	1930	30836	1981	55616
1890	5498	1935	27995	1983	59122
1893	5354	1936	29671	1984	63146
1894	1576	1937	17946	1985	67895
1895	3642	1938	17043	1986	74924
1896	4523	1940	20000	1987	84397
1897	5206	1948	34482	1988	88128
1899	5297	1950	40481	1989	129269
1900	6890	1960	45535	1990	150339
1910	8420	1965	49418	1992	195334

续表

年　度	人　数	年　度	人　数	年　度	人　数
1915	12046	1970	51481	1993	210138
1918	12136	1972	48089	1994	218585
1919	12294	1973	46642		

资料来源：1920 年以前的数据参见山胁启造《近代日本的外国人劳动者问题》，日本明治大学国际和平研究所 1993 年版，第 12、19—22、271 页。1920—1938 年参见臧广恩《日本华侨教育》，海外出版社（台北）1959 年版，第 4 页。1940—1980 年参见《关西华侨报》1992 年 1 月 1 日。1980 年以后参见历年《在日外国人统计》。

当今，在日本的中国移民或人们所说的"在日华人"的特点是：

第一，从日本开始统计外国人人口的 1959 年以来，2008 年在日中国人第一次占据首位，为 606889 人（占全体外国人人口的 28.2%，在日韩国、朝鲜人的比例为 27.6%），成为在日外国人中最大族群。在受雇的外国人中中国人的比例更高。据日本厚生劳动省公布的在日外国人雇佣状况报告（快报）显示，截至 2008 年 6 月底，日本企业雇用的外国劳动者已达 338813 人，其中中国人达 149876 人，占 44.2%；其次是巴西人，为 70809 人，占 20.9%；菲律宾人第三，为 28134 人，占 8.3%；G8 加上澳大利亚、新西兰位居第四，为 24210 人，占 7.1%；韩国人第五，为 13106 人，占 3.9%；秘鲁人第六，为 10632 人，占 3.1%；其他为 42046 人，占 12.4%。

来自中国大陆的留学生数量以 72766 人高居国别地区榜首，其次为韩国、中国台湾、越南。在各大学中，就读于立命馆亚洲太平洋大学的留学生最多，达 2644 人。除留学生外，在以"研修科技"为名来到日本的大批"研修生"中，中国人也占有最大比例。比如，在北海道的外国人研修生和实习生中，有 97% 是中国人，他们分布在北海道在全国占 40% 的缝纫制衣企业和占全国 65% 的水产加工业。广岛东部的纤维关联六团体，准备在 2005 年提出申请，希望把福山市变成外国研修生特区。

第二，在日中国人的年增长率最高，他们在 70 年代末期开始呈增长趋势，80 年代后更是增长迅速，1989 年在日中国人的登记人口为 137499

人，到了 2007 年增长为 606889 人，是 1989 年的 4.4 倍。最近数年来年增长率约为 7.8%，是全体外国人增长率的两倍多，是亚洲、南美、北美、欧洲增长率的两倍多。

第三，在日本的中国人中，未满 15 周岁的人口占 6.5%；15—64 岁的劳动力人口占 91.8%（比日本人的 66.1% 高出 25.7 个百分点）；65 岁以上的仅占 1.84%（比日本的 20.1% 低 18.3 个百分点）。在日中国人不仅多是劳动人口，更是旺盛的生育人口。有关专家指出，在日外国人人口的青壮化，意味着可以通过引进外国劳动力缓解其老龄化倾向。

第四，每年都有 1 万以上的中国人和日本人结婚，中国新娘进入日本的势头更猛，2001 年为 13936 人，2002 年为 10750 人，2003 年为 10240 人，2004 年为 11915 人，2005 年为 11644 人，2006 年为 12131 人。到 2006 年为止的 20 年间，中日国际婚姻生子已达到 60779 人。但是，必须指出，中日国际婚姻存在着严重的性别不平衡，中国妻日本夫的结合数约为日本妻中国夫的结合数的十倍。日本的女大学生反映：大批中国女性嫁到日本来，使自己感受到压力，担心会找不到丈夫。

第五，由于日本的移民政策不够开放，日本大学、研究机构、民间大企业接纳来自发展中国家的人才也不够开放，加上一部分民间中小企业不能平等对待来自发展中国家的劳动者，甚至发生了很多虐待所谓"研修生"（以到日本"研修"技术为名，实际上被作为劳动力使唤）的事件，因此，特别是在来到日本的中国、印度等国的技术人才当中，不少人实际上是以日本作为临时性的"跳板"，待条件成熟后再作"二级跳"，设法向美欧等地移民。

（原载《当代日本报告》，冯昭奎、林昶，社会科学文献出版社 2011 年版）

第二篇

科技革命

日本技术进步的辩证法

第二次世界大战结束后不久，美国《生活》杂志刊登了一幅被炸成废墟的东京照片，下面写着"没有技术的民族的末日"。为了大力振兴"成为这次战争的最大缺陷的科学技术"① （当然这绝不是侵略战争失败的根本原因），日本科技界在 1949 年成立了"日本学术会议"，并从次年开始大规模引进技术，推动技术进步。

在战后日本技术进步的整个过程中，1949—1979 年可说是最活跃、最精彩、最富有日本特色的一段时期。其中，1960—1973 年，日本的全要素生产率（TFP）的增长率为 6.1%，大大超过美国的 1.5% 和经济合作与发展组织（OECD）各国平均值的 2.8%；1973—1979 年，虽然日本的 TFP 增长率降为 1.8%，但仍明显超过美国的 - 0.1% 和 OECD 的 0.7%。进一步考察技术进步对 TFP 增长的贡献可以发现，1960—1973 年，在日、美、OECD 的 TFP 增长中，技术进步的贡献率分别为 62.9%、39.5%、53.8%；1973—1979 年，这组数据分别为 47.4%、- 3.6%、24.1%。② 美国 TFP 出现负增长的原因在于，本应成为技术开发主体的制造业出现衰退，以及为了与苏联开展军备竞赛将过多资源挥霍在对提高经济效率作用不大的军需产业。可以看出，日本的技术进步对 TFP 增长的贡献度大大超过美国和 OECD。日本学者金森久雄对日本经济与欧美经济进行比较的结果也表明，日本技术进步对经济增长的贡献大于欧美。③

---

① 中山茂：《科学技术战后史》，岩波书店 1995 年版，第 9 页。

② Englander & Mittelstadt, "Total Factor Produclivily; Macroeconomic and Structural Aspects the Slowdown", *OECD Economic Studies*, 1988.

③ Kanamori H., "What Accounts for Japan's High Rate of Growth?", *The Review of Income and Wealth*, Vol. 18 1972.

本文依据 1949—1979 年日本科技发展的相关资料，从社会需要、产业发展、企业间竞争、企业内关系这四个层次，对这 30 年间日本技术进步的进程与机制进行分析。

一 社会需要与技术进步

社会需要推动技术进步，对此大概不会有人提出异议。据统计，英、美等国的技术创新中有 70%—80% 直接导源于社会需要。[①] 而在社会需要中，物质生活需要是最基本的一环，被马克思称为人类的"第一个历史活动"[②]。

（一） 社会需要推动技术进步

克里斯托夫·弗里曼将技术创新划分为渐进式创新和突变式创新，其中渐进式创新通常是由不断发展的社会需要所推动的，以模仿、改良和市场导向为特征的，接连不断的技术创新，"这类创新对于各种生产要素效率的改善具有极其重要的意义"[③]。战后日本的技术进步，基本上是由接连不断的渐进式创新所构成的。而这又源于不断发展的社会需要。

战后初期，洗衣机、电冰箱、电视等塑造的美国家庭生活情景通过媒体被广大日本国民所了解，并成为他们的一个梦想。虽然战前日本也有人使用家用电器，但那只是占不到 1% 人口的上流阶层的"专利品"，而在同时期的美国，家用电器的普及率已超过 50%。[④] 洗衣机、电冰箱、电视被称为"三种神器"，成为战后日本民众新生活的象征，"可以毫不夸张地说，高速经济增长期开始于家用电器的普及"[⑤]。

然而，由于战前的日本将资源高度集中于发展军事技术，极度轻视也

---

① 参见王月辉《社会需要与技术进步》，《自然辩证法研究》1991 年第 3 期。
② 参见《马克思恩格斯选集》，人民出版社 1972 年版，第 32、33 页。
③ 克里斯托夫·弗里曼：《技术政策与经济绩效》，东南大学出版社 2008 年版，第 2 页。
④ 中山茂：《科学技术战后史》，岩波书店 1995 年版，第 99 页。
⑤ 金森久雄、日本经济研究中心编《技术革新和产业结构——2000 年新潮流》，日本经济新闻社 1987 年版，第 108 页。

无暇关注民生技术；加之 1939 年美国废除《美日通商航海条约》，日本从美国引进技术的途径被彻底断绝达十年之久，而这时正值世界技术革新长波的上升期，欧美国家的技术获得迅速发展，大大拉开了与日本的差距。日本社会对物质生活水平的迫切要求，与当时相对滞后的生产力之间形成了尖锐的矛盾，需要通过从国外引进技术来满足。

引进欧美式消费，虽然也可以通过进口相关商品来解决，却只能满足极少数富有阶层的享受需求。为了使欧美式消费能为广大日本民众所享受，从根本上振兴国家经济，必然要求引进支撑欧美式消费的先进技术。为此，在战后一段时期内，日本政府禁止进口当时看来属于"奢侈品"的耐用消费品，而将有限的外汇用在刀刃上，积极引进国外先进技术，使有限的外汇和其他资源的分配服从于引进技术的需要。始于 1950 年的技术引进在 1960 年达到了高潮，技术进步使日本国民的生活需要得到了满足。

20 世纪 70 年代，石油危机爆发、日元的固定汇率制度向浮动汇率转变、公害问题日趋严重及日美贸易摩擦不断升级，使战后的日本技术进步第一次面对需要的飞跃发展。它表现为消费需要的质的提高和多样化，也表现为需要的多层次化，形成由民众消费需要、产业升级需要、国家经济安全需要及应对全球资源与环境危机需要组成的多维立体结构。就在第一次石油危机发生前一年，罗马俱乐部曾发表题为《增长的极限》的报告，警示人们"认识世界环境的量的限度以及超越限度的灾难性后果"。[1]

而石油危机等所引起的社会需要发展突变，给日本的技术进步带来一个异乎寻常的强大动力。作为一个高度依赖石油进口（主要来自中东地区）的"资源小国"，日本对石油危机冲击的感受尤为强烈。

危机所造成的冲击越大，危机推动技术进步的力量也就越大。与其他工业化国家相比，"资源小国"日本所受到的冲击要大得多，从而必然产生较其他工业化国家更加强烈的促进技术进步的动机。而且，这种技术进

---

① 恩格斯指出："我们决不要过分夸耀我们对自然界的胜利。为了这样的每一次胜利自然界都是要对我们进行报复的。"参见《马克思恩格斯文选》，外国文书籍出版局 1955 年版，第 9 页。阿尔温·托夫勒也指出："……两个变化，使工业文明再也不可能，'正常地'生存下去。……第一，我们在征服自然的战役中，已经到达了一个转折点。生物圈已经不容许工业化再继续侵袭了。……我们不能再无限地依赖不可再生的能源，而它至今还是工业发展的主要补贴。"参见阿尔温·托夫勒《第三次浪潮》，生活·读书·新知三联书店 1983 年版，第 17 页。

步必然更多地依靠自主创新而不是引进和模仿，因为其他工业化国家也是第一次遇到这样的危机，而且它们为应对危机而推动技术进步的动机也不像日本那样强烈。恰恰是这一点，赋予了日本化"危"（危机）为"机"（机遇）、赶超具有先进技术水平的欧美国家的一个绝好机会。在严重的危机意识下，日本整个技术体系被动员起来，进入一种高度紧张、亢奋、积极的状态，推出了一系列有利于应对危机的新产品、新技术、新工艺及新的生产组织方式。

应对石油危机的办法无非是"开源节流"。其中，"开源"既包括技术上的课题（发展核电和开发新能源），也包括外交上的课题（推行能源外交）；"节流"既包括产品革新的课题，也包括生产过程革新的课题。日本的钢铁、石油化工等"重厚长大"产业是耗能大户，占全国能源消费的60%以上，在石油危机及公害等问题面前，这些产业不得不实施"减量经营"①，同时将推广节能技术作为重中之重，大力发展节能产品与工艺②。而作为日本最重要的主导产业和出口产业，汽车产业更成为不断推进技术创新、改良产品性能的典范。石油危机后，世界汽车业如同进入了严冬，日本汽车产业却逆势而上，将此作为挺进世界市场的机遇。1972年本田公司开发的CVCC发动机，在全球率先通过了当时最为严格的美国环保法规——《马斯基法》，奠定了其在环保发动机领域的领跑者地位。日本各大汽车公司积极利用微电子技术控制发动机燃料喷射等，使燃烧状态达到最佳化，也带来了明显的节能效果。与此同时，日本政府也在1974年开始实施"阳光计划"（开发新能源），在1978年开始实施"月光计划"（开发节能技术）。

总之，在70年代，日本企业应对危机的技术进步的特点是节流重于开源，生产过程革新重于产品革新。经过两次石油危机，日本产业的国际

---

①　在两次石油危机后，"重厚长大"产业曾被认为是"夕阳产业"。然而在21世纪日本长年停滞的"重厚长大"产业却由于中国旺盛的设备投资而复活。这说明在全球化时代，产业结构问题已成为国际范围的问题。

②　例如，钢铁产业推进"脱石油化"的技术革新，导入回收生产过程中所排放的"废气"和"废热"的技术设备，提高连续铸造比例，促使生产每吨粗钢的能耗大幅度降低；电力产业推进能源多样化，开发提高能源利用效率的技术，开发新能源，提高汽轮机的规模效益从而将热效率提高到接近理论极限等。

竞争力不仅没有减弱，反而得到了进一步加强，以至在 80 年代被誉为"世界工厂"。日本作为"资源小国"，却拥有缺乏资源所带来的压力和由于这种压力而激发出的活力。拿日本和某些"资源大国"做个比较，这种因缺乏资源带来的压力和活力比资源本身更加重要。①

（二）技术进步推动社会需要的发展

技术进步不仅被动地应对需要，也具有积极开拓尚不存在的市场需要的作用。技术与需要的矛盾既表现为"现在已有的需要"与"现在尚没有的技术"之间的矛盾，也表现为"现在尚没有的需要"与"现在已有的技术"之间的矛盾。后者会推动企业积极利用"现在已有的技术"（或"技术种子"），促使"现在尚没有的需要"转化为新的现实需要，也就是以新技术产品开拓市场、创造新的生活需求，甚至从根本上改变社会面貌。克里斯托夫·弗里曼所称的突变式创新大多具有这种特征："对于突变式创新而言，已开拓的市场常常是不存在的，因此在根据市场导向产生的创新中，突变式创新的案例要大大少于渐进式创新。"突变式创新往往以重大的科学发现、发明为源泉，"对于那些起初是负责突变式创新开发的技术专家和科学家来说，他们的头脑中都存在着一个随着社会和经济发展而不断变化的虚拟市场"。② 在 20 世纪突变式创新基本上产生于欧美国家。而在日本，虽然不乏技术进步推动社会需要发展的案例，比如索尼公司的随身听、任天堂的卡拉 OK 机等，但这些产品创新还远远谈不上是突变式创新。

马克思说："从前各种生产方式的技术基础在本质上是保守的，近代工业的技术基础却是革命的。"③ 在渐进式创新和突变式创新的推动下，近代以来工业技术的发展速度比从前大大加快，呈现出一种空前的"加速度"。"技术可能性是未经探测的海洋"④，技术进步总是与人的生存、发

---

① 参见中国社会科学院日本研究所"日本的新技术革命"课题组《日本的新技术革命》，湖南科学技术出版社 1985 年版，第 247 页。

② 克里斯托夫·弗里曼：《技术政策与经济绩效》，东南大学出版社 2008 年版，第 2 页。

③ 马克思：《资本论》第 1 卷，人民出版社 1953 年版，第 595 页。

④ 约瑟夫·熊彼特：《资本主义、社会主义与民主》，商务印书馆 2007 年版，第 192 页。

展以及追求更加美好生活的意志、渴望联系在一起。永无止境地向前发展的需要与永无止境地向前发展的技术共同构成了永无止境地向前发展的矛盾运动。

二　产业发展与技术进步

产业发展包括规模扩大和结构调整两个侧面。在 20 世纪 50 年代前半期，日本的主导产业是为满足民众基本生活需要、生产日常消费品的轻工业。随着温饱问题的基本解决，日本民众对家用电器、汽车等的需要又促进了家电、汽车等产业的发展，这些产业要实现大量生产必然需要大量机械设备，而制造机械设备和建设基础设施又需要原材料和动力、运输手段等。这一系列连锁生产需要推动了机械、钢铁、电力、铁路、船舶、物流等产业的发展，而这些产业的发展乃至基础设施建设又都离不开技术进步，技术进步与产业发展形成了相互促进的关系。

（一）产业发展推动技术进步

在社会需要的推动下，一个产业的发展又引发出对其他产业发展的需要，"机器经营在一个产业部门扩大了，供这个产业部门以生产资料的别的产业部门的生产会跟着增加"[1]。这是生产和产业发展的内在矛盾所决定的客观规律。在 20 世纪 50—60 年代的日本，这一客观规律主要表现为从轻工业向重化工业的迈进。而重化工业需要更高的技术和更多的资本，这与当时日本产业技术落后状况形成矛盾，进而推动日本积极从国外引入先进的产业技术。[2] 日本在积极引进产业技术的同时，也推出了不少自由创新的产业技术成果。如在电子工业领域，索尼公司将美国的晶体管技术与原来的真空管收音机技术结合起来，开发出世界上第一台晶体管收音机，成为熊彼特所说的产品和技术等的"新组合"的一

---

[1]　马克思：《资本论》第 1 卷，人民出版社 1953 年版，第 539 页。
[2]　如钢铁工业引入氧气顶吹（LD）转炉技术、大型高速自动轧钢技术、连续铸造技术等，造船工业引入熔接工法、分块建造方式、内燃机制造设备等。

个范例。

此外，产业发展对技术进步的作用既表现为通过需要推动技术进步，又表现为为技术进步提供新的可能和条件。其典型案例就是微电子（ME）产业的发展，将具有极强扩散性和渗透力的微电子技术推广应用到第一、第二、第三产业乃至整个社会生活，极大地推动了各个产业和行业的、以ME技术为核心的技术进步。

（二）技术进步推动产业发展

很多案例表明，一项重大的技术创新与大量生产体制相结合（工程往往非常艰巨），即可成就一个新的产业。这说明，技术进步是推动产业发展的原动力。这种推动作用主要通过四个途径来实现。

1. 投资。技术进步吸引企业为市场前途远大的新技术、新产品、新生产方法等投资，市场前途的大小与其所吸引投资的规模是成正比的。在20世纪50年代后半期至60年代前半期，技术进步带来的新技术、新产品、新生产方法相继涌现，吸引着日本企业界投入重金，掀起了设备投资热潮。与此同时，由于各种技术创新大量出现在诸多产业部门，加之一个产业部门的技术创新往往会成为另一个产业部门技术创新的供给因素，从而引起处于相互联系中的各个产业部门的设备投资相互呼应的连锁反应，即形成所谓"投资唤起投资"的局面。

2. 消费。技术进步推动资本密集型产业的发展，资本劳动比率的提高推动劳动生产率的提高，也促进生产成本的降低。前者导致国民的人均收入提高进而提升了消费需求，使开拓新消费品市场的努力变得容易实现；后者导致产品价格下降，又起到了刺激新消费需求扩大的作用。而这两方面又都起到了推动产业发展的作用。

3. 产业的新陈代谢。技术进步既促进了重工业的发展，也"促退"了旧产业。例如，合成纤维技术的发展促使传统纺织业走向衰落；采煤业的衰退与石油产业的兴起则促使日本的能源结构从以煤炭为主转向以石油为主。新产业的成长和旧产业的被淘汰，成为产业升级中相辅相成的两个侧面。当然，淘汰旧产业并非意味着让它立即灭亡，"试图无限期地维持过时的行业当然没有必要，但设法避免它们一下子崩溃却是必要的，也有必要努力把一场混乱……变成有秩序的撤退"①。

　　4. 产业间或企业间关系。一个产业部门或企业的技术进步，会通过各种方式和途径促进其他产业部门或企业的技术进步。这种促进作用特别明显地表现在大企业和中小企业的关系上。"资本除了把工厂劳动者……大批聚在一处，直接命令他们之外，还由一条不可目见线，统率着一个散布在大城市内及郊外的居家劳动者队伍。"② 在战后日本，许多中小企业就是从家庭工业组织发展起来的，并与大企业结成了承包关系。

　　这种大企业与中小企业之间的关系，构成日本技术进步的又一推力。大企业，为了提高自身竞争力，对中小企业所提供的中间产品的质量、价格、交货日期等提出了近乎苛刻的要求，并借口"如果不合要求就解除承包关系"以施加压力；中小企业，为了与其他同类企业争夺与大企业的承包合同，不得不努力进行技术开发，提高生产效率。③ 与此同时，大企业为了使中小企业做出令其满意的表现，也"不吝赐教"，向承包企业转移其所必需的技术；当某个中小企业成为多家大企业的承包企业时，该企业还一定程度上发挥了在不同大企业之间传播技术成果的媒介作用。同时，原本"分散的"中小企业日益聚集起来的数量积累引起质变，在特定的地理区域形成了为大企业提供配套服务的系列企业及相关服务业"汇集一堂"的"产业集聚地"，对通过技术进步支撑产业发展发挥着极为重要的作用，比如东京大田区等地。

　　总之，技术进步推动了日本产业的规模发展和结构调整，从 20 世纪 50 年代的轻工业，到 60 年代的重化工业、70 年代末的"轻薄短小"产业，日本的主导产业不断变化，日本也借此实现了经济高速增长，并在 70 年代比较成功地渡过了石油危机。

---

　　① 约瑟夫·熊彼特：《资本主义、社会主义与民主》，商务印书馆 2007 年版，第 155 页。
　　② 马克思：《资本论》第 1 卷，人民出版社 1953 年版，第 563 页。
　　③ 日本 1960 年的《科技白皮书》指出，在日本经济高速增长期，从事制造的中小企业的技术进步的程度超过了大企业（以全要素生产率衡量），特别是从业人数在 100—299 人之间的中小企业的技术进步尤为显著。

三 企业间竞争与技术进步

企业是技术进步的主体。从 17 世纪到 20 世纪 70 年代，被经济学家认为改变了人类生活的 160 种主要创新中，有 80% 以上都是由企业完成的。[①]然而，企业之间必然存在着竞争关系。"……资本家间总是要爆发激烈的斗争，以便在市场上获得个人的势力范围。个人的势力范围，是与生产物的便宜程度成正比的。为了这个目的，资本家抢着要采用改良的代替劳动力的机器，并抢着要采用新的生产方法。"[②] 对于他们来说，"技术不是武器，而是战斗……这种战斗是生活，在尼采的意义上是一种残酷的、无情的、永不停止的权力意志的战斗"[③]。

有些国家，尽管企业间也存在着激烈的竞争，但却未能真正转化为推动技术进步的动力，而战后日本的市场竞争机制却能驱使大多数企业从"经商热"（利用地理的、获取商品手段的差距获取利润）迅速转向"技术热"（利用技术差距获取利润）。一整套约束企业行动的法律、政府部门的"行政指导"乃至社会文化、道义和监督的力量如同泄洪道，阻止企业竞争洪流奔向歪门邪道（垄断、造假、侵权、倒买倒卖、竞相削价等），并将其导向追求技术进步、发展生产力的正道，导向"有价值的竞争"，"有价值的不是那种竞争（削价竞争——笔者注），而是新商品、新技术、新供应来源、新组织形式……的竞争……这种竞争比其他竞争有大得多的效率，犹如炮轰和徒手攻击的比较……"[④]

除法制等的强制性作用外，战后的日本技术进步还得益于一股精神的力量。经历过"没有技术的民族的末日"劫难的战后日本，从官到民，形成了一股奋发图强、技术兴国的民族精神，形成了尊重科技、以生产劳动和"为企业奋斗"为荣的社会价值观。在此背景下，日本农村劳动力纷纷

---

① 参见范·杜因《经济长波与创新》，上海译文出版社 1993 年版，第 197—201 页。

② 马克思：《资本论》第 1 卷，人民出版社 1953 年版，第 552 页。

③ Carl Mitcham, *Thinking Throud Technology: The Path between Engineering and Philosophy*, The University of Chicago Press, 1994, p. 248.

④ 约瑟夫·熊彼特：《资本主义、社会主义与民主》，商务印书馆 2007 年版，第 149 页。

奔向城市和工厂，成为具有高度组织纪律性、努力钻研技术的工业劳动者，完成了从农业劳动者向工业劳动者的质变；[①] 优秀的大学毕业生也自觉自愿地投身到生产和技术开发的第一线，投入到以推动技术进步为中心的企业竞争中去。

技术是物质的，精神力量在一定条件下也可以转化为物质力量。榊原英姿说："二战以后……企业实质上承担起了过去国家所承担的相当一部分权威和作用。江户时代的'为藩奋斗'到了明治以后变成'为国奋斗'，二战后则变成'为企业奋斗'。这里，企业已不再单纯是为了股东而创造利润进行生产和销售的组织，是一个包括职工和他们家属在内的疑似共同体。"[②] 在这种"疑似共同体"中，员工"忠于"企业，企业家则利用这种忠诚心凝聚和掌握员工，在以技术进步为中心的企业竞争中获胜、追求唯有依靠技术进步才能实现的企业目标。

四　企业内关系与技术进步

在认定民间企业是技术进步的主体的时候，首先值得关注的是企业家的作用。金森久雄指出："如果没有企业家凭借出众的才智和进取精神，以尚未市场化的新技术为基础，将其在经营现场获得的知识动员起来，致力于商品开发，就不可能诞生新的生产物。"[③] 与战前的"业主型"经营者不同，战后日本的大企业家多是工薪阶层出身，是从厂长、企划部长等生产职位提拔上来的，其更加重视提升企业的技术。此外，数不胜数的中小企业家，也倾毕生之力钻研某一狭窄技术领域和技能（比如如何制造极

---

① 马克思说："在大工业生产中，劳动体的特别的构成……创立了一种兵营一样的纪律。此种纪律，发展成为完全的工厂纪律，同时又使筋肉劳动者（普通的产业兵）与劳动监督者（产业上的下级士官）分工。自动机工厂的主要困难……在于必须……有一种必要的纪律，使他们放弃劳动上无规则的习惯，让自己的劳动适合于大自动机的不变的规律性。"马克思：《资本论》第1卷，人民出版社1953年版，第515页。

② 转引自武心波《从藩国到企业共同体》，http：//finance. sins. com. cnmglqz/20070112/23373243 205. html 。

③ 金森久雄、日本经济研究中心编《技术革新和产业结构——2000年新潮流》，日本经济新闻社1987年版，第35、36页。

薄、极坚硬的刀片），以形成强大的技术竞争力。笔者曾多次听到日本经济学家赞扬那些中小企业家数十年如一日地钻研技术的感人事迹，称他们是"人生教科书"，并高度评价中小企业对推动日本技术进步所作出的极其重要的贡献。企业家要成为技术进步的领军人物，还必须面对企业内部的各种矛盾，并将这些矛盾转化为技术进步的动力。

（一）经营者与所有者的矛盾

一般而言，所有者（股东）总是倾向于要求股利与利润直接挂钩[1]，以便获取更多股利，而着眼于企业长远发展的经营者则希望减轻股东迫使企业追求短期利润的压力，倾向于股利不与利润直接挂钩，以便将更多利润用于设备投资和技术开发。日本的大企业多采取后一种模式，为此，越是经营业绩好的日本企业，就越有资金余裕用于设备投资和技术开发。事实表明，"与欧美企业相比，日本企业的经营者相对于股东具有更大的独立性，因而就有更多的主动权，来谋求企业自身的发展"[2]。

（二）劳方与资方的矛盾

一般来说，"劳动手段一经采取机器的形态，便成为劳动者自己的竞争者了"[3]。在欧美国家，由于这种"机器与人的斗争"，常常发生工会拒绝采用有利于提高劳动生产率的进步技术的情况。而在日本，由于大企业长期采取企业内工会和终身雇佣制的经营模式，劳动生产率的提高反而会带来员工工资的提高，导入新的生产方法也不致引起员工失去工作的担心。而在企业方面，由于不担心员工辞职，就舍得花力气对员工进行培训，使其素质和技术水平不断得到提高。

（三）白领工人和蓝领工人的矛盾

在战前的日本企业中，白领工人和蓝领工人之间不仅收入水平悬殊，

---

[1]　J. C. Abegglen, G. Stalk Jr., *Kaisha, the Japanese Corporation*, Basic Books, 1985, p. 183.

[2]　中国社会科学院日本研究所"日本经济的活力"课题组编《日本经济的活力》，航空工业出版社 1988 年版，第 68 页。

[3]　马克思：《资本论》第 1 卷，人民出版社 1953 年版，第 523 页。

而且存在着身份等级的差别。战后，日本大企业开始推行企业内部的"平等化"，对提高一般职员的"士气"产生了积极作用。"例如在被称为'硅岛'的九州的集成电路工厂，入厂不久的青年女工也能毫不畏怯地在工程师、管理人员面前堂堂议论如何改进生产工艺。"① 显然，也正是在这样的内部氛围中，日本的工程师和管理者才能"越来越习惯于'把工厂当做实验室'"②，使整个企业处于不断学习中，也使许多针对生产现场和技术开发的改进意见往往直接来自第一线。

不仅如此，战后日本多数企业还通过建立"多能工"制度、开展质量管理小组活动、奖励劳动者提"合理化建议"等措施，使劳动者的地位从"机器的奴隶"转化为"机器的主人"，从而将生产过程中的"人的因素"和"物的因素"，也就是劳动者所掌握的技能、知识、经验等主观因素与物质性的工具、仪器、设备等客观因素之间的矛盾，转化为草根层次上促进技术进步的动力。

（四）员工个人利益与集体利益的矛盾

日本企业家重视发扬传统的团队意识，也就是使员工的个人利益服从于集体利益。他们认为管理的一个重要课题就是"把革新变成集体的知识"，努力将企业造就为"创造者集团"。因此，在日本企业里，把知识、技艺、经验、资料藏在个人的头脑里或锁在自己的抽屉里，都会被认为是不光彩的行为。

（五）政府与企业的矛盾

除企业内部关系外，日本企业家还需要面对政府与企业之间的矛盾。这是因为在市场经济体制下，民间企业都以获取最大利润、击败竞争对手为行动准则，不会无条件地为达到政府的政策目标而牺牲自己的利益。于是，在政府的宏观经济目标与企业的微观经济行为之间总是不断产生矛

① 马克思：《资本论》第 1 卷，人民出版社 1953 年版，第 74 页。

② Baha Y. , "Japanese Colour TV Firms：Decision-Making from the 1950s to the 1980s：Oligopolislic Corporate Strategy in the Age of Microelectronics", D. Phil. dissertation, University of Sussex, 1985.

盾，这就需要企业家对此进行处理。

在日本政府的诸项政策中，与企业技术进步关系最密切的是通产省的产业政策。有学者认为，日本产业政策的特征在于选择特定的重要产业，对其实施一系列全面、适当的政策优惠措施。[1] 实际上在 20 世纪 50—60 年代，通产省的产业政策在电力、钢铁、石化等产业领域取得了较明显的效果，至于技术进步显著的新兴产业和出口产业，则较少从政府的产业政策中获益，特别是汽车产业表现出很强的独立性，可以说政府促进汽车企业集中的政策是不成功的。但这不能抹杀战后日本政府为推动技术进步作出的贡献：（1）对广大中小企业的技术进步给予大力扶植和具体支持；[2]（2）实施《工矿业技术研究组合法》（1961 年制定），以提供财政补助、税制优惠、利用国家拥有的大型研究设施等为"诱饵"，鼓励相互竞争的企业组成"技术研究组合"。其中最有代表性的是"超大规模集成电路研究组合"（1976—1980 年），典型地体现了竞争与合作这两个"对立物"的辩证结合。[3]

五　结语

辩证法认为，外因是事物发展的条件，内因是事物发展的依据。日本的技术进步，正是以可引进、模仿的国外先进技术的存在为外因或外部条件[4]、

---

[1]　Hugh Patrick，"Japanese High Technology Industrial Polity in Comparative Context"，University of Tokyo Press，1986.

[2]　日本政府设立了三家中小企业金融机构，用于向难以通过发行股票和公司债券来筹资的中小企业提供低息设备投资贷款；日本 47 个都道府县的地方政府几乎都设立了公立试验研究机构，为员工少于 300 人的工厂提供调查服务、技术支持、测试和指导。日本政府支持献身技术发展的中小企业的政策可算是准确到位。

[3]　除第二次世界大战期间的 1942 年 6 月开始实施的研制原子弹的计划即"曼哈顿计划"以外，强调自由竞争的美国社会是不会接受由政府出面组织企业开展合作研究的做法的。

[4]　不论什么国家，不论处于什么发展阶段，引进和模仿永远是有利于减小创新风险和成本、推动技术发展的有效手段，关键在于一国需要花费多少时间将引进和模仿的对象，即别国冒巨大风险、花巨额资金、付漫长时间的代价研究出来的新发明、新创造真正轻化为自身的本领。有学者将这段时间称为"模仿时差"，认为"技术水平最高的国家同时也是最短的'模仿时差'的保持者"。据统计，为了模仿国外的技术创新，美国约需 3 年时间，而英、法等国需多费几年，其他国家往往需要 10 年以上，"模仿时差"长达 20 年以上的国家也不在少数。战后日本从国外获取技术情报并进行模仿的速度日益加快，其"模仿时差"之短，甚至超过了美国。

以自身的内因或内在动力作为依据而得以实现的。① 这里说的"内因",就是文中论及的社会需要、产业发展、企业间竞争、企业内关系与技术进步之间的矛盾关系。

以 20 世纪 50 年代进口发电机为例,这一案例体现了:(1)社会需要与技术的矛盾——建设"佐久间"水电站等大型水电站是社会的、民生的需要,然而当时的日本却未能掌握制造水力发电机的技术;(2)产业发展与技术的矛盾——诸产业的发展都要求发展强大的电力产业,而当时的日本却未能掌握发展电力产业的技术基础;(3)企业间竞争——多家大企业争着要进口发电机;(4)企业内关系等。考虑到方方面面的利弊,日本政府决定只进口一台发电机,让东芝、日立、三菱电机、富士电机等公司利用"反向工程"对其进行"肢解"和分析,并制造出国产电机。② 而"反向工程"要求"管理者、工程师和工人习惯将生产流程看成一个系统,从整体上考虑产品与流程规划"③,为此,处理好企业内部的各种关系也非常重要。

历史唯物主义认为,人民群众是创造历史的决定力量。上述日本技术进步的内因所涉及的四组关系,归根结底是消费与生产的关系,而人民群众(至少是大部分)以其兼为消费者和生产者(或其家属)的双重身份,既从消费(需要)的角度,又从生产(供给)的角度推动了技术进步。因此,认为人民群众是推动技术进步的真正原动力,绝不是教条地套用理论公式,而是求真务实的科学推论。

日本的制造业在技术进步方面表现最佳。日本人把"制造"通俗地称

---

① 与日本形成对照的是,某些发展中国家的技术进步过度依赖"外因"(包括依靠引入外国直接投资、致使本国的技术创新路径被跨国公司"锁定"),呈现"依附型"特征,不得不长期停留在国际产业分工价值链的低端位置。

② 日本技术引进的一个著名公式就是"一号机引进、二号机国产、三号机出口"。某些发展中国家为了填补生产技术空白而进口设备的所谓"技术引进",仅仅是利用从国外购买的、作为"被物化了的技术"的设备满足一时的生产需要,却未能真正消化和掌握技术本身。由于国外技术在不断发展,如果仅仅满足于购入现有设备以敷衍当前生产之急需,却未能深入技术本身这个"黑箱",必然陷入被动地追随国外技术升级、一而再再而三地依靠进口来更新设备的所谓"一号机'引进'、二号机'引进'、三号机'引进'"的窘境。参见冯昭奎《扶桑杂话:观察与思考》,世界知识出版社1987年版,第8页。

③ 克里斯托夫·弗里曼:《技术政策与经济绩效》,东南大学出版社2008年版,第5页。

为"做东西",相信只要扎扎实实地增强"做东西"、做好东西的本领,扎扎实实地钻研做好东西所必需的基础工业技术,那么,无论在世界上什么地方出现了新发明、新创造,日本都能抢在发明创造者前头,实现产业化、产品化,获取实际利益,使那些付出巨大代价的发明创造者和论文写作者陷入"为他人作嫁衣裳"的境地。当然,日本也并非所有产业、行业的技术进步都取得了骄人的成绩,一部分面向国内的产业以及服务业的技术进步进展十分缓慢,长期受到政府保护的农业更是弱不禁风。这说明,一个国家可以在某些行业遥遥领先(比如中国在航天技术领域相当先进),而同时在另一些行业远远落后;特定国家的国内环境特别有利于某些行业的发展,造成这些行业特别发达,同时却阻碍了另一些行业的发展,使其变得特别落后。如果一个国家在按照产业发展规律必须大力发展的、对国计民生具有重大作用的行业落后(包括自我落后和依附型落后),那就需要深思导致这种不被容许的落后的国内环境了。

(原载《日本学刊》2009 年第 5 期)

科学技术发展与中日经济关系

1972 年中日复交以来，两国关系在政治、经济、科技等领域有了很大发展。本文拟从科技发展的角度，探讨中日关系发展过程及其本质，并对中日关系的未来做一些展望。

首先，从中国方面讲，中日复交及其后两国关系的发展，可视为中国向西方国家开放的一个环节。这种开放在 20 世纪 70 年代的主要推动力是当时反对苏联霸权主义的需要；80 年代以来中国发展科技与生产力、推进现代化建设和经济改革的需要成为向西方开放的主要推动力。而随着中国经济的发展和改革的深入，中国对外开放的层次也随之提高，其主要标志是对外国直接投资的积极导入。

中日经济关系的发展，既是中国发展同西方发达国家关系的一个组成部分，又具有一定的特殊性，其主要表现是：中日经济关系比中国与其他西方国家的经济关系具有更强的互补性；中日作为亚洲两大邻国对本地区的可持续发展负有特别重要的责任；同时，日本是成功地追赶上欧美、进入发达国家行列的唯一东方国家。因此，日本的发展经验对中国实现现代化具有更切实的意义。

中日经济关系能否顺利地发展下去，两国间的经济互补性能否得到充分发挥，将受到经济因素乃至经济以外的政治、心理等各种因素的影响。本文将对今后中日关系发展可能出现的前景做一些分析和展望。

中国的科技发展与对外开放

从对外开放的角度看，新中国的科技发展经历了三种形态。在"一五"期间，中国对苏联东欧开放，主要通过引进苏联的技术搞了一个工业基础。以后由于中苏关系恶化，中国转向闭关自守，依靠自力更生来发展科技，"成就也有一些，总的来说没有多大发展"。70 年代末实行改革开放以来，中国对西方开放，同时也对苏东开放，对第三世界开放，但中国吸收的外资、引进的技术，主要来自西方。①

中国转向西方谋求导入先进科技的同时，也注意吸取借鉴发达国家发展科技及实行市场经济的经验。其中，中国特别重视吸取、借鉴战后日本发展的经验。同时，注意纠正过去照搬"苏联模式"而导致"阻碍了生产力的发展"的失误。但是，中国向西方学习，绝不意味着放弃社会主义而转向资本主义；绝不意味着中国将不分好坏地把西方搞工业化的一套办法统统照搬过来，从过去照搬"苏联模式"转向照搬"西方模式"；也绝不意味着是放弃"自力更生"的方针而依赖、屈从于西方。②

引进外资——中国对外开放的新高度

新中国的科技发展史基本上是一部技术引进史。这不仅是因为新中国建立之初其科技发展水平极端落后，而且因为解放初期的中国受"苏联模式"的影响，形成了一套科研与生产相脱节的科技体制，在长达几十年间影响并阻碍了中国的科技发展。在这种体制下，从属于政府部门的研究机构由于脱离生产而拿不出适合于生产需要的科技成果，往往满足于推出一些"样品"、"展品"，它们虽可用来展示一下中国科技事业的成就，却不能为企业所用；而处于生产第一线的广大"企业"（其实只是从属于政府部门的"生产单位"），既不具有自己的技术开发能力，又不能从本国的研究机构获得技术。③ 在这种情况下，一方面是企业长期处于劳动生产率低下、产品"几十年不变"的状态，另一方面是企业想获得技术就得依靠引进。为此，从苏联引进技术的渠道中断以后，中国就谋求从西方引进技术，

---

① 《邓小平文选》第三卷，人民出版社 1993 年版，第 90 页。

② 同上书，第 367 页。

③ Ryutaro Komiya, *The Japanese Economy*: *Trade*, *Industry*, *and Government*, University of Tokyo Press, 1990, pp. 208—222.

即使在"关门搞建设"的年代，只要门缝稍稍开大，技术引进的数量就会迅速增加。而在企业仅仅作为"生产单位"的传统体制之下，技术引进的目的只能是为了生产，引进的大多是生产设备。这固然可使生产技术水平得到提高，但由于自身缺乏研究开发能力，无法靠自己的力量对所引进的设备进行改良提高。因此，当国外出现更先进的生产设备时，又得进行新一轮引进，从而形成"一号机引进，二号机引进，三号机仍然引进"的"公式"，与战后日本的"一号机引进，二号机国产，三号机出口"的"公式"形成鲜明对照。

为了改革这种科研与生产相脱离的体制，我国自改革开放以来一方面大力推进国有企业的改革，转变企业的经营机制，另一方面大力推进科技体制改革，促使科研机构进入经济建设的主战场。但是，"冰冻三尺，非一日之寒"，要改变延续了几十年的科研与生产相脱离的组织体制和思想观念绝非易事，而需较长的过程。在这种情况下，技术引进仍具有非同寻常的重要性。但是，在改革过程中急需获得市场经济"诀窍"的广大企业，越来越不满足于过去那种单纯的生产设备引进。它们不仅需要导入先进的设备，而且需要导入先进的管理方法。它们甚至希望通过引进来改变一下长期以来既依赖政府主管部门又受其束缚的现状。同时，企业在获得经营自主权的同时，也开始需要依靠自己的力量来筹集资金。换句话说，改革过程中的企业所需要的是包括技术、资金、管理经验乃至营销渠道等在内的"广义的技术引进"，而这种"广义的技术引进"则可通过导入 80 年代以来日益盛行的外国直接投资而得以实现。

引进外资受到广大企业欢迎的状况可以从 80 年代中国技术引进的统计数字上一目了然。"生产设备型"技术引进的金额在 1985 年还几乎是外国直接投资金额的两倍；到 1988 年，后者就超过了前者；到 1993 年，后者达前者的五倍多；1994 年，后者进一步达前者的八倍多。[①] 目前，导入外国直接投资已成为中国技术引进的最主要方式。

---

① 康荣平：《九十年代中国技术引进的新格局》，《管理世界》1994 年第 1 期；《中国对外经济贸易年鉴》各年版。

　　导入外国直接投资导致中国对外开放的大门开得更大。大批华人企业家和外国企业家带着技术、资金，带着市场经济的精神、经验及方法来到中国，使"开放"过程日益产生出"改革"的效果。特别是近年来跨国大企业对华投资迅速增加，外资企业与国内企业之间的竞争日趋激烈，使越来越多的国内企业直接感受到国际市场竞争"国内化"的压力。中国想通过改革确立的市场竞争局面却通过扩大开放而提前出现了。

　　同时，来中国开展经济合作，也给西方国家带来了好处。中国作为发展中国家需要发展，西方国家则需要"再发展"，对中国投资正是他们追求再发展的需要。"世界市场的扩大，如果只在发达国家中间兜圈子，那是很有限度的。"西方国家帮助了中国，中国也帮助了西方国家，当前这种相互帮助的焦点就是对华直接投资。①

投资与引资的背后：生产的国际化

　　随着日本对华投资的增长，中日经济关系日益呈现出以贸易和投资为两大支柱、两者相互促进的局面。两国贸易额在 1991 年突破 200 亿美元，1993 年突破 300 亿美元，1994 年突破 400 亿美元，1995 年突破 500 亿美元，1996 年突破 600 亿美元。与此同时，日本对华投资迅速增加。1993 年，日本对亚洲各国投资中，对华投资额达到首位，1996 年，在各国对华投资的实际使用额中，日本超过美国升至第二位。显然，日本对华投资的增长对两国贸易额的增长有着很大的贡献。

　　国际贸易是生产过程的结果（商品等）跨越国境的交换，而对外投资则是生产过程本身跨越国境的结合。生产活动是包括资本、劳动、土地（指各种自然资源）乃至管理、技术等各种生产要素依照一定比例进行组合的过程。然而，在进行生产活动的地方，所需各种生产要素并非总是按照相应的比例配置好了的，这就需要使相对短缺的生产要素从其他地方流入，或者扩大生产活动的空间，以便在更大范围内选取所需的生产要素，使之达到最佳组合。日本在战后经济高速增长期主要采取了前一种方式，

---

① 《邓小平文选》第三卷，人民出版社 1993 年版，第 79 页。

通过农村人口流入工业高度集中的东京、大阪等大都市来弥补劳动力的不足；而在70年代，以石油危机为契机，日本主要采取了扩大生产活动的空间的方式，将一部分工厂"从先进县移往后进县"，"从沿海移往内陆"，导致九州、山形、秋田等地出现了一批新兴工业城市。

随着生产力的发展和产业结构的升级，以80年代中期以来的两次日元升值为契机，日本的企业又积极地向国外，特别是亚洲转移生产据点。这次转移在本质上可以看做是70年代生产活动向国内后进地区转移的继续和延长。两者的区别仅在于，前一次转移局限于日本国内，而后一次转移则跨越了日本的国界。

总之，相对于现代生产力而言，国家单位已嫌太小，生产力发展越来越要求以地区、以世界为舞台。这当然不是日本独有的现象，而是世界性的潮流。同时，交通运输系统的发达，信息革命的进展，也为生产国际化提供了有利条件。发展中国家的改革开放则使生产国际化所遇到的人为的国界阻碍（政策阻碍）变得越来越容易超越。

生产国际化的发展进一步推动了国际产业分工，使之呈现为一幅包括产业间分工与产业内分工、产品间分工与工程间分工的、内容丰富的画卷。总数近4万家的跨国企业的活动日益成为推动生产国际化向前发展的一支重要力量。

一个潮流，两个"空洞化"

跨国生产网络的发展和扩大，必然在一定程度上置换、替代各国原有的生产体系。以中日而言，日本的产业结构素有"完全配套型"（full set）的特点，而中国的产业结构则有"纯粹民族型"的特色。日本企业向外国转移生产据点，难免在原有的"完全配套型"产业结构上留下空洞；中国引入外国企业的直接投资，则难免对原有的"纯粹民族型"产业结构造成冲击。因此，在日本出现的"产业空洞化论"与近年来在中国出现的"民族工业保护论"（或称"民族产业空洞化论"），正是生产国际化潮流在生产转移的移出国与移入国引起的不同反应。

从近年来日本的情况来看，"产业空洞化论"所担心的雇佣调整之类

的问题并未出现。比如，最近五年丰田汽车公司在国内生产的汽车减少了
100 万台，在国外生产的汽车增加了 80 多万台，然而，这期间丰田公司仅
减员 4000 人，基本上是定年退休等自然减员。在家用电器行业，虽然 VTR
的海外生产比例从 20% 增加到 80%，电视机的海外生产比例从 60% 上升
到 90%，但国内的工厂转向生产新型电视机和信息产品，仍然保持着很高
的开工率。①

　　可以预料，中国坚持积极导入外国直接投资，也不至于导致"民族工
业被挤垮"之类的问题。"说'三资企业'不是民族经济，害怕它的发展，
这不好嘛。"② 事实上，中国家用电器工业的"民族企业"不仅占领着国内
的大部分市场，而且还在不断增加出口。在计算机产业，由于国际商用机
器公司等外国大公司的进入，有人曾担心国内的计算机企业会"全军覆
没"，然而，实际上国内计算机企业不仅站稳了脚跟，而且从外国企业手中
夺回了市场。更有趣的是，像四通公司等"健斗"的"民族企业"恰恰
是利用了诸如导入外资这样的手段而增强了自己的竞争力。

中日经济互补性

　　在以贸易和投资为两大推动力的经济国际化的时代，不同国家之间的
经济互补性既包括各国的产业结构与市场结构的差异所导致的商品（及服
务）交换的必要性，又包括各国的生产要素的拥有量及配置比例的差异所
导致的生产转移的必要性，乃至开展跨国生产的便利性等内容。为此，影
响国家间经济互补性的主要因素有：（1）有关国家经济发展阶段的差异；
（2）经济增长率；（3）科技发展水平的差异；（4）国土、资源等自然条件
的差异；（5）人口数量及构成的差异；（6）地理位置等。一般来说，（1）至
（5）的差异比较大，意味着互补性较强。

　　中日两国经济发展阶段的差异从时间上讲，至少在半个世纪以上。中
国通过实施"三步走"的发展战略，至 2050 年可望达到中等发达国家的

---

　　① 《日本经济新闻》1997 年 5 月 1 日。

　　② 《邓小平文选》第三卷，人民出版社 1993 年版，第 367 页。

发展水平。从经济增长率看，中日经济是近10%的高增长经济与约2%的低增长经济之间的关系，前者需要后者积累的资金、技术与发展经验，后者则需要前者的增长活力。从科技水平看，当前中国虽已能生产一部分有竞争力的工业品，但就深层的技术实力而言，中国在大量生产高质量工业品的能力方面，在经营者、劳动者的平均素质方面乃至基础设施的建设方面，与日本相比仍存在很大差距，这不是几年、十几年能赶上的。同时，在中国进行追赶的同时，日本也在进行"技术优势的再生产"。日本的研究开发经费占GDP的比例接近3%，为世界最高水平，而中国的这个比例还不到0.7%。[①] 从自然条件看，中国的国土面积相当于日本的二十几倍，拥有适合各种产业发展的空间，中国的人均资源虽然较少，但其资源总量还是相当大的，世界上公布的一百多种矿藏中国几乎都有，这与国土狭小、资源贫乏的日本有很大区别。从人力条件来看，中国人口约为日本的十倍，可提供丰富的劳动力和技术劳动力资源，对走向老龄化、少子化社会的日本来说也具有很大的吸引力。两国在文字文化上的接近也是开展交流的一个有利条件。

中日经济互补性不仅表现在两国之间，而且表现在包括中日在内的多国之间。比如，中国东部沿海地区正在出现不少的局部经济圈，他们大都是包括中日在内的三四个乃至更多的国家共同参与开发的成果。[②]

总之，中日经济互补性有着丰富的内容。中日贸易的迅速扩大，两国相互成为对方的第一或第二贸易对象国的事实，也是中日之间经济互补性较强的一个证明。随着中日经济互补性的开发与发挥，中日之间完全可能形成较其他国家之间密度更高的国际生产网络。

可持续发展：中日经济关系的新课题

可持续发展是一个多层次的问题。中日两国既应该给对方国家的可持续发展提供帮助，还要为世界的可持续发展作贡献，又要为亚洲的可持续

---

① 国家科学技术委员会：《中国科学技术政策指南》，《科学技术白皮书》1995年版。
② 冯昭奎：《关于中日关系的若干思考》，《日本学刊》1992年第6期，第20—22页。

发展负起特殊的责任。

日本在亚洲率先实现了经济高速增长，并经历了两次石油危机。为克服经济增长造成的公害和石油危机带来的困难，日本开发了值得世界称羡的高度节能的能源利用技术，使单位国内生产总值所需的一次能源消耗量比 1973 年减少了 1/3。现在，亚洲许多国家正面临着粗放型增长方式向集约型增长方式转变的课题。因此，日本为克服上述问题所开发的技术和积累的经验对亚洲各国十分有用。比如，中国的单位国内生产总值所需的一次能源消耗量高达日本六倍多，如果中国通过利用日本的技术与经验将其减少一半，中国或许可以不必进口石油，转而能够出口石油。

随着亚洲各国经济的发展，到 2010 年亚洲对一次能源的需求量将可能增至 1992 年的两倍，其中，对石油的需求量将比 1992 年增加约 40%。有人担心 21 世纪将可能出现"亚洲列强"围绕资源展开争夺的危险。这有些危言耸听。但积极开展有关节能与开发新能源的技术交流，肯定不仅具有经济意义，而且具有政治、安全意义。

中日产业分工：从"顺序论"走向"需要论"

随着发达国家向发展中国家转移技术和生产据点，世界各国，特别是亚洲各国之间的产业分工日趋扩大和深化。但是，迄今的技术转移模式是按照所谓"产品循环论"（product cycle）或"雁行形态论"来展开的。例如，日本对亚洲的直接投资首先是面向邻近的新兴工业化国家或地区（如韩国、中国台湾），依照从劳动密集型的纺织、杂货，到资本密集型的钢铁、化学，再到资本技术密集型的电气、汽车这样的顺序进行转移的。劳动密集型的直接投资在韩国、中国台湾等地取得进展、趋于成熟后，又接着向工业化后进国马来西亚、泰国等转移，继而扩大到中国。资本密集型工业的投资由于受对象国的幅员大小和资源禀赋状况所左右，其转移的顺序性和规则性不是很明显。然而，资本技术密集型工业也跟劳动密集型工业一样，总是面向工资更低的新工业国逐步扩大转移范围的。[1] 总之，先

---

① 小岛清：《开放经济体系》，日本文真堂 1996 年版。

进技术首先在发达国家被开发出来，实现产业化，随着该技术趋于成熟，便逐步地被转移到发展中国家。这可以称作"顺序论"的技术转移和产业分工模式。

但是，从科技与经济的发展趋势看，今后的技术转移与国际产业分工将可能逐渐突破"顺序论"模式，而呈现出新的特征。其原因是：（1）各种预测表明，21世纪将会有一系列的高技术产业兴起[1]。这对于世界各国来说，意味着可选择发展的"产业菜单"有了很大的延长，同时也意味着世界各国产业间的国际分工的可能性更加丰富多样。（2）发达国家从工业社会向信息社会过渡，正在促使发达国家在国际上重新配置其过剩的工业生产力。为此，在一定程度上，发展中国家的工业化则相应的从"国别行为"转变为"国际行为"。（3）信息通信革命的发展为国际生产网络的形成提供了有利条件，使原来不可能或难以转移的产业也变得可能转移或容易转移了。（4）与工业化技术相比，信息化技术具有容易追赶的特性。这可以从汽车与移动电话的对比看得很清楚。同时，信息技术的发展又可对传统的工业技术的发展产生强烈的波及效果，导致发展中国家的工业化形成一种"工业化与信息化相结合"的模式。这也将有力地影响发达国家与发展中国家之间的产业分工模式。（5）日益尖锐化的环境、资源等问题在很大程度上是传统的工业化在世界范围的扩大所造成的。如果发达国家向发展中国家转移技术和生产继续按照以上的"顺序"推移下去的话，意味着迄今少数发达国家实现的工业化照其原样推广到大多数发展中国家，这将使已经不容忽视的环境、资源问题加速度地趋于严重化，导致"不可能持续的发展"。为了全世界的可持续发展，避免出现无可挽回的环境、资源危机，在发达国家和发展中国家之间，必须加速推进有助于缓和环境资源问题的技术转移。只要是对缓和环境资源问题有利，即便是高技术，也应该加速、提前转移。比如，太阳能发电技术的产业化在晴天多、国土广阔、电气化落后的中国比在日本具有更大的实用价值和紧迫需要，不能因为它属于高技术而对其转移采取"慢慢来"的态度。总之，今后发展中国家与发达国家间的技术转移与产业分工不应再按照

---

① 冯昭奎：《新工业文明》，中信出版社1991年版，第130页。

发展中国家"填补"发达国家"退出"的产业领域的"顺序"来进行，而应依据可持续发展的"需要"，开展更加积极的技术转移和更加合理的产业分工。

中日关系发展的三种可能性

综上所述，中日经济关系有着广阔的发展前景，但是，这种发展能否顺利地进展下去，难免会受到整个中日关系发展状况的影响和制约。

关于中日关系有一句名言："和则两利，斗则俱伤。"这句名言既表达了一个真理，又概括了中日关系可能出现的两种前景。所谓"和则两利"，是指发展中日友好关系对两国人民都有利，特别是复交以来两国经贸关系的发展给双方带来了巨大的利益和实惠，这是有目共睹的事实，它证明中日经济关系是"互利"的关系。在"和"的条件下，中日还可以携手合作来解决关系到两国共同利益的一些问题，例如环境问题等，这是属于"共利"的问题。此外，中日友好，并共同关心亚洲的事情，也对整个亚洲的发展和安定有利，这是属于"利他"的问题。

所谓"斗则俱伤"，是指中日关系如果恶化乃至发生对抗将对两国都有极大伤害，不仅任何一方都不可能从中取利，而且还会殃及亚洲。说得极端一点，如果中日之间发生战事，那么，双方都将是失败者，而绝不可能重现一个世纪前中日甲午战争那样一方获胜、一方失败的结果。无论从军事技术发展来看，还是从资源环境问题来看，当今时代与一个世纪前显然是大不相同了，而人们的思维方式如果还停留在一个世纪以前，那就太危险了。

除去以上两种可能性以外，中日关系也可能处于两者之间，呈现为"不和不斗"的状态。在这种状态下，两国关系像是患上了慢性病，好也好不起来，坏也坏不到哪里去。许多对两国人民有利的事没法做没法开展，事关紧迫的可持续发展问题也只好马马虎虎地应付甚至被搁置起来，从而不仅影响当代人的利益，而且愧对两国人民的子孙后代。

中日关系能否彻底摆脱沉重的历史包袱，轻装上阵，走向21世纪，有待两国政治家作出果断的抉择，也有待两国人民和有识之士作出艰苦的努力。最后，笔者愿引用今年病故的中国改革开放总设计师邓小平的一段话作为本文结尾：中日两国"要永远友好下去，这件事超过了我们之间一切问题的重要性"。①

（原载《世界经济与政治》1997 年第 9 期）

---

① 《邓小平文选》第三卷，人民出版社 1993 年版，第 53 页。

有日本特色的"世界工厂"

从 18 世纪 30 年代起，在英国诞生了纺纱机、多轴纺纱机、蒸汽机等一系列重大技术发明，掀起了第一次产业革命高潮。随着英国的机器传入欧洲大陆并与当地的诸多技术革新结合，法、德乃至远在大西洋彼岸的美国也相继掀起了产业革命高潮。到 1860 年前后，英国工业发展达到鼎盛期，国内外贸易迅速扩大，成为举世闻名的"世界工厂"和最大的殖民帝国。

1847 年，马克思和恩格斯在《共产党宣言》中曾这样描述欧美产业革命盛况："蒸汽和机器引起了工业生产的革命"，"它第一次证明了，人的活动能力能够取得什么样的成就"。"资产阶级在它的不到一百年的阶级统治中所创造的生产力，比过去一切世代所创造的全部生产力还要多，还要大。"①

进入 20 世纪，全球性制造中心日渐移至美国。随着 T 型福特汽车、电除尘器、电冰箱、空调等民用产品在 20 世纪一二十年代相继面世，美国在第一次世界大战后成为世界上最主要的汽车、家电生产国。

第二次世界大战后，日本从战争废墟上开始复兴经济，在 20 世纪 60 年代实现了重化工业化。到七八十年代，"日本制造"风靡世界，"世界工厂"的桂冠转到了日本头上。

20 世纪 90 年代日本经济持续低迷，被称为"失去的十年"，而对改革开放的中国来说却是"收获的十年"。在"内力"（改革）和"外力"（外资）的双重推动下，中国工业化进程大大加快，中国制造的出口品犹如洪水般涌向世界各地。于是，在日本等国人们开始热烈议论"中国已成为世

---

① 《马克思恩格斯选集》第一卷，人民出版社 1972 年版，第 252、254、256 页。

界工厂"。那么，日本是否已丧失"世界工厂"的地位？中国是否已成为"世界工厂"？"世界工厂"正在发生何种变迁？这是本文所要讨论的主要问题。

一 "世界工厂"日本的变迁

1868 年明治维新后，日本走上工业化道路。在 1894—1895 年的中日甲午战争前后，纺织等轻工业部门开始迅速发展。在 1904—1905 年的日俄战争期间，钢铁、造船、煤炭等重化工业部门开始迅速发展。为了对外发动侵略战争的需要，第二次世界大战前的日本建立了以军事技术为主的重化工业化基础。但是，在第二次世界大战前和第二次世界大战期间，日本从明治以来苦心建立的工业基础遭到了严重消耗和破坏。

20 世纪工业化的基本特征是：工业化走进人们的生活。比如电在家庭的使用，电话、汽车及电视机等家用电器的发明和普及等。而第二次世界大战前日本的工业化却偏离了"工业化走进人们生活"这个 20 世纪工业化的主流，误入了歧途。

第二次世界大战后，日本推行以民用技术为主的发展路线，使日本的工业化从误入歧途走向成功之路，从偏离 20 世纪工业化发展主流到比任何国家都更好地融入这个主流，从而达到"如鱼得水"的境界。

从 20 世纪 50 年代后半期到 1970 年，日本进入了经济高速增长期，通过导入现代化的大型化生产设备，极力追求规模效益，使钢铁、石化等基础材料型重化工业获得巨大发展。与此同时，日本出口贸易迅速增长，出口商品结构的重心也从纺织品、陶瓷器等向钢铁、汽车、船舶等转移。

在 20 世纪 70 年代发生的两次石油危机，使日本工业化发展的重点从基础材料型产业向汽车、机械、电子等加工组装型产业转移。与此同时，日本的出口结构也从对进口原材料进行加工制成产品并向国外出口，转向利用日本高水平制造技术生产高附加价值产品，并对外出口。

1980 年日本的汽车年产量超过美国居世界第一。1982 年日本机床年产量达到世界第一位。20 世纪 80 年代日本制造的船只（按"总吨"计）达到世界总产量的一半以上。1983 年日本机械工业出口（在日本，"机械工业"的内涵很广，包括了汽车、半导体、计算机、原动机，等等）超过美国居世界第一，意味着日本成为了名副其实的"世界工厂"。对于当时的情景，日本媒体写道："在80年代世界经济中一枝独秀的不是美国，而是日本。在纺织、钢铁、造船、家电、汽车和半导体等制造领域，美国完全输给了日本。"① 也正是在20世纪70年代后半期至80年代，"日本第一"声名鹊起，"日本制造"誉满全球。日本评论家堺屋太一说，明治维新以来"日本最初学德国、接着学美国，到了80年代日本达到了德、美等任何国家都未能达到的高度工业化水平"。②

自20世纪90年代初泡沫经济崩溃以来，日本经济陷入了长达十年以上的低迷期，制造业的国际竞争力日趋下降。在国内需求低迷和日元升值的背景下，日本制造企业的生产活动一步步向国外转移，国内一部分工厂被兼并甚至关闭，引起了日趋深刻的所谓"产业空洞化"问题。由于出口减少和转移到国外的生产据点的产品返销等原因，最大贸易顺差国日本的贸易顺差在1999—2001年连续三年减少，在2001年"所得收支"的黑字额（主要是在国外获得的红利、利息等收入）首次超过贸易收支的黑字额。有人称日本正在从世界生产者转变为世界"食利者"。与此同时，亚洲各国，特别是中国成为日本企业向外转移生产基地的重点地区。2001年日本转移到中国的生产基地数量第一次超过转移到美国的生产基地。

但是，"世界工厂"日本未必会轻易地退出舞台。日本虽已将大部分家用电器的生产转移到亚洲等地的发展中国家，但本国仍掌握着大部分民用工业品的核心技术和研究开发优势。21世纪将是信息化的世纪，也将是工业化继续"进化"的世纪。在20世纪相继出现的、与大众消费密切相关的工业产品几乎都将发生"进化"。例如，使用汽油的汽车正在进化为使用燃料电池的电动汽车；各种家用电器正在进化为"信息家电"或"网络家电"。面对新的形势，日本一方面在不少高科技产品领域依然保持领先地位，另一方面又积极利用其传统制造技术的深厚基础，力图在纳米、超

---

① 小关哲哉：《日本能不能在信息技术上与美国决一雌雄》，《时事解说》2000年8月25日。
② 冯昭奎：《日本正处在"知识价值革命"时代——访日本经济企划厅长官堺屋太一》，《世界知识》2000年第7期。

导、"信息家电"、电动汽车等新工业产品领域夺取优势。可以说，日本仍是高技术、高附加价值的机械、零部件等中间产品和高档耐用消费品的"世界供应基地"。

二 中国向"世界工厂"迈进的势头

目前，一部分国内外舆论认为实际上中国已经成为"世界工厂"，其主要理由是：

1. 在过去十年，中国工业增长率年均达 12%，是全球最高的，预计未来一段时期将有更快速增长。其中，在中国工业发展中起重要作用的外国企业直接投资，特别是技术密集型产业的外资增长很快。全球 500 强中已有 400 多家在中国投资了 2000 多个项目。世界上最重要的电脑、电信、电子器件、制药、石化等制造厂家已将其生产网络扩大到中国。①

2. 通过十几年的迅速发展，中国在不少重要工业产品方面已成为世界上数一数二的生产大国。比如，中国的煤炭、水泥、钢材、玻璃、电冰箱、洗衣机、彩电、空调设备等的产量连续几年位居世界第一，化纤、电力等的产量连续几年位居世界第二，中国生产的彩电和空调设备已各占世界总产量的 1/3。

3. 工业产品出口增长迅速，一些产品出口额已居世界首位。1990—2000 年工业产品出口额的年均增长率达 17.4%，大大超过美国的 8.4%，日本的 5.0%，也略高于东盟四国的 16.4%。有专家估计，中国工业品出口额将在 2007 年超过日本，在 2014 年超过美国。②

1999 年中国纺织品出口额占世界出口总额的 13%，连续五年居世界首位；丝绸品出口额占世界出口总额的 75%。③ 2000 年中国出口电视机 1000万台，进口仅 7 万台，中国出口电视机台数比日本国内销出的电视机总数

---

① 联合国贸易发展会议：《2001 年世界投资报告》。

② 丸川知雄：《作为制造据点的中国》，《日中经济协会月报》2002 年 3 月号。

③ 中国社会科学院工业经济研究所：《中国工业发展报告（2001）》，经济管理出版社 2001 年版，第 20 页。

还多。①

4. 信息技术产品的出口增长迅速。2000 年中国出口额最大的商品依次为计算机及其零器件（110 亿美元），复印机、打印机等办公设备的零器件（57 亿美元）；1995—2000 年出口额增长最快的商品依次为无线电话及广播设备、半导体、计算机及其零器件。②

5. 中国已形成世界瞩目的若干重要的"产业聚集之地"。其中，有代表性的三大产业聚集地是：以劳动密集型零器件生产与组装等出口产业为主的珠江三角洲、以资本密集的高技术生产为重点的长江三角洲、以软件和研究开发为重点的北京。

产业聚集地的形成，有力地吸引着外国的直接投资。一般来说在组装产品成本中，零部件、原材料等中间产品的购入成本占到80% 以上，大大超过劳动力成本所占比例（不到20%），能否以较低价格迅速筹措到较高质量的中间产品，成为企业选址的重要因素，特别是在"9·11"事件以后，生产安全问题更受重视，能集中在一个地方筹措到大部分中间产品的产业聚集地也因此更受青睐。比如，在聚集着大批电脑关联企业的珠江三角洲（广东省南部），"必要零部件的80%—90% 可利用卡车在一小时内到货"，为此，对该地区的海外投资热经久不衰。③ 上述情况表明，中国正以迅猛的势头向"世界工厂"迈进。

三　从中日比较看中国离"世界工厂"的差距

与日本相比较，中国离"世界工厂"还存在着不小差距，以下通过中日比较来进行分析。

（一）制造业总规模、一些重要工业品产量和出口的中日比较

中国制造业规模虽名列世界第四，但仅为日本的1/4、美国的1/5。

---

① 《日经商业》2000 年11 月27 日。
② 据中国海关资料。
③ 仅2001 年1—9 月广东省批准外资达100 亿美元，比上年同期增长了67%。

1997 年美国生产汽车 1215 万台，日本为 1098 万台，中国仅为 158
万台。

中国的不少工业品的产量虽然已居世界第一、第二位，但中国有 13 亿
人口，国内需求很大，真正用于出口的工业品并不多。比如在 1990 年和
2000 年，中国工业品出口额占世界工业品出口总额的比重分别为 1.9% 和
4.7%，而美国和日本的这个比重分别是 12.2% 和 14.0%、11.5%
和 9.7%。

从中国向世界提供的产品清单看，虽然中国服装出口在世界服装出口
中的比重居首位，但中国钢铁出口占世界钢铁出口的比重只有 3.1%，远不
及日本的 10.3%。中国的机械、运输机械出口额占世界机械、运输机械出
口总额的比重只有 3.2%，比美国的 16.1%、日本的 12.8% 低得多。中国
办公与通信设备出口额占世界办公与通信设备出口总额的比重只有 4.6%，
远不及美国的 16.3%、日本的 11.5%。中国汽车及其零部件出口额占世
界汽车及其零部件出口总额的比重只有 0.2%，远不及日本的 15.4%、美
国的 11.9%。[①]

从出口工业品的层次看，目前中国的大宗出口领域主要是家用电器等
的组装、测试型产业，属劳动密集型、附加价值较低的产业领域，很多高
技术产品仍依靠进口。比如作为当今"产业之粮"的半导体，在过去十年
作为国家重点项目，其发展情况并不尽如人意，2000 年集成电路的自给率
只有 19%。

1997 年中国出口机床约为进口机床的 1.9 倍，然而同年中国出口技术
含量较高的数控机床仅 965 台，进口 6243 台，进口约为出口的 6.5 倍。[②]

总之，中国的大宗出口仍集中于劳动密集、组装加工型产业领域，而
在资本密集和技术密集的制造业领域，离日本等技术先进国家还有很大差
距。日本企业界人士认为："日中之间并未在同一产品、技术层次上形成
竞争关系。比如中国的海尔公司不仅占了国内市场很大比例，而且打入美
欧市场，但松下电器公司并未感觉到'海尔对松下是威胁'，因为松下并不

① WTO, *Internat ional Trade Statistics 2001.*
② 《中国机电产品市场报告系列第 1 辑，金属加工设备与通用基础件分册》。

想去占领美国的洗衣机之类的家电市场。"①

（二）工业技术与管理水平的中日比较

1998 年中国制造业劳动生产率为 3604 美元／人年，只相当于同期美国的 3.7%（1995 年），日本的 3.5%（1994 年）。② 日本全产业的劳动生产率（就业者每人创造的附加价值）虽在七个主要发达国家中居于末位，其制造业劳动生产率仍仅次于美国居第二位。

日本的研究开发经费占 GDP 之比多年来保持在 3% 左右，民间企业成为整个国家研究开发的主力。而中国的研究开发经费占 GDP 之比在 1998 年、1999 年和 2000 年分别为 0.69%、0.71% 和 1%。③ 2000 年全国的研究开发经费为 890 多亿元（相当于 107 亿美元），还不如国外一家大企业的研究开发投入。

当前中国少有自主开发的新技术、新产品，而商品开发能力是"世界工厂"的主要标志，在这方面中日之间还存在很大差距。

20 世纪下半叶技术发展的一个有趣现象是，在最初想出某个东西（发明、试制新产品等）方面往往是欧美人领先，而在最后做出有实用性、可大量投放市场的东西（商品化）方面则往往是日本人"后来居上"。在 20 世纪中做出重大发明、研制出重大新产品方面，日本仅仅稍有贡献，然而在 32 项重大产品的商品化方面，美、欧分别只有 6 项和 2 项，日本竟有 24 项。④ 商品化能力极强成为日本"世界工厂"的一个突出特征。

"工欲善其事，必先利其器。"日本的制造技术水平还体现在其制造高水平机械设备的能力方面。例如号称迄今人类所能制造的一切机械中最精密的机械——制造集成电路用的高级光刻机的世界市场几乎被日本企业所垄断（日本的尼康公司占 40% 以上，佳能公司占 24%，荷兰的 ASM 公司占 20%）。

---

① 笔者与日本经济界人士交谈记录。
② 中国社会科学院工业经济研究所：《中国工业发展报告（2001）》，经济管理出版社 2001 年版，第 22 页。
③ 《中国统计年鉴》各年版。
④ 美国商务部：《研究·技术·管理》，1995 年 3—4 月。

在工业技术水平方面，人的因素占有极其重要的地位。第二次世界大战后日本技术优势的一个重要源泉在于其"现场优先主义"的技术传统，工人的技术素质很高，大批优秀的理工科大学毕业生以能够到生产第一线工作为荣。而目前我国却出现了优秀的理工科大学毕业生"远离"生产现场的倾向。我国技术工人中，高级技工只占5%，而在日本等发达国家中这个比例超过35%。

工人技术素质不高使中国企业的竞争力受到严重影响：产品平均合格率只有70%，每年因不良产品而损失近2000亿元；由于缺乏技术力量，一些企业盼来订单却不敢接单；许多工厂生产线虽然比某些国际著名公司还先进，但生产出的产品根本不能和人家竞争。

随着资源、环境问题的日趋尖锐，提高能源利用率和加强环保日益成为工业化的新课题。1999年中国能源利用率仅为34%，比日美等发达国家低十几个百分点，每万美元GDP能耗比日美等发达国家高四倍多，工业排放污染物超过发达国家十倍以上。①

（三）中日相互间工业品出口的比较

2000年中国向日本出口额最大的前五种商品是：妇女衣料（非针织品）、针织筒形布和套头衬衣、男西服和夹克、原油、T恤衫；日本向中国出口额最大的前五种商品是半导体、产业用机械、半导体制造装置、办公设备零器件、电视机与雷达等设备用的零部件。这说明中国出口到日本的大宗商品主要是纺织等轻工业品，而日本出口到中国的商品主要是高技术产品，表明了双方相互出口的品种依然处在不同层次上，"世界工厂"还没有达到在日本与中国之间调换位置的地步。

与中日贸易相对照，2000年中国向东盟五国出口额最大的前五种商品是：办公设备零器件、石油（非原油）、摩托车、半导体、计算机及其零器件；东盟五国向中国出口金额最大的前五种商品是：半导体集成电路、原油、办公设备零器件、计算机及其零器件、石油（非原油）。这说

---

① 中国社会科学院工业经济研究所：《中国工业发展报告2001》，经济管理出版社2001年版，第22页；《经济参考报》2002年4月16日，第1版。

明双方相互出口的品种大体处在相同层次上，在制造业领域形成了水平分工的关系。然而，在 1995 年，东盟从中国进口主要以纺织品、杂货为中心，这说明近年来中国对东盟出口结构明显升级，中国作为"亚洲工厂"的重要性已经可与东盟匹敌。总之，当国外有人要给我们戴"世界工厂"的高帽时，我们更应清醒地、实事求是地估价自己，避免由于过高估计自己而采取一些不当对策，特别是应避免奢侈型、非生产型投资的膨胀。

四　对日本"世界工厂"化与中国"世界工厂"化的比较分析

由于国情、发展阶段及所处时代不同，中日两国的"世界工厂"化呈现出不同特点。

（一）日本的"世界工厂"化是在工业化过程中展开的，中国的"世界工厂"化则是在工业化与信息化并举的过程中展开的

尽管日本的部分民间企业从 20 世纪六七十年代就开始导入计算机来控制生产和加强管理，但日本的"世界工厂"化过程基本卜可说是"先工业化，后信息化"，然而中国的"世界工厂"化却遇到了信息技术革命这个难得机遇，中国通过利用信息化来促进工业化，很有可能缩短其"世界工厂"化进程，建设成具有更高水平的、信息化的"世界工厂"。当然，日本在实现工业化的基础上，更有条件利用信息技术来进一步提高其制造技术水平。这意味着中国的"世界工厂"化将在工业化和信息化两个方面面临日本的双重挑战。

（二）走向"世界工厂"的中国将兼有"世界工厂"与世界市场的性质，这与日本先立足于国内市场、进而向世界市场进军的"世界工厂"化道路有所不同

拥有 13 亿人口的中国被认为是世界最具潜力的巨大市场。中国使用手机的人数在短短几年中超过美国跃居世界首位（2002 年 3 月达到 1.615

亿人），正是中国市场之大的一个象征。尽管 2001 年全国人均 GDP 还只有905 美元，但中国东部地区和大城市的经济发展水平提高较快，广州、上海、北京的人均 GDP 已分别达到 4600 美元、4500 美元和 3000 美元。与此同时，广大内地和农村的市场潜力十分深厚，内地对房屋、汽车、电气化和电子化、基础设施建设以及机械、原材料的市场需求极大。农村彩电普及率仍只有 50%，随着农村电气化的发展（过去三年新增用电农民达2500 万人），农村家电市场日益广阔。而广阔的市场正是中国吸引和留住外国企业的强大磁石，尤其对日本企业来说，从"缩小中的日本市场"走向"扩大中的中国市场"是不可阻挡的趋势。

（三）日本的"世界工厂"化具有"全面配套型"的特征，而中国的"世界工厂"化从开始即立足于国际分工

与当前中国工业化同国际分工紧密结合的事实形成鲜明对照的是，第二次世界大战后几十年日本产业形成了一种有日本特色的、什么都靠自己制造的"全面配套主义"结构，也可说是推行了一种产业"无空洞化"路线。

然而，早在 20 世纪 70—80 年代，日本"产业无空洞化"路线已经导致它在工业品贸易方面出多进少，同欧美之间发生了尖锐的贸易摩擦。而随着技术不断发展，产业不断升级，国家这个"单位"对于现代生产力发展来说已显得太小，如果一国想把从劳动密集型到资本、技术、知识密集型的所有门类和层次的产业都容纳在本国国土内，是越来越不可能了。这就好比你要在家里添置新家具，就必须把旧家具搬出去，如果总舍不得把旧家具搬出，新家具就很难搬得进来，特别是对日本这样的狭窄岛国，"精简"一下本国的产业结构，将失去相对优势的产业部门或生产环节移至国外更适合的地方，为在国内孕育更高级的新兴产业"腾出空间"，促使产业结构从"国内配套型"向"国际分工型"转变，实属必要。20 世纪 90 年代以来，日本一些政治家总在说日本要做什么"普通国家"，其实在产业结构方面日本倒是真的需要做一个"普通国家"，抛弃"一国繁荣主义"发展模式和"全面配套主义"产业结构，更加深入、协调地加入经济全球化潮流中去。

（四）中国的"世界工厂"化意味着在占世界人口总数近 1/4 的人口大国展开大规模人力资源开发的巨大试验，而源于中国丰富劳动力的、低廉的"中国产品价格"将对世界经济产生深远影响

正如日本学者叶芳和所指出："中国正在世界上成为很多工农业产品的巨大供应国，我甚至感到很多产品在世界市场上的价格将取决于'china price'（中国价格），从而形成贸易方面的'中国价格本位制'。"显然，中国产品价格低廉缘于中国拥有世界上任何国家所不能匹敌的丰富的劳动力资源。

日本是个高物价国家，所谓"内外价格差"成为日本经济的一大痼疾（例如英国《经济学家》评出 2001 年底全球十大价格昂贵城市，东京、大阪居第一、第二位），因此，在低廉的"中国价格"面前，日本感受冲击更大。

然而，中国等发展中国家向日本出口廉价工业品，既有利于日本的消费者，也有利于日本的经济结构改革，归根结底是在帮日本的忙。正如日本学者矢吹晋所说："中国正在成为大量制造廉价工业品的生产基地，但在高技术产业领域还比较落后。日本主要是在其'夕阳产业'部门同中国形成了竞争关系，也可以说日本是在自己产业的失败部分同中国形成了竞争关系。这种失败对日本是'好的失败'，弱的部门失败了，其经营资源让成长部门来吸收，对推进日本产业结构高度化、改变其'高成本、高物价经济'很有利。"

日本是个很难依靠自身力量来厉行改革的国家。明治维新靠的是欧美列强逼日本开放的"外力"，其象征是所谓"黑船"造访；战后改革靠的是美国占领的"外力"；推动当今日本改革的外力或许正是这个被日本某些生产者看做是"21 世纪黑船"的"中国产品价格"。

（五）过去，日本的"世界工厂"化基本上是"国别行为"，是一国产业结构高度化的产物；而当今中国的"世界工厂"化在很大程度上是"国际行为"，是全球化，即全球性产业结构调整的产物

经济全球化本质上就是以技术革新为动力、以跨国公司为载体、在全球范围展开的产业结构调整，它主要包括三方面内容：工业发达国家走向信息化；发展中国家加快工业化，并利用信息化推进工业化；鉴于不同发达国家与发展中国家的结构调整内容与水平不同，而导致经济资源在世界范围进行大规模重新配置。

在当今全球产业结构调整中，各个国家的产业结构调整已从"国别行为"转向"国际行为"。对发达国家来说，随着产业结构调整，生产活动不断向全球扩张，引起本国生产体系出现一定程度空洞，而填补这种空洞的将是利用国内外资金发展技术含量和附加价值更高的生产；对发展中国家来说，其工业化过程则因为有发达国家企业的参与而大大加快。这样，发展中国家工业化也从"国别行为"转向"国际行为"，同时发展中国家通过吸引发达国家直接投资并向发达国家出口其工业化进展的成果——质优价廉的工业品，也"介入"了发达国家的结构调整过程，为发达国家传统产业结构"创造的破坏"提供了外压和动力。

有鉴于此，发达国家和部分新兴工业国家或地区在不同程度上出现产业空洞化和一部分发展中国家加快工业化，在本质上是经济全球化过程的两个侧面。由于日本吸引外资的水平（吸收外国直接投资占其国内固定资本投资的比例只有1.1%）比世界平均水平（16.3%）低得多，导致了日本的产业空洞化问题更加突出，因为既缺乏外国高新企业投资来"填补空洞"，其国内风险资本也不发达。[①] 与之对照，中国对吸引外资十分积极，外资企业出口占中国出口总额的比重从1996年的40.7%上升到2001年的50%以上。

关于中国放手利用外资促进工业和经济发展的策略，有人认为尽管外资企业是在中国土地上，在中国雇用劳动力进行生产，但它们在很大程度上是按照外国公司总部的指令进行生产，而非中国"自主地进行生产"，这与日本主要依靠本国企业实现"世界工厂"化有很大不同。中国的制造企业至今尚无一家进入世界一流工业企业行列，而日本在全球最大500家工业企业中占29%，与美国的31%差不多。也有人指出中国这种依靠外资发展工业的道路存在一定风险，因为这种发展可能由于国际政治经济风云不测变化而

---

① 据GEM（一家对风险企业进行国际比较的学术组织）调查，日本在发现风险事业机会的能力、创设风险企业的技术以及风险企业受社会尊敬的程度方面，在被调查的美、欧、日及韩、俄等29个国家中名列倒数第一。

受到来自外部的制约。这个问题牵扯到国家外交与安全战略，已超出本文讨论范围。不过，当年日本"主要依靠自己"的"世界工厂"化也并非没有风险，因为第二次世界大战后日本的发展是建立在严重依赖进口石油等能源、资源的基础上的，一旦日本赖以生存的"油路"被掐断就会面临灾难性后果，但第二次世界大战后日本从外交和内政两方面竭力创造条件，变风险为动力，使本国从第二次世界大战后"石油文明"中充分吸取了工业化和经济增长的动力。

五 中国的"世界工厂"化与中日关系

如上所述，中国向"世界工厂"迈进，在日本一时引起了各种议论，一些人担心"中国制造"的崛起将大量夺走日本企业的商机，大量夺走日本人的工作岗位，以致"中国威胁论"盛行一时。然而，可以相信从长远看，中国实现工业化归根结底将有利于中日关系发展。早在 1954 年周恩来就曾对日本客人指出："诸位要问，我们工业化了，日本也工业化了，不会有冲突吗？事情是会变化的。假如永远是工业日本、农业中国，那么关系是搞不好的。日本朋友如何对待中国，希望中国永远是一个落后的农业国好，还是希望中国工业化好呢？这里有两条路。第一条路是不好的路，是制造战争的路。过去一百年的历史就是这样。……另一条路，是中国工业化。只有中国工业化和日本工业化，才能和平共处，'共存共荣'。"①

（原载《世界经济与政治》2002 年第 7 期）

---

① 《周恩来外交文选》，中央文献出版社 1990 年版，第 89 页。

"资源小国"的压力与活力

——赴日考察观感

在世界新技术革命的浪潮中，我得到机会去日本进行短期考察。我主要的感想是，日本作为一个"资源小国"，却拥有缺乏资源所带来的"压力"和由于这种压力而激发产生的"活力"。拿日本和某些所谓"资源大国"作个比较，我感到，这种缺乏资源而带来的压力和活力，在某种意义上比资源本身更重要。

以下准备从社会、经济、历史等角度来漫谈一下所谓"资源小国"的含义及其所带来的压力与活力。

一　自然资源缺乏,就大力开发头脑资源

在自然方面，日本最大的不利条件就是缺乏能源、资源，以至有"资源小国"之称。特别是 20 世纪 70 年代发生石油危机，原油价格从每桶 6.2 美元上涨到 34 美元，即上涨了 13 倍（现在又从 34 美元下跌到 29 美元，与石油危机前相比仍上涨近 11 倍），这对于以石油为主要能源，并且几乎完全依赖进口的日本来说，是一次极大的打击。据有的日本朋友说，在那时甚至连卫生纸都要抢购，可见其影响之大。

使日本人在能源问题上又一次增加危机感的是从 1980 年开始的两伊战争，因为日本进口石油的 64% 要经过霍尔木兹海峡，如果海峡由于战争而被封锁，日本将承受比 1973 年的石油危机更大的打击。两伊战争爆发时，我正在日本学习，发现连房东老太太也在为战争感到焦虑。这是不难理解的。因为无论是烧洗澡水的石油、汽车用的燃料、做饭用的煤气、照

明以及使用各种家用电器所需的电力，全都离不开石油。因此，报纸上说，中东产油国地区的战争，像风暴一样叩击着每个家庭的门窗。

有的日本人把他们所担心的能源危机称为"油断"。过去，穷人家怕"断粮"，现在，日本人最怕的是"断油"。记得我曾在暮色苍茫中登过东京塔，眺望东京地区一片灿烂的灯光之海，当时我就想，这一片光明是靠石油点燃的，它在本质上跟我当年在农村参加四清时使用的农家的油灯没有两样，一旦油熬干了，没了来源，这里将是一片黑暗的世界。

缺乏能源的压力，逼得日本人想方设法地"开源节流"。所谓"开源"，就是研究、开发新能源，"节流"就是研究、开发节省能源的技术。现在，日本人的节能技术在世界上水平最高，这在某种程度上可以说是逼出来的。

日本人对付能源、资源贫乏的又一个办法，就是改变产业结构，使一些耗费能源、资源多的传统产业逐渐缩减，同时大力发展省能源、省资源的新兴产业。比如，炼铝工业是电老虎，为炼制 1 吨铝锭要耗电 15000度，由于能源价格上涨，越来越不上算。因此，炼铝企业纷纷下马，目前只剩 2 家，年产量从 110 万吨减为只有 20 万吨。有些炼铝企业还把它们的旧设备折价卖给了中国。

钢铁工业的情况虽然比炼铝工业好，但也是不大景气，开工率较低。钢铁企业为了生存下去，一方面向高级钢发展，另一方面搞多边经营，比如搞精密陶瓷材料。这是一种很有前途的新材料，被称为"第二石器"。因此，钢铁企业就好像是后脚留在铁器时代，前脚跨进了所谓"第二石器"的新时代。

另外，耗费能源资源少的新兴产业发展很快。最典型的就是以集成电路为核心的电子产业。大家手腕上带着的电子手表里就有集成电路，可见集成电路是非常轻小的。但是，产品轻小，不等于说它不值钱。在日本，1 公斤钢材的价钱是 0.75 元（折算成人民币），1 公斤冷轧钢板的价钱将近 1 元。如果把汽车也这么折算一下，那么，普通小汽车的价钱是每公斤10 元，高级一点的是 33 元，联邦德国的名牌——奔驰汽车是 76 元，日本天皇用的特别高级的汽车是 190 元。

超大规模集成电路，例如，销售量最大的 64K 存储器，每公斤是 729

元，256K 存储器每公斤是 2 万元。这就是说，以相同重量来计算，256K
存储器的价钱是钢材的 26000 倍。换句话说，相对于同样的产值，256K
这种集成电路所消耗的材料的重量是钢材的 1/26000。日本的超大规模集
成电路技术发展很快，其生产水平甚至已经超过了美国。这可以说是一个
象征，反映了日本人非常重视发展省能源、省资源、轻薄短小的尖端技术
产品，并取得了迅速进展。

集成电路这个东西，不仅自己非常轻小，而且还能够渗透到各种行业
的各种产品当中去，使许多原来十分笨重的产品也变得轻小起来。比如，
电子手表里的电路，如果不用集成电路，而用真空管这一类分立器件，那
就得装满一台"130"卡车。又比如，在日本现在一台普通计算器的价钱
不到 1000 日元，只相当于 1/4 块牛排的价钱。换句话说，你吃 1 块牛排，
就相当于四台计算器落肚，而且还不是指崇文门"马克西姆餐厅"那种地
方卖的高价牛排。这就可见计算器之便宜。但是，计算器只是由于采用集
成电路，才变得这样便宜、体积这样小的（有的计算器已经缩小到可以做
在手表里头）。过去，用晶体管组装计算器（台式计算机）重量有 50 斤，
价钱高达 50 万日元，按当时的物价，几乎可以买一头牛。由此可见，集
成电路的一个巨大威力就是，它可把本来搞得很庞大、很笨重，因此需要
耗费大量能源和材料的产品变得又轻又薄又短又小，既省材料，又省能
源。当然，把集成电路做到各种产品中去，需要另一种本领，这就是将电
子技术与各种技术加以复合的本领，例如，机器人就是将电子技术和机械
技术加以复合的产物。日本人在复合技术方面也颇见长，他们十分善于将
不同技术复合起来以制作新的产品。而当今的技术革命恰恰十分需要这种
本领。比如在新技术革命中占有中心地位的电子技术，如果你不善于将它
结合到各种技术领域中去，它的革命性的影响就不能充分地发挥出来。

人们知道，2 斤猪肉总比 1 斤猪肉更能填饱肚子，100 吨钢材总比 1
吨钢材更能派大用场。这类产品是属于以量取胜、以重取胜的产品。但
是，另一方面，几十斤重的台式计算机却不一定比几两重的计算器更有价
值。相反，如果功能差不多，人们宁肯挑小个儿的，因为携带方便。家庭
主妇上菜市场买菜，兜里揣个计算器好算账，她绝不会愿意扛上一个五六
十斤重的大机器上街。可见，在新技术革命时代出现的许多新产品，正在

改变人们的价值观念，不是越大、越重越好，而是越小、越轻越好。当然这不是指猪肉而言的。

要说明在许多场合，轻的比重的好，最典型的例子就是交通工具。例如，重100吨以上的巨型喷气机，仅仅减少1公斤的重量，1年就可节省250升汽油。日本航空公司为了减轻重量，把飞机上不用的椅子全部拆除，并换用重量较轻的地毯，这么一搞就减轻了100公斤，一年可省25000升汽油。此外，给乘客送餐的车子，原来是不锈钢结构的，现在改用铝结构，又轻了一些。机体上原来涂的漆，重160公斤，改用新涂料，只需100公斤，又可减轻60公斤。虽然这些改进，还称不上是什么高级技术，但是，这种千方百计地节省燃料、能源的可贵精神却是很了不起的。日本人之所以能在新技术革命中走在前头，与其说是因为他们的智慧比别人多，不如说是因为他们充满这样一种劲头，一种精神，就是无论在技术上还是在管理上，总是感到不满，总是在捉摸着如何改进。而对于新技术革命的要求来说，这种精神和智慧同样重要。因为新技术革命中最大量的工作，是对已经发明、创造的技术加以推广应用、改进提高，这属于渐进型的革新，也可说是艰苦的技术长征，没有一股积极进取、百折不挠、埋头苦干的精神是不行的。

以上举了许多例子，说明在许多场合，对许多产品，东西小了、轻了，价值反而高。那么，这价值是从哪里来的呢？例如，1公斤超大规模集成电路的价钱要比1公斤钢贵上万倍，它凭什么贵那么多？原来，它的价值主要在于凝聚在小小产品当中的知识的价值、技术的价值、精神的价值。这种知识、技术、精神不是来自自然的能源、资源，而是来自于人们的头脑。日本人说，我们自然资源少，我们就更要开发头脑资源。自然资源少这种压力，逼得他们去更多地开发头脑资源。

我曾不止一次地想，所谓"开发头脑资源"意味着什么。

据科学家说，人脑有一百多亿个细胞，我想我大概只用了不到十亿个细胞，也就是说，只用了自己的头脑资源的极小部分。然而，对于一个人来说，当他临死前做总结的时候，最值得悔恨的事莫过于他在漫长的人生中只使用了自己拥有的头脑资源（或者说心理和生理资源）的一个很小很小一部分，剩下的很大部分的资源没有得到开发和利用，他就离开了人世。为了不至于到该去见马克思的时候才来悔恨，我们确实应该奋发，趁有生之年，为社会效劳，为事业尽力，充分体验人生的意义，而不要像半着不着的木炭，尽冒烟，不发光和热。我以为，日本人尽管是生活在资本主义社会制度下，他们的奋斗动机和目标也跟我们有所不同，但是，他们的一个长处我们必须看到，这就是他们确有许多拼命干工作的人，白天黑夜、平时假日，全副身心都在干，都在想自己的事业。根据我与日本同事共事的经验，他们在工作时间是极少闲聊天的。我从来没听见哪位同事在办公室议论过"今天的西红柿和黄瓜多少钱一斤"之类的家务琐事。在日本这些家务事儿全由太太们管，男职员不但不去说它，大概连想都不大去想的。我去日本电气公司访问，陪同我的一个小伙子说，他每天工作到晚上 10 点、11 点，回家睡觉总在夜里 12 点、1 点，早晨 6 点起床又赶去上班，每天只睡五个小时。他还说：上下班乘车时间是他十分宝贵的学习时间。他这话是可信的。因为在日本坐电车和地铁，总可以看到一多半的人抱着书本在看。公共交通工具简直成了流动的"自学教室"。总之，在资本主义竞争的催赶下，在日本确有许多怀着强烈的事业心拼命干工作的人。而一个国家有多大比例的人在拼命干工作，想事业，这是该国家的经济实力和发展速度的一个重要参数。

二 历史遗产贫乏，就热心向外国学习

我国是世界文明古国之一。这是值得我们自豪的。

与我国相比，日本的文明开化要晚得多。日本有文字记载的历史，是在引入中国文化之后才开始的。在历史上，日本从没有产生过具有世界影响的文化、思想和科学方面的巨人。因此，如果把一国历史和历史遗产也看做是一种"资源"，那么，日本是双重意义的"资源小国"，不仅自然资源贫乏，而且历史资源也贫乏。前面讲到自然资源贫乏给日本人带来了压力。其实，历史资源贫乏给他们带来的压力并不比前一种压力小。

自然资源贫乏的压力，促使日本人积极地向外界寻求物质的资源和能源；历史资源贫乏的压力，又促使日本人积极地向外界寻求精神的资源和能源。从历史的顺序看，日本人先学中国，输入中国文明，产生"和魂汉

才"之说法；后学欧美，输入欧美文明，产生"和魂洋才"之说法。我理解这两个说法的意思是，在保持本民族固有精神，即所谓"和魂"的前提下，努力吸取中国和欧美的文明成果。

当然，关于什么是"和魂"，有着各种各样的解释。我曾经问过东京大学的两位教授，究竟"和魂"意味着什么。两位教授都作了极为简练的回答。一个用英语回答说："DIGEST"，意思是"消化"。一个用日语回答说："器"（"うつお"，音译为"乌次瓦"），意思是"容器"。这就是说，日本民族固有精神的最重要的特征，是对于外来文化具有很强的消化力和容受力。

人只有肚子饿了，才会有食欲和消食的能力；容器只有内部是空的，才会有接纳外来物质的容量。日本人之所以能非常热心地吸取外来文化，是因为他们具有文明饥饿感和中空的精神构造。

"中空的精神构造"，这是日本人的说法，如果把它硬译过来，可译成为"中空感"。"中空感"的反义词就是"中心感"，"中心感"可以解释为"以我为中心"，"夜郎自大"，"老子天下第一"，等等。

从人类文明发展的历史来看，文明是在不断流动的，世界是在文明的不断流动中前进的。在一个历史时代形成的文明"高地"，往往由于文明"地壳"的变动而转移到别的地方。因此，一成不变地以"文明老大国"自居的"中心感"是不足取的，甚至是危险的，因为它会形成一种阻止文明潮流流动的精神阻挡层。

另一方面，日本人由于文明开化较晚而产生的"中空感"、"文明饥饿感"，却促使他们如饥似渴地吸取外界的先进文明，如果套用上面的说法就是，他们缺乏历史资源，却拥有缺乏历史资源所带来的压力，这种压力给他们带来了好处。

根据我对日本的了解，我感到日本人的"中空感"体现在以下几个方面。

1. 一般来说，他们不讳言自己国家文明开化落后，历史遗产贫乏。不少日本朋友在交谈中说，日本没有自己的哲学，甚至说日本没有自己的文明。

2. 一般来说，他们不讳言他们曾拜中国为师，拜欧美为师，输入过中

国文明、欧美文明。1981 年举行的神户人工岛博览会上，曾展出一艘遣唐
使船的模型，引起很大的反响。遣唐使就是古代日本为了学习中国盛唐文
化而派往中国的外交使节团，遣唐使船就是使节团乘坐的船只。日本人花
了很大力量把遣唐使船复原出来，向观众展出，表明他们要像过去追求中
国盛唐文明一样，去热烈地追求新世纪的文明。

3. 对于从外国学来的东西，他们也不讳言这就是外国人的发明创造。
有些人在学了外国人的东西之后，就不大愿意讲这是外国人的东西，不愿
多提它的来源，怕有损自己的面子。而日本人就不大考虑这种面子问题。
比如，质量管理，日本人是从美国学来的，特别是美国质量管理专家戴
明，在 20 世纪 50 年代到日本做质量管理的启蒙工作，有过贡献。以后，
尽管日本人在戴明传授的方法之上进行了再创造，形成了日本独特的质量
管理方法体系，但是，日本人一直没有忘记戴明，还把他们一年一度的全
国性的质量管理奖命名为"戴明奖"。

4. 日本人不讳言他们的文化是杂种文化。"杂种"这个词儿，在中国
常被当做骂人话使用。但是，日本人却毫不在乎地承认他们的文化就是杂
种文化。他们说，从生理上讲，由于父母血缘离得远，杂种的体格往往比
较健壮，这个道理对于文化也是一样。如果一个国家或地区的文化总是不
与别的国家或地区的文化交流，总是在自己的那个小圈子里搞近亲交配，
那么，它的文化就会像在近亲的小圈子里通婚的人们的子孙后代一样，势
必要逐渐衰弱下去。

也许正是由于同一种逻辑，在日本，国际通婚也逐渐盛行起来。比
如，我曾在日本的一个地方大学进修过，在那个大学学习的年轻的外国留
学生，多半都跟日本姑娘结了婚。一次，一个日本大学生对我说，"真叫
人着急，我们日本的姑娘，都当了外国人的老婆了"。我说，"你不必担
心，你们日本的公司派往国外长期出差的职员，不是也有不少人找了外国
妻子了吗?"他会心地笑了，说："这也许就叫国际化时代吧。"

5. 一般来说，日本人对于外来文化不怀什么恐惧感。他们很少担心大
量吸收外国文化会使自己被外国文化所俘虏、同化，从而丧失掉本国文化
的个性、民族性。一个典型的例子就是日语。可以说，世界上没有一个国
家的语言像日语那样吸收了这么多的外来语，特别是英语，这给日本输入

欧美文化，特别是科学技术，带来了极大的便利。当然，欧洲国家的语言也吸收外来语，但在数量上远不能跟日语相比。尽管如此，法国还明令规定要限制英语外来语的使用，唯恐法语被英语"化"掉。而日本人却较少担心这一点。

尽管日语吸收了大量外来语，但它那独特的文法和字形却没有变，这好比是日语的遗传因子。俗话说，"吃牛羊肉的人未必变成牛羊"。对于任何文化或文明领域来说，只要保持住自己的遗传因子，管它是哪国的东西，只要是有益的、可利用的材料，都可以拿来通过消化而构筑自己的身体。

6. 日本人对吸取外国的先进文明是非常热心的。作为一个中国人来到日本，对于日本人的这个特点是很容易体会到的。因为从日本的文字到日常生活的许多细节，到处可以发现我们老祖宗的东西被日本人模仿、吸收。在食品方面，饺子、烧卖、馄饨、中华汤面，这些中国人的美食都上了日本人的饭桌。有些东西传到日本，被他们加以改造，走了样。比如日本卖的"麻婆豆腐"，味道跟四川味儿的正宗"麻婆豆腐"大不相同，大概经过了日本的什么麻婆的改造。记得前几年，国内有人在报纸上写文章批评说，豆腐是从中国传到日本去的，居然还有人到日本去考察豆腐，言下之意，这是多此一举。其实，日本的豆腐确有许多值得我们考察、学习的地方。比如，他们把鸡蛋和豆腐做在一块儿，叫做鸡蛋豆腐，味道不错，营养价值也高。特别是他们实现了豆腐生产的机械化，包装技术水平高。不久前，我国还进口了他们的豆腐生产线。

在高级技术方面，日本人学习欧美的那股钻劲和热情，就更值得我们学习。20世纪40年代末，日本人开始搞半导体晶体管，曾有这样一段插曲。东北大学的一位教授，到东京美国占领军电气通讯部拜访美国官员，那个美国官员说他正在看一份重要报告。在谈话中间，日本教授趁美国官员上厕所的工夫，偷看了这个报告，得知美国贝尔研究所产生了一项重大发明，就是半导体晶体管。教授回学校后，就立即组织人员开始了晶体管的研究。60年代初，日本人开始搞集成电路，也有一段插曲。三菱电机公司的经理去美国一家公司访问，美国公司送给他一块超小型电路样品作为礼物，经理立刻感到这个礼物的分量，回国后马上在公司里组成研究小组，凭借这块被当做礼物的样品和一些资料，开始了集成电路的研究。70年代末，日本人发明高电子迁移率晶体管，也有一段插曲。富士通公司的一位技术人员临时要去接待美国著名半导体学者、贝尔研究所的定格尔博士，他就利用开车送博士去旅馆的途中，抓紧时间向博士请教。这不到一小时的"车中求教"，竟使富士通的技术人员大受启发，对以后发明那种速度比原有晶体管快六倍的新型晶体管起到了重要作用。

以上所说的三段小插曲，反映了日本人如何热心地学习外国的科学技术。也许有人会说，趁人家上厕所偷看文件，这也叫学习吗？其实，我举这个例子正是要说明，日本人往往是把"偷"也当做"学"的一种手段的，这跟鲁迅笔下的孔乙己所说的"偷书不算偷"，可谓英雄所见略同。过去，美国人认为日本人比他们落后得多，不可能赶上来，因此大大咧咧，满不在乎。日本人参观美国的集成电路工厂，冷不防抄上一块集成电路揣进衣兜儿，回国后像开鸡膛似的加以解剖，弄清内部的设计以便仿造。对这种事美国人向来是睁一眼，闭一眼，不当回事儿。但是，现在日本人真的赶上来了，还跟美国人搞竞争，这就使美国人对日本人的警戒心越来越强，以致发展到 1982 年在美国硅谷抓了几名日本工业间谍，造成了轰动世界的"IBM 间谍事件"。

三　在激烈的资本主义竞争中，大力发展新技术，提高经营艺术

有人说，日本的企业之间的竞争，好比是体育竞赛，整个日本好比是企业竞争的运动场。这种说法在一定程度上反映了日本企业竞争的盛况。但也有不确之处，那就是资本主义企业竞争要比体育竞赛残酷得多。在体育竞赛中输了，无非是名落孙山，而在企业竞争中输了，就可能破产倒闭，甚至家破人亡。因此，从一定意义上说，企业竞争的压力比体育竞赛压力要大得多。

现在，人们大都认为，我们社会主义企业也需要竞争，没有竞争，就没有活力。当然，我们的国内竞争不能搞得像资本主义竞争那样残酷。但是，既然要竞争，就得像个竞争的样子，不能把竞争搞成儿戏，输了也没

有压力，照样可以升官，可以撒娇，伸手向"祖国母亲"要糖吃。应该指出，国家的自力更生是要靠企业的自力更生来支持的；没有企业的自力更生，国家的自力更生就是一句空话。

最近，我国在奥林匹克运动会上取得了很好的成绩，不仅是我们国内，分布于全世界的炎黄子孙都感到振奋和鼓舞。其实，技术和经济也有奥林匹克，技术和经济的奥林匹克就是世界市场。我们要搞现代化，就不仅要进入体育竞赛的奥林匹克，而且要进入技术和经济的奥林匹克，进入世界市场。为了做好这一点，我们也要像在体育上一样，首先把国内的比赛开展起来，把国内比赛当做走向世界比赛的跳板。

体育比赛有三个要素，一个是场地，一个是对手，一个是观众，只有具备这三个要素，运动员才会激发出竞赛的热情。同样，企业竞争也需要有场地、对手、观众这三个要素。企业竞争的场地就是市场，对手就是同行企业，观众就是顾客和用户。只有具备了这三个条件，企业之间才能激发出竞争的活力来。

日本经济发展较快的一个根本原因就是，日本企业之间的竞争特别激烈，竞争的压力特别大，这种压力就像无情的鞭子抽打着企业不能不拼命快跑，特别是努力开发和采用新技术。

日本企业不仅在国内面临竞争，而且在国外也面临竞争，因为日本是个"加工贸易国"，很多产品要拿到世界市场上去销售。同时，即使在本国市场上，也面临着打进来的外国企业的竞争。最近美国 IBM 公司力图加强对日本（以及东南亚）市场的攻势就是一个例子。

日本和欧美虽然都是资本主义国家，但是，在贸易竞争中，他们绝不会说，大家都是资本主义"同志"，互相谦让一下吧。这是不可能的。贸易竞争搞激烈了是很招人恨的。因为你日本把产品像洪水般地推销到欧美，就会引起欧美国家企业倒闭，失业增加，经济困难，这怎么不招人恨呢？有的美国人说，真恨不能在日本人头上扔它几个炸弹（当然这不过是发泄心头之恨，并非真要打仗）。有的欧洲人说，如果要用一种动物来比喻日本人，就是"狼"。这说明日本企业既有它过分依赖于对外贸易的虚弱的一面，又有它精于打"贸易战"的厉害的一面。我们在同日本企业打交道中，也应充分认识它们的这种既虚弱又厉害的"两面性"。

　　国内外竞争的双重压力，驱使日本企业努力提高产品的竞争力。现在，许多外国人称赞日本人的质量管理搞得好。其实，这在某种意义上也是压出来、逼出来的，因为质量搞不上去，他们的产品就打不到国际市场上去，他们的经济就没有出路。他们是从企业存亡、民族存亡的高度来认识质量管理的重要性的。

　　日本技术评论家森谷正规说："一个国家的技术开发好比是赛马，政府是骑手，民间企业是马。众所周知，赛马的胜负，百分之八十取决于马，只有具备好马才能取胜。"这话的意思是说，在一个国家的技术与经济的发展中，政府的指导固然很重要，但起主要作用的还是民间企业的活力。

　　日本企业竞争有一些引人注目的特点。比如，在一些比较热门的重要领域，总是有许多企业蜂拥而上，参加竞争。搞计算机的企业有一百来家，搞机器人的企业有二三百家。制造同样产品的企业互相较着劲儿，看谁的产品性能更强，质量更好，价格更低，品种更多，产品更新换代更快。为此，就要不断采用新技术，提高技术水平。谁在技术上跟不上去，谁的产品就会丧失竞争力，从而危及企业的生存和发展。日本企业界的人们说，只要读一下当天的产业新闻，就感到压力，可见竞争气氛之浓。

　　激烈的竞争不仅驱使一部分企业在一些热门领域争高低，比长短，而且驱使一部分企业，特别是中小企业去从事那些别人尚未搞的、或大企业腾不出手来搞的特殊领域、最新领域，培养、磨炼自己独到的专长，从而一跃成为该领域的佼佼者。现在，日本有许多所谓"世界第一"企业，就是在某种特殊产品方面占世界市场的比例居世界首位的企业。而且，令人感到出乎意料的是，这些"世界第一"企业大都并非是什么赫赫有名的大企业，而是一些原来并不被人们重视的、从小地方成长起来的中小企业。比如，吉田工业公司制造电器中使用的接线柱，占全世界产量的60%，京都陶瓷公司制造集成电路陶瓷管壳，占全世界产量的90%，麻布契马达公司制造磁性马达，占全世界产量的70%，村田制作所制造彩色电视用的陶瓷滤波器，占全世界产量的80%。迪斯柯公司制造的磨刀石刀片，占全世界产量的90%（这种刀片极薄且硬，用于切割集成电路硅片）。还有一家日本自动控制公司，制造集成电路掩膜的自动检查机，几乎占全世界产量的100%。这家公司只有36名职工，每台机器卖2000万日元，其实工本费只有200来万日元，因为只有一家能做，虽然价钱贵，人家也得买。

由于激烈竞争的压力驱使一部分企业，特别是中小企业去钻研各种最新技术、特殊技术、"冷门"技术，以求形成自己的技术专长。这就使日本新技术革命拥有较齐全的门类和较坚实的基础。因为新技术、或者说尖端技术，它们确有各自的核心部分，然而，它们同时还需要众多的相关技术、外围技术的支持。可以说，任何尖端技术都是复合技术，是众多的不同门类技术的复合。因此，应该形成一种体制，促使人们去向各种新技术门类发展，形成别人所没有的技术专长，从而使整个国家具有日益齐全的技术门类和基础。

企业竞争的压力还驱使日本企业经常改变和扩大经营内容，搞"变身术"。比如，日本的夏普（SHARP）公司是大家熟知的家用电器企业，它生产电视、洗衣机、冰箱、音响设备、计算器等家电和电子产品。但是，30多年前它却是一家制造铅笔的公司。公司起名"SHARP"（英文词，意为"尖的"、"锐利的"）是当年为形容他们的铅笔很尖硬耐用，而不是要说明他们的洗衣机容易划破衣服。在新技术革命中，企业改变和扩大经营内容的倾向更为强烈。钢铁企业研究生物技术，食品企业开发机器人，纺织企业制造干扰素，钟表企业搞计算机。经营内容的这种变化的激烈程度，如果也拿体育运动打比方的话，真好比是百米选手甩开了铁饼，相扑运动员练上了跳高，以往的行业之间的界限完全被打破了。

企业竞争的压力又驱使日本企业积极向所谓"软件化"、"服务化"方向发展。众所周知，日本产业的一个重要特点是以民生为主，产品及其技术主要面向民用。然而，随着日本经济的成长，日本国内的民生市场日趋饱和，比如拿家用电器来说，电视、冰箱、洗衣机、电话等，在日本已经基本普及，不少家庭拥有两台甚至三台电视，免得大人、小孩为争着不同节目"打架"。不少家庭电话也开始多台化，比如楼上楼下各一台，免得为接电话还爬楼梯。但是，家用电器是耐用消费品，无须经常更新，也无须每家买上十台八台，因为既无必要，又占地方。总之，家用电器不可避免地出现了饱和趋势。

现在，日本的家电企业为了刺激消费，不断推出新产品。以洗衣机来说，洗涤与甩干分别在两个缸内进行的双缸洗衣机正在被全自动的单缸洗衣机所取代。以微计算机控制的洗衣机还可以根据衣料种类、肮脏程度、自来水管的水压，等等，变换一两百种洗衣程序。但是，也有人认为这种洗衣机的功能已超出日常生活所需要的范围，是功能过剩。还有人说，将要发展的电视电话，也是一种功能过剩，甚至还会带来不便。比如你刚洗完澡，来电话了，如果是普通电话，立刻就可以去接，要是电视电话，你就不敢去接，因为要在对方的荧光屏上"亮相"，非把衣服穿好不行。这话虽有开玩笑的意思，但它确实意味着这样一个事实，就是家用电器再向高级发展，已经超出生活必需的范围，成为一种功能过剩的、可买可不买的商品，它的销路自然不会很好。

总之，不仅在日本，也包括在其他发达国家，人们对汽车、电视这些东西的需求正在趋于饱和，企业再继续大量生产这些东西，就可能卖不出去。于是，人们的注意力就逐渐从如何增加东西的数量转向如何提高东西本身的使用价值。这就是所谓"软件化"。我在日本听过一位叫牧野升的经济学家的讲演，他讲了几个例子，对于理解什么叫"软件化"有些帮助。比如，几十年前，日本还是一个很贫穷的国家，那时人们春夏秋冬每个季节大概只穿一套衣服，一年大概有四套衣服就足够了。现在，日本的经济与几十年前相比实际上增长了 30 倍，这是不是意味着人们穿的衣服也要增长 30 倍，从过去的每年 4 套增加到 120 套呢？如果真是这样，那么一个五口之家就要备上 600 套衣服，这不是家，成了服装店了。显然，人们需要衣服的数量是不会跟经济增长成正比例地增加的，那么，这是不是意味着服装行业就没有发展余地了呢？不是，服装行业仍要发展，只是发展的重点不再是数量，而是质量，即改进设计、增加时装式样，也就是朝软件方向发展。

再举一个味精的例子。在战后一个时期，人们做菜，撒两下味精，就舍不得再多用了。现在，日本经济比战后增长了 20 倍，大概不会有人因为经济增长 20 倍，撒味精次数也增加 20 倍，做一个菜，拿个味精瓶在上头摇晃摇晃 40 下。最多不过是比过去多撒一下，从两下增加到三下，这就是 1.5 倍。但是，日本经济增长了 20 倍，而味精生产只增加 1.5 倍，这么一比，味精行业就得垮台了，但实际上它并没有垮，原因是它向"软件化"方向发展。比如，在日本的超级市场可以买到各种汤料，用开水一冲就是一碗味美可口的好汤，自己不必再花工夫调配。这种汤料就是味精企业的产品。它摸准了人们厌倦于家务劳动的心理，把家务劳动"物化"在它的产品之中，结果提高了产品的附加价值，而且销路很好。

牧野升还举了日本三得利公司的酒的例子。他说，他曾去三得利公司本部参观该公司出的各种酒，最便宜的一种，每瓶 500 日元，在这之上，有 2700 日元一瓶的、5000 日元一瓶的、8000 日元一瓶的、15000 日元一瓶的，最高级的一瓶价钱比一台 14 英寸彩电的价钱还贵。这六种酒的内容如何呢？拿来一分析，其实成分都是 43%的酒精，剩下的就是水，不过就是味道有些不同罢了。就凭这一点点味，对你舌头上的味觉细胞的刺激上的一点点微妙差别，价钱就几十倍、成百倍地加上来了。这与其说是酒的价格，不如说是感觉的价格。在这里，如果说酒是"硬件"，那么酒的味儿就是"软件"，增加酒的花色品种，也就是在软件上下工夫。

企业从竞争中求出路，除了"软件化"，还有"服务化"。比如以住宅产业为例。在日本，虽然还不能说住宅市场已面临饱和，但随着一般居民住房条件的改善，今后要盖的新楼总是越来越少。如果光想着盖房，那么住宅市场当然是在缩小，住宅业可干的事就在减少，就会越来越不景气。但是，如果想到已经盖好的房子在不断增加，如果把已经盖成的住房作为服务对象，加强房屋的维护改修等服务工作，买卖不就越做越大吗？这个例子，对其他行业也有启发。比如在日本，汽车修理服务业比汽车制造业本身还大，这就是经营的服务化。又比如，唱片不丰富，唱机的销路就受影响。这说明软件搞得好不好，反过来又影响硬件的发展。现在，我们中国虽然市场饱和问题还不明显，但是，经营的软件化、服务化也是值得我们注意的一个问题。

企业竞争的压力，还促使日本的企业努力改善经营管理。关于企业的经营管理，现在世界上提出了许多理论和见解，但是，根本问题还在于要有竞争压力，如果没有压力，纵有锦囊妙计摆在面前，你也懒得去学，去用，甚至怕用了会触犯个人的权益；如果有了这种压力，即使眼前没有办法，你也会拼命去找，去请教，甚至自己研究出办法来。

人们常说，日本的企业经营得好，效率很高，这是什么原因呢？是不是因为日本人脑筋转得比别人快呢？是不是日本资本家特别的"狡猾狡猾"呢？我以为这都不是根本原因。日本的企业之所以经营较好，效率较高，是因为那些经营不好、效率不高的企业在竞争中被淘汰、被刷下去了，那些能留下来的，当然就是经营较好、效率较高的了。其实，日本也有经营较差、效率较低的单位，那就是一些不大受到竞争浪潮冲击的国营事业单位。日本的一些国营事业，例如国营铁路，经常出赤字，经常挨批评。有一句笑话说，在国营部门工作的人，甚至连走路也明显地比民间企业的人走得慢。这大概就是因为后面没有竞争的压力推着他。现在，日本正在酝酿将国营铁路及其他国营事业民营化，改成民营企业，其目的就是要利用民间企业的竞争活力把工作推动上去。

日本的一些国营企业走民营化道路，对我们也是有所启发的。那就是一个国家要把经济搞上去，应该尽量减少那些可以置身于竞争之外、而得到特殊待遇的企业的数目。因为这类企业往往效率较低，浪费较大。这类企业在全部企业中所占比例过大，必然要影响国家的经济增长速度。

日本的产业的一个重要特点就是，它的企业几乎都是民用企业，几乎没有专门从事军工生产、隶属于军事部门的企业。虽然日本也搞一些武器研制和生产，但都是包给民用企业来搞。民用企业不像军工企业那样仅仅面向少数特定用户，受到特殊保护，民用企业是要面向大众和市场的，当然要比军工企业更具备竞争的条件，更容易激发竞争的活力，而且它的产品是要进入经济的循环中去的，特别是它的生产资料产品是要进入社会再生产的循环中去的，与军工产品有着本质的不同。日本产业的这个特点，是使日本经济增长较快的一个重要原因。

在竞争的压力下，日本企业尤其重视人才，因为企业经营的好坏，关键在人才。在风险浪恶的竞争环境中，企业如果让无能的人当家，就难免要船翻人亡。因此，资本家不能不十分重视人的能力，把企业经营交给那些本人不一定是资本家，但却十分有经营能力的人去干。正如惊涛骇浪也锻炼出好水手，企业竞争的惊涛骇浪也锻炼出一批批出色的企业家。他们在资本主义日本的经济发展中起着十分重要的作用。其实，我们社会主义中国同样需要大批出色的企业家，我们的企业家也要靠在企业竞争这所大学校里进行培养和锻炼。当然，社会主义竞争与资本主义竞争应该有所区别，因为在我们这里还有社会主义的分工和协作，有计划调节，但是，竞争是绝对必要的，一个没有竞争的社会是无法向一个充满竞争的世界开放的。

当然，人才问题，不仅包括经营人才，而且包括专业人才、素质良好的劳动者等企业活动所需的一切人才。日本企业很重视使每个人的职位与他的能力相称，做到"适材（人才）适所（职务、场所）"，认为只有做到这一点，企业才会有活力。人的能力不仅有大小之分，而且有类型之分，简单地评价某人能力大，某人能力小，抹杀人的能力类型，这是用人之大忌。同时，日本企业还十分注意对每一个人的工作经常作出合乎实际的评价，他们认为，如果对职工的工作的评价不认真，马马虎虎，必然影响他们的工作干劲和热情。

总之，日本企业经营的中心就是着眼于人，着眼于如何发挥人的因素的作用。可以说，日本企业经营在本质上就是用资本主义方法来发挥人的因素的作用的艺术，与之对照，我们中国要创造的一套企业经营方法，在本质上就是用社会主义方法来发挥人的因素的作用的艺术。我们相信，我们必将会创造出一套比资本主义企业经营艺术高明得多的社会主义企业经营艺术，这是社会主义与资本主义两种社会制度竞争的一个重要内容。我们应该自觉地认识到这种比企业间竞争更高层次的、两种社会制度间竞争的压力，自觉地以这种历史性的压力来推动我们的全部工作，更好地加紧现代化建设，迎接世界新技术革命的挑战！

四　日本人不讳言本国文明的弱点，　　要中国人"千万别学"

不少日本朋友对我说，日本存在许多阴暗面、坏的东西，中国千万不要学。例如，他们说，中国不要学日本忽视精神文明建设，搞了许多精神不文明的东西。东京和光大学的一位教授是研究赵树理作品的专家。他之所以热心地研究赵树理，是因为其痛感日本太缺少这种描写劳动人民生活的、乡土气息浓厚的文学。他说他的一些朋友也曾经写过工人生活题材，但是由于书卖不出去，出版社老板不感兴趣，只好改写"官能小说"（性文学），结果赚了大钱。

他们说，中国不要学日本，把食品价格搞得这么贵，影响人民的生活。一位副教授的太太曾对我说："论吃的东西，在中国比在日本便宜；论用的东西，特别是电视机之类的工业品，在日本比在中国便宜。但是，吃的东西非有不可，电视机之类的缺它也可过日子，因此，保证吃的东西便宜最要紧。"

他们说，中国不要学日本，让广告肆意泛滥。广告是个好东西，是市场经济的一个标志。但是，广告泛滥，特别是那些重复过多的广告，就令人生厌。在日本看电视，最可气的就是那些穿插在电视节目中间的过多的和没完没了的重复的广告。特别是在播放电视剧的过程中，每隔一段，就插进一次广告，把好端端的电视剧穿插得支离破碎。

日本电视广告确有许多消极影响，因此，对日本电视广告不宜过多模仿。其实，日本广播协会的两个频道是不穿插广告的，但要向电视观众收费；商业电视台不收费，主要靠广告收入，因此它不得不播放大量广告。可见电视台大量做广告，并非是什么现代化社会的一种进步，而是资本主义社会电视台迫不得已的做法。还应该注意电视台做广告与报纸做广告的不同之处。对报纸上的广告，我不感兴趣就可以不看，电视上的广告不同，你不看也得等着，这时间就浪费掉了。因此，希望电视台在计算经济效益的时候，不仅计算广告费的收入，而且计算那些过多重复、或者市场很窄的产品广告引起的社会总时间的浪费。"时间是金钱"，电视是放给亿万人民看的。只有站在社会的立场上权衡得失，计算效益，我们的电视广告才能搞得恰如其分。

日本朋友还说，中国不要学日本，听任色情文艺泛滥。日本的一些书刊、电影、电视节目，经常散布一些黄色下流的东西，精神堕落的东西。这在日本，也是有很多人反对的，但总是反不掉。因为它标榜是"自由世界"，什么都有自由，连污染人们心灵、损害青少年身心健康都有自由。有一次，在一位副教授家里谈起这个问题，我说，"这些黄色下流的东西对青少年的身心健康危害很大"。副教授太太说："岂止是青少年，一些当爸爸的、当爷爷的，还把它当宝贝，看得津津有味哩！"还有一次，碰到一家杂志的编辑，我半开玩笑说，"我们的一些图书管理员，对于进口杂志中的黄色图片都要彻底检查，检查出来以后用墨笔把它涂得严严实实，也是够辛苦的。你们是否可以少弄一点这类图片减轻一下我们的图书管理员的劳动呢？"那位编辑说："我们的科技杂志其实很少穿插黄色图片，要是那些生活杂志拿到你们国家去，恐怕都要涂成大黑脸了。"

现在，录像机在日本逐渐普及，而录像带的一个重要商业用途，就是录制黄色的东西。有些大学生还在暗地里流传一些连日本的法律也不允许的极为露骨的黄色录像带。其实，录像带这东西本身并不可怕，并没有罪过，利用它来搞教育，搞科学普及，是可以发挥很大威力的。有些日本朋友也一再建议说，中国应该把录像技术运用于全民教育，录制一些高水平的教材，送往那些教育水平还比较低的农村或边远地区。

我们是社会主义国家，我们有能力控制录像带的内容，防止有人把它变成精神鸦片的载体，而资本主义国家就做不到这一点。这就是社会主义优越性的一个体现。电视剧《霍元甲》描写了过去某些外国人企图以鸦片来毁坏中国人的身体，并摧垮我们的意志，但他们没有能够得逞。现在，他们自己反而抵制不了精神鸦片的毒害，这一点我们占有优势。我们可以正确地运用录像等先进的信息传播技术，只许它产生正作用，不许它产生副作用，从而引导青年健康成长，长知识，做学问，振兴我们中华文明。

日本朋友还说，中国不要学日本搞学历社会。所谓学历社会就是过于看重人的学历、毕业文凭，而忽视他的实际能力。由于学历社会的影响，人们临近小学毕业，就要奋斗考上好的中学，临近中学毕业，就要奋斗考上名牌大学，有了好的学历、高的学位才能在大企业或政府部门谋得好职位，被认为有远大前程。这样，一些望子成龙心切的家长就拼命督促学生用苦功，考好成绩，学生在家长和学校的"两大夹攻"之下，被弄得精神负担很重，甚至把考试看做是"地狱"。

也许是升大学这个关口太难熬了，闯过这个关口而进入大学的学生就往往容易产生"松一口气"的想法。我感到，与中国的大学生相比，日本大学生的生活要散漫得多，特别是他们不像中国的大学生，四个人或八个人住一个房间，过着比较严格的集体生活，日本的大学生有很大比例的人住在老百姓出租的房子里，叫做"下宿"，几乎都是一人一间，形成自己的小天地。这是造成他们生活散漫的一个重要原因。我曾在一个地方大学听课，发现上午9点第一堂课，迟到的人特别多。有一次，上课时间到了，教室里只有我和另一个学生，老师走进课堂，好像根本没看见下边只有两个人，照常开他的讲。过五分钟，来了几个，又过五分钟，又来几个，最后一个学生，竟迟到了一个小时以上，好像专门赶来听结尾似的。学生迟到现象严重的一个重要原因是，他们的作息时间极不正规。我曾问过一个研究生的作息时间。他说，他经常是清晨四点来钟天快要亮的时候才睡下，中午十一点左右才起来。中国人喜欢说："一日之计在于晨"，我看日本的大学生、研究生却宁肯要"一日之计在于夜"。不仅学生这样，整个社会也有这种偏向，就是人们的作息时间与太阳的作息时间偏差越来越大。因此可以说，日本人每天见太阳的时间比我们中国人要少好几个小时，我感到这是一种畸形的文明，我们中国人确实不要学他们。我们还是多见一些太阳好，这样既有益健康又可节省能源。另外就是，大学生一个人一间宿舍，这也不要学。他们还太年轻，还不能管好自己。日本有所谓性产业，就是卖淫。有些女大学生被引诱去搞卖淫，赚大钱，这在很大程度上就跟大学生生活过于自由散漫有关。我过去在地方大学进修时的一个指导教师，他的女儿考上了东京的医科大学，做父母的既高兴，又担心。为什么担心呢？就是怕女儿一个人住在东京出事。从女儿进大学后，父母天天从浜松给在东京住独身宿舍的女儿打长途电话，恨不能在女儿宿舍里安一个有线电视监视起来才放心。

当然，日本的大学生，总的来说还是很努力的。我指出日本大学生的一些弱点（造成这些弱点的责任当然在于社会）是想说明，我们的大学生生活规律，遵守纪律，很少接触乌七八糟的东西，这是我们的优点，是我们的优势，我们应该保持和发扬。在培养大学生的质量方面，我们完全可能超过日本。我们的文化比较健康，对于这一点，许多日本人很羡慕我们。他们痛感本国文化或文明的严重缺陷，但却无法加以修补，从这个角度，上面讲的"中空感"这个词也可加以引申，即反映了日本人在精神文明上存在着某种空虚感。

综上所述，日本人由于文明开化较迟，历史遗产贫乏，而形成一种文明上的"饥饿感"、精神上的"中空感"，拼命吸取外国的先进文明和科学技术，成为世界公认的向先进国家学习的"优等生"。但是，随着日本科技水平的提高，经济实力的增长，他们的"饥饿感"会不会向"饱和感"转化，"中空感"会不会向"小心感"转化，会不会在"日本名列第一"这样的捧场之中变得傲慢起来呢？

我的感觉是，总的来说，日本人仍然保持着虚心向外国学习的态度，特别是他们在基础性、创造性的科学研究方面，还落在欧美后面，还需要向欧美学习。同时，激烈的国际国内竞争，在某种意义上起到了"骄傲免疫剂"的作用。但是，另一方面，某种程度的骄傲情绪也确在悄悄地滋长着，有的人鼓吹日本人可向外国学习的东西已经不多了，有的人则开始贬低曾在历史上向日本输入先进文明的国家的作用，特别是有的人以富傲穷，看不起为他们不断提供能源和资源的发展中国家，包括我国。我想，我们一方面不要因为少数人的傲慢态度而影响了对日本人民的友好感情，一方面又要在交往中不亢不卑，维护民族的尊严。然而，归根结底，我们要自己争气，要打掉叫人家看不起我们的理由。前面说过，日本人的成就，是与他们缺乏资源（包括自然资源和历史资源）却拥有缺乏资源的压力分不开的。那么，我们呢，我们拥有资源，无论在自然方面还是在历史方面，我们都堪称资源大国，我们的压力是什么，我们的压力就是我们这个资源大国竟然在经济上、科技上被资源小国日本甩到了后面，这是无论如何也说不过去的。如果我们不争这口气，不尽快扭转这种局面，我们何以对养育了中华民族几千年的富饶的神州山河，何以对创造了辉煌灿烂的古代文明的伟大的炎黄祖先，何以对奉献出生命和热血以换来社会主义新中国的无数革命先烈！无论从地理、从历史、从经济政治来看，我们在国际上进行比较和竞赛的对象首先就是日本。面对这种比较和竞赛，我们没有理由回避，也绝没有理由认输。而要不回避，不认输，我们就必须要改革，要奋斗，去创造比当今的"日本的奇迹"更胜一筹的当代中国的奇迹！

（写作于 1984 年 8 月）

日本新技术革命考察报告

1984 年 1 月下旬至 6 月下旬，笔者赴日考察新技术革命在日本发展的情况，成为我终生难忘的出国考察活动，给予我亲切指导和帮助的日本学者、令我大开眼界的参观访问活动以及整个日本社会尊重科学技术的氛围（据了解在日本那种尊重科学技术的社会文化和氛围至今未变），都给我留下了十分深刻的印象。这篇考察报告采取引述当时日记再加"追记"的方法，以便"原汁原味"地记录自己进行考察与交流的收获和体会，同时期待我国去除浮躁、奢华、过度"讲面子"的社会风气，真正形成尊重科学技术、以"拜技主义"文化压倒"拜金主义"文化的社会，特别是期待我们的电视台能够去除"过度娱乐化、低俗化"倾向，多增加一些科技文化含量；期待通过大力发展教育，提高民众的科教文素质，使那些尊重科学价值、普及科技知识、跟踪科技前沿的节目也能赢得很高的收视率。

一　异国他乡的良师益友

1984 年 1 月下旬抵达日本，首先拜访的是我的"指导教官"、东京大学教养学部林周二教授。林教授是日本著名经济学者，曾率先倡导发展超级市场等新兴零售业"业态"而被誉为"日本流通革命的旗手"。我在第一次见林教授那天的日记中写道："在林先生那间因放满书架和图书而显得拥挤的办公室，我谈了自己来日本的研究目的、计划等，林教授谈了他对日中比较的看法，并打电话将我介绍给日本著名技术评论家森谷正规，建议我今后与森谷教授多联系。此外又向我介绍了另一位著名技术评论家、东京大学工学部的石井威望教授。"

过了两三天，"下午一时准时到野村综合研究所，与林教授、森谷正规主任研究员一起商量了我的研究计划，森谷建议我以日本'超大规模集成电路国家计划'的实施情况为中心，由点及面，逐步向应用集成电路的电子产业、机器人产业等扩展我的考察和研究范围。森谷先生思维敏捷，谈兴甚浓，但是到了两点多钟，他戛然而止，因为有其他安排。其后，林教授又约我到附近茶馆饮茶和聊天。

"今天森谷赠我他本人的近著有四册：《日米欧技术开发战争》、《日本、中国、韩国产业技术比较》、《日本的先端技术力》、《现代日本产业技术论》。我准备在近日突击读完这几本书，以便下次见他时同他讨论。本来，我可以将这些厚重的著作带回国内慢慢细读，但是出访机会难得，只好辛苦一些，过过紧张日子。"

又过了几天，林周二教授为我单独授课。"今天谈技术进步与经营管理问题。林先生在讲课时常夹带英语，幸亏我在大学毕业后自学过英语（中学六年和大学六年的外语课都学了俄语），对日语中'夹带的英语'还能应付。"

2月10日的日记："关于请石井威望教授联系参观集成电路制造企业之事，至今尚无答复。其实，早在来日本前，林教授就在信里谈到，我在研究计划里提出要考察日本企业的技术管理，这会牵涉到企业的技术秘密问题，'不大好办'。来日本后，林教授本人至今未能介绍我参观企业，他一再强调：'读书、提问、交谈最有好处。'至于他介绍我认识石井教授，主要目的就是石井教授与企业联系很多，想请石井教授帮我联系参观企业。另外，一桥大学的佐久间教授也说，由于我过去是搞电子技术的，因此日本的电子企业对我就会有戒心，有些东西可以给非技术人员看，就是不能让我看。

林教授在对我授课中说，日本的国有铁路（当时尚未民营化）职员走路的步伐也跟普通民间企业的职员不一样，总是慢腾腾的。这说明缺乏竞争压力的企业往往会缺乏效率。

我问林教授：什么是和魂，林教授回答说，'和魂'就是 digest（消化），日本人吃了牛肉，就把牛肉消化成自身的肉，而不让自己也变成牛，但日本人会坦承自己是吃了牛肉。比如日本引进了美国人戴明发明的质量管理，就以这位美国人的名字设立了'戴明奖'，重奖在质量管理方面做得突出的优秀企业。我想中国人大概绝不会拿外国人的名字设立重要奖项，也不大愿意明言借鉴外国的管理方式是来自外国，而是会改进一番，然后宣布这是自己的创造。'中国是文明古国，但容易唯我独尊，排斥外来文化。'林教授说。"

"今天向林教授提出我准备写的《新技术革命与日本》一书的提纲，请他提意见。对于我准备写的'和魂汉才'（针对日本人常说的'和魂洋才'，我要强调日本在两千多年漫长历史上主要吸取的是'汉才'，吸取西洋的'洋才'是近几百年的事），林先生十分感兴趣，将在下周讨论。"

"林教授提到中国最早研究和介绍日本的几位杰出的中国人，其中黄遵宪著有《日本国志》共40卷，这是一个曾在日本常驻四年的开明人物，主张中国也应像日本那样导入欧美文明，否则将会落伍；另一个人物是戴季陶，其夫人钮有恒是秋瑾的学生，戴主张研究日本不应陷入实用主义，不应只研究表面，而应作深入的研究。"

4月12日的日记："上午在上野车站与林先生会合，一起乘火车去日本著名的信越半导体公司的信越半导体研究所访问，林教授年长我十几岁，已是老年人，居然亲自陪我去远在两小时车程以外的信越半导体研究所参观。该研究所的技术正好与我出身专业对口，能慷慨地接待我前去参观，显然是靠了有很高声望的林教授的介绍，而我猜林教授亲自陪我去也是为了'压阵'。果然，该所所长亲自来车站接，在一家西餐厅款待我们之后，抵达半导体研究所，所长介绍了信越半导体研究所的情况，并陪同我们参观了该所的各研究室。参观结束后，公司方面不仅派车送我们到火车站，而且为我们买好了归程车票，还赠送了礼物。

"在从东京去信越半导体研究所的往返途中，与林教授交谈了近四小时之久。他有一句话给我留下了深刻的印象：'中国搞自力更生（意指闭关锁国）不可怕，可怕的是中国大力引进技术和资本，把十亿人口的廉价劳动力的能量发挥出来。我担心中国发展起来就会成为一个强大的竞争对手，首当其冲的就是比中国早发达的国家（我理解他指自己的祖国日本）。"

5月31日的日记："下午在东京大学与林周二教授、森谷正规研究员一起商谈我在东京大学做'中国的新产业革命的发展与对策'报告的提纲。然后，听了森谷正规为东京大学学生做的有关日本技术发展的讲座。

"访日期间，当然要努力'吸取'（take），与此同时又不能味 take，也要给予（give），在相互交流之中学习。从这几个月来我与指导老师林周二教授的关系来看，尽管他对我的 give 远远大于我对他的 give，但是如果没有我对他的适当的 give，我大概不可能从他那里 take 得这么多。所以，前些日子当林教授要我给东京大学的教授等讲一下有关中国的新产业革命问题时，我痛快地答应了。好在我出国之前已经在国内报刊上发表过不少有关新产业革命的文章，当然，作为社科院的普通学者，从来不去接触什么'红头文件'，我讲的只能是自己的看法，而不是政府的政策。"

林教授十分喜欢中国文化，经常"引（中国）经据（中国）典"，令我这个中国人感到汗颜。林教授也十分关心中国的经济建设，还对中国的发展提出了很多建议，为此，我在 6 月中旬回国后，写了一篇《东京大学教授林周二谈中国经济建设》，在《参考消息》7 月 29 日至 8 月 1 日连载。

二　丰富多彩的参观访问活动

2 月 21 日的日记："去晴海参观 1984 年日本机电展览，主要内容是机器人、灵活生产系统等各种自动机械。

"机器人的成长，首先是长力气，接着长智慧，但是'感觉器官'发育滞后，形成一种不平衡，不过这次展览显示机器人的感觉器官的成长正在加快。

"人类正在面临机器人的挑战，机器人鞭策人们去从事更高级、更复杂，也就是日前的机器人所不能做的工作，因为机器人止在一步步地揽下劳动者现在从事的工种，劳动者正在一步一步地去攀登更加高级的工作。为了不被机器人超越，劳动者必须学习，学习，再学习。

"日本电气公司方面来电话，对我要求参观该公司及其工厂表示为难，强调企业竞争十分激烈，怕泄露技术秘密。关于该公司的发展战略，公司方面表示会赠送给我小林董事长所写的两本书，至于我希望他们提供的有关技术和管理的资料，他们也表示为难，说公司不会把有关技术和管理的重要情报编印成资料，因为如果印发内部资料，总会通过各种渠道被泄露出去，这意味着公司为了保密，除去积极印发有关公司的宣传品之外，不会搞含有实质性内容的内部资料和内部刊物之类的东西。

"近年来，美国一再警告说东京是'间谍天国'，'苏联人在秋叶原采购巴黎统筹委员会禁运的电子元器件'。此外，听说去年有一位在日本电气公司（或索尼公司？）进修的中国女进修生在海关被查出其抄写的内部资料。这些情况可能是让日本各大公司对保密问题变得越来越敏感的原因。

"日本企业不仅其管理层很重视技术保密，而且企业员工也很注意不向外界特别是竞争对手泄露技术情报，因为日本企业实行终身雇佣制，强调职工要忠诚于企业。与之对照，美国的科技人员由于流动性大，往往喜欢利用学会的讲台表现自己，显示自己的才干或成果，以便得到大公司、大机关的赏识，为谋求更好的职位创造机会。

"我由此得到一个启示：从科技理论（论文）出来的东西往往是易于移植、易于引用的东西；从科技实践出来的东西往往是易于保密、难于借用的东西。因此，一个国家要发展科技，应克服'重论文轻实践'的倾向。"

3月15日的日记："访问索尼公司本部，在解说员的引领下，参观了索尼公司最新产品的陈列室。其中有一台电视机，能将图像转180度，据说是索尼公司创始人井深大在理发店理发时，从镜子里看到摆放在背后的电视机的图像是反的，回公司后就指示下面研究人员研制成这种能够将图像随时转180度的电视机，赠送给了那家理发店。这个事例说明，一个发明家随时随地都可能迸发出发明的灵感。"

3月21日的日记："乘火车去千叶县，佳能公司派车来车站接我到该公司，先观看了介绍佳能公司的电影，然后参观了公司所属的一家工厂的生产现场。

"今天我参观的工厂有630名职工，每人每年平均提出合理化建议（日本人称之为'提案'）约50件，只要提出一件（不管被采用与否）就可获150日元奖励，被采用的建议则按等级发给奖金，从500日元、1000日元、2000日元直至30万日元不等（工人的工资约十几万日元），每年还要选出一至两名优秀提案者，由公司出钱去美国旅行。据统计，在佳能公司，每年获得 30 万奖金的职工达 100 人，提合理化建议最多的工人一年提出的件数达 200 件之多。

"该厂工人每天上班 8 小时，上下午的工间休息时间各为 7 分钟，午餐时间 45 分钟，如无特殊情况，休息时间以外不得上厕所。

"工厂的生产现场环境很整洁，生产线旁边放置着一长列皮沙发和花草，办公室也设在生产线旁边。

"工厂的出勤率平均为 96%，工人基本上都是多面手（多能工），一有缺勤者，别的岗位的工人可以立即补上来，以免生产线停下来。

"工厂为美国的波音 767 生产零部件。参加波音 767 研制工作的美国企业分布在美国的 40 个州，外国则有日本、意大利等 77 个国家的 1000 多家企业为波音 767 提供零部件。"

追记：除去参观一些大企业，我还参观了不少中小企业，并访问了日本中小企业事业团，观察到日本的中小企业为了在大企业竞争的夹缝中求得生存和发展，就削尖脑袋去"爆冷门"，专搞那些别人尚未搞或大企业腾不出手来搞的特殊产品和技术，磨炼自己独到的专长，从而一跃成为某个狭窄的技术领域的佼佼者。现在日本有许多所谓"世界第一"企业。例如，有的企业制造用于电器的高质量的接线杆，占世界产量的 60%；有的企业制造集成电路陶瓷管壳，占世界产量的 90%；有的企业制造磁性马达，占世界产量 70%；有的企业制造陶瓷滤波器，占世界产量 80%；有的企业制造切割硅片用的刀片，占世界产量 90%（以上均为 20 世纪 80 年代的数据，不过，现在这种现象依然存在）……这些在某一项产品或技术上夺得"世界冠军"的企业，大都不是赫赫有名的大企业，而是一些员工只有十几人、几十人或二三百人的中小企业。日本有学者认为，千千万万身怀绝技的中小企业堪称日本的"国宝"；千千万万终生致力于磨炼与众不同的技术专长的中小企业主或技术专家的奋斗经历堪称"人生教科书"。

三　尊重科学技术的社会氛围

2 月 29 日的日记："日本的各电视台特别是 NHK，除去有专门的教育频道以外，还经常在综合性频道利用'黄金时间'播送有关高技术与经济发展的电视节目，显示出这里的电视虽有很多低俗节目，但总的来说品位较高，科技信息丰富，能适应一个积极向上、进取发展的时代需要。而对于我来说，观看有关高技术与经济发展的专题节目，也是一个重要的学习途径，因此我除去看新闻节目和一些好的电视剧之外，坚决拒绝其他低俗节目的诱惑，尽量多看这样的好节目。

　　"今天看的电视节目是'技术文明与人间'（石井威望教授讲）与'超大规模集成电路的生产技术'，感到很有收获。前一个节目在谈话之间穿插着很多技术现场的录像和图表资料（可惜我手头没准备好照相机），不亚于参加一次报告会。后一个节目则详细、通俗地介绍了制造集成电路的核心设备——分步重复曝光机的原理、结构、作用及其开发过程，节目制作质量很高，看后感到不亚于参观一次工厂，而且还讲解了为什么有些生产高技术产品的工厂设在机场附近，这是因为高技术产品往往具有'轻薄短小'的特征，这成为考虑这类产品的生产工厂选址的一个重要因素（比如设在机场附近）。一个 2 吨集装箱可运送价值 3 亿日元的集成电路，从位于日本的'硅岛'（九州）的大分工厂空运到东京，运费才 27 万日元，相当于产品价格的 0.09%。"

　　追记：在日本，到处可以感觉到浓厚的尊重科学技术的社会氛围。比如，很多书店的顾客往往比百货商店还多得多。各种报刊十分注意并擅长结合新闻报道宣传相关的科技知识。我在日本参观汽车、机器人、食品加工等各种工厂时，常常会碰到一批批前往参观的市民和中学生，日本众多企业都会主动接待各界群众参观工厂或研究机构，向公众宣传科学技术，当然也宣传了自身及其产品。一些很受企业经营者、大学生乃至市民欢迎的经济学家在做经济问题的演讲时，往往结合讲技术问题，而一些十分专业的技术，经他们深入浅出地一讲，不但通俗易懂而且生动有趣，因此只要有这种讲演会，人们就趋之若鹜，座无虚席，很多人只能站着听讲，手里还记着笔记。再比如，日本企业很注意结合产品广告来宣传科技知识，一家全国性报纸《工业新闻》每年都要评选优秀广告，其当选作品大多是以巧妙地解释和普及与产品有关的科技知识取胜。记得有一个宣传太阳能电池的广告，乍一看，广告当中好像画着两片树叶，一片是绿的，一片是黑的，再细看，那片黑的并非树叶，而是无定形硅太阳能电池产品，人们熟悉并喜爱绿叶，绿叶"吸收太阳光结出果实"，而太阳能电池则"把太阳光变成电能"，用绿叶来引荐太阳能电池产品真是一个构思巧妙的广告。此外，日本的媒体不仅注意宣传新技术在生产中的用途和效果，而且注意宣传新技术在生活中的用途和效果，从而吸引了广大消费者对新技术的关注，加快了新技术新产品向社会生活的渗透。

再引述当天日记："在日本，就像身处科技知识的海洋，因此，我要做一块海绵，利用赴日考察的有限时间，努力增加自己的吸收能力和渠道，不仅用头脑，而且要动员视觉、听觉等所有感官来接触异国的文化。"

四　登东京塔

2月11日的日记："下午天气晴朗，与同来日本的老齐、老谭一起登东京塔。只见东京以及在日本工业化发展过程中占有重要地位的关东地区，好像一幅立体的地图铺在脚下。高楼大厦犹如彩色积木，星罗棋布。在第二次世界大战末期，遭受美军轰炸的东京几乎被夷为平地，以至站在市中心的地面上就可以一眼望见东京湾。然而，经过近40年，日本人民在一片废墟上建设起如此宏伟壮丽的都城。面对此情此景，我产生了一种如同面对挑战一般的压力感。

"东京的建设过程就是一个努力扩大城市空间的过程：建高层建筑，向蓝天要空间；建大深度地铁、地下街、地下水系，向地下要空间；建人工岛，向海洋要空间；随着信息化的进展，又一种空间正在急速扩大，这就是信息空间。

"东京的人口密度很高，就如同超大规模集成电路；最近听一位经济学家做报告说：'东京都的人口即将达到超大规模集成电路（一块如同手指甲大小的半导体芯片）所含有的晶体管（就是过去的晶体管收音机使用的晶体管）的数目差不多：1000万！'

"不过，这个城市搞得太拥挤了，楼房挨着楼房，难怪要被人批评为'过密城市'。我国有美好的江山，广阔的土地，我们应该好好规划，一定要建设更加壮美的都城！

　　与同伴你一言我一语之间，我联想到北京的一片片将被拆除的低矮平房区，感到它们犹如一张张白纸，等待我们去描绘更新更美的城市图画。联想到来日本半个多月的经历，我不禁想：'今天我们学习日本，不就是为了明天我们超过日本么！'

　　"背倚夕阳残照、华灯初上的美景，一位同伴谈起：不久前，日本广播协会（NHK）的电视节目介绍了一家联邦德国的保险公司，这家公司胆量很大，敢于承担各种充满风险的保险业务。但是，当日本人提出请他们给东京做保险时，这家公司却不敢承担，打了退堂鼓。这是因为该公司想到东京一带是世界屈指可数的大工业区，企业和人口高度密集，并储存着大量石油，一旦发生大地震（日本是一个地震多发国家），其后果是任何人都无法收拾的。这些话，使我不禁陷入沉思，仿佛眼前的灯光变成了日本民族闪亮的眼睛，它既包含着聪慧和乐观，又流露出忧虑和不安。

　　"1973 年发生石油危机的时候，日本一位著名作家惊呼日本要预防'油断'，一旦来自中东等地区的石油供应中断，灯火通明的东京就会陷入一片黑暗！

　　"日本民族素来就有危机感，而'资源小国'的压力更使这个民族对海外的各种动向保持高度的敏感，犹如'兔子的耳朵'。反观中国，我们号称'地大物博'，但缺少压力。其实，如果按人口平均看，中国可谓'地不大物不博'；如果与其他大国比，中国'物博'比不上美国，'地大'比不上俄罗斯，而'压力'比不上日本，其实，压力也是一种'资源'。"

五　去九州——"硅岛"考察

　　6 月 6 日的日记："经过日本经济团体联合会的矢野先生的帮助，访问日本硅岛（九州）的计划终于得以实现，下午 3 点多钟在羽田机场第一次登上了日本国内航线的飞机。

　　"夕阳西下，喷气客机渐渐降低高度，被誉为'太阳与绿之岛'的美丽的日本九州岛清晰地展现在眼前。

　　"九州从 70 年代以来迅速成长为日本最大的集成电路生产基地，与美国的'硅谷'、'硅平原'齐名,被誉为'硅岛'。这里是九州日电、东芝大分、三菱电机熊本具等生产集成电路大工厂的群集之地,是每两分钟生产约 10000 块集成电路的新技术产业的'鱼米之乡'(在信息化时代,半导体集成电路取代钢铁,号称"产业之粮")。

"深夜,在福冈市的豪华旅馆里,我凝望着窗外那不亚于东京市区的繁华夜景,回想着九州经济联合会负责人在刚才举行的晚宴上的热情接待和情况介绍,不禁思绪纷然。九州原来是个相对后进的地区,在五六十年代日本经济高速增长时期曾经是个'落伍者'。但是,从 60 年代末起,位于关东、关西等发达地区的电子大企业纷纷进入九州,采取'母鸡下蛋'方式在这里设分公司分工厂,不到十年,九州就发展成为闻名遐迩的集成电路生产基地。"

6 月 8 日的日记:"中午十一点半从福冈市出发前往熊本县,乘坐在高速公共汽车里,欣赏沿途秀丽的自然风光,感到自己就像沉浸在贝多芬《田园交响乐》般的优美旋律之中。

"然而,一踏入位于熊本县的集成电路工厂,田园诗的悠闲情趣顿然消失,只觉得《热情奏鸣曲》般急促的节奏猛敲心房,工厂负责人说,现在生产线上的设备不仅是整天连轴转,而且是一年到头连轴转,叫做'超全日运转'。

"'超全日运转'是为了满足'超繁忙需求'。集成电路供不应求已经影响到电子厂商的生产。有一家制造复印机的企业因为集成电路缺货,只好在院子里搭帐篷存放越积越多的半成品,急等集成电路以便组装为成品。

"在'超繁忙需求'的刺激下,九州的生产出现了'超高速增长'。从 70 年代末以来,工业生产的年均增长率达到 30%—60%,远远超过日本经济的最高增长速度。

"以上这三个'超',使我切身感受到信息化时代的急促足音和新产业革命的尖锐挑战,与此同时,它还促使我思考另一个问题:是什么力量在支持着这三'超'呢?

"集成电路生产的关键在于提高成品率,少出废品。各国集成电路产业发展的过程都证明,要在 200 多道工序的集成电路生产中抓住各种可能导致产生废品的危害因素，光靠技术专家和管理人员是不行的，必须依靠全体生产人员的技能、智慧和责任心，也就是说要有一支素质良好的生产队伍。而九州正拥有能吃苦、朴实，又有相当高的文化素质（这是日本全国不分城乡，长期以来重视普及教育所结出的硕果）的丰富的劳动力。

"在硅岛，各企业为了竞争和发展，竭力把职工的注意力吸引到新技术革命上来，而只有当广大职工都认识到应该而且能够为新技术革命出力，并追求创新和技术进步的时候，一个企业以至一个国家的新技术革命才能获得迅速发展。"

追记："从九州看全国，这半年的考察使我深深感到：第一，整个日本就是一个企业竞争的竞技运动场，这个'运动'就是我日日夜夜梦魂萦绕的'日本的新技术革命'。其中，尤其是中小制造企业是日本技术实力和底气之所在，如果中国不能培育出若干个由千千万万家数十年不间断地锤炼一技之长、个个身怀绝技的中小企业组成的产业集聚地，中国的技术水平就可能永远无法赶上日本。

"第二，日本在具体技术上很擅长模仿，但在整个国家的技术发展路线上却拒绝模仿，走出了一条比较符合本国国情的技术发展路线。比如日本在集成电路产业领域，就走了一条与美国很不相同的路线。这正是我要好好研究一番的具体案例。

"第三，我们看一个社会或一个国家的经济发展的时候，不应当只看它已经取得的成果，更应该看人民大众是如何努力、如何奋斗、如何参加和分享这个发展过程的。

"第四，从技术文明来讲，中国现在是一个技术水平较低的'盆地'，日本是距离（包括地理、文化、发展阶段的距离）中国最近的、技术水平很高的'高原'，如果中国能够承接来自日本乃至欧美的技术文明，将会形成一个规模比日本大得多的'中国技术高原'。因此，中国应该抓住这个大好时机加强与日本的经济技术交流，加速技术文明从日本高原向中国盆地的流动，这应该成为我们发展中日关系的基本理念。我们需要一种精神结构的'盆地'，虚怀若谷。

"第五，发展科技的策略尽管有千条万条，却没有一条可以取代本国的、全民规模的勤奋努力；没有一条可以把缺乏恒心、诚信、敬业和苦干精神的人们'扶'上先进技术的峰巅；国家的技术进步是由千千万万民间企业追求技术进步的奋发努力组成的，没有千千万万民间企业追求技术进步的奋发努力就没有国家整体技术水平的提高；在日本社会中，确实存在着一种能够鼓励人们坚持不懈干实业而不轻言放弃（一遇到困难就抛弃实业炒房地产甚至"跑路"）的环境；在日本企业的竞争机制中，似乎存在着一道无形的拦洪坝，把企业竞争的洪流引导、'拦截'到发展技术这股泄洪道去了。以上，恐怕是战后日本技术发展给予人们的十分重要的启示。"

追记：从日本回国后，在 1984 年下半年至 1985 年第一季度，中国社科院日本研究所经济室主持《日本新技术革命专刊》（共出了 40 期），在国家有关部门、大学和研究机构乃至媒体界征得了 5000 多订户，《专刊》中写的报告和论文被摘载于《人民日报》、《光明日报》、《参考消息》、《解放军报》、《经济日报》、《世界知识》、《现代化》、日本的《朝日新闻》、《日经产业新闻》、《中国研究》等报章杂志，达 30 多篇，其中在《人民日报》发表了 8 篇。

1984 年 12 月 25 日，中共中央办公厅《综合与摘报》第 121 期转发了我在《专刊》中写的一篇报告《"资源小国"的压力与活力》，并加上一段按语（胡启立同志的批示）："这是中国社会科学院日本研究所冯昭奎同志写的赴日考察观感，有情况有观点，生动流畅，开动脑筋。遵照中央领导同志意见，摘要刊登。此件可翻印发至县、团级。"那篇报告中用很多生动的事例说明，日本是一个自然"资源小国"，却成了世界第二经济大国，并在许多技术领域实现了对欧美的赶超。可以说，正是缺乏自然资源的压力，促使他们更加注意开发头脑资源，大力发展科学技术；拿日本与某些资源丰富的发展中国家相比，充分说明那种能够把缺乏资源的压力转化为发展的动力的机制，远比自然资源本身更宝贵。

在当时全国洋溢着重视科学技术的社会气氛下，随着这篇报告转发至全国县团级文件后，全国有八九家报刊来函要求转载，还有多个省市的干部、学者来我所经济室访问。

上述这些成果的取得，成为我于 1983 年 6 月从一名工程师改行进入社会科学领域的一个良好开端，因为在一年多前调入日本所以来，曾担心自己从自然科技领域跳槽到社会科学领域，会不习惯不适应甚至有过自卑感。然而，参加了《新技术革命专刊》活动后，我开始有了自信，感到作为一个"出身于"自然科技专业的人，也可以在社会科学领域有所作为，因为当时从政府到学界到媒体，人们普遍认为无论对国家发展还是对国际关系而言，科技因素的重要性正在日益提升；无论是国家战略还是国际关系研究界，都十分重视科技因素的重要性；围绕很多重大国内国际问题，总是十分重视推动跨越社会科学与自然科技的"学际研究"，认为倘若缺乏现代科技知识，一味搬弄在西方占主流的现实主义国际关系理论，很可能导致对国家战略研究的偏差与失误。这种背景使中年改行的本人产生了一种"如鱼得水"的感觉。

然而，1984年下半年至1985年第一季度在《专刊》工作上取得一些成绩，与我在1984年上半年赴日考察新技术革命的收获是分不开的。

（写作于2011年5月）

第三篇

经济发展与改革开放

日本成为"世界老二"的前因后果

第二次世界大战后，日本在战争留下的废墟上，将一个国土面积不大、人口密度很高、发展条件极差的岛国建设成为经济规模位居世界第二的经济大国，在国际上甚至被称为"奇迹"。然而，2010 年，日本的名义国内生产总值（GDP）折合美元为 5.4742 万亿美元，比中国同期少大约4000 亿美元，日本自 1978 年以来首次让出"世界第二经济大国"之位。[①]本文拟对日本这个前"世界老二"（尽管这一提法不够严谨）战后以来的成长过程，特别是其在成为"世界老二"之后所遇到的各种问题和苦恼等进行讨论，并通过中日比较寻求对中国今后发展和对外战略决策有参考价值的启示。

一　日本成长为"世界老二"的过程

1945 年日本战败，经过七年的被占领期于 1952 年实现了独立。在美国的扶植下，日本经济利用朝鲜战争带来的"特需"得到迅速恢复和发展，至 1955 年其国民经济和工农业生产的主要经济指标均已恢复甚至超过战前水平，出现经济繁荣的"神武景气"。1956 年 7 月日本经济企划厅发表题为《日本经济增长与近代化》的经济白皮书，强调日本今后必须依靠技术革新带动经济发展和现代化。此后，日本经济进入高速增长时期。1960 年年底，池田勇人首相宣布启动为期十年的《国民收入倍增计划》，进一步刺激了日本经济的发展。20 世纪 60 年代后半期，日本的国民生产总值

---

① 依据日本内阁府 2011 年 2 月 14 日公布的数据，转引自 http: / /www.chinadaily.com.cn/micro-reading /mfeed /hotwords /20110214323.html.

（GNP）在相继超过英国（1965 年）和法国（1967 年）后，于 1968 年超过联邦德国，日本成为西方世界 GNP 排名"老二"。70 年代，日本成功地克服了两次石油危机带来的冲击，其 GNP 规模也于 1978 年超过苏联，日本成为名副其实的"世界老二"，并保持"世界老二"的地位长达 31 年。[①]

（一）日本依靠技术进步成为西方"世界老二"

1952 年独立之后，日本迎来了一系列发展机遇。主要包括：战后科技革命和石油文明的兴起，人口年龄结构年轻且劳动者吃苦耐劳，有先进国家作为赶超目标，美国主导的自由贸易体制给日本推行"贸易立国"提供了有利条件，冷战格局下日本依靠美国的军事保护得以集中力量发展经济，朝鲜战争带来的"特需"，作为在亚洲"一枝独秀"的工业化国家在本地区没有旗鼓相当的竞争对手，等等。

日本紧紧抓住这个发展机遇期，在实行民主和法制的前提下，以推动技术进步为中心[②]，通过四对辩证关系的矛盾运动有力地促进了经济增长：（1）技术进步与社会需要的关系。即社会需要推动技术进步，技术进步开拓和提升新的社会需要。（2）技术进步与产业发展的关系。即产业发展推动技术进步，技术进步促进产业发展和升级。（3）技术进步与企业间竞争的关系。即企业间的激烈竞争真正转化为推动技术进步的动力，技术进步推动企业间竞争迈向更高层次。（4）技术进步与企业内问题的关系。即企业家通过处理好经营者与所有者的矛盾、劳资矛盾、"白领"与"蓝领"的矛盾、员工个人利益与企业集体利益的矛盾，成为技术进步的领军人物。[③] 尤其是通过以科技为核心（即"第一生产力"）的生产力的落后状况与以美国生活方式为示范的广大国民日益增长的物质与精神生活需要之间的矛盾运动（即第一对辩证关系），经过战前和战后出生的一两代人的刻苦奋斗，日本终于在 20 世纪 60 年代末实现了经济高速增长和重化工

---

① 参见王琥生、赵军山合编《战后日本经济社会统计》，航空工业出版社 1988 年版，第 471 页。

② 第二次世界大战结束后不久，美国《生活》杂志曾经刊登了被炸成一片废墟的日本东京的照片，下面写着一行字："没有技术的民族的末日。"日本领导人在 1945 年 8 月 15 日宣称："让我们为振兴作为这次战争最大缺陷的科学技术而努力！"日本致力于推动技术进步。

③ 参见冯昭奎《日本技术进步的辩证法》，《日本学刊》2009 年第 5 期，第 45—58 页。

业化。

这里特别需要提到的是，战后日本推行"强固山脚比强固山顶更重要"的教育方针，努力提高普通国民的文明素质和教养水平，形成了全民关注教育、崇尚科学技术、倾全力发展生产力的社会价值观，为日本的技术进步打下了坚实的基础。日本从学前教育开始就注意培养儿童热爱自然、向往科学、尊重劳动、喜欢动手的素质，并借鉴了美国教育制度的经验，重视"毕业后能够立即在企业派上用场的职业教育"，全面提高普及教育的质量和理工科大学的水平，培养出大量具有敬业精神和"一心一意地专注于一件事情的人是最优秀和最值得尊重的"工作信念、以扎根工业生产第一线并献身于生产技术和技能工作为荣的青年才俊，源源不断地向企业和研究机构输送了工业化发展迫切需要的人才，造就了充满集团意识和敬业精神的强有力的企业组织、产业大军和技术进步主力，成为战后日本成功实现工业化的最大原因。

与此同时，在"企业本位"的社会体系中，日本企业内的税后收入差距从战前的大约 100 倍缩小到 1973 年的 19 倍、1980 年的 8 倍，整个日本社会实现了所谓"一亿总中流"。① 日本以一个相对公平的国家形象，于 1968 年超过除美国以外的所有西方国家，在经济规模（GNP）上成为西方"世界老二"。基于本国企业乃至全民的自主努力的技术进步及其与社会需要、产业升级、企业内外关系的矛盾运动，是推动战后日本迅速成长为"世界老二"的根本性作用机制。

（二）日本经受住石油危机的考验，巩固"世界老二"的地位

能源是经济发展的一个动力源泉。作为"资源小国"，日本之所以能实现经济高速增长和重化工业化，一个十分重要的原因就在于借助从国外特别是从中东地区进口廉价而优质的石油，抓住了 20 世纪石油文明崛起的大好机遇。日本作为一个"资源小国"，其发展速度反而大大超过某些"资源大国"，展现了日本特有的活力。这个活力的来源就是执著地追求自

---

① 劳働问题研究委员会报告《先进国病に起きないために》、日本経営者団体連盟，1982 年，6 页。

主的技术进步。与此同时，"浸泡在石油中的日本经济"① 也使日本成为一个"能源依赖大国"。

20世纪70年代，日本成为西方"世界老二"后不久，世界范围内发生了两次石油危机，这意味着日本依靠每桶价格只有一两美元的廉价石油为其经济引擎添注燃料的时代一去不返了。作为受石油危机冲击最大的"资源小国"，日本政府和企业以技术进步为动力，调整产业结构，实现经济转型，通过非凡努力和艰苦奋斗，最终得以比资源禀赋好于日本的大部分发达国家更顺利地渡过了危机。结果是日本不仅在西方世界"一枝独秀"，也超过苏联成为名副其实的"世界老二"。

石油危机所引起的社会需要的突变和飞跃，给日本的技术进步注入了一股异乎寻常的强大动力。在一旦发生"油断"②，东京乃至日本所有的城市将陷入一片黑暗的强烈危机意识的激励之下，日本的整个技术体系被动员起来，进入一种高度紧张、兴奋和积极的状态，并推出了一系列有利于应对危机的新商品、新技术、新工艺及新的生产组织方式。这说明危机所造成的冲击和压力越大，危机推动技术进步的力量也就越大。与其他工业化国家相比，"资源小国"日本所遭遇的冲击和压力要大得多，从而必然产生较其他工业化国家更加强烈的促进相关技术进步的动机。而且，这种技术进步更多地依靠自主技术创新而不是引进和模仿，因为其他工业化国家也是第一次遇到这样的危机，而且它们为应对危机而推动技术进步的动机也不像日本那样强烈。恰恰是这一点，赋予了日本的技术进步以更多的创新色彩。依靠自主的技术创新化"危"（危机）为"机"（机遇），日本不仅保证了其"世界老二"的地位没有发生动摇，而且在民生技术的重要领域超过了欧美。1980年日本的汽车年产量超过美国居世界第一，1983年日本的机械工业产品出口超过美国居世界第一，日本制造的船舶（按"总吨"计）也达到世界总产量的一半以上。1983年美国军方要求日本提供"军事技术"，就是因为日本拥有的民用创新技术具有转用于军事领域的可能性。在这种情况下，"日本第一"声名鹊起，"日本制造"誉满全球，日本成了

① 日本著名经济学家下村治在1973年石油危机之际提出了"零增长论"，其中提及此语。
② 此处不是搬用日语中意为漫不经心的"油断"一词，而是指石油来源中断。

名副其实的"世界工厂",长期占据"世界老二"的席位。

二　日本成为"世界老二"以后遇到的苦恼

"木秀于林,风必摧之。"日本成长为"世界老二"后,有赶超目标、在亚洲没有旗鼓相当的竞争对手、享受人口红利、利用廉价石油等昔日的发展机遇一个接一个"风光不再",取而代之的是制约其继续发展的、来自国内外的各种问题,其中既有日本自寻的烦恼,也有外来的压力。解读这些问题和苦恼,对于中国成为"世界老二"之后的可持续发展具有重要的参考价值。

(一)美国在经济上对日本的打压

人们记忆犹新的是,20 世纪 80 年代日本曾在经济上挑战美国,甚至狂妄地声称要把美国买下来,让 21 世纪成为"日本的世纪"。这让战后曾大力扶持日本的美国感到需要狠狠地敲打一下这个"得志便猖狂"的昔日战败国。

随着日美、日欧之间的贸易摩擦日趋激烈,从欧洲到美国"日本经济威胁论"盛行一时,诸如有关"日美半导体战争"等日美贸易战的书籍充斥美国各大书店,有的美国学者还称"日本人将吃掉我们的午餐",警告日本"别动他人的饭盒"![1] 美国国会议员甚至在国会门前用榔头狠狠地砸碎了日本制造的电器。除了在 20 世纪七八十年代越演越烈的美日贸易摩擦中严厉打压日本[2],美国这个超级大国还在 1985 年和 1988 年通过迫使日本接受"广场协议"(即在两年半的时间内使美元对日元汇率由当时 1 美元兑 237 日元大幅升值至 1 美元兑 120 日元)[3]、"巴塞尔协议"(要

---

① 下村满子:《日本たたきの深層—アメリカ人の日本観》,朝日新聞社,1990 年,27 頁。

② 在日美汽车贸易谈判中,美国为了取得谈判优势,甚至窃听日方的电话。参见落合信彦『最強情報戦略国家の誕生』、小学館、2007 年、377 頁。

③ 美国迫使日元升值,一方面削弱了日本的出口产品的价格竞争力,另一方面也是借汇率政策将作为对美贸易顺差国的日本所拥有的美元资产和储蓄悉数吸走,"当日本人希望提取他们在美国银行中的剩余储蓄以弥补暂时的现金短缺时,他们发现这些钱已经不在那里了"。参见安塔尔·费克特《中国谜题》,《香港亚洲时报在线》2011 年 2 月 15 日。

求银行的资本充足率不低于8%）等措施，把因为有些经济成就而变得趾高气扬的日本狠狠整了一把。

美国在经济上整日本最厉害的一手就是通过威逼、打压、诱导、渗透等手段，逼着日本政府在金融政策等方面犯错误，甚至让日本政府在制定很多重大经济政策时把美国所要求的"国际协调"置于本国利益之上，以致其很多政策令人感到"弄不清是为了日本的政策还是为了美国的政策"（如1987—1989年的金融宽松政策、1990年的《公共投资基本计划》等）。特别是在金融方面，有日本学者指出，"日本的政策当局根本就没有过金融战略的想法"①。

（二）美国在政治上对日本的牵制

随着经济力量的增强，日本自20世纪70年代开始追求所谓"全方位外交"，并逐渐要求在对美同盟关系中取得对等地位。中国学者刘世龙指出："二次大战后的美日关系以1989年冷战结束为界，经历了一个从不平等到准平等的转变。"成为经济大国的日本"发展与美国的平等关系是历史的必然。""日本要取得对美平等地位，就得与美国斗争。"日美"经济关系率先进入成熟的平等竞争关系；政治—军事关系仍处于从属性合作阶段。经济关系与政治—军事关系发展失衡，加剧了美日关系的内在矛盾：一方面政治—军事合作在发展，另一方面经济冲突又在加剧"②。

美国对追求"全方位外交"，进而要求在日美同盟关系中取得对等地位的日本政府进行了无情的打击。1972年实现日中邦交正常化的田中角荣，敢在驻日美军基地问题上向美国叫板的鸠山由纪夫，这两位对美国不够听话的日本首相可以说都是美国凭借高超的软实力和对日本国内的长期政治渗透，通过用计、诱导、施压等手段，推动日本人自己将其拉下马的。美国这样做，就是要迫使日本接受在日美军事同盟中的附属国地位，彻底甘心地做美国全球战略的一名卒子。美国还利用日本国民对中国崛起不适应乃至担忧的心理，诱导其支持政府继续加强日美同盟的政策。应该

---

① 吉川元忠:《金融战败》，中国青年出版社2000年版，第4页。
② 刘世龙:《美日关系（1791—2001）》，世界知识出版社2003年版，第5、19页。

看到，确实有一部分日本人认为中国崛起之后也会像明治维新以后的日本那样走上军事扩张道路。为此，中国的外交战略应该是统筹外交与军事，努力使国际社会理解中国坚持和平发展道路的意志、决心与战略，不要将日本进一步推向美国。

（三）日本国内出现的新矛盾和新课题

日本成为"世界老二"以后，其国内也出现了诸多新的矛盾和难题，而且日本遇到的很多问题可以说是因为"继续发展被'已发展的成果或后果'所拖累"。

首先，日本成为西方世界"老二"的过程，让日本付出了沉重的环境代价。伴随经济增长而发生的公害问题日益严重，工业废弃物和汽车排放尾气等将美丽的日本搞得脏兮兮的，一些地方的居民还由于饮用水及空气被污染而患上了"水俣病"、"痛痛病"等，当时的日本流行一句名言，叫做"该死的GNP"！当然，从20世纪70年代开始，通过政府和民间的努力，日本在环境治理方面已经取得了明显的成效。

其次，经济泡沫的膨胀与破灭，使日本经济"失去了"整个20世纪90年代，其后也无法恢复昔日的锋芒。1993年，日本的人均收入在经济合作与发展组织（OECD）中居第一位，一时实现了"GNP第二、人均GNP第一"的局面（1968年日本的GNP据西方世界第2位，但人均GNP仅占第20位）。但是其后随着日本经济的持续低迷，其人均收入在2002年下降至第7位，2008年更下降至第19位，与第1位的卢森堡相差3倍以上。这不仅是由于汇率变化等技术性原因，还表明整个日本经济社会体制出现了巨大的问题。

如今，日本经济面临的最大难题就是不断恶化的财政状况。如果说战后很长一段时期日本经济在整个西方世界可谓"一枝独秀"的话，那么从20世纪90年代后半期开始日趋恶化的日本财政状况则堪称"一枝独朽"，甚至被日本自民党政治家加藤纮一称为"国难"。财政赤字和公共债务上升的基本原因在于经济增长趋缓甚至走向停滞，而经济发展减速甚至出现停滞的根本原因则在于作为经济发展的成果之一，随着国民生活水平提高，人口年龄结构趋于老化，但日本又不肯通过大规模移民来缓解人口年龄结构既老龄化又少子化的问题，致使日本成为"超老龄化"国家和世界第一"少子化国家"①。一个在经济学中从未认真讨论过的问题是，经济增长带来国民平均福利的提高应该是指"一生总福利"的提高，但是随着"一生"的时间不断拉长，必然导致"年均福利水平"下降，这个矛盾必然从税收、社会保障等方面体现出来。要在老龄化社会解决财政困境，增加税收是最有效的政策选择，而增税又是最会引起广大国民反感的事情，其结果就是财政和税收问题成为一个"烫手的山芋"在日本各届政府之间抛来抛去，谁也不肯真正地接过来。总之，人口年龄结构的少子化和老龄化，意味着最有生产能力和消费需求的年龄段人口日趋萎缩，致使日本的经济体制、社会活力和政治生态日趋脆弱，政治家只能在一种"不行就换个首相试试"的、缺乏耐心和宽容的日本政治土壤上如同走马灯似的轮番上阵，听任被日本学者称为"第一权力"的媒体和舆论翻云覆雨。

三 日本成为"世界老二"的经历对中国的启示

在日本成为"世界老二"31 年后，中国顺应世界和平与发展的主题，以经济建设为中心，大力推进改革开放，融入了经济全球化的发展潮流，通过持续的经济高速增长，终于使其经济规模在 2010 年超过日本成为"世界老二"。虽然中国的崛起是包括"金砖国家"（巴西、俄罗斯、印度和中国）在内的新兴国家群体崛起的其中一个案例，但显然是最突出的案例。最近十年间（2000—2009 年），中国的年均经济增长率达到10.0%，超过印度（6.9%）、巴西（3.3%）和俄罗斯（5.4%）。特别是在世界经济深受金融危机影响的 2009 年，中国仍然实现了 9.1% 的高增长，远远高于"金砖四国"的其他国家，中国对世界经济增长的贡献率也高达50%。②

与此同时，中国还是世界第一大出口国和外汇储备持有国，也是铁矿石、石油、天然气、原煤等大宗商品最主要的进口国和消费国。根据高盛

---

① 2009 年 0—14 岁的人口占其总人口的比例只有 13.3%，为世界最低。参见国连『デモグラフィックイヤーブック』、总务省『人口推計年報』。

② http://www.chinadaily.com.cn/hqcj/2010—01/05/content_9265761.htm.

集团（Goldman Sachs）的研究，2000—2009 年中国对世界经济的累计贡献率已超过 20%，高于美国。[1] 另据世界银行的预测，到 2015 年，中国在全球 GDP 中所占的比重将上升到 16.9%，与美国的差距将缩小到 1.4 个百分点。[2]

有人认为，中国是拥有 13.4 亿人口的世界第一人口大国，目前中国的经济规模又成为"世界老二"，再过十几年或几十年成为"世界老大"也并非是不可思议的事情。[3] 但是，值得指出的是，日本成为"世界老二"的成长过程以及之后所遇到的问题和苦恼，给中国提供了重要的启示。

（一）中国还需要扎扎实实地依靠自身力量大力推进工业化，成为真正的经济强国

中日成为"世界老二"的过程实质上都是工业化进程，但是两国的工业化道路有着很大的不同。20 世纪 50 年代后半期开始，日本经济实现高速增长并逐个超过西欧各国和苏联成为"世界老二"。其本质是日本通过各个产业部门之间"投资唤起投资"、相互促进的良性循环，形成了可称为"金字塔形"的工业结构[4]，主要依靠国家内部经济增长要素（企业家才能、自主技术和自由资金积累等），成功地、扎扎实实地实现了"内源性工业化"[5]。

反观中国，当今中国工业发展的特点是：（1）中国的工业发展在"量的方面"突飞猛进，已经有 220 种工业产品的产量居世界第一，然而在"质的方面"依然进步不大。中国虽然在航天、超级计算机、高铁等尖端技术和大型技术等领域达到了世界先进水平，但在整个工业发展的关键性、基础性技术领域，例如高性能材料、核心零部件、数控机床和高技术

---

① http://sjz.house.sina.com.cn，2010 年 10 月 30 日。

② IMF，*WEO Database*，April 2010.

③ 甚至有人估计要不了几年，中国将超过美国成为"世界老大"。这种估计过于盲目乐观。从经济实力、科技实力以及资源禀赋等角度来看，这种预言反映了某些中国人的过度自信或某些别有用心的外国人的故意"忽悠"。

④ 其中，千千万万有一技之长或身怀绝技的中小企业或中坚企业构成金字塔的底部和腰部，相对少数的大企业以其享誉全球的先进技术名牌产品高耸于金字塔的顶端。

⑤ 与之相对，"外源性工业化"是依靠国外要素供给推动的工业化。

建筑设备等领域，却严重依赖进口。关键技术受制于人，基础技术十分薄弱，质量水平亟须提高，熟练技工人才匮乏，"中国制造"总体水平仍处在国际产业链的低端。（2）中国的工业化在很大程度上呈现出"国际行为"和"内源性与外源性兼具"的特点。来自日、美、欧等地的外商投资企业在中国形成强大制造能力，大量出口劳动密集型产品和中低端的高新技术产品，使中国的出口规模持续膨胀。2009年，在华外商投资企业的出口达6722.3亿美元，占中国出口总值的56%，①另有专家估计中国的国内生产总值（GDP）比国民生产总值（GNP）大约少四分之一。（3）中国的工业化在很大程度上是以过度消耗资源和牺牲自然环境为代价的。根据国际能源机构的统计，2007年中国的单位GDP能耗为0.82吨标准油/千美元（按2000年不变价格计算），相当于日本0.10吨标准油/千美元的8倍多，相当于世界平均水平0.30吨标准油/千美元的2.7倍。②长期延续粗放型的经济增长模式和工业化进程，使中国面临资源制约严峻、环境不堪重负的困境，这种发展模式已经难以为继。为此，能否尽快实现从高能耗、高污染的工业化向资源节约、环境友好的工业化的转型，成为今后中国能否取得工业化成功的关键。总之，目前中国还处在工业化中期，作为工业化主体部分的中小企业的大部分甚至还处在工业化的初期，中国的工业化依然任重道远。

综上所述，日本成为"世界老二"的时候，基本上实现了工业化，经过两次石油危机，其产业结构继续升级，使日本在20世纪80年代成为世界上工业化最成功的国家。所谓"发达国家"主要就是指"工业发达国家"，因此日本在成为"世界老二"的同时，也进入了发达国家的行列。而中国，虽然成为"世界老二"，但总体上还处于工业化的中期，依然是尚未完成工业化进程的发展中国家，因此中国是作为发展中国家，仅仅在经济规模上成为"世界老二"的。今后，中国依然需要大力发展教育事业，通过扎扎实实的技术进步和创新，努力实现工业化并成为真正的经济强国。

---

① http://www.baiinfo.com/article/fan/3161/3356915.html.
② 参见高大伟、周德群《提高能源利用效率须多策并举》，《人民日报》2010年4月30日。

（二）中国应该紧紧抓住人口年龄结构还比较年轻的发展机遇，努力推进和平发展、科学发展和绿色发展

如前所述，导致日本经济长期低迷的最根本原因是人口年龄结构问题。从20世纪60年代后期开始，日本的人口红利期持续了40年左右，而中国从20世纪80年代后期开始算起，人口红利期也将持续大约40年。据中国社会科学院近期发布的《中国财政政策报告2010/2011》，2011年以后的30年里，中国的人口老龄化将呈现加速发展的态势，到2030年，中国65岁以上人口的占比将超过日本。这意味着，历史留给我们的、可充分利用"人口红利"的大好时光只有十几年甚至更短，必须抓紧利用当前人口结构较年轻、储蓄率居高的优势，继续改革开放，治理奢侈腐化，大力推进技术进步和创新，使中国的和平发展、科学发展、绿色发展与人才培养、吸引人才回流（即增加出国留学、工作的科技人才回归祖国的比例）这两者之间形成相互促进的关系①，增强科技实力与人力资源优势，将中国建设成真正的经济强国。

（三）中国将面临"世界老大"美国联合其盟国的牵制和打压——"老二最难当"

日本成为"世界老二"以后遭到美国的牵制和打压的史实显然也有助于理解当今的中美关系。当然，中国这个新"世界老二"绝非仅指经济层面。在政治上，中国与美国等并列为联合国安理会的常任理事国；在军事上，中国的武器装备现代化、尖端化有了长足的进展，中国已经成为让美国感到必须认真对付的强大军事对手。

中国学者资中筠认为："到二战为止，美国参与国际事务都是净得利方。冷战期间美国有得有失，但总体仍处在优势……对内，它兼顾大炮和黄油，在扩充军备的同时也大大提高了人民的福利；对外则称霸，'顺我者昌，逆我者亡'，后半不一定做到，关键是做到了顺我者昌，凡其盟国及追随者都受益……西欧、日本最为显著……冷战结束后，美国放弃了千

---

① 据笔者了解，导致部分出国科技人才不愿回国的主要原因，除去国内研究条件不如某些发达国家之外，还因为对国内存在的环境污染、食品安全、子女教育等问题存在担忧。

载难逢的带头走和平道路的机会，却选择了以确立一家独霸为宗旨的对外路线……仍以'领导世界'为己任，全球无处不在，但是日益被动……既不能使逆我者亡（例如反恐），又不能使顺我者昌，实际上已经没有几个真正的顺我者。"①对于日益被动的霸权国美国来说，中国的崛起既是挑战又是机遇。一方面，美国将中国塑造成自身霸权"挑战者"的形象，而且让国际社会相信这种挑战对周边国家也是一种"威胁"；另一方面，中国的崛起又是一个可以让美国化被动为主动以巩固和增强霸权的绝好机会，即通过鼓吹"中国威胁论"，加强与原有的同盟国的军事合作，并吸引更多的追随者跟进，共同应对中国这个"共同威胁"，结成现代版的"神圣同盟"，力图形成"顺我者获益、获益者更顺我"的循环。由此可见，当今美国对付中国这个"世界老二"与当年对付日本所采取的战略的性质、力度显然是不可同日而语的。

关心西方国际关系史的人可能都知晓这样一个事实，即在强权政治当道的世界，老二必然被老大认为是最大的挑战者，而老二挑战老大也确实是迄今国际关系史上的惯例。老大总是会联合老三并争取到更多的追随者和支持者来共同对付老二的挑战，老大的更迭过程最终必然导致一场全球规模战争的爆发，而且结果往往不是原老二取代老大而是原老三取代老大。②那么，业已成为"世界老三"的日本会不会重走数百年来历任"世界老三"的老路，与当今"世界老大"美国联合起来共同对付"世界老二"中国呢？笔者认为，日本肯定会这样做，因为它们不会不重视西方大

---

① 侯建新主编《经济—社会史评论》，生活·读书·新知三联书店2008年版，第13—14页。

② 16世纪，葡萄牙曾是西方世界的"领导者"，向其发起挑战的是西班牙，荷兰则是葡萄牙的"支持者"，到了17世纪，取代葡萄牙的领导地位的不是西班牙，而是荷兰。尔后，英、法两国都曾对荷兰的领导者和海上霸主的地位进行挑战。不过，在17世纪70年代第三次英荷战争之后，英国同荷兰结盟共同抗法。其结果，在18世纪取得西方世界领导者地位的国家不是向荷兰挑战的法国，而是与荷兰站在一边的英国。到20世纪前叶，德国曾在1914年、1939年两次向英国的"领导者"地位挑战，然而，在第二次世界大战后取得西方世界领导者地位的不是德国，而是作为英国的"支持者"的美国。第二次世界大战后，美苏对立的冷战体制在某种意义上也可视为苏联作为主要"挑战者"向美国的领导地位发起挑战，而联邦德国和日本则扮演了美国的"支持者"的角色。经过几十年的冷战、局部热战及长期军备竞赛的较量，作为主要"挑战者"的苏联不仅未能夺得"领导者"地位，反而落得自身趋于崩溃、解体的结局。与此同时，作为"支持者"的联邦德国（现在的德国）和日本却一西一东崛起为两大经济强国。参见冯昭奎《对话：北京与东京》，新华出版社2004年版，第301—302页。

国关系的历史经验，何况日本自冷战开始以来就同美国结成了军事同盟关系，这种关系在冷战以后不仅没有解除反而逐步得到加强。特别是菅直人内阁上台以来（正值中国 GDP 超过日本之年），日美双方之间越来越表现为同气相求，互有需要。美国需要依靠日本等亚洲盟友协助抵御所谓"中国在西太平洋乃至太空的军事扩张"，而日本则试图彻底成为美国的全面军事盟友，依靠美国来共同防范中国将影响力扩展到日本控制的地域。应该说，日美两国维系冷战时代针对苏联的军事同盟关系不仅仅是"冷战思维"阴魂不散的产物，更是数百年来大国竞争的历史规律使然。正如美国不会成为历任"世界老大"中的例外，日本也不会成为历任"世界老三"中的例外。然而，中国却可能成为历任"世界老二"中的例外，这就是中国早就明确地表示中国"不称霸"，意即"不争霸"。

必须指出，人类历史正在进入一个新的时代。无论从经济全球化、世界各国经济相互依存日益加深的角度看（在这种情况下将导弹对准其他大国就是对准本国的重要市场），从不断迅速增强的武器杀伤破坏力的角度看（核武器的巨大杀伤破坏力致使美苏争霸最终没有突破"冷战"进入"热战"），还是从维护人类生存发展的自然环境的角度看（全球环境危机已经使人类家园再也经不起一场全球性战争的折腾），全人类正在进入一个"同舟共济、同舟共进"的新时代，大国之间再像过去几百年那样毫无顾忌地互相争斗、厮杀、打全球规模的战争，必将落得一个斗则俱伤、斗则俱亡，大家都成为失败者而绝不可能出现胜利者的结局。中国作为一个名列前茅的大国，长期坚持"韬光养晦"、不与美国争霸的一个根本意义就在于不仅为本国人民的利益负责，同时也为全人类的利益、为人类文明的命运负责。

面对一个不与美国争霸的"世界老二"中国，作为"世界老三"的日本将失去其利用老大老二相争而坐收渔利的"机遇"。当今世界正面临着空前的环境危机，包括环境污染、气候变暖、沙漠化扩大、热带雨林锐减，等等，这些灾难正在悄悄地、慢性地毁坏人类共同家园。中日之间是有矛盾，中美之间是有矛盾，但是在面对人类与破坏性自然力之间更大的矛盾的时候，国家之间的矛盾难道不应该服从于解决更大的矛盾的需要吗？从这个意义上可以说，日趋尖锐化的地球环境危机正在教育人类，并为世界各国特别是在环境利益上命运相关、休戚与共的邻近国家解决彼此之间的矛盾提供有益的启示。今后，随着中国以统一的意志和务实的行动坚持和平发展道路和"和谐世界"理念，重塑一种符合新时代潮流的、有别于以摩根索的现实主义论和马汉的海权论为代表的西方强权政治逻辑的、新型的大国政治文明，"中国威胁论"必将越来越失去市场。2008 年 5 月中日两国领导人签署的《中日关于全面推进战略互惠关系的联合声明》中关于中日两国"互不构成威胁"、"相互支持对方的和平发展"、"共同努力，使东海成为和平、合作、友好之海"的共识将再次得到确认，在日本政局长期动荡中以对华强硬态度来捞取政治资本的做法也将越来越难以得逞。[①]一旦日本政局动荡尘埃落定，一旦日本国民之间形成必须重新唤起战败当初重振日本的精神，走出当前停滞不前、委靡不振的政经局面的共识的时候；一旦日本的精英们能够从容地思考如何为日本设计一个有利于重振日本的对外战略的时候，他们终将会认识到只有老老实实地继续发展、落实"中日战略互惠关系"，才是有益于日本国家、有益于日本人民、有益于亚洲地区乃至整个世界和平发展的正确选择。

（原载《日本学刊》2011 年第 2 期）

---

① http://www.chinadaily.com.cn/hqgj/2008—05/13/content_6680427.htm.

中国的改革开放与日本因素

2008 年是中国改革开放 30 周年，也是《中日和平友好条约》缔结 30 周年。这两件大事之间存在着深刻的内在联系。而体现这种联系的关键事件就是 1978 年 10 月邓小平为交换《中日和平友好条约》批准书而对日本进行的访问，邓小平在访日前后和访日期间所发表的一系列重要论述，体现了这位中国改革开放总设计师对日本和中日关系之于中国改革开放的重要性的深刻认识和高度重视。运用邓小平理论分析中国改革开放与国际因素的交互作用，可以认为，在影响中国改革开放外部的、外国的因素中，日本因素占有突出的重要地位。

一　和平稳定的周边环境中的日本因素

中国实行改革开放后，党和国家的工作重心转移到经济建设上来，拥有一个和平与稳定的周边环境是至关重要的。此时突出的问题是如何处理好对日关系。因为日本曾侵略过中国，是在西方国家中对中国欠账最多的国家；第二次世界大战后，日本的岸信介内阁（1956 年 12 月至 1960 年 7 月）和佐藤荣作内阁（1964 年 11 月至 1970 年 7 月）继续推行敌视中国的政策，直到 1972 年田中角荣内阁上台，中日两国才实现了邦交正常化。日本经过 20 世纪 50—60 年代经济高速增长期，实现了重化工业化，成为仅次于美国的世界第二经济大国，也成为亚洲唯一实现工业化的发达国家。[①] 与此同时，日本还与美国结成军事同盟关系，虽然在当时其矛头主

[①]　根据美国学者雷·S. 克莱茵（Ray S. Cline）的"国力方程"，1978 年中国和日本的综合国力得分分别为 83 和 108，在世界上的排序分别为第七位和第五位。引自黄硕风《综合国力新论——兼论新中国的综合国力》，中国社会科学出版社 1999 年版，第 260 页。

要针对苏联，但这种强大的军事存在也不能不令周边国家感到巨大的压力。由此可见，构筑一个和平友好的中日关系与中国实行改革开放、推进现代化建设这个国家核心利益之间存在着极为密切的关系。

事实证明，中国发展同日本的和平友好关系的外交努力，达到了为我国改革开放和经济发展争取和平稳定的周边环境的目的，在这方面日本因素基本上起到了正面作用，其主要表现如下：

（一）《中日和平友好条约》的签订

中国改革开放开始之年（1978 年），中日签订了《中日和平友好条约》（以下简称《和约》）。这意味着以法律形式确认 1972 年《中日联合声明》中关于两国结束"不正常状态"（即"战争状态"）的宣示，正式开启了中日和平共处的新时代。

从当时国际关系的现实看，《和约》签订的另一个重大意义在于将日本争取到反对苏联霸权主义的阵线上来，形成了中、美、日联手对付"苏联社会帝国主义"威胁的统一战线。

1960 年 6 月，中苏两党关系公开破裂，一个月后，苏联政府突然照会中国政府，单方面地决定撤走全部在华的苏联专家，撕毁几百个协定及合同，停止供应重要设备。苏联这种背信弃义的行为加重了中国的经济困难，也使中苏关系在 20 世纪 60 年代日趋紧张，最终于 1969 年 3 月在黑龙江省珍宝岛地区发生了严重的中苏边境武装冲突事件。珍宝岛事件之后，苏联试图联合美国攻击位于中国西北部的导弹基地，摧毁中国有限的核设施；而美国为了冷战需要，不仅拒绝了苏联的要求，而且将情报通知给中国政府。

为了应对苏联大军压境的巨大压力，中国开始改善同美国的关系，从而使中苏关系由 20 世纪 50 年代的军事、政治同盟变为对抗，而中美关系则由对抗转为和解。

第二次世界大战后，日本尽管亟须与中国发展经贸关系，但慑于美国的压力，在对华政策上唯美国马首是瞻，不敢越雷池一步。然而，美国为了推行反苏战略，开始改善同中国的关系。1971 年，基辛格访华是秘密进行的；1972 年，尼克松访华也只是在几分钟前才通知日本。这一切使日本感到十分恼火，称美国搞"越顶外交"。1972 年 7 月，田中角荣首相上台后，于当年 9 月访问中国，抢在美国之前与中国恢复了外交关系。

田中访华后，他就积极准备访苏，并于 1973 年 10 月成行。日苏之间存在北方四岛的领土争端，而田中却提出了"出口理论"，[①] 期待日苏经贸关系发展最终将解决日苏领土争端。田中此举的一个重要背景是，在 20 世纪 70 年代初，与日本毗邻的萨哈林地区北部发现了储藏量巨大的优质石油天然气田，日本对参与开发西伯利亚的油气资源（当时苏联是世界上最大的石油、天然气生产国，其将近九成的油气等资源分布在西伯利亚）表现出强烈的期待和热情。

田中内阁的对苏政策在其继任者三木武夫内阁时期（1974 年 12 月至 1976 年 12 月）进一步发展成为对中、苏的"等距离外交"。这不仅是为了发展日苏经贸关系，同时也是为了利用中苏矛盾"左右逢源"。第二次世界大战后，虽有美国的核保护伞，但慑于在地理上接近、在国土面积上位居世界第一（相当于日本的 59.3 倍）、在军事实力上堪与美国匹敌（特别是在 20 世纪 70 年代，苏联的军事实力达到顶峰）的北方庞然大物苏联的威力，[②] 日本不由得产生一种"敬畏"心理，因而既在美苏争霸格局中坚定地站在美国一边，又不想在对苏战线上冒尖儿；面对中苏两国，日本表面上是"不偏不倚"，实际上是"重苏轻华"。

中日早在 1972 年《中日联合声明》中就同意进行以缔结和平友好条约为目的的谈判。但两国开展缔约谈判时正处于三木武夫内阁推行对中、苏"等距离外交"的时期，在谈判中，对于中方坚持将 1972 年《中日联合声明》中的"反霸"内容写入《和约》的主张，日方认为这个问题涉及日本与第三国（苏联）关系，会使日本陷入"敌视别国"的境地。与此同时，苏联不断对日本施压，指责中日缔约"直接把矛头指向苏联"，极力阻挠中日缔约谈判，致使"反霸条款"是否写入《和约》成为中日

---

① Gerald L. Curtis ed., *Japan's Foreign Policy after the Cold War: Coping with Change*, New York: M. E. Sharpe, Inc., 1993, p. 281.

② 1959 年，三木武夫议员访苏会见赫鲁晓夫时，赫鲁晓夫用手指戳着身旁的地球仪奚落日本客人说："我的一根食指就把日本列岛全给覆盖住了"。参见冯昭奎、刘世龙等《战后日本外交（1945—1995）》，中国社会科学出版社 1996 年版，第 21 页。

缔约谈判中久拖不决的悬案。[①]

　　对于中国来说，是否将"反霸条款"写入《和约》关系到联合日本、美国共同反对苏联霸权主义的战略需要。在当时的中国领导人看来，只有有效地抵御来自北方的威胁，中国才能将主要精力转移到经济建设上来，安心进行经济体制改革并向西方国家开放。

　　1977年，邓小平第三次"复出"并主持中央工作。在日本，福田赳夫首相（1976年12月至1978年12月）上台后，对恢复中日缔约谈判表现出积极的姿态。在两国领导人的推动下，加上美国卡特政府出于"联华制苏"战略也规劝日本尽快与中国缔约，中日两国终于在1978年8月缔结《和约》并写入了"反霸条款"，虽然由于日方强烈要求《和约》中也写入"本条约不影响缔约各方同第三国的立场"，但《和约》的签订意味着"日本的'等距离外交'显然从倾向于苏联转变为倾向于中国——当然是在得到美国首肯的前提下完成的"。[②] 1979年12月，苏联入侵阿富汗，日苏关系趋于恶化，中、日、美形成对付苏联霸权主义威胁的共同战线。

（二）冷战后的日美同盟对中国安全环境的影响

　　冷战结束后，中日关系失去了共同对付苏联威胁的战略纽带，日美同盟也失去了所要针对的主要对象。然而，美国推行全球战略的需要与日本借助美国走向"政治大国"和"军事大国"的企图令双方感到需要继续利用这种同盟关系，从而导致作为冷战产物的日美同盟不仅未被削弱，反而日益增强。

　　1996年，日美签署《联合宣言》。1997年，《日美防卫合作新指针》（简称"新指针"）出台。这个"新指针"与1995年美国国防部发表的《东亚战略报告》紧密配合，旨在强化日美同盟在日本"周边地区"的作用，明确将中国台湾海峡的未来战事包括在其防卫范围之内。

　　对于国家间的同盟而言，存在共同的敌人或威胁是维系同盟关系必不

---

　　① 最终写入《和约》的"反霸条款"（即《中日和平友好条约》第二条）称："缔约双方表明，任何一方都不应在亚洲和太平洋地区或其他任何地区谋求霸权，并反对任何其他国家或国家集团建立这种霸权的努力。"

　　② Gerald L. Curtis ed. , *Japan's Foreign Policy after the Cold War: Coping with Change*, p. 282.

可少的纽带。上述日美同盟的发展动向在实质上就是企图以中国"置换"苏联作为日美同盟所要针对的新的共同威胁。不断加强的日美同盟对中国的安全环境带来的主要影响是：（1）对中国实现国家统一大业形成牵制，特别是对中国在迫不得已的情况下行使武力解决台湾地区问题构成潜在威胁；（2）对中国实施海洋战略，维护通往中东、非洲地区产油国的海上运输线形成掣肘；（3）对中国开发东海天然气等资源、解决与日本的钓鱼岛领土争端构成潜在威胁等。

然而，由于中国在力阻"台独"分裂祖国的邪恶图谋的大前提下，尽最大的努力通过和平方式解决台湾地区问题；由于中国理解日本对其海上运输线即"生命线"的关切，① 也认识到维护从非洲、中东直至东亚地区漫长的海上运输线安全不是仅靠一个国家的力量就能做到的，因而主张通过国际合作解决这个问题；由于中国在东海及钓鱼岛问题上依照邓小平提出的"搁置争议，共同开发"的方针（今年也是这个具有深远意义的方针提出的 30 周年），通过长期努力与日方就"使东海成为和平之海、友谊之海"达成共识；由于中国采取了着眼于广大日本国民的对日外交方针，积极争取和支持日本国内的和平主义力量，通过改善两国关系使疯狂敌视中国的少数右翼好战分子煽动日中对抗的企图难以得逞；由于中国积极发展同美国的关系，努力防止美日军事同盟剑指中国的潜在威胁转化为现实威胁，也使日本右翼学者套用乔治·莫德尔斯基（George Modekski）的"霸权周期理论"②，认为中国会挑战美国的霸权，在同美国的对抗中被大大削

---

① 据日本官方统计，日本每年进口货物达 6 亿—7 亿吨，出口货物近亿吨，其海运量占世界海运总量的 25%，换句话说，在全世界的海洋上航行的每四艘货轮中，就有一艘是为日本运货的。特别是从中东经马六甲海峡通往东亚地区的"海上运输线"更是日本从中东产油地区运输石油的生命线，一旦这条航线受阻，就等于割断了日本经济的命脉。即便日本没有遭到敌国的直接攻击，日本经济也可能遭到致命的打击。

② 莫德尔斯基分析了 15 世纪以来世界大国地位变迁的历史，认为世界各国在国际舞台上扮演的角色可划分为"领导者"、"支持者"、"挑战者"和"乘车者"四类。16 世纪葡萄牙曾是西方世界的"领导者"，西班牙是向葡萄牙的"领导者"地位挑战的国家，而荷兰则是葡萄牙的"支持者"。到了 17 世纪末，取代葡萄牙的领导地位的，不是作为"挑战者"的西班牙，而是作为葡萄牙的"支持者"的荷兰。其后的几百年相继出现了法国挑战"领导者"荷兰、德国挑战"领导者"英国的局面，结果取代荷兰、英国成为"领导者"的国家均不是"挑战者"国家，而是原来"领导者"国家的"支持者"、即英国和美国。参见 George Modelski, *Long Cycles in World Politics*, Hampshire and London：Macmillan Press，1987，p. 12。

弱，从而使作为美国的"支持国"的日本得利的期待落空；也由于上述中国的外交努力得到了日本国内"鸽派"政治力量的响应，从而在一些关键时刻避免了两国关系走向对抗。其结果是，在中国改革开放的30年间，除了2004年发生中日"春晓油气田"摩擦以外（日本右翼学者中西辉政借机叫嚣"新日中战争"已经开始），①"日本因素"对中国维护周边地区和海域的和平稳定基本上起到了正面作用。

二　在对外经贸关系中的日本因素②

改革开放开创了中国对外经贸关系的新局面，而对外经贸关系的迅速发展成为改革开放以来中国经济持续高速增长的一个重要推动力。

中日有着各自的生产要素优势（中国在劳动力、土地等方面拥有优势；日本在技术、资金、管理等方面拥有优势），通过发展中日经贸合作，可促使两国的劳动、资本、管理、技术等生产要素的活力得以竞相迸发，促使两国创造社会财富的各种源泉得以充分涌流。显然，发展中日经贸关系的本质在于"解放生产力"。

其实，中日经贸关系早在20世纪50年代就开始了。由于当时两国关系处于非正常状态，因此两国经贸活动主要是以民间贸易或"半官半民"贸易的形式开展的。60年代中苏关系破裂后，中国失去了从苏联、东欧社会主义国家引进技术设备的来源，致使已经与中国存在贸易关系的日本成为中国进口技术设备的最主要来源。1972年中日复交后，两国签订了政府间贸易协定，使两国贸易在市场原理和政府推动的双重推力下得到了更大发展。自1966年至20世纪80年代中期，在近20年时间里，日本是中国最大的贸易伙伴。例如，1985年，中国对日贸易额在中国外贸总额中所占比重高达27.8%。

从20世纪80年代后半期到90年代初，尽管对日贸易继续发展，但由

---

① 中西辉政·石川好ほか『中国特需か反日の巨人か』、『文芸春秋』2004年12月号。

② 本节有关中日经贸关系的数据均引自历年中华人民共和国海关总署编《海关统计年鉴》，中国海关出版社；http://www.custom.go.jp/toukei/info/index.htm。

于中国内地与香港地区的贸易超过了对日贸易，致使对日贸易在中国整个外贸中的排名下降到第二位。进入 90 年代，随着日本企业对华直接投资的迅速增长，形成了贸易与直接投资相互促进的良性循环。1993—2002年，日本再次成为中国最大的贸易伙伴。在改革开放的 30 年间，日本成为中国最大贸易伙伴的时间长达 18 年。如果按国别计（即除去中国香港地区），日本成为中国最大贸易伙伴的时间长达 25 年。

截至 2007 年年底，中日贸易额达到了 2360.2 亿美元，相当于 1978 年的两国贸易额（48.2 亿美元）的 48 倍。目前，日本是仅次于欧盟、美国的中国第三大贸易伙伴。

对日本来说，对华贸易在日本对外贸易中的比重由 1990 年的 3.4% 上升到 2007 年的 17.7%，2007 年，中国超越长期居日本第一大贸易对象的美国，成为日本最大贸易对象国。

从贸易结构看，20 世纪 70—80 年代，中国主要向日本出口原油、煤炭等资源和农副产品等初级产品，以换取日本的机械设备、汽车、家电、钢材等。进入 90 年代后，工业产品出口占中国对日出口的比重持续上升，2000年达到 81.8%，其中纺织品和服装占 31.5%、机械和仪器仪表占 27.2%。

贸易和直接投资构成了中日经贸关系的两大支柱。日本企业早在 1979年就开始了对中国的直接投资。[①] 在 20 世纪 90 年代前半期，日本对华直接投资迅速增加。日本制造业对华投资实际使用额从 1990 年的 1.64 亿美元增加到 1995 年的 35.8 亿美元。然而，在 90 年代后半期，由于两国政治关系的影响、日本企业对中国吸引外资政策稳定性的不信任感、中国在能源交通等基础设施上存在的"瓶颈"以及 1997 年发生亚洲金融危机等原因，1996—1999 年，日本对华投资连续四年大幅度减少。2001 年 12月，中国正式加入世界贸易组织（WTO）。基于对中国加入 WTO 的预期，日本对华直接投资额从 2000 年开始回升，2005 年达到 65.3 亿美元。截止到 2007 年底，日本对华直接投资累计项目数为 39688 个，实际到位资金

---

① 日本企业的对外直接投资活动始于 20 世纪 50 年代初期，60 年代之后，日本对北美、欧洲和东南亚的投资不断增加。与日本对其他国家和地区的直接投资相比较，日本企业对中国的直接投资起步较晚。

617.2亿美元。以实际使用外资累计金额计,日本居外商对华直接投资的首位。在中国投资的日资企业在中日贸易中发挥着积极作用,例如,2001年,中国对日出口总额中大约60%的产品由日资企业制造,如果包括委托加工,这一比例高达80%。

进入20世纪90年代,随着冷战的终结,现代生产力跨越国界的扩张势头愈发增强。中日经贸关系发展正是经济全球化潮流在中日间的具体体现,特别是在东亚地区,中日经贸关系已发展成为该地区日趋兴起的网络型经济和国际劳动分工的最重要组成部分。以经济全球化视野放眼东亚大地,一幅世界性的工业密集地带的生动图画便清晰地展现在人们面前:它既包括日本,也包括中国的东部沿海地区,还包括韩国以及一些东南亚国家。

当今,中日两国都在进行改革(其内容和侧重点有所不同),中日经贸关系是两个"改革中国家"之间的经贸关系。今后,中日经贸关系的发展在很大程度上要系于两国改革的进展:两国改革的滞后可能对两国经贸关系产生负面影响;两国改革的深化则可能对两国经贸关系起到促进作用,进而有利于两国经济的可持续发展。

中日经贸关系发展对中国改革开放的重要意义是:第一,通过从日本引进成套设备并与之开展技术贸易,使日本成为中国工业化过程中最大的生产技术提供国。第二,告别计划经济走向市场经济的中国亟须掌握有关市场经济的知识和经验,告别"农业中国"走向工业化的中国又亟须掌握有关工业化的知识、技术和经验。在这方面,日本等发达国家对华直接投资活动对于中国来说不啻为一种包括技术、管理、营销、人才培养等在内的"广义的"技术引进。第三,随着中国工业化的进展,加上在华日资企业的产品大量返销日本,又促进了中国价廉质优的工业品的对日出口,日本成为吸纳中国工业化成果的重要出口市场。

周恩来总理在1954年会见日本客人时曾说:"假如永远是工业日本、农业中国,那关系是搞不好的——只有中国工业化和日本工业化,才能和平共处,共存共荣。"[1] 几十年来,中日经贸合作的巨大发展正如周恩来总

---

① 中华人民共和国外交部、中共中央文献研究室编《周恩来外交文选》,中央文献出版社1990年版,第89页。

理所说的，是从"农业中国，工业日本"到"工业中国，工业日本"这个历史性转变过程的生动体现。

三　在借鉴外国经济发展的经验教训中的日本因素

自中国实行改革开放以来，上至国家领导，下至企业部门，都非常重视学习和借鉴外国特别是西方发达国家的发展经验。而在借鉴外国发展经验中，"日本因素"在相当长的时期里占有突出地位。

战后几十年，日本坚持和平发展，其经济增长率长期高居西方发达国家之首，在20世纪60年代末跃升为西方世界第二经济大国。美国学者傅高义著书热情赞扬日本"名列第一"。[1]

日本经济的迅速增长还带动了东亚"四小龙"（韩国、新加坡、中国台湾和香港地区）的经济增长，形成了以日本为"领头雁"的东亚经济增长"雁行模式"。与此相对照，经过十年"文化大革命"（1966—1976年）的中国经济却濒临崩溃的边缘。

1955年，中国国内生产总值（GDP）为344.5亿美元，日本为232.5亿美元，中国GDP相当于日本的1.5倍。[2]然而，到了1978年，中国的GDP为14732亿美元，日本为96765亿美元，中国GDP仅相当于日本的15%。同年，中国的人均国民收入（GNI）为190美元，日本为7080美元，中国仅相当于日本的2.7%，还分别相当于香港的4.8%、新加坡的5.6%、韩国的15.4%。

随着中国与日、欧、美及周边国家的接触和交流日益增多，使听惯"敌人一天天烂下去，我们一天天好起来"的中国人深深感到，事实上人家已经把我们远远地落在了后头。正是这种鲜明的对比，促使中国领导人

① Ezra F. Vogel, *Japan as Number One: Lessons for America*, Cambridge: Harvard University Press, 1979.

② 数据来源：国内生产总值的数据见国家统计局编《新中国50年统计资料汇编》，中国统计出版社2000年版；汇率见尚明主编《新中国金融50年》，中国财经出版社2000年版；日本的国内生产总值数据见国际货币基金组织（MF）数据光盘2007年10月。数据来源：The World Bank Annual Report 1978。

更加坚定了实行改革开放的决心。比如，早在 1978 年 3—9 月，邓小平就多次谈到要"如实地指明这种落后状况"，"社会主义国家生产力发展的速度比资本主义国家慢，还谈什么优越性？"1992 年，邓小平又一次指出："现在，周边一些国家和地区经济发展比我们快，如果我们不发展或发展得太慢，老百姓一比较就有问题了。"① 可以说，战后日本经济增长奇迹对于刺激中国增强改革开放的紧迫感和危机感起到了重要作用。

1978 年 10 月，邓小平在访日期间曾说："听说日本有长生不老药，这次访问的目的是：第一，交换批准书，对日本老朋友所做的努力表示感谢；第二，寻找长生不老药。""也就是为寻求日本丰富的经验而来。"在一次记者招待会上，邓小平说："在科学技术和经营方面，我们需要很好地向发达国家、特别是向日本学习。"② 在参观日产公司的汽车工厂时，邓小平了解到这里的劳动生产率比当时长春第一汽车制造高几十倍，他感叹地说："我懂得什么是现代化了。"

在邓小平的倡议下，中日经济界著名人士于 1981 年共同发起举办"中日经济知识交流会"，从宏观角度讨论中日两国经济中的长期性、综合性问题，相互交流知识和经验，至 2007 年，该交流会已举行了 27 届年会，成为学习日本发展经验的一个重要渠道。笔者作为日本经济的研究者，曾亲身体验了当时席卷全国的"学习日本"的热潮。据笔者所见，"日本经验"对中国改革开放的影响主要体现在以下三个方面：

第一，在从计划经济体制向市场经济体制转变的过程中，如何处理好"计划"与"市场"的关系。

改革开放后的中国经济与战后的日本经济都具有从计划经济或统制经济向市场经济转化的共同特征。战后日本经济发展虽是在市场经济体制下的发展，却导入了（在一定程度上也可说是"遗留了"）不少"计划经济"因素，日本经济企划厅每两年或三年都要制订全国经济计划。尽管有

---

① 《邓小平文选》第三卷，人民出版社 1993 年版，第 375 页。

② 田桓主编《战后中日关系文献集 1970—1995》中国社会科学出版社 1997 年版，第 247 页。中共中央文献研究室、中央电视台编著：《大型电视文献纪录片·邓小平》，中央文献出版社 1997 年版，第 145 页。Ryutaro Kcomiya, *The Japanese Economy: Trade, Industry, and Government*, Tokyo University of Tokyo Press, 1990, p. 267。

的日本学者对这种宏观经济计划的作用提出质疑，但他们仍然承认战后日本经济发展确实存在很强的计划性。例如，小宫隆太郎曾指出："日木政府广泛地介入各个经济部门、产业或地区。在产业和地区层次上存在着很强的计划性。产业领域的许多计划在将资源配置到特定产业和地区方面显得十分有效。"

在经济发展中如何正确处理"市场因素"和"计划因素"的关系方面，"日本经济"给了我们很多启示。从计划经济向市场经济转变，并非意味着完全否定"计划"和"计划性"。尽管中国在总体卜汴意到了这一点，然而在一些时期，在一部分经济部门、产业或地区却出现了"无计划、无秩序"的发展倾向，比如，各地区一哄而上建设汽车、电视机、西服生产线或各种小矿井，形成了盲目、重复建设和对资源的无秩序乱开采局面。

第二，改革开放后的中国经济与战后的日本经济都具有从对外封闭型经济向对外开放型经济转变的特征。过去由于发动侵略战争，日本经济断绝了对外联系，导致战后日本经济经历了一个逐步的对外开放过程，为了推行"贸易立国"战略，日本努力使其经济融入到第二次世界大战后的世界自由贸易体制之中。

在经济发展中如何正确处理（对民族工业的）"保护政策"与"对外开放"的关系方面，"日本经验"也给了我们很多启示。例如，在引进外国直接投资方面，中国与日本的态度和立场不同，一方面，中国依据自身的具体国情采取了十分积极的对外开放政策；另一方面，引进外国直接投资对中国产业发展也是利弊共存的，需要我们更加注意兴利除弊，比如，如何避免在技术上形成对外资的依赖，如何学习日本民间企业积极追求技术进步的经验，大力加强自主开放和创新能力，已成为一个亟待解决的课题。

第三，改革开放后的中国经济与战后的日本经济具有"追赶型经济"的共同特征。日本作为一个东方国家，在百余年的、相对来说较短的历史时期内走完了从经济落后国家向发达国家追赶的过程，这种后进的"追赶国家"与东方国家的"出身"本身，就决定了日本经济具有那些"老牌"资本主义发达国家经济所不具有的特殊性。

日本学者儿玉文雄曾指出："被追赶上的国家以特殊论的说法对追赶上来的国家进行责难，而在许多场合，在特殊论的名义下遭到非难的东西，恰恰是追赶国家在无意中创造的、可能成为新时代世界雏形的制度革新。"美国学者通过深入研究，认为战后日本经济成功的秘诀在于日本在20世纪逐步构筑起来的、具有独特的组织力和计划性的经济系统。[①] 当今中国崛起之所以遭到西方国家媒体的责难，在一定意义上也是因为中国作为"追赶国家"没有完全按照西方的"规矩"办事，显然，中国不能，也绝不会像西方发达国家那样采取掠夺殖民地甚至进行奴隶贸易等的原始积累方式来谋求发展。

重视借鉴日本经验绝非是对日本具体的经济政策的照抄照搬，也绝非是忽视借鉴其他国家的有益经验。多数情况下，中国的"借鉴"主要表现为参考别国发展的经验并从中受到启发。

20世纪90年代，随着中国经济的发展和日本经济的低迷，"学习日本经验"的声音在中国的媒体上逐渐减弱甚至消失，代之而起的是对美国经济持续繁荣的憧憬、对美国人的消费与生活方式的向往。美国人的大房子和大车子取代日本人的小房子和小车子成为中国很多年轻人的追求。至于日本，自从90年代初泡沫经济崩溃以来，日本经济长期低迷的失败教训则对顺利发展的中国起到了"反面教员"的作用，它告诫人们：（1）不要因为在经济上取得一些成就而头脑发热、不自量力、浮夸冒进，做超越自己实际能力的事情；（2）不要掉进美国为了贪得无厌地谋求自身利益而给其他国家经济发展设下的陷阱或圈套；[②]（3）为了实现可持续发展，克

---

① 关于这个问题的代表作有：Ezra F. Vogel, *Japan as Number One: Lessons for America*, 1979。

② 日本之所以能在战后几十年创造经济奇迹，而在20世纪90年代又"奇迹般"地"名落孙山"，这在很大程度上都与"美国因素"有关。正是美国在战后初期对日本的援助和"朝鲜战争特需"，帮助了日本经济复兴；美国向日本提供军事庇护，使日本得以长期将国防费用保持在国民生产总值（GNP）的1%以下，倾全力发展经济；美国主导的战后世界贸易体制为日本推行"贸易立国"战略创造了有利的外部条件。战后日本经济成就固然主要是靠自身力量取得的，但在一定程度上也可说是美国推行"打倒苏联"战略的副产品。然而，日本经济崛起又使美国日益感到不断增强的日本经济对自己形成了威胁。日本人因为经济成功而变得趾高气扬也刺激了美国，致使在反苏战略方面获得成功的美国又转过头来对付日本的经济威胁。1985年，美国在"广场协议"中，通过外汇政策打压日本经济。1993年，美国又将国际结算银行（BIS）规制（利用自有资本比例必须超过8%的规定）强加于日本的银行，打乱了战后日本的银行将大部分资产运用于长期贷款的经营战略，扼杀了战后日本经济的一大强项。日本经济在20世纪90年代进入长期低迷状态，在一定程度上意味着美国"敲打日本"战略获得了成功，意味着日本又一次（在经济上）败在美国手里。参见增田俊男『日本大復活』、PHP研究所、2006年、127頁。

服人口老龄化等问题，必须大力推进包括政治、行政以及经济体制等方面的改革。

美国作为世界上头号经济大国，确实有很多经验值得我们学习。但是，无论是在自然资源、国土条件、货币地位（美元兼为国家货币和国际货币）等方面，还是在人口数量及其年龄结构的合理性方面，中国显然无法与美国相比。有人认为，如果13多亿中国人都像美国人那样大手大脚地消费，"再有三个地球都不够"。①事实上，随着中国经济快速发展，包括环境污染、贫富差距扩大以及腐败现象蔓延等各种社会问题日趋尖锐化。据联合国的"人类发展指数"计算，2005年，但中国的经济规模虽达到世界第5位，中国的"人类发展指数"却排在第85位，远远落后于日本的第11位。

在这个背景下，中国一些有识之士提出了"脱美国化"的理性主张和呼声，认为"'脱美国化'是我们寻找中国现代化定位过程中的必然选择"。②与美国相比，日本与中国都属于自然禀赋"先天不足"的国家，在某种意义上，日本的"先天不足"更甚于中国。由于资源贫乏、人口密度过高等原因，日本在亚洲率先实现经济高速增长的同时，也率先突破了资源、环境以及人口老龄化的制约，从而创造了经济持续发展的很多经验。可以说，中国当前在发展中所遇到的问题（例如，环境污染、贫富差距扩大、资源"瓶颈"和人口老龄化等），在日本发展过程中都曾出现过或依然存在。关注作为"过来人"的日本如何克服经济发展过程中的诸多难题、它有些什么样的经验和教训，这对中国深入贯彻科学发展观和建设和谐社会具有重要的意义。

---

① 作为一种参考，值得介绍一个"生态足迹"和"地球公顷"的观念。所谓"生态足迹"是指为维持某一地区人口的现有生活水平所需要的可生产土地和水域；"地球公顷"是指全球具有生产力的土地的面积。目前已有美国、日本、瑞士和英国等近20个国家利用"生态足迹"指标计算各类承载力问题。按当今全球人口66亿计算，人均"生态足迹"，即维持现有生活水平所需可生产土地和水域面积只有1.8公顷，而美国人的平均"生态足迹"高达9.6公顷，为人类平均拥有的"生态足迹"的5.3倍。换句话说，如果全世界的人都像美国人那样消费，再有四个地球也不够。参见 *The Washington Post*，May 3 2008。

② 冯昭奎：《"资源小国"的压力与活力》，中国社会科学院日本研究所"日本的新技术革命"课题组：《日本的新技术革命》，湖南科学技术出版社1985年版，第247—273页。

有鉴于此，战后日本的发展经验和教训值得我们重新加以审视和重视，其中，特别值得重视的是，日本作为自然资源十分贫乏的国家，如何将"资源小国"的压力转化为开发智力资源和推动技术进步的活力和动力；如何在节能技术和经验方面达到了堪称世界"模范"的先进水平；日本在经济高速增长时期如何阻止了贫富差距扩大的趋势，形成了所谓"一亿总中流"（绝大多数日本人都以中产阶级自诩）的社会和谐局面；① 为什么多数日本国民在消费方面能够长期"忍耐"，而不是过早趋于高消费等。

四 接受外国经济援助中的日本因素

为了推进改革开放和现代化建设，中国政府依据"自力更生为主，争取外援为辅"的方针，在 1979 年接受日本的第一批日元贷款之后，又在 1981—1983 年先后与澳大利亚、加拿大、德国和比利时等国签订了双边发展合作总协定或议定书，与荷兰、挪威和新西兰签署了无偿援助的双边框架协议，与瑞典、芬兰和卢森堡等国建立不定期的发展合作关系。此外，英国、法国和西班牙等国也对中国提供了各种方式的援助。

日本是最早向改革开放后的中国提供援助的国家。1982—1986 年，中国成为接受日本政府开发援助（ODA）最多的国家；1987—1988 年，中国在接受日本（ODA）方面仅次于印度尼西亚退居第二位。1979—1984 年，在经济合作与发展组织（OECD）下属的发展援助委员会（DAC）的所有成员及国际组织对华经济援助总额中，日本对中国 ODA 金额占 45%，居第一位；国际货币基金组织（MF）占 14%，居第二位；联合国各机构占 12%；居第三位；联邦德国占 9%，居第四位。1989 年，在中国接受的

---

① 近年来，日本的基尼系数呈现出上升趋势，日本社会的中产阶级出现了两极分化。据日本厚生劳动省的"收入再分配调查"，经过税收调节和社会保障再分配之后，当前日本的基尼系数上升到 0.322，而中国的基尼系数早在 2000 年就冲破了 0.4 的国际警戒线，参见 htpp//www. mhlv. go. jp/ toukei/list/98 – l. html。

所有外援中，来自日本的经援占到近 70%。① 2000 年，日本对华 ODA 占各国政府对华 ODA 总额的 61.2%，仍超出了其他国家对华 ODA 的总和。即使在 2001—2003 年日本对华 ODA 逐年减少的情况下，日本提供的日元贷款仍相当于德、法、英三国对华贷款总和的 2.8 倍以上。

日本对华 ODA 包括日元贷款、技术合作和无偿援助三个部分，其中日元贷款（即有偿资金援助）是对华 ODA 的主要方式，约占援助总额的 90%。1979—2006 年，日本政府承诺向中国提供的日元贷款总额达 32 万亿日元（中方实际利用额近 2.4 万亿日元）。

除日元贷款外，日本还向中国提供了"不限定采购国别贷款"（主要是能源贷款）等。截至 2002 年，通过由日本政府全额出资的日本"国际协力银行"，以日元贷款和"不限定采购国别贷款"两种形式向中国总共提供了约 474 亿美元的优惠贷款，其规模超过了亚洲开发银行和世界银行向中国提供的贷款（这两家银行向中国提供的贷款中也包含有日本提供的贷款）。

在 2007 年度（日本的财政年度始于当年 4 月终于次年 3 月），日本向中国提供了最后一笔日元贷款约 460 亿日元后，结束了向中国提供日元贷款的历史，但作为日本对华 ODA 的其他两个领域（对华无偿援助和技术合作）则将继续进行。总的来说，日本对华 ODA 对中国改革开放起到了以下三个方面的积极作用：

第一，弥补了中国在改革开放时期所面临的资金短缺问题。

1978 年，中国确立了改革开放的方针，经济建设急需外汇资金配套，钢铁、煤炭、石油、电站、铁路和港口等 120 个大项目等待上马，引进先进技术和大型成套设备需要 66 亿美元资金，而当时中国外汇储备仅有 1.67 亿美元，一些合同难以落实，这就需要引进外资。1978 年 5 月，邓小

---

① Quansheng Zhao, *Japanese Policymaking*, Westport：Praeger Publishers，1993，p. 163，由于日元贷款和无偿援助均被列入日本政府的 ODA 财政支出项下，所以日方有时也笼统地称日元贷款为"对华 ODA"，致使很多日本人以为对华经援"花的是国民缴纳的税金"，而不了解其中 90% 以上是要由中国偿还的。1979—2006 年，日本政府与中国政府签署的 ODA 协议金额累计 32273.07 亿日元，其中日元贷款协议金额为 29504.89 亿日元、无偿资金援助协议金额为 1364.69 亿日元、技术援助累计金额为 1402.49 亿日元、利民工程项目额为 41 亿日元。参见 http：//www. mofa. go. jp/mofaj/gailko/oda/data/chiiki/china. html。

平表示，引进这件事要做，下决心向国外借点钱搞建设，要尽快争取时间。同年5—9月，日本经济界人士多次提出了中国可以运用日本政府的开发援助贷款。同年11月，邓小平访日时首次正式表示，中国可以接受日本的政府贷款。1979年12月，日本首相大平正芳来华访问时，正式宣布对中国实施援助开发贷款。随即，中日签订了第一份ODA贷款协议，中国接受日本政府500亿日元贷款（按当时汇率约合3.3亿元人民币、2.2亿美元）。如前所述，1978年中国外汇储备仅为1.67亿美元，这是中国自改革开放以来首次接受的、最大数额的外国政府贷款，对中国的基础设施建设起到了重要的作用。①

在20世纪80年代的大多数年份里，来自日本的ODA资金占中国基础设施建设费用的40%。即使在90年代中期，日元贷款与中国预算内基本建设投资之比仍达到25%—27%。②

第二，促进了中国基础设施的建设，间接地推动了日本等发达国家对华贸易和直接投资。

改革开放以来，中国利用日本对华经济援助进行基础设施建设的例子不胜枚举，比如，宝山钢铁公司一号高炉、鞍山钢铁公司和武汉钢铁公司的连轧设备；京秦铁路、南昆铁路、北京新首都机场、上海浦东国际机场以及中

---

① 1979年5月，日本国际贸易促进协会关西本部会长本村一三访华时，对中国交通部负责人提到，日本政府有一种援外贷款，中国政府可争取利用。交通部随即将这个信息上报国务院，李先念副总理阅后批示：请谷牧同志抓一下。其后国家建委负责人拜访日本驻华经济参赞，得到的答复是：此贷款是为了帮助人均国民生产总值低于800美元的低收入国家，贷款利率仅为0.75%—1.5%，贷款期限为30年，头10年只付利息不还款，还有10年宽限期。贷款主要用于港口、铁路等基础设施建设。当时中国人均国民生产总值远低于800美元，亟须建设基础设施，正好是日本政府贷款的援助对象。1979年9月，谷牧率团访问日本，将第一批日元贷款的四个项目最终确定下来。

② 张季风：《从数字看中日经贸合作》，在中华日本学会2000年8月举办的"新世纪的中日关系"国际学术研讨会上的发言。其他例子还有：先后三次向中国重要的石油、煤炭开发项目提供了能源贷款，总额约162亿美元。这些项目包括30个油田（其产量约占中国石油年产量的20%）和18个大型煤矿，此外，还向"西煤东运"工程、陕京天然气管道、上海平湖石油天然气田、海南省天然气管道提供了融资；在信息技术方面，日本电气公司NEC与上海华虹集团有限公司合资建设的中国国家战略性项目"909"工程、日方向20世纪90年代后半期建设的覆盖23个部委局、38个省份及中心城市、200多个地区的超大型信息系统工程——中国经济信息网（SEIS）提供融资用于采购高速交换机、局域网设备、服务器、工作站、计算机等设备。http://www.mofa.go.jp/mofaj/gaiko/oda/data/chiiki/china.html。除人才培训外，中国接受日本的无偿援助项目还涉及农业、林业、畜牧业、交通、能源、通讯、环保、工业技术改造、救灾、扶贫和体制改革研究等许多领域。

国各地其他机场的新建或扩建、内陆地区高速公路网的建设、横跨长江的五座大桥（安徽铜陵大桥、重庆第二大桥、荆州长江公路大桥、黄石大桥、武汉长江第二大桥）的建设、北京等大城市部分地铁的建设，等等。截至 2002 年，在中国大约 13000 公里电气化铁路总长度中，有 4600 公里是利用日元贷款改造建成的，占总长度的 35.4%；在中国大约 470 个大型港口泊位中，有 60 个泊位是利用日元贷款建成的，占大型泊位总数 12.8%。

第三，促进了日本对中国的技术转移，帮助中国培养了大批技术人才。

在对华技术合作方面，截至 2002 年，日本对华派遣专家 4875 人，接纳中国研修生 14210 人。在对华无偿援助方面也包括有人才培训的内容。

第四，促进了中国的环境保护。

环境保护是日本对华 ODA 的一个重要领域。具体案例有：支持"中日环境示范城市构想"（重庆、贵阳和大连）、援建中日友好环境保护中心等。此外，值得一提的是，在中国大约 1100 万吨/日污水处理能力中，有 400 万吨/日处理能力是利用日元贷款建成的，占总处理能力的 36.4%。[①]

日本对华 ODA 并不是对中国放弃战争赔款的直接补偿，但两者之间又并非完全没有联系。中国放弃对日本的战争赔偿要求，使经历了那场战争的有良知的日本人深为感动，认为日本经济发展了，应该对比日本落后很多的中国提供经济援助与合作。

日本向中国提供经济援助的一个重要考虑就是支持中国的改革开放，因为支持中国从一个不好打交道的计划经济国家转变为一个容易打交道的市场经济国家，对日本的好处也是显而易见的。正因为中国成功地推进了改革开放，才使日本有了一个走向市场经济的、具有巨大市场潜力的经贸伙伴，才使日本在经过 20 世纪 90 年代长期经济低迷后，在一定程度上依靠中国因素（有日本学者称之为"中国特需"）实现了近年来的经济复苏。

能源问题是促使日本向中国提供经济援助的一个重要动机。如前所述，20 世纪 70 年代发生石油危机后，日本为减轻其对中东地区石油的

---

① 李岩：《日本对华 ODA 小议》，《大众科技报》2008 年 7 月 16 日。

"危险的依赖"，曾对与苏联共同开发西伯利亚资源抱有很大的期待，然而多年交涉未果，特别是苏联于 1979 年 12 月入侵阿富汗后，日苏关系迅速冷淡，导致日本将开拓中东地区以外的新能源供应地的期待从苏联转向中国，因为中国于 1960 年 3 月开发的大庆油田产量与日俱增，进入了世界特大型油田行列，也使中国进入了世界产油大国行列。与此同时，中国又是世界上最大的煤炭生产国，中国利用第一批日元贷款建设的四个项目，主要就是为了增强铁路运输和港口吞吐能力，以便向日本等国大量出口煤炭。

由上述情况可见，日本提供对华经济援助显然是"双赢"的事业，而且日本能够遇到中国这样在还贷方面十分注重信用、遵守承诺的国家，也算是一种幸运，因为并非所有接受日元贷款的国家都能够遵守还贷承诺。

五 结束语

总的来说，30 年来，日本支持了中国的改革开放，然而，当中国通过改革开放变得日益强大起来的时候，日本却在 20 世纪 90 年代以来陷入了经济停滞、政治动荡的局面，特别是日本人口日趋老龄化、少子化，而相应的改革措施却停滞不前，致使 70.8%（2008 年数字）[①] 的日本国民陷入了出于各种原因的"烦恼和不安"的状态。中日经济社会发展的这种对比使得日本对中国的反应也变得复杂起来：有的对日本在亚洲不再"一枝独秀"，甚至在经济总量上不久将可能被中国超过而感到不舒服、不适应、不服气；有的主张应理性地从国家利益出发，利用中国经济增长的活力来避免日本经济走向衰退，促使两国关系进入"双赢"局面；有的鼓吹走向强大的中国必然成为对日本的所谓"威胁"，因此，即使在一定程度上牺牲民族自立和尊严，也要继续依附、从属于美国，继续容忍自己的一部分国土充当美军基地，为此即便对美国有气也要往中国身上撒；有的（主要是媒体）热心于寻找中国发展中存在的问题，挑中国的毛病，并非是为了

---

① 内閣府大臣官房政府広報室論調查編『國民生活に關する世論調查』、『世論调查報告書』、2008 年 6 月調查、参见 http：//www8. caogojp/survoy/index. html。

"实事求是地给中国提意见"，而是极尽夸大、渲染、以偏概全之能事，以此作为自我安慰（"相比之下，日本还行"）和民族优越感的心理支撑材料；更有甚者，有的右翼则想方设法通过激化中日两国的矛盾，企图掀起两国民众对立情绪，形成相互刺激、日益升级的恶性循环，企图破坏中国改革开放所必需的国内外的安定环境，干扰和阻遏中国和平发展的进程。总之，曾经在一段时间里支持中国的改革开放的日本，而今却面临着如何对待通过改革开放而实现了"和平发展"的中国的新课题。

当我们在讨论"日本因素"对中国的改革开放所起作用的同时，也须看到对于日本经济社会的发展而言，"中国因素"也变得越来越重要。今后的中日关系将取决于对中国而言的"日本因素"与对日本而言的"中国因素"的交互作用。而只有当两国领导层和两国人民真正认识到中日两国根本利益（可持续的发展）和价值观（东方文化和价值观）的共同点，中日战略互惠关系才可能形成坚实的基础。

（原载《世界经济与政治》2008 年第 10 期）

日本:战略的贫困

　　20 世纪 90 年代被很多人认为是"失去的十年",而在对"失去的十年"进行反思的时候,不少日本的政治家、学者在自己的著作中或媒体上开始大谈特谈"战略",痛感日本"没有战略"和形成独立自主的国家战略的重要性。

　　比如,自民党最高顾问中曾根康弘以 80 高龄仍笔耕不辍,于 2000 年推出了《21 世纪日本的国家战略》一书,他在书中表示痛感"日本在中长期的基本国策以及实现基本国策的综合战略方面存在着体系性的欠缺",并围绕日本的政治、经济、外交、安全乃至教育等领域提出了自己的一系列战略主张。

　　在日本,中曾根是最早以明确语言提出日本要做"政治大国"的一位政治家。确实,日本在国际政治中的地位同它作为世界第二"经济大国"的实力很不相称。但是,强大的经济实力并不自然导致一国政治地位的提高,一个国家在国际舞台上的政治地位还取决于是否具有宏大的、有气量的政治战略,而日本所缺乏的恰恰是这一方面。

一　如何处理对美关系是日本确立
"政治大国"战略的关键问题

　　如何处理同美国的关系,恐怕是日本确立"政治大国"战略的一个关键问题。冷战后日本进一步加强了同美国的同盟关系,美国则对日本这个"盟友"要求越来越多,越来越严厉,以致一些日本学者认为,当今日本对美国的从属性甚至超过了"20 世纪 50 年代后半期的鸠山一郎、岸信介时代",特别是在金融领域似乎形成了一种"上下关系"、"命令关系"。

很难想象一个如此从属于、听命于另一大国的国家能称得上"政治大国"。令人感到不可思议的是，积极推动日本对美"从属化"、表明日本誓作美国"不沉的航空母舰"的日本政治家与最早明言声称日本应做"政治大国"的政治家竟是同一个人物。

不同国家的结盟关系当然是一种"需要对付什么"的关系。如果没有需要共同对付的对象，相隔一个大洋的日美两国何以结盟？近年来日本的《防卫白皮书》中一再强调"中国的导弹指向亚洲和日本"的"威胁"，某些有影响的学者甚至声称"对于日本来说，中国是比朝鲜（指朝鲜民主主义人民共和国）更棘手的敌人"。显然，制造"中国威胁论"被当做了加强日美同盟的一种政治需要。最近，美国哈佛大学教授山姆·亨廷顿对日美结盟的意义也有明言：因为"在政治及经济上中国大陆的力量均将强大化，因此美日在对华政策上将拥有共同的利害，亦即美日将会合作来牵制中国"。如果说"美日合作牵制中国"未必是日美同盟的全部意义，至少也是日美同盟的十分重要的意义和理由之一。

最近，美国坚持要发展"国家导弹防御系统"（NMD），并且同日本及亚洲其他国家或地区发展"战区导弹防御系统"（TMD），其目的无非是两个，一是通过削弱他国的防卫手段以谋求自身的绝对军事优势和"绝对安全"，其二是通过挑动一场新的军备竞赛来分散被其认为是竞争对手的国家集中力量发展和平经济的努力，甚至妄图诱使这些国家重蹈原苏联被沉重军备包袱拖垮经济的覆辙。然而，NMD、TMD绝不可能成为万能的安全法宝。对于日本来说，与其相信所谓"天网恢恢，疏而不漏"的TMD神话，不如认真地对待地区安全合作，而在地区安全合作中，中日安全合作显然是不可或缺的。

总之，那种"走极端"的战略对日本安全保障很不利。第一个极端就是过于依赖和相信美国、搞什么"2对1"或"2对2"；第二个极端就是所谓"自主防卫论"，以日本这样一个岛国而能完全做到"自己保卫自己"，那也是一个神话。日本安全保障所需要的恰恰是"照顾一下平衡"，这就是提高美国—日本—"周边"这个"三角关系"的平衡度。由于中国是日本"周边"的最大国家，因此，"照顾一下平衡"在很大程度上意味着增加中美日三边关系的平衡，这也是不少美国战略专家的主张。

二　日本在战略上和安全保障上对美 依赖招致了经济混乱

正如有的日本学者所指出，"日本在战略上和安全保障上对美国的依赖招致了经济混乱"。虽说日本经济混乱的根本原因在其国内，在于日本政府延误改革以及一系列具体的失策，但不能否认，某些重大失策中确实存在着"美国因素"。

在日本泡沫经济的形成与破灭的过程中，可以列举出很多政府在发展与改革方面的政策失误，例如，于1987年制订"第四次全国综合开发计划"误导土地泡沫；于1987—1989年实行时间过长的金融缓和导致股市泡沫膨胀；于1989—1990年实行过急的金融紧缩导致泡沫破灭后的严重后遗症；于90年代初错误预测90年代经济趋势诱导企业进行过剩的投资；长期遮掩与拖延对不良债权的处理以致将这个金融包袱留给了21世纪；于1997年选择错误时机推行"财政重建"招致经济严重衰退；于整个90年代频频利用财政手段刺激经济导致财政状况极度恶化；在穷于应付眼前经济问题的过程中延误了必要的改革，等等。

其中，有两次关键性的失误同"美国因素"密切相关。其一是1987年开始的长达两年零三个月的超金融缓和政策，实际上同政府过于服从美国所要求的"国际协调"有关。1985年"广场协议"后日元大幅升值本来是美国要求西方主要国家调整汇率的产物，然而到了1987年美元贬值过度，致使美国担心国外资金大量逃离美国，于是又要求西方协力稳定汇率，将本国的利率调到比美国利率低若干百分点的水平，以"利率差"等手段阻止资金逃离。当时的西方国家中，只有日本"忠实地"履行了这一"国际义务"，至于其他国家，例如联邦德国则考虑到本国利益，仅对利率作了微调，随后很快又将利率上调。而日本则由于利率过低而且为时过长，导致了经济泡沫的急剧膨胀。可以说，使日本在整个90年代为之付出极其沉重代价的泡沫经济的发生，在一定程度上是日本为美国利益做出的牺牲。

90年代日本政府一而再、再而三地利用财政手段、通过增加公共投资来刺激经济复苏，也同"美国因素"不无关系。1990 年在"日美结构协商"中，日本政府应美国的要求制定了大规模、超长期的《公共投资基本计划》，承诺在十年当中进行总额达 430 万亿日元的公共投资，在 1994 年这个指标又进一步增加到 630 万亿日元。现在，日本的财政赤字与国内生产总值（GDP）之比接近 10%，中央和地方政府的债务余额与 GDP 之比接近 130%，日本财政已经恶化到了极度危急的境界。这同日本"忠实地"履行作为 1990 年"日美结构协商"产物的《公共投资基本计划》有着指导思想上的联系。

以上失策表明，日本政府在如何摆正本国国家利益与美国国家利益的关系方面，存在着战略上的缺陷，以至于有的学者指出"泡沫经济的产生与崩溃，是 80 年代以后日美经济不自然的相互依存关系的集大成"，批评日本大藏省是"将稳定美国债权行情视为己任的大藏省"，致使人们对政府的某些政策究竟是"为了日本的政策"还是"为了美国的政策"感到迷惑。

三　在信息化方面的滞后说明日本依然是一个追随者

日本是工业化时代的成功者。在 80 年代日本利用其雄厚的工业技术基础，积极发展信息技术，在信息硬件技术的某些重要领域也达到了领先于世界的水平，这意味着日本拥有迎接新的信息化时代的坚实技术基础。但是，由于缺乏创新与开拓精神，90 年代日本在从美国兴起的、以互联网应用为标志的 IT（信息技术）革命中落后了。

日本至今仍是世界第二经济大国；尽管其"国际竞争力"在世界上的排名从过去的"名列前茅"掉到 1999 年的第 14 位、2000 年的第 21 位，但其科技实力的排名继续保持在世界第 2 位。然而，1999 年日本在个人电脑和互联网的普及率方面，却分别占世界第 20 位和第 22 位，这明显地反映了日本在信息化方面滞后的现状。这种"第 2 位与第 20 位之差"表明日本在运用工业化的成功基础向信息化过渡方面，在运用既有的经济技术实力来适应当今时代的革命性变化方面，存在着严重的战略上的缺陷。

日本在信息化方面被美国落下的根本原因主要不在于技术，而在于

"制度改革"、"制度创新"方面的落后，这就是日本缺乏一种改革的动力、活力与战略，来改革其曾经适应工业化时代的一整套制度，在此基础上形成一套能适应信息化时代的新制度。2000 年 10 月日本政府尽管制定了"IT 国家战略"和"IT 基本法案"，并表明决心要"在五年内赶超美国"，但是，这些战略或法案仍未能触及真正的要害，即如何在制度改革与创新方面取得实质性的突破，比如在打破通信领域的垄断问题上仍未见根本的举措出台。

或许，日本在今后五年或十年可能实现在信息化方面追赶美国的目标，但是，这意味着日本仍然需要一个滞后于别国的"时间差"，然后来进行追赶，就像它在工业化时代一样；日本似乎永远只能做追赶者和追随者，踏着先行国的脚印跟进，而不能开时代之先。而对通信部门的垄断问题总不能忍心动手术，以及在公共投资上总也消除不了"土建国家"的色彩（绝大部分公共投资被用在了效益差的传统基础设施建设方面），则反映了日本在摆正国家利益与部门利益的关系上存在着战略上的缺陷，以至于人们对政府的某些政策究竟是"为了日本的政策"还是"为了（某个）部门的政策"感到迷惑。

今后的经济大国将是工业化与信息化结合的经济大国，今后的发达国家将是工业发达与信息发达结合的发达国家。以经济大国和发达国家为资本朝向"政治大国"目标迈进的日本，不能不以信息化的成功和发达为条件，因此，日本的 IT 战略的成功与否，也关系到日本走向"政治大国"的前程。

四　长期而言日本可能还是不得不同中国加强合作

同是上述这位亨廷顿教授预言："从中长期而言，日本将会摆脱对美国的依赖而追求某种自主性，长期而言，最后日本可能还是不得不追随中国。"就当今席卷世界的经济全球化、区域经济一体化以及政治多极化的大趋势而言，亨廷顿教授的预言应该说是很有分量的，但需做些修改，将"长期而言，最后日本可能还是不得不追随中国"这句话修改为"长期而言，最后日本可能还是不得不同中国进一步加强全面合作"。

亨廷顿的预言其实并不深奥。作为长期在亚洲"一枝独秀"的工业发达国家，日本对自己身旁崛起另一个强大国家在一个时期感到不习惯和不适应或许可以理解，然而日本并非不需要同中国开展合作。在经济方面，包括中日在内的东亚地区目前成为地区合作潮流中的"空白"或"孤岛"的现状不会永远保持下去，总归是要跟上这个世界潮流的；世界各地已有100多个地区经济合作体的事实充分说明国际经济合作带来的好处并非是均匀的，地理位置接近的国家通过合作可能获得更大的好处，这也是现代生产力发展的客观要求。在安全方面，日本的安全显然不可能仅仅通过依靠美国保护来实现，而不能不与包括中国在内的周边国家建立一种地区安全机制，相对于日美安全同盟而言，一个和谐、互信的周边国际关系的重要性将会日益上升。在政治方面，日本的政治地位的提高也离不开包括中国在内的亚洲各国对日本的信任和支持。

然而，日本在对华政策上，一方面存在着由于对美国的依赖，唯恐发展对华关系会影响日美关系的倾向，因而不敢越雷池一步；另一方面又存在着自恃有美国这个"盟友"保护和撑腰，在对亚战略，特别是对华战略上掉以轻心的倾向，因而不愿意向前多走一步。正如亨廷顿所说："日本在多极化的世界中，是'孤独的国家'，虽然拥有其固有的文明，但是与周围国家的关系称不上良好。一般而言，国际关系应该是与在地理上接近的周边国家的交流为最优先。但是日本的立足点与其说是在亚洲，其实是比较重视同欧美的关系。日本想发挥在国际上的谈判力量，应该将立足点放在亚洲，但日本在亚洲相当孤立。这一点今后也将对日本相当不利。"

日本对亚洲和中国在战略上掉以轻心的一个主要体现就是所谓"历史问题"。其实，日本政府对"历史问题"的态度实际上也是"现实问题"，是现实的战略问题，同时也是因情绪化因素妨碍认真思考国家利益的表现。从日本国内社会讲，历史问题的核心在于教育，在于能否以正确的史实教育年青一代，注意在国民中培养一种尊重历史的道德感，尊重历史，尊重事实，就是尊重自己，是民族自尊的表现，而不是什么"民族自虐"。从日本国内政治讲，历史问题的关键在于国策，正如前首相村山富市所说，过去日本推行了"错误的国策"，那么，很难想象在未能对"错误的国策"进行彻底清算的情况下，能够产生出指导当前与面向未来的"正确的国策"。从日本对外关系讲，历史问题的实质在于和解，就是日本是否诚心诚意地准备同受过其侵略和殖民统治的国家达成真正的和解，以便为同亚洲各国加强真诚的合作奠定政治基础。然而，遗憾的是，最近日本政府竟以"对历史教科书的审定工作不进行政治干预"为由，对有严重问题的教科书予以放行；日本的阁僚再次发表了美化侵略历史的言论。当今日本在不少问题上所做的一些事情，恰恰是失信于亚洲各国。

五　战略贫困的总的表现

现在，有些日本的战略专家一说起日本的国家战略，首先就是军事安全保障，就是构筑战区导弹防御系统（TMD），就是购置空中加油机，就是主张建造航空母舰，等等。

然而，对于日本根本的、长远的国益来说，最缺乏、最要紧的东西似乎并不是什么TMD，并不是什么空中加油机，并不是什么航空母舰。TMD对付不了日本面临的最真实威胁——经济滑坡；空中加油机并不能为日本经济和社会的中长期发展加油；航空母舰则更可能把日本引向歧途。

从外部看，人们不能不感到日本的国家战略的贫困与模糊，其主要表现是：

日本未能显示其国家发展的明确目标；面对迅速变化的时代，未能表现出必要的适应能力；面对堆积如山的经济与社会发展的难题，总也给不出正确有效的答案，总也解决不好短期问题与长期问题的矛盾，经济政策多为应付眼前的权宜之计，得过且过，延误改革。

第二次世界大战结束以来的日本经济体制越来越不能适应时代的变化，又得不到改革，因而日本尽管拥有出色的部件（如人才资源、技术资源、金融资源等），却未能将其整合为一个有效的系统。

在经济方面，至少是在金融方面，可以说缺乏战略的日本走进了美国的战略圈套，拥有大量以美元计价的美国国债等金融资产的日本不得不对美国的要求言听计从，苦苦支撑着美元，使战后一代人创造的财富被部分地装进了由美国人掌管钥匙的钱箱之中。

日本能否正确地吸取历史教训以指导未来则更令人怀疑；日本似乎很

难摆脱怀旧与情绪性的东西对决策的影响。为掠夺外国的"有形资源"而在历史上陷入"错误的国策"的日本至今未表现出其有能力和意愿来开发诸如同亚洲各国的经济互补性这样的"潜在资源"；在近代史上习惯于在亚洲"一枝独秀"、习惯于"独赢"的日本至今未能表现出能同亚洲其他国家平等相处、携手共进、达到"双赢"的精神境界。

日本缺乏以开放的精神把本国问题放到世界中，特别是放到亚洲之中来考虑并加以解决的气魄和勇气。以一个人口结构走向少子老龄化的封闭的日本作为前提条件，劳动投入对经济潜在增长率的贡献只能是个负数，因而依据劳动投入这个最主要的生产要素以及资本投入、技术进步的变化来预测今后日本经济的增长前景将十分黯淡。而政府在移民问题上犹豫不决，不能展示一种从亚洲近邻国家更多接受移民、建立一个与不同文化相协调相竞争的"开放的日本"的宏大战略，致使整个日本陷入为少子化老龄化社会到来而忧心忡忡的消沉气氛之中。

日本尚未对正在出现的、以美欧亚三极鼎立为特征的世界经济格局做好准备。如果日本能真正返回和融入亚洲（这并不意味着"脱离欧美"），向亚洲敞开国门，那么，目前如同陷入"死棋"一般的日本经济完全可能在亚洲经济这个"大棋盘"之中搞活，从而展现光明的发展前景。然而以当前日本国内政治的保守性和闭锁性来看，要确立"返回亚洲"的战略尚需一个漫长的过程。

从日本当今的政治体制中很难产生出心胸宽阔、有战略眼光和决断能力的大政治家，日本政界尚处在不断的分化重组过程中，党派并非以明确的政治主张来画线，政治家陷入应付选举的没有尽头的权力之争当中，一个能拥有深刻、长远的战略思考能力和水平的领导集团远未形成。

国内改革的动力不足，改革的阻力过剩，既得利益集团对改革的阻挡作用太大，足以对旧体制实施"创造的破坏"的政治力量尚未形成，在很多场合放慢改革更符合执政党谋求政治稳定的需要（2002 年）。

（原载《世界知识》2001 年第 7 期）

第四篇

中美关系

中美博弈的辩证解析

中美两国既相互需要，又相互防范；两国关系既有合作共赢一面，也有竞争博弈一面。这两面仿佛"跷跷板"，有时合作共赢一面凸显出来，有时竞争博弈一面翘得很高。

2011 年下半年以来，奥巴马总统高调宣布将战略重点移向亚太地区，表明亚太地区对美战略重要性超过了中东和欧洲，成为美国最重要的战略要地，中国则成为亚太的重中之重；[①] 2012 年 3 月美国国防部官员表示"美方正寻求在亚洲及中东建立与欧洲类似的导弹防御系统"；同年 4 月首批约 200 名美国海军陆战队队员抵达澳大利亚北部城市达尔文，在中国"战略后院"增强美军存在。这一系列事实再加上"大选之年"，美国政治家拿中国说事的嗜好相比四年前又达到了新的高度，令人感到中美间的竞争博弈一面翘得有些高，美国的外交攻势有些猛，甚至引起了有些人认为中美关系将成为对抗性关系甚至发生军事冲突的过度悲观的解读。[②] 然而，2011 年 1 月，胡锦涛主席在访美期间同奥巴马总统就共同致力于建设相互尊重、互利共赢的合作伙伴关系达成共识，2012 年 2 月习近平副主席成功访美，进一步落实了胡锦涛主席与奥巴马总统达成的上述共识，加上近年来中美经贸关系发展势头十分强劲（2011 年两国贸易额突破 4400 亿

---

① 当然，美国"重返亚太"，并非意味着在战略上不再重视一些关键地区，例如美国会继续重视中东地区，因为这里是中国及其他亚太地区国家的能源进口的重要来源，尽管随着北美洲国家非传统石油（油砂、页岩）开采能力的增强，使得中东地区不再是美国重要的能源来源地，但控制中东依然能够掌控亚太地区以及世界其他国家的能源供应，进而控制其经济命脉，换句话说，重视中东也是"重返亚太"的战略需要。

② 例如，李侃如认为"15 年后中美关系将是对抗性的，这将导致军费开支大幅增加，乃至发生真正的军事冲突"。参见王缉思、李侃如《中美战略互疑：解析与应对》，www. brookings. edu/ ~ / media/Files/. . . /0330 _ china _ lieberthal _ chinese. pdf。

美元），这些事实又在一定程度上抬高了两国合作共赢的一面。其实，中美博弈就是一个不断解决矛盾，又不断产生新矛盾的过程。

一　中美博弈多维展开

从世界、亚太到科技、经济、文化、网络……中美博弈正在多维度的棋盘上展开。

（一）中美在世界大棋盘上博弈，因此不能不关注整个世界格局

当今世界正处于大发展大变革大调整之中。首先是中国等金砖国家正在相继崛起，成为推动世界多极化进程的重要因素。改革开放以来中国经济持续高速增长，其 GDP 已于 2010 年超过日本居全球第二，其制造业产值、出口、固定投资等多项经济指标已赶上美国，其军费开支已居世界前列。如果设定中国 GDP 增速的年率为 7.75%，美国为 2.5%，在 2018 年中国 GDP 将超过美国（如果中国的实际 GDP 增速降至 5%，那么直至 2021 年中国也不可能成为全球头号经济体）；中国的军费开支如保持现有增长水平，在 2025 年将赶上美国（以上为英国《经济学人》杂志的预测）。[①] 美国作为一个霸气十足的国家，显然不能容忍其他国家的经济实力，特别是军事实力超越美国，更不能容忍中国大力提升海空作战能力，进而获得阻止美国军事力量接近西太平洋沿岸的"反介入能力"。

再看看美国的实力。从纵向变化看，在 20 世纪 90 年代，由于苏联解体使美国得以解除了最大军事威胁，日本泡沫经济崩溃后陷入了长期的经济低迷状态，又使美国在经济上的挑战者也趋于消失，通过坐收冷战结束后的和平红利[②]和引领信息技术革命大潮，美国实现了私营部门的兴盛和经济持续的繁荣，走过了一段国运国力的上升期。然而，2001 年"9·11"事件以后，美国的和平红利时代结束了，在阿富汗、伊拉克打了两场战争，

---

① http://finance.ifeng.com/news/macro/20111228/5354751.html.

② 从 1990 年到 2000 年期间，在 1990 年、1991 年、1993 年、1994 年、1995 年、1996 年、1998 年美国国防开支均为负增长，国防开支从占 GDP 的 5.2% 降到了 3% 以下。参见《1940—2014 年美国国防支出（军费）总额及占财政支出和 GDP 的比例一览》，www.book118.com/junshi/sort0634/136221.html.

连年实施穷兵黩武政策，大幅增加军费开支，① 加上 2008 年金融危机以来美国经济很不景气，贫富差距畸形扩大的根本制度也受到全世界的质疑，从而使美国作为世界事务的"领导者"地位和国际话语权受到削弱，美国确实进入了一个国运国力的衰落期（但是否将一直衰落下去尚难预测）。随着中国以及其他发展中大国的群体性兴起，今后一二十年中美关系如何发展将左右世界大势，在更长的时期世界多极化前景亦将日趋明朗。

GDP 规模不完全等于国家实力，不管中国 GDP 是否将达到"世界第一"，从横向比较看，今后几十年美国仍将是唯一超级大国，仍将是占据全球权力巅峰的"领导者"，其主要原因有：（1）以人均 GDP 等指标体现的美国的经济发展水平和质量将长期大大领先于中国；（2）今后十年美国的人口结构将比中国和欧元区都更年轻；（3）美国凭借富有创新精神的文化教育、美元霸权及"美债安全"神话，不断从全球招揽人才，吸引财富，接纳富有移民，借以继续加大其在人才资源和实际财富等方面领先于其他国家的差距；（4）美国的铁杆盟友、军事基地、企业和资本遍及全球；（5）通过开发页岩气、节能环保等能源技术革新，2011 年美国 62 年来首次成为石油净出口国，预计在 2016 年将成为天然气净出口国。

（二）中美在亚太地区博弈

惯于斗志高昂地不断制造对手和敌人的美国，通过巧妙利用我国与某些周边国家的领土主权争端和海洋划界分歧等矛盾，加强加深了与日本、韩国、澳大利亚等传统的军事同盟国的合作，与菲律宾和新加坡强化军事联系，并极力拉拢越南、印度等所谓"友好国家"，通过"拉帮结派"增大其总体军事战略力量，还在经济方面推进被认为有意"遏制、孤立中国"的所谓"跨太平洋伙伴关系协议"（TPP）。美国很清楚，对于中国来说，周边弄好了可成为我们"一心一意奔小康"的友好"护栏"，弄不好也可能成为牵制我国发展的"围慑圈"。然而，美国越是期待中国"四面

---

① 从 2000 年到 2010 年期间，在 2002 年、2003 年、2004 年、2009 年美国国防开支增长均达两位数，国防开支从占 GDP 的 3.0% 升到了 4.8%。参见《1940—2014 年美国国防支出（军费）总额及占财政支出和 GDP 的比例一览》，www.book118.com/junshi/sort0634/136221.html。

树敌"，我们越是要反其道行之，不把某些周边小国仅仅看做是美国博弈中国的"棋子"，不上某些南海声索国及日本频频施展的"激将法"、"激怒法"的圈套，而应努力"四面保友争友"，不让美国在中国与周边国家之间施展的离间计得逞，避免将周边国家推向美国全球战略的怀抱。

我们应该关注到正是日本、韩国、印度等周边国家在不同时期相继崛起，并与中国崛起一道正在开创比15世纪欧洲复兴更加广泛而深刻的亚洲复兴新时代。中国与周边邻国之间存在着与外来者无关的"我们之间的问题"，"我们"在维护周边环境稳定和推进可持续发展方面存在着很多共同利益，"我们"之间的经济相互依存关系日益深化，这既包括东盟加中日韩、中国加东盟的以发展为主题的国际合作正在不断发展和深化；也包括中国、印度、俄罗斯与亚洲以外的两个新兴国家（巴西、南非）正在积极推动"金砖国家致力于全球稳定、安全和繁荣的伙伴关系"，并成为推动世界发展合作变革的重要力量。当然，也需看到中国与周边邻国之间在发展上存在着相互竞争和嫉妒的心理，在安全上存在着相互防范和牵制的意图，中国与某些邻近国家之间还存在着岛屿主权与海域划界的争端。为此，我们应在不同维度的周边外交棋盘上扎扎实实做好做足"与邻为善，以邻为伴"的外交功课，在有效抵制和排除外来势力插手的同时，坚持以和平方式解决好领土和海域的争端。

中国台湾地区是中美博弈的一个重要棋子。长期以来，美国处心积虑地利用这个棋子来遏制中国崛起，它当然不会主动放弃台湾地区，而最终迫使美国放弃这个棋子，只能靠我们自己在政治、军事、文化等方面的软实力和硬实力的巧妙结合。台湾问题虽然不是外交，却是近十年来我国在处理周边地区事务中做得比较成功的一个亮点（当然要实现统一大业依然任重道远），其中一些做法，如坚持原则的坚定性与策略的灵活性相结合，重视运用软实力引导整个形势朝着有利于我们的方向发展，在解决问题时机不成熟的情况下采取稳中求进的策略等，对处理周边外交问题也会有所启示。

俄罗斯是我国在北方的巨大邻国，中俄之间在能源供应、经济发展等方面存在着很强的互补性和广阔的合作空间，作为"金砖国家"的两个主要成员，中俄已经在很多国际事务中发出了共同的声音和主张，今后也将会在更多的国际事务乃至安全领域进行联手。但是，我国不宜改变一贯坚持的不结盟政策，期待重建与北方强国的军事结盟以对抗美国，或甚至想象"回归"20 世纪 50 年代中苏同盟与美日同盟对峙的局面。这一页历史已经翻过去了。当今中俄之间显然缺乏持久的共同的安全利益、相同的价值观和意识形态、深厚的战略互信等军事结盟所必需的政治基础，尤其是中、俄两国不存在"共同对抗"美国的愿景，而美国将战略重心从曾经是美苏两霸争夺的重点的欧洲转移到了亚洲，就是将所要针对的目标从"苏联"转移到中国，这意味着美国不会提供给中、俄以军事结盟的依据（即美国成为中俄的"共同威胁"），显然，只有对付"共同威胁"的需要，才是军事结盟的生命力之所在。

（三）中美在日益勃兴的新科技革命中博弈

科技力量越来越成为一国的经济力量、军事力量乃至综合国力的核心要素，我们必须改变仅仅以 GDP 和军费多少作为衡量国家实力的浅薄认识，基于对现代科技发展前沿的精准把握来判断国际力量对比的变化。美国几代领导人多次强调要把国家安全"建立在先进科技的基础上"，在他们的"保险柜里要有比对手先进几十年的武器蓝图"，① 同时美国的武器装备中使用着大量的日本的"军民两用技术"。换句话说，我国在科技上面对的是分别拥有世界顶尖军事技术和顶尖民用技术的美日之间的"技术联盟"，② 这个

---

① 苏恩泽：《综合：军事学的传统与未来》，《中国社会科学报》2012 年 3 月 7 日。

② 日本经济学家长谷川庆太郎在日本《呼声》2012 年 5 月号上发表题为《中国的未来取决于日本》的文章说，"只要仔细分析中国的实态，我还是认为，中国的未来掌握在日本和美国手中"。"中国经济发展受制于日本主要原因为两点：一是日本企业能向中国提供中国产业不可缺少的高质量的产品；二是日本拥有优秀的技术实力和为确保技术优势而对研究开发的巨大投资。""如今在中国空前的建筑热潮中，建筑机械的年均使用时间高达 3000 小时，只有日本造的机械才能经得起如此消耗。中国生产汽车部件的机床年均工作时间也高达 3500 小时，只有日本生产的机床能保证连续五年性能不变。""日本生产的汽车用钢板质量世界第一，不用这种钢板的汽车就根本没有销路；没有日本钢铁的支持，中国的汽车厂家就没法生存；建筑用 H 钢的对华出口价比日本国内高 20%，但中方却不得不买，因为没有这种钢，中国的建筑公司就无法保障高层建筑骨架的安全。""占中国对美国出口 80% 的商品，都是打入中国的美国企业制造的；只要美国切断中国对美国消费品出口渠道，那么中国就难以维持其经济增长。"长谷川庆太郎预测："中国对日本的依赖只会越来越加强而不会越来越削弱。"这就意味着"日本越来越有能力控制中国"。有中国学者评论说，这篇文章充满了日本人的傲气，但他所说的基本上却是事实，这些话听来刺耳，但值得我们警觉、深思和反省：为什么我们能生产 2 亿多吨粗钢，却要长期大量进口各种特种钢材？为什么人家几十年前就造出而我们至今还造不出大型客机？为什么那么多的建筑自己拿不出像样的设计而要请外国人来？我们已经有了相当不错的物质、技术和财力基础，只要再有自力自强的精神，拿出当年研制"两弹一星"和前不久"神舟飞船"上天的劲头，相信很多难题都可以攻克。人们希望今后不要老听到诸如"人家只愿意卖给我们设备，不愿意提供技术"、"某某国家对我们实行技术封锁"、"某某组织没有批准对华技术转让条款"、"某某国家在技术上对我们留一手"等怨天尤人的话。人家有，你没有，人家当然要拿你一把，有什么好抱怨的呢？再说，抱怨又有什么用呢？国人在技术上应少抱怨多自立才对。blog. auto. ifeng. com/article/1106413. html.

美日乃至欧日"技术联盟"将随着日本放宽武器出口而得到进一步加强，与此同时，中国还面临有30多个国家加入的《瓦森纳协定》的军事技术封锁。①这意味着：第一，当今处于科技革命时代，正如恩格斯所说："……军事技术空前迅速地发展，在这种情况下每一种新发明的武器甚至还没有来得及在一支军队中使用，就被另外的新发明所超过。"② 因此我们必须把宝贵的资源用在刀刃上，依靠自主创新掌握最先进高精尖武器的核心技术，加强武器技术乃至武器概念③的创新，努力打破"瓦森纳国家群"对我国的技术封锁，同时减少资源被消耗在购置大量"几年不用就变成难以处理的垃圾"的二三流武器上；④ 也不宜与美国"在西太平洋'比军舰'"⑤。第二，清醒地认识彼我力量对比，在我们的尖端武器技术还落后于世界先进水平（欧盟估计我们落后起码20年）的情况下，采取军事行动宜慎之又慎，以免陷入被动境地。第三，要拼命发展最先进的国防科技，避免在不同层次上与能够获取更先进武器技术的国家开展消耗型的军备竞赛（过于注重军备的数

---

① 《瓦森纳协定》又称"瓦森纳安排机制"，全称为《关于常规武器和两用物品及技术出口控制的瓦森纳安排》(The Wassenaar Arrangement on Export Controls for Conventional Arms and Dual-Use Goods and Technologies)。尽管"瓦森纳安排"规定成员国自行决定是否发放敏感产品和技术的出口许可证，并在自愿基础上向"安排"其他成员国通报有关信息，但"安排"实际上完全受美国控制。当"瓦森纳安排"某一国家拟向中国出口某项高技术时，美国甚至直接出面干涉，如捷克拟向中国出口"无源雷达设备"时，美便向捷克施加压力，迫使捷克停止这项交易。"瓦森纳安排"现有33个成员国：澳大利亚、比利时、加拿大、丹麦、法国、德国、希腊、意大利、日本、卢森堡、荷兰、挪威、葡萄牙、西班牙、土耳其、英国、美国（以上17国为原"巴统"成员国）、阿根廷、奥地利、保加利亚、捷克共和国、芬兰、匈牙利、爱尔兰、新西兰、波兰、罗马尼亚、俄罗斯、斯洛伐克、韩国、瑞典、瑞士、乌克兰。

② 《马克思恩格斯全集》第22卷，人民出版社1965年版，第53页。

③ 俄罗斯国防部长谢尔久科夫说："武器研发将基于新的物理原理，包括定向能武器、地球物理武器、波能武器、基因武器、心理武器等，是2011年至2020年度国家武器采购计划的一部分。""Russia targets emerging technologies in expanded weapons plan", http：//jdw. janes. com/public/jdw/europe. html，3 – Apr – 2012。

④ 当今武器装备更新换代很快，比如一架价值高达几千万美元的最先进的战斗机，其技术寿命也只有5—8年，早在20世纪80年代后期，几千架一次也未参战过的旧式战斗机被抛弃在美国的亚利桑那沙漠中的巨大空军基地里，全成了难以处置的废物（日本科学者会议编《SDI》，大月书店1987年版，第185页），如今，如何处理废旧核武器成为在冷战时期大搞军备竞赛的美国、俄罗斯的沉重负担（目前大约有30艘从俄罗斯太平洋舰队退役的潜艇仍然停泊在远东的一些港口。自苏联解体后，俄罗斯方面就有两种担心，一是这些废旧潜艇会污染海洋，二是艇上的核材料将被偷盗）。

⑤ Robert E. Kelly, "How China could counter Obama's Asia 'pivot'", globalpublicsquare. blogs. cnn. com/2012/04/05.

量，引进或制造二三流的武器装备），因为这样的"竞赛"只会刺激周边国家，可能造成我国被拥有更先进武器技术的国家群"包围"的不利局面。

总之，要使"不懂科技，就不懂战争"等观念深入人心。简而言之，战略就是"实力与意图的对话"。战略制定者必须对现代科技具有深刻理解，才能对彼我总体实力对比做出准确判断，使战略成为"己学"和"彼学"、"力量"与"意图"的高度融合。

（四）中美在政治、经济、军事、文化等多个领域展开博弈

2011年10月美国国务卿希拉里在美韩FTA批准后曾说："经济就是战争"，"为了对抗中国，不能只靠军事力量，必须靠经济进行战斗，经济也是战争的一个手段！"① 正如恩格斯所说："暴力本身的'本源的东西'是什么呢？是经济力量。""在任何地方和任何时候，都是经济的条件和资源帮助'暴力'取得胜利，没有它们，暴力就不成其为暴力。"② 历史证明，经济活动是战争产生的最终根源；经济利益是战争追求的最终目的；经济力量是战争行动的物质基础。我们绝不能低估希拉里所说的"经济就是战争"这句话的分量，其中包含着两层意思：其一是经济摩擦之激烈，完全可以将之形容为"战争"（例如20世纪七八十年代美日贸易摩擦经常被称为"战争"）；其二是美国与中国之间如果发生战争的话，其终极原因仍在于"经济"。现在美国为了维持"世界领导国"的地位，正在像20世纪80年代遏制和打压日本经济那样来遏制和打压中国经济，也不能排除美国为了经济利益而采取"曲线暴力"（即挑动其他国家与中国发生冲突）的手段在中国的周边引爆战争。当然，在一般情况下美国也会兼顾经济全球化过程中形成的中美经济的密切联系（中国既为美国提供廉价商品，也为美国提供债务以便消费这些商品，不过中国提供给美国的商品大部分是由进入中国的美国独资或中美合资企业制造的），既注意避免打压中国经济伤及自身，又企图减少美国在经济上对中国的依赖程度（削弱中

---

① 转引自菅沼光弘『この国の不都合な真実—日本はなぜここまで劣化したのか?』德间书店2012年版。

② 《马克思恩格斯选集》（第三卷），人民出版社1972年版，第213、211页。

国对美国"打经济牌"的分量和增强美国对中国"打经济牌"的分量)。
实际上,中美在人民币汇率、商品贸易摩擦、知识产权保护等方面的经济
领域的"战争"正在成为中美博弈的"平时主战场"。

另一场更加深刻的"中美战争"正在文化领域展开,诚如丁刚指出:
"在中国历史上,还没有一个西方国家能像现在的美国这样,对中国的方
方面面形成如此广泛而深入的影响","美国人看什么电影我们就跟着看,
美国人读什么书我们就跟着读,美国人吃什么保健品我们就跟着吃,美国
流行什么服装我们就跟着穿……乔丹、麦当娜、惠特尼成了新一代的偶
像。当伴随着可口可乐、肯德基和麦当劳成长起来的一代人开始成为这个
社会最活跃的力量的时候,像美国人一样开大吉普、住大房子、崇尚名牌
也就成了一种时髦。美国的今天在一些人眼里似乎就是我们的明天。"然
而,"中国的现代化也绝不可能是美国化",中国走向现代化必须将"脱
美国化"作为一个重大课题,而"提出'脱美国化'并不是要提倡一种
反美的理念。实际上,在某些领域,中国越是美国化,就越是会更多地与
美国出现矛盾和冲突,因为一个美国化的中国势必会在许多方面成为美国
的对手"。① 中国要"脱美国化",在很多方面仍然要重视战后日本经济和
社会发展的经验教训。

(五) 中美在信息网络化空间博弈

美国把运用信息技术服务于美国外交,在全球范围推广互联网自由作
为"21世纪的治国方略",② 并已于2011年发布首份《网络空间国际战
略》,还要组建网络作战部队,这不能不引起有关国家的高度关注,特别
是网络安全问题正在中美关系当中日益凸显,并严重影响着双方对威胁的
理解。③ 与此同时,随着互联网、微博等的日益普及,老百姓对外交的关
注日益增强,但老百姓对外交战略性和技术性问题可能不完全了解,因而
容易出现情绪化、非理性化倾向。而决策者不仅不应该为一般民众、媒体

---

① 丁刚:《脱美国化,中国现代化不可回避的问题》,《环球时报》2005年11月11日。

② Hillary Rodham Clinton, "Remarks on Internet Freedom", http://www.state.gov/secretary/rm/
2010/01/156619.html.

③ 彼得·W.辛格:《中美应避免网络领域新冷战》,美国布鲁金斯学会网站2012年2月26日。

乃至学者的情绪化、非理性化所左右，而且应该对之加以积极引导，以便不受或少受这"两化"压力，理性沉着冷静地应对棋局。

总之，在某种意义上可以说我们正经历"战争多元化"时代，需要充分发掘国家的软实力资源，使之形成为现实软实力，以对付"多元化战争"。而所谓软实力就是能够做到"不战而胜"的国家力量，在这一点上我们要向博弈的对手学习，比如约瑟夫·奈就认识到："美国面临的关键问题不在于它是否是 21 世纪拥有最充分资源供应的超级大国，而在于它能够在多大程度上控制政治经济环境，使其他国家按照美国的意愿行事"①。从美国的外交实践看，比如它在使日本"按照美国的意愿行事"方面就做得很成功。

二　中美博弈内外相连

中美在各自特殊时期博弈。处在改革攻坚期的中国和处在大选之年又遭遇长期经济困难的美国，都对外部环境变化十分敏感，都缺乏自信，更不信任对方，从而造成两国战略互信的巨大"赤字"。两国国内影响外交的因素也日趋多元、复杂。这意味着中美矛盾是与两国各自的国内矛盾（内因）互相影响、互为因果的。无论在美国还是在中国，围绕如何对待对方国家、如何处理两国关系，各自国内都存在着不同意见的分歧与矛盾，换句话说，就中美矛盾而言，两国自身也是形成矛盾的"对立统一体"。比如在美国，对外政策决策是"各种参与者讨价还价和妥协的过程"，"最后的决定很可能既不是理性的，也不是最佳的"。"总统权力不仅受行政部门内各机构的制约，还受国会、政党、利益集团、公众舆论等多种强大因素的制约。有时候总统不得不妥协；有时候总统说了也不算。""这种情况导致本应立足于整个国家利益的美国对华政策，在实际决策过程中却受到代表局部利益的集团和有权势人物的影响和制约。"② 同样，在

---

① Joseph S. Nye, Jr., "Soft Power", *Foreign Policy*, No. 80, Twentieth Anniversary（Autumn, 1990）, p. 155.

② 参见周琪《美国外交决策过程》，中国社会科学出版社 2011 年版。

中国，影响对外政策决策的国内因素也日趋多元化和复杂化。随着中国政治走向成熟，"领导人在全国范围内已无法再依靠超长期掌权甚或个人崇拜获得绝对权威"。"自胡锦涛以下，政治局常委当中没有具体分管外交的专门领导人……这意味着当政治局九人会议讨论国家大政时，没有一个真正专业的外交工作者在场。"外交部、中联部、国家安全部"这些专业外交政策集团的地位呈现出集体下降趋势"，随着众多社会政治力量可以在中国的对外交往活动中发挥影响，"要从高层精英到底层民众中塑造出对某一国际事务的国内共识已经变得十分艰难了"。① 至于民间在外交问题上经常表现出的愤懑情绪，往往不仅指向外国，也指向本国的外交政策。针对这种情况，我们应当保持对外交的高度重视和高度集中，更加注重"统筹国际和国内两个大局"，在涉外事务上国内各部门要整合协调，防止政出多门，国家的所有重大涉外行动都应该服从于超越具体部门利益的，立足于整体、根本、长远的国家利益的外交总战略总方针。代表国家制定和执行外交政策的负责人应具有高度的专业水平、足够的权威和相应的地位。其中，"发展军事力量是重要一环，是对外交战略的重要支撑。但是目前的国际环境决定了，最终解决问题主要还是要靠外交战略。而军事的发展也只有与外交的战略进取相呼应，才能显示出力量"。② 还有学者认为："对于美国和中国这样的洲际大国来说，崛起的过程中来自于外部的影响和制约总体来说是比较小的，因为其本身的市场规模就已经提供了足够的发展空间，并反过来能够成为影响他国行为的重要因素。然而如何保持国内的团结一致却至关重要，这需要国内不同利益集团之间保持平衡。"总之，"首先，处理好自身内部事务最为重要"，③ 中国应"不断努力取得民主、法制、市场经济方面的改革和进步，建立传统文化基础上的新型信仰和价值体系。一个缺乏信仰、价值的民族在国内难以凝聚本国人民，规范本国人民的行为，在境外国外也难以吸引人心和认可"。④

显然，要促进中美关系的健康发展，一个重要的问题是分析中美矛盾

---

① 金灿荣：《在中国，谁管外交》，《世界知识》2012 年第 4 期。

② 丁刚：《中国外交要多提"路线图"》，《环球时报》2012 年 2 月 7 日。

③ 张爽：《中国可参照美国的和平崛起》，《环球时报》2012 年 3 月 22 日。

④ 楚树龙、董建森：《中美建新型关系，障碍在美国》，《环球时报》2012 年 3 月 14 日。

与三国各自的国内矛盾之间的关系，中美外交都需要做到"知己知彼"（在一定意义上，做到"知己"、包括实事求是地估价自身实力和弱项的难度往往甚于"知彼"）。与此同时，为了在中美博弈中更多地争取国际社会的支持，我们要十分重视外交与"搞好自己的事情"的关系，中国与世界各国在"挨家挨户鸡犬之声相闻"的"狭小的地球村"交往。人员的流动、媒体的传播、网络的互联，使得世界各国人民之间的相互了解达到了空前的水平：各国人民相互观察对方就如同在浴池里看别人的身体，尤其是中国的巨大发展日益吸引全球的目光。在这种背景下，首先搞好自己的事情，认真抓好反腐倡廉，改善民生和生态环境，狠抓教育和公民素质提高，缩小不同行业和地区之间的贫富差距，解决好伴随经济迅速发展出现的一系列问题，这已经不仅是内政问题，而且是对我国国际形象和地位、周边外交和两岸关系、进而对中美博弈会产生深刻影响的问题。显然，我们需要十分关注外交与内政的辩证法：外交搞好了，有助于获得稳定的周边环境；内政搞好了，有助于增强外交软实力。中国的国际地位和信用的提高越来越依赖我们如何"搞好自己的事情"，中国与世界相处，赢得国际社会的尊重，不能只凭我们的GDP，更要凭我们的全面的现代化发展，对外部世界来说，我们的发展不是用来吓人的，而是用来服人的，以自身的发展"服人"并为世界作贡献，正是我们最大软实力之所在。

　　这里，还必须指出一个与我国国家安全不无关系的事实：在21世纪，战争发动者会更加注意利用其欲打击的国家的内部分裂和矛盾，而当今恰恰是某些发展中国家进入了社会矛盾多发期，诸如在发展过程中贫富差距拉大，腐败问题严重，生态环境恶化以及由于政府被利益集团挟持而导致的战略失误等，都可能成为霸权国求之不得的"师出有名"（最常用的就是所谓"人道主义危机"）的题材：（1）随着全球气候变暖，环境危机日趋严重，发展中国家的民众陷入贫穷、缺粮、缺水等困难的可能性会日益增大；拥有跨国境河流的一些国家之间围绕水资源问题的矛盾可能趋于尖锐化；围绕日趋融化的北冰洋的国际水域资源和海上通道的国际摩擦将可能日益凸显；世界各国围绕资源的争夺战也将可能日趋激烈。总之，霸权国和其他西方国家可资利用或挑起"不听话国家"的内外矛盾以图实施打击的契机和间隙会不断增多。（2）21世纪战争风险的新特点还在于霸权国更加注重考虑战争的"效益成本比",利用无人机等军事技术革新,最大限度降低战争冒险的人员伤亡成本,借以设定进入战争的门槛,精明地决定自己是否"赤膊上阵",抑或站在背后充当战争实际的主导者。尤其是当霸权国由于自身问题缠身,在需要动用战争手段威胁他国但又力不从心时,会更多地拉拢和求助于同盟国的力量;或者极力挑拨其欲打击国家与周边国家之间的矛盾,力图孤立之;或者故意通过精心设计的军事行为诱导其欲打击的国家犯错误;或者紧紧抓住对方国家经济的软肋,打一场"经济战争"。(3)在环境问题和能源等资源问题上,霸权国和其他西方国家不是积极地通过向发展中国家转移先进的节能和新能源技术,并改变自己的浪费型过度消费方式,以便缓和在环境、能源方面的国际矛盾和竞争,反而极力散布"如果发展中国家的人们过上和我们一样富裕的生活,世界的环境将无法承受,资源将消耗殆尽,再有两三个地球也不够"之类的歧视性言论,以此作为牵制发展中国家和新兴经济体发展的理由。一些具有深厚政治背景的西方种族优越主义者组织甚至正在紧锣密鼓地酝酿一场以"消灭世界过剩人口、垃圾人口"为目的的核战争或生物战争。

堡垒最容易从内部攻破。发展中国家为了防止战争风险,除去加强自身的防卫能力之外,更重要的是发展经济,改善民生,注重维护水资源安全、粮食安全、健康安全以及日本"3·11"大地震后凸显的防灾安全问题①、核电站安全问题②,等等,处理好追求发展效率与社会公平这两者之

---

① 关于日本政府在这次核事故中的应对之拙劣,凌星光写道:"发生地震后,日本气象台立即预告将很快袭来6—10米海啸。其间有20分钟时间。如果航空自卫队能像遇到外国飞机'侵犯领空'就紧急起飞那样当即起飞观察海啸并向对策本部提供信息,就可能减轻人员牺牲。"(凌星光:《日本政府和国民应对国难与中日合作》,《中日关系史研究》2011年第1期)。此言一针见血地指出了日本政府应对地震灾难的救援措施不力的症结所在:没有将防灾看成与军事安全同等重要的大事。众所周知,在这次大地震发生之前,日本的领导人只顾应对所谓"中国军事威胁"而忙于调兵遣将,却对福岛核电站因为地震发生事故、隐瞒事故的重大问题置若罔闻,地震发生后也未能及时启用航空自卫队针对海啸的预警能力,这反映了日本政府的安全观出了问题,没有形成能够真正从广大国民的利益出发的完整的安全观。这个教训值得人们深思:"堡垒往往是首先从内部攻破的。"

② 核电站安全虽然是国家能源安全的一个组成部分,却不是"次级国家安全"问题,而是"顶级国家安全问题",必须从国家安全的高度看待核电站安全问题,既包括由于自然灾害导致的核电站安全问题,也包括人为过失(从设计、建造到运行、后处理的全过程中可能出现的人为过失)导致的核电站安全问题乃至外来攻击导致的核电站安全问题(包括恐怖分子窃取放射性物质或使用常规武器攻击核电站)等。

间的平衡，从源头上防止各种国内矛盾及与相邻国家之间矛盾的激化，避免自身的战略误判和内部矛盾为霸权国所利用。只有树立　种综合的安全观，正视多元、多重的国家安全问题，既重视传统安全问题又重视非传统安全问题，既重视对外安全问题又重视对内安全问题，全面地应对来自包括经济问题、环境问题、民生问题、社会矛盾、腐败问题等的"多元风险"，防止"非战争风险"与"战争风险"之间形成"互动关系"，才能有效地应对 21 世纪的新战争风险。

三　中美博弈和则两利

中美关系"和则两利，斗则俱伤"。"和"不意味着"没有矛盾"，应该是"有矛盾，但不是对抗性矛盾"，由于非对抗性矛盾不必通过外部冲突的形式来解决，因此两国关系即便有矛盾也能够摒弃"零和"的冷战思维，保持"和"的状态，这种"和的状态"对于当前的中美关系而言，就是"中美合作伙伴关系"和"中日战略互惠关系"，就是理性地看待对方的发展，扩大两国利益交汇点，拓宽合作领域，实现互利双赢。

然而，近年来中美之间的战略互信"赤字"日趋严重，美日怀疑中国，中国怀疑美日，"中美之间不断增长的战略互疑有三个主要来源：不同的政治传统、价值体系和文化；对彼此的决策过程以及政府和其他实体之间关系的理解和认识不够；对中美之间实力差距日益缩小的认识"[1]。随着双方越来越陷入"不信刺激不信"、"猜疑加剧猜疑"的恶性循环，中美矛盾就有可能发展成对抗性矛盾。这就如同一个人总认为对方是敌人，就可能不断积累处处与对方为敌的举动，结果就可能真的把对方"逼"成敌人，使对抗与冲突真的发生。

美日对中国的怀疑，实际上也是一种对中国崛起的"零容忍"态度，即不能容忍在军事实力上最接近美国，又有着不同政治制度的竞争对手——中国运用其经济实力建立起强大军事机器并"寻求地区霸权"，借

---

[1]　王缉思、李侃如：《中美战略互疑：解析与应对》，www. brookings. edu/ ~ /media/Files/.../ 0330 _ china _ lieberthal _ chinese. pdf。

以挑战美国的世界领导者地位，而美国高调地将战略重点移师亚太，又引起中国方面对其具体的战略意图的种种猜测。有的认为应防止美国可能采取掐断中国通往中东、非洲等地的石油运输线，以牵制中国进一步走向强大；有的认为应防止美国可能挑起中国与存在领土争端的周边邻国间的冲突，企图"引出"中国海军力量以便对之下狠手施以致命打击；也有学者指出应该警惕"对菲动武将使中国落入美国的圈套"；① 有的则认为应防止美国刺激中国大搞军备竞赛，为了与周边国家之间的领土领海纠纷而投入和消耗过多资源，拖累中国经济可持续增长，重蹈苏联因为军备竞赛而拖垮经济、激化内部矛盾的覆辙，等等。上述不同分析有着一个共同的合理解释，这就是"防人之心不可无"，但也有的学者认为"不必把美国想得太坏"，将美国视为"有能力提供'公共服务'"的"良性霸权"，② 认为美国"重返亚洲"的主要目的并不是围堵中国，而是为了不错过亚洲发展的机遇，因为这一地区正在成为拉动全球增长的主要动力。总之，无论如何，我们的战略对策必须建立在对美国真实战略意图的准确把握之上，我们必须科学评估军事博弈中可能遇到的风险，绝不打无把握之仗，我们的"军事战略家"绝不应信口开河地把"下一张牌"直白地进行"宣告"，国际形势复杂诡谲，打错了牌或让对方摸清我们的"下一张牌"，就可能上大当，吃大亏，走弯路。

中美在和平与发展时代博弈。求和平、促发展、谋合作的时代潮流不可阻挡，顺之者昌、逆之者亡。八年前，美国五角大楼预计，随着全球人口在 2050 年向 100 亿大关逼近，战争将在 2020 年定义人类生活。这是"所有国家安全问题的根源"。"到 2020 年，毫无疑问将会有大事发生。随着地球的负载能力减弱，一种古老的模式将重新出现：世界将爆发对食品、水与能源进行争夺的全面战争，战争将定义人类的生活。"然而，越

① 王传军：《对菲律宾可打"菲佣牌"》，《环球时报》2012 年 3 月 28 日。

② "布热津斯基博士在《外交政策》2012 年 1/2 月刊撰文认为，美国的衰落将给世界带来巨大风险，是有一定道理的。因为美国在世纪之交的强大，使混乱的世界有了最初级的'帝国化'，美国对世界事务有了一些强制力，深刻影响了很多地区国家关系的结构甚至细节。美国权力的突然撤出，会导致新的混乱。就像很多大帝国崩溃后，权力的重新洗牌无所不在，而且经常是痛苦、血腥的。"引自胡锡进《美国即使衰落也将是缓慢的》，《环球时报》2012 年 2 月 29 日。

来越多的人开始质疑战争是否是解决世界问题的最好手段，以及美国和北约对动用战争手段的轻率态度（例如对伊拉克、对阿富汗、对科索沃、对利比亚），因为战争将加速消耗资源并破坏已经脆弱不堪的自然环境，"中国有关专家指出，'战争碳排放'是人类活动中强度最大、最为集中的碳排放"，"'战争碳排放'对气候变化的影响远比工业排放大得多"，"一辆美国 M1 主战坦克的碳排放量相当于十辆普通的奔驰轿车！"① 值得注意的是，最近有美国学者认为 2012—2022 年的"第三次世界大战"将是"中美创新之战"，因为理智最终总是会占上风，认识到应推动创新与技术的转变，促使创新与技术的着眼点放在解决人类面临的真正重大的问题上："最重要的是人类的生存而非杀戮。"②

这意味着和平与发展时代的中美博弈的必然趋势将是越来越围绕科技创新和教育这个中心来展开，这是一场事关全人类生存的战斗。

四　中美博弈理念创新

外交博弈是斗争与妥协、原则与变通相结合的艺术，我们捍卫国家核心利益的立场坚定不移，同时也要对国家"核心利益"做出更加具体、明确的界定，避免笼统化和扩大化，以免给那些别有用心的人提供"中国威胁论"的借口。今年 2 月 29 日，我国外交部发言人表示，南海争议的核心是部分南沙岛礁领土主权争议和南海部分海域的划界争议，中国没有对整个南海提出主权声索，有力地驳斥了美国某些人所指"中国是唯——个对几乎整个南海提出主权声索的国家"的谎言。

还须指出，维护国家利益和捍卫国家核心利益不等于谋求"国家利益最大化和扩大化"。如果世界各国都谋求自身利益的"最大化和扩大化"，世界将承受不了、容纳不下；如果双方都要争取利益最大化和扩大化，都要争取"己方百分之百地赢"、"对方百分之百地输"，各不相让，毫不妥

---

① 刘江永：《"战争碳排放"：全球变暖的真正祸首》，《世界知识》2012 年第 3 期。
② Paul B. Farrell：《第三次世界大战：中美创新之战》，http：//cn.wsj.com/gb/20120113/bch072759.asp。

协，那就只有走向对抗和冲突。不谋求"国家利益最大化和扩大化"也意味着我们在谋求自己国家利益的时候要有两个"顾及"，一是顾及人类可持续发展的整体利益；二是也要顾及其他国家的利益和外国百姓的心理感受。

高明的棋手必然拥有坚定的博弈理念。当前美国对华强硬派的博弈理念是现实主义或"进攻性的现实主义"，是被称为"一门美国式的社会科学"的西方国际关系理论，而作为一个高明的棋手，中国人不应跟着别人跑，不宜看见对方采取什么样的博弈理念，自己也跟着采取同样的博弈理念。正如有学者指出，当今中国"在谈中国海权的时候，很多人喜欢用马汉的'海权论'，但实际上马汉的'海权论'是适应作为当时（一个世纪以前）新兴力量的美国的扩张野心而提出的理论"。① 需要注意的是，迄今很多中国学者正是运用适应美国战略需要的"新现实主义"等西方国际关系理论和方法来分析中美关系乃至整个国际关系的，一些满脑子被灌输了西方强权政治理论的学者站在西方学术立场上对自己国家的事务指手画脚，这很可能对我们的外交政策起到严重的误导作用，为此亟须正本清源，确立我们自己分析中美矛盾乃至整个国际关系的科学方法论，特别是应该把马克思主义的辩证唯物主义和历史唯物主义作为我们的博弈理念和外交创新的哲理源泉。我们既需要外交创新和转型，同时也要重温我国已经提出的"新安全观"等一系列外交创新理念，② 并且从过去几十年中国外交实践中提取成功的案例以吸取丰富的营养，使外交创新成为一个连贯积累的过程。

我们需要运用马克思主义的辩证唯物主义和历史唯物主义的立场、观点、方法，清醒地正视多元、多重的国家安全问题及其相互联系，深刻地认识到军事安全问题和非军事安全问题的既相对独立又相互关联的辩证关系，依据我国领导人提出的"新安全观"，科学地构建国家安全系统工程

---

① 尹卓：《"和平海洋"并非空洞口号》，《国际先驱导报》2012年3月2日。

② 早在1997年3月，中国在东盟地区论坛会议上正式提出了"新安全观"。新安全观主张摒弃冷战思维和强权政治心态，互不猜疑，互不敌视，互相尊重对方的安全利益，在实现自身安全利益的同时，为对方安全创造条件，实现共同安全；新安全观所针对的威胁包括传统的威胁，也包括非传统的威胁；包括军事安全问题，也包括非军事安全问题。这种对安全的新关注，实际上把中国面对的威胁与人类面临的全球共同威胁联系在了一起，强调以和平谈判的方式而不是实力对抗解决争端，并就共同关心的安全问题进行广泛深入的合作。

及其各个子系统，构建军事安全与非军事安全相互联系、协调的国家综合安全战略，其所应对的安全问题既包括军事安全（传统安全）问题又包括非军事安全（非传统安全）问题，既包括对外安全问题又包括对内安全问题，① 既包括天灾引起的安全问题又包括人祸或天灾人祸引起的安全问题。基于综合安全是一个系统工程的战略观点，我们需要依据各种安全问题的重要性和紧迫性，科学合理地安排和分配用于应对各种安全问题的资金、物力和人才资源。

2011 年 5 月，中国人民解放军总参谋长陈炳德在美国国防大学发表演讲说，虽然中国经济有了长足的进步，现在是世界第二大经济体，但被 13 亿人口一平均就是 100 位之后了，"中国搞经济建设是为了解决好 13 亿人民的生活，使他们的日子过得更好，而不是拿这个钱去搞武器装备，去挑战美国。美国人民的生活水平高出中国人民生活水平 12 倍，如果我们拿这个钱去搞武器装备挑战美国，中国老百姓也不会答应"。② 显然，为了解决好 13 亿人民的生活，我们需要全面地、综合地兼顾各方面的安全问题，我们的军事安全不是为了"去挑战美国"，而是为了保卫祖国，保护好 13 亿人民的生活，并且为子孙后代着想，在地球环境已经不堪忍受人类活动所造成的重担的情况下，不要再雪上加霜，把一个打得稀巴烂的地球留给后代。

我们应该认真地重温周恩来忠于国家和人民利益的外交立场和艺术，认真复习我们有过的成功外交战略案例。当年周恩来的对美、对日外交做得很漂亮，坚持了原则性和灵活性的统一，使中国得到了战略利益，阻止了中国被当时的苏联社会帝国主义和美日所包围的局面的形成，为其后中国走向改革开放准备了国际条件，这应该说是成功的外交战略的范例。周恩来外交实践启示我们，在原则性与灵活性这两者的关系中，前者的重要性和必要性是显而易见的，也是比较容易做到并能得到普遍认同与支持

---

① 对外安全问题与对内安全问题的关系常常被精练地表述为"外患"与"内忧"。郑永年认为："'内忧外患'可以说是中国传统历史经验的总结，'内忧'先于'外患'，就是说，经常的情况是'内忧'导致'外患'，而不是相反。只有当内部出现了问题，外部力量才会发生作用。"引自郑永年《中国紧抓"战略机遇期""内忧"先于"外患"》，新加坡《联合早报》2011 年 3 月 8 日。

② 《环球时报》2011 年 5 月 20 日。

的。比如在外交场合针对日方某些人的错误言论进行严肃批评和说理斗争，就是坚持原则性的集中表现。而相比之下，后一个方面（灵活性）无论是获取己方认同的难度，还是具体执行中的复杂度和艰难性，都远远超过了前者，因为所谓"策略的灵活性"，从根本上讲，就是要采取符合国家长远利益与根本利益的一些做法，包括那些表面上看起来似乎原则性不够鲜明、是非色彩不够强烈，甚至暂时得不到一般人理解的态度与做法。比如为了两国关系的大局而在谈判中做出必要的妥协，等等。这样做的难度在于，它需要一种更长远的战略眼光、战略勇气并面对来自国内的政治压力。[1] 周总理之所以能够做到原则性和灵活性的高度统一，是他坚持一切"为了人民"、"为了国家利益"这个最高原则的表现，也是他作为革命家、政治家所具有的远大目光和坦荡胸怀的表现。总之，历史经验表明，在外交博弈中很少有可能做到让己方"百分之百地赢"和让对方"百分之百地输"，有的时候做出符合国家根本利益的妥协比坚持原则要难得多。在外交上我们既要增强硬实力，也要增强软实力。

我们的外交创新和转型的最终目标就是让世界各国相信：未来只有以"和为贵"、"和而不同"为核心的中国思想才能解决人类面临的根本问题！

（原载《国际关系学院学报》2012 年第 3 期）

---

[1] 参见武寅《关于发展中日关系的几点思考》，《日本学刊》1998 年第 5 期。

坚持和平发展，顺应世界潮流

——冷静观察和沉着应对美国战略东移

改革开放以来，我国坚持和平发展、取得了巨大成就。当前，世情、国情、党情正在出现新的情况，中国与世界的关系正在发生历史性变化，美国高调宣称要对亚太地区进行"战略重心东移"或"战略再平衡"。在这个关头，早已存在的要求修改我国和平发展战略及和平外交方针的声音越来越大，有人认为美国战略重心转移的结果必定会造成中美之间对抗，或者导致一场新冷战爆发。有人认为"没有战争的崛起是幻想"，[①]"崛起需要战争洗礼"，[②] 美国战略东移意味着党的十七大预计长达20年的战略机遇期"提前结束"，"好日子到头了"，[③] 有人主张改变不结盟方针以对抗美国，[④] 有人认为"中美必有一战"，"要准备打一到两场核大战"等等。

的确，当前中国的周边环境十分严峻甚至险恶，与21世纪前十年我国面临的国际环境不可同日而语，这是因为在21世纪初，美国虽然感觉到了来自中国快速崛起的压力，却由于深陷2001年"9·11"事件的泥潭，相继发动了对阿富汗、伊拉克两场战争，一度无暇东顾亚太地区，从而为中国发展睦邻友好关系、稳定周边环境、加快国内发展提供了重要机遇，中国GDP位次也在这十年间节节上升，从世界第六位上升到世界第二位的水平。然而，随着美国从阿富汗、伊拉克"提速脱身"计划的实施，奥巴马

---

① http：//tianya. 8684. cn/art201203 _ 1 _ 12 _ 111383. htm.

② http：//military. china. com/zh _ cn/critical3/27/20090902/15624068. html，http：//bbs. yahoo. cn/read-htm-tid-12074320. html.

③ 陶略：《"好日子到头了"是误判》，《人民日报》（海外版）2012年4月16日。

④ 任卫东：《三招应对美亚洲反导计划》，《环球时报》2012年4月7日。

总统自 2011 年以来高调宣布"重返亚太"、"战略东移"。从发展趋势看，这种所谓"战略再平衡"现在还刚刚开始，美国强调"战略再平衡"的动机是：（1）面对美国军费在十年之内将压缩 4870 亿美元的严峻状况，实施总量压缩，突出重点，西退东进，西拆东补；（2）在减轻本国军备负担以利保持美国经济强大的同时，将更多的军备负担转嫁给亚洲的盟国和"友国"，通过构筑由同盟国和伙伴国组成的地区同盟网络，获得了在国际斗争中比"国力"更起决定性作用的"盟力"（同盟国的合力）的极大优势，使中国在亚洲地区陷于军事孤立；（3）顺应军事技术革命的潮流，将被削减的有限军费用到刀刃上，加强对网络战、无人机系统、特种部队、新型航母以及旨在改善海空军协同作战能力的"空海一体战"（AirSea Battle）新军事战略的投入；（4）控制、拉拢、给力的国家绝大多数是与美国有着基本相同的价值观念和社会制度的国家，因此美国战略东移是针对社会制度不同的中国的所谓"价值观外交"的新外交攻势；（5）迎合美国国内的军工复合体为制造武器需要先"制造"敌人、提升军力需要先虚构威胁的要求，特别是迎合军火商在美国"东进"引发的亚洲军备竞赛中成为最大获益者和暴发户的热切期待；（6）迎合美国大选期间拿中国说事儿的嗜好，奥巴马总统需要提出有利于显示其"政治强人"形象的一鸣惊人的战略口号，也有助于转移民众对国内矛盾和问题的注意力，但这绝不意味着战略重心东移是以美国总统个人意志为转移的虚张声势之举，而是美国国家的一个长期战略，目前只是进入排兵布阵阶段，还只是美国的"东进序曲"；（7）美国战略东移也是利用中国正在迎接十八大的时机，给中国外交出道难题，以便影响十八大后中国的外交布局和走向。

总之，无论称美国是霸权主义还是帝国主义，其本性决定了它必须找到对手，特别是它的军工复合体必须在美国削减国防预算的情况下，到广大的亚洲找到发战争财的新机会，而美国及其军工复合体一旦找到对手找到机会，它们就会一抓到底，锲而不舍。在 21 世纪初，美国用了十年时间，终于消灭了非国家实体的恐怖主义头目拉登，现在美国腾出手来对付一个不同社会制度的堪称"世界老二"的大国，将可能是一个费时几十年的漫长进程。

一　坚持和平发展是应对美国战略东移的最佳选择

那么，美国战略东移意味着什么？笔者认为可以用五个字来概括，这就是"利用加防范"：所谓"利用"就是利用世界经济重心东移，吸取亚太地区经济增长的活力；所谓"防范"就是防范中国的军事崛起挑战美国在西太平洋的海洋霸权。其基本特点是：军事是主角，体现"一手硬"；经济是配角，体现"一手软"。由于美国战略东移含有明确的针对中国，特别是在军事上针对中国的倾向，导致了从菲律宾到越南到日本等，一些周边国家兴奋雀跃，纷纷借此西风提高了与我抢夺有争议的海岛海域的筹码，采取引入外部势力加上相互串联的合纵策略，使我国周边外交面临十分严峻的挑战。现在的问题是：在相对良好的周边环境中坚持和平发展的中国，面临周边环境变得日益严峻甚至险恶的新情况，能不能在和平发展道路上继续坚持走下去？美国的战略东移是否意味着党的十七大预计长达20年的战略机遇期"提前结束"，"好日子到头了"？[①] 是否意味着中国需要从"以经济建设为中心"进入"战争迫在眉睫"[②]、以"备战"为纲的新阶段？对此，笔者的回答是，当今中国并没有处在必须改变我们一贯坚持的和平发展和独立自主和平外交政策的"十字路口"，中国社会对坚持和平发展、实现社会主义现代化的大方向的共识度非常高，要求中国外交"激进转弯"不是社会主流意见，中国应该不为严峻挑战所动，不为复杂局面所惑，坚定不移地将和平发展作为中国的不二选择，这是中国根本的国家利益之所在，也对维护亚洲乃至世界的和平与发展具有重要意义。

我国坚持和平发展道路，是与我国对当今国际形势的基本判断分不开的。2007年党的十七大的报告指出："当今世界正处在大变革大调整之中。和平与发展仍然是时代主题，求和平、谋发展、促合作已经成为不可阻挡的时代潮流。"[③]在2010年10月召开的党的十七届五中全会又一次明

---

① 陶略：《"好日子到头了"是误判》，《人民日报》（海外版）2012年4月16日。
② http：//www.milfuns.com/2010/0913/7482_3.html.
③ 引自胡锦涛在中国共产党第十七次代表大会上的报告，新华社2007年10月24日。

确指出，"我国仍处于可以大有作为的重要战略机遇期"，指明了和平与发展仍是当今世界的时代潮流，国际环境总体上有利于我国和平发展，我们依然要坚持以经济建设为中心的基本路线，聚精会神搞建设，一心一意谋发展，才能从根本上把握广大人民的愿望，把握社会主义现代化建设的本质。那么，2011 年以来国际形势发生的变化，特别是美国的战略东移，是否意味着 2010 年党的十七届五中全会对国际形势总趋势的判断已经过时了呢？笔者不这样认为。

"和平与发展是当今世界的时代潮流"，这是我们对整个国际形势在一个相当长时期发展总趋势的基本判断，而"时代潮流"主要涉及战争与革命还是和平与发展这两对时代主题，对时代主题和时代潮流的判断是我们国家制定战略方针的基础和前提，既然和平与发展是时代潮流，那么，我国坚持走和平发展道路就是顺潮流而行的明智之举，而且也取得了对时代潮流"顺之者昌"的莫大好处。那么，2011 年以来美国的"战略东移"以及由此得到鼓舞的某些周边国家在主权争端问题上对我国频频挑战又意味着什么呢？这是不是意味着世界潮流的关键词从"和平"向"战争"的转换呢？如果真是这样，我们当然需要考虑修改和平发展或"和平崛起"的基本战略。然而，我们的目光不能仅仅盯在我国与美国互相矛盾的一面，还要看到我国与美国互相合作的一面，对于某些周边国家也一样，我们同他们之间既有矛盾和分歧，也有合作和协调，再放眼整个世界，虽然存在着伊朗核问题、朝鲜问题以及中东一些国家的政局动荡，但整个世界人心所系的仍然是和平、发展、合作、改革，包括我们需要共同应对的以气候变化为标志的全球环境危机，共同维护当今人类及其子孙后代赖以生存和发展的地球家园。有权威调查表明，当今"中国人最关心的话题是全球变暖问题（占受访者的比例为 67%）；认为'环境污染、老龄化、人口过度膨胀是世界面临的最大威胁'的中国受访者比例在所有国家中是最高的"，"仅有 17% 的受访者认为国家安全是一个问题"。[①] 总之，无论是在国际还是在国内，求和平、谋发展、促合作、推改革，依然是大势所趋、人心所向，是全人类的共同利益和普遍价值之所在。

---

① 纪双城、王跃西：《8 国民调：中国人最忧心全球变暖》，《环球时报》2010 年 11 月 4 日。

从世界范围看，和平与发展仍是时代潮流和主题，那么，对于中国来说是否也同此理呢？应该承认，中国与世界上其他国家确有不同，不仅在社会制度和价值观方面与世界上大多数重要国家不同，而且因为中国在经济发展方面"一枝独秀"，傲视群雄，而"木秀于林，风必摧之；堆出于岸，流必湍之；行高于人，众必非之"，美国"重返亚太"和"战略东移"确实有对中国"木秀"加以"摧之"、对中国"出岸"加以"湍之"、对中国"行高"加以"非之"的目的，换句话说，中国已成为对美国作为"世界领导者"的霸权地位的最大威胁，作为专横跋扈的世界霸王，美国要维护自己的霸权地位，对于中国这个具有不同社会制度而且具有挑战其世界领导地位的军事实力的世界性大国，必然采取防范加利用的两面手法，一方面防范中国在军事上挑战其在亚太地区的势力范围和海上军事优势，另一方面也要对中国与美国相互交织的经贸关系（当然也有摩擦和牵制）加以利用，而防范和利用都是为了一个目的，这就是维持美国独霸世界的实力和现状，因此，美国说什么"中国威胁"，归根结底是指中国对其作为"世界领导者"的霸权地位的"威胁"，对此美国必欲除之而后快。那么，这种"威胁"的根源是什么，显然是中国的迅速发展，是如同过去十年那样，或如同改革开放以来 30 年那样，中国得以在相对稳定的周边环境下顺顺当当地和平发展，经济和国防实力越来越强，从而使美国感到担忧。由此可见，美国战略东移针对中国的真正目的就是力图干扰、阻挡中国的和平发展进程，特别是防范军事实力日益增强的中国来挑战它的世界领导者地位和作为这种地位最重要支撑的海洋霸权。既然美国的真正目的在于干扰甚至阻挡中国的和平发展进程，那么，我们主动改变和平发展道路岂不是上了人家的当？

中国崛起不会重复西方强权政治体制下的单个霸权国家更迭的老故事，单个国家通过战争实现霸主换届的 400 年霸权争夺已经成为历史，这意味着美国将是人类世界的最后一个霸权国家，美国的霸主地位还将可能维持相当长的一段时期，未来美国霸权一旦最终崩溃，将意味着单一国家依靠战争崛起的西方强权政治的"历史的终结"，社会主义中国不可能成为通过战争崛起取代美国的世界新霸主，中国只能走和平崛起的道路。

其实，美国并不害怕中国走向"战争崛起"，因为美国至今鹤立鸡群的军事实力和技术优势仍将保持很长时间，美国自信有亚太地区同盟网络的配合和支持，这种"一虎带群狼"的力量足以对付中国孤独的军事崛起。另一方面，美国确实害怕中国的"和平崛起"，因为中国的和平崛起正在催生一种新型大国关系雏形的诞生，而这种新型的大国关系将是一个后霸权时代的民主平等的大国关系，从而逼迫君临世界、专横跋扈的霸权国家最终走向消亡，这当然是一个仍然热衷于维护自身霸权地位的美国不愿意看到的历史趋势。由此可见，美国战略东移针对的恰恰不是中国的"战争崛起"，而是中国的"和平崛起"，坚持"和平崛起"，恰恰是应对美国战略东移的有效手段和正确方针。

二　警惕美国战略东移隐含的三个陷阱

美国干扰甚至阻挡中国的和平发展进程的具体手段不可能是直接同中国打仗，如果不是中国主动出手，美国不会像发动阿富汗、伊拉克战争那样，直接发动一场对中国的侵略战争。中国不是阿富汗，不是伊拉克，中国的块头太大，中国同美国之间的经济联系太深，中国军队手里又掌握着针对美国的"杀手锏"，美国不至于如此不识时务，陷入一场成本太高的新战争泥潭。那么，不同中国打仗的美国又为什么要"战略东移"针对中国呢？这就需要认识到美国是一个擅长计谋、善于施展"巧实力"（smart power）[①]的"战略国家"，美国的战略东移隐含着为中国量身定做的三个陷阱，这三个陷阱也可以说是在美国重返亚太的背景下自然形成的三种可能性。当然，"陷阱"只有在你往里跳的时候，它才成其为陷阱，如果你不往里跳，它就是一个可以绕开的"死陷阱"，或者说不成其为陷阱。

第一个陷阱是在美国重返亚太的背景下，中国同与其存在着领土主权争端的周边国家发生军事冲突甚至局部战争的可能性。

---

① "巧实力"最早是由美国学者苏珊尼·诺瑟 2004 年在《外交》杂志上提出的，强调综合运用硬实力和软实力来实现美国的外交目标。奥巴马入主白宫以后，新任国务卿希拉里提出的"巧实力"，就是要通过灵巧运用可由美国支配的所有政策工具，包括外交、经济、军事、政治、法律和文化等各种手段，恢复美国的全球领导力。"巧实力"强调软硬兼施，但在组合软、硬实力时两者所占比重问题上仍有模糊之处，其主旨就是要改变前总统布什过分依赖硬实力，导致美国实力受损、形象下滑的对外战略。

　　美国重返亚太被中国的一些周边国家视为应付所谓"中国威胁"的战略机遇，日本、澳大利亚、韩国、印度等世界性和地区性大国相继选边，站到美国一方；菲律宾、越南、日本等则在海岛主权、海域划界问题上纷纷向我国发难；以美国为首的22国环太平洋2012海上大规模军演则包括了该地区除中国之外所有重要和比较重要的国家，被中国视为准盟国的俄罗斯也参与其中，有学者称"中国的孤立令国人吃惊"①。

　　今年4月10日起，中国的两艘海监巡逻船为保护在我黄岩岛海域作业的渔民而与菲律宾军舰对峙；去年11月和今年4月越南不顾中国反对先后与印度、俄罗斯商议联手开发南海油田；近年来日本在钓鱼岛海域小动作频频，今年4月中旬日本东京都知事石原慎太郎在美国表示要由东京都"购买"钓鱼岛并称"中国反对日本'购'钓岛无异宣战"。这一系列事件就像是有什么人隐身背后导演的"对华激将法"，非要激怒中国军队出手不可，而中国军队一旦"出手"（在军事上即便"第一枪"是对方打的，也完全可以赖到中国头上），美国会不会介入成为一个十分微妙的问题。比如在黄岩岛事件发生后，美国国务卿希拉里·克林顿在4月30日举行的美菲"2＋2"会谈后，一方面唱高调称"美方在南海主权争端中不偏袒任何一方"，另一方面强调"菲律宾在美国亚太新战略中处于'中心'位置"，重申了"共同防务条约规定的对菲方的承诺和义务，对南海事态发展感到严重担忧"。② 此前，美国海军陆战队太平洋司令蒂森还曾表示，"美国与菲律宾拥有共同防御条约，我们可以涉足对方的防线，这是不解自明的"③。实际上就是对中国采取非和平方式解决争端进行威慑。总之，美国的上述表演具有口是心非、阳一套阴一套的特点，加上多次做出强硬表态的美国军方有"将在外君命有所不受"的操作空间，或借口"为了防止发生新冲突"、"应'受威胁''受欺负'的小国家的强烈要求"，极有可能借南海发生冲突之机在我国周边进一步增强其军事存在（比如在菲律宾、越南设美军基地）以形成实质的"对华军事包围圈"，

① 黄卧云：《盛世危言：中国已别无选择》2012年6月6日。
② http://news.xinhuanet.com/mil/2012—05/02/c_123063754.htm.
③ 新加坡《联合早报》2012年4月23日。

或者当小规模冲突"被升级"为局部战争之际，美军可能借机对崛起中的中国海军力量出狠招下毒手。

在美国重返亚太、战略东移的背景下，中国与某些周边国家之间的领土主权争端在总体上呈现出如下特点：其一，如上所述，在美国战略东移"鼓舞"下，相关国家狐假虎威，对华态度趋于强硬并不断挑事；其二，从南海到东海，相关国家相互呼应、串联、支持，力图将双边争端国际化；其三，在领土主权争端与相关国家的民族主义情绪相呼应的背景下，相关国家政府以"捍卫国家利益"为名所采取的对华强硬政策得到了国内绝大多数民众的支持；其四，领土主权争端升温对我国与相关国家之间的政治关系和国民感情产生了摧毁性的破坏力；其五，在某些争端热点（如中菲在黄岩岛对峙，中日战机在东海海域的接近）存在着日益严重的擦枪走火甚至发展为武力冲突的可能性，而美国则对美军武力介入本地区冲突的选项采取闪烁其词、若隐若现的态度。

这里特别需要关注的是日本的动向。本来，南海问题与日本无关，但日本没有置身事外，也来积极插手南海海域争端问题，2012 年 4 月中下旬日本自卫队首次参加了美菲定期共同军事演习，并与美探讨美国海军陆战队与日本自卫队共同使用菲律宾军事训练设施的问题。[①] 日本在美国导演下借黄岩岛事件起哄，既怀揣在中日之间的东海和钓鱼岛问题上渔利的图谋，又抱有显摆其作为美国在亚洲地区战略利益代言人和铁杆同盟者的身份，加大在国际问题上的发言权和影响力，牵制中国在太平洋海域"日益频繁的活动"，让中国陷入某种"被包围"、"被孤立"境地的用心。2012 年是中日复交 40 周年，但日本频频推出恶化两国关系的举动，一个最典型的例子就是右翼分子石原慎太郎于 4 月下旬在美国鼓吹购买钓鱼岛并开展向民众募集购买钓鱼岛资金的活动，随后在日本网络上兴起"一人捐一万购买尖阁诸岛（即钓鱼岛）"热潮，这堪称迄今日本右翼分子破坏中日关系最刻薄最恶毒的狠招。"石原买岛"事件让人们看到在日本有着对中国如此刻骨仇恨、不共戴天的"愤老"，他还要用他的仇恨之心作为火种，

---

①　引自日本《产经新闻》2012 年 4 月 24 日。

借钓鱼岛这个题目点燃整个民族间世世代代的相互仇恨,来毁坏战后60多年来两国有识之士为推动中日人民世世代代相互友好而不懈努力的成果。

美国重返亚太所隐含的第二个陷阱是通过挑动军备竞赛,动摇中国坚持以经济建设为中心的基本路线。如前所述,当今中国的国力不断增强,归根结底是因为从改革开放以来坚持了一条以经济建设为中心的基本路线,生产力的巨大发展成为包括国防实力在内的中国整体国力不断增强的物质基础,与此同时中国的海洋意识也大为增强,中国的海军力量担负着维护中国分布于近海的主权利益和分布于全球的经济利益的重任。然而,致力于维护自身霸权地位的美国却把中国的和平之师,特别是中国海军力量的增强视为眼中钉、肉中刺,企图将中国的海军力量围堵在第一、第二岛链之内。美国认识到中国军事力量之所以得到增强,其根本就在于坚持以经济建设为中心的基本路线,通过大力发展生产力,为经济、国防等各方面的实力增强提供了物质基础,为此,美国就是要在中国与包括美国、日本在内的多个国家之间挑起军备竞赛,以便产生"一石多鸟"的效果:既让本国的军需产业大发横财以振兴美国经济,又让中国在军备竞赛中陷入"寡不敌众"的窘境,并妄图迫使中国大幅增加军备负担,动摇、分散、打乱中国在以经济建设为中心的基本路线指引下集中力量发展经济、环保、科技和教育的努力,促使中国的经济发展变得更加不平衡、不协调和不可持续,导致中国因为环境破坏、水资源短缺、贫富差距、教育滞后等原因"盛极而衰"。

从2012年6月初,由美国、俄罗斯等国的军火商资助的"香格里拉论坛"号称为"亚洲安全大会",却成了军火商的推销会,美国的军工复合休①通过鼓吹"中国威胁论"拿到了令人垂涎的大批订单。除了菲律宾狂购军备充塞武器库,越南、文莱、马来西亚、印度等国也已迅速加入军购的行列,他们针对的是同一个目标——中国。在美国具有强大政治影

---

① 美国前国防部长盖茨曾说,军工铁三角的危害之一表现在催生了国防官僚主义,通过在国防各环节层层设卡,"铁三角"将捞取更多油水。盖茨举例称,前线要增加一名军犬饲养员,要通过五角大楼五个部门审核。自"9·11"事件以来,五角大楼预算几乎翻番。而在军事支出中,五角大楼行政费用几乎占到40%。

响力的"军工复合体"① 这个特殊利益集团的本性就是"唯恐天下不乱"，只顾出售武器以攫取高额利润。回想冷战时代，美国前总统里根在1983年推出投入550亿美元的"星球大战"计划时，就曾嚷嚷说，要让苏联人在耗费惊人的军备竞赛中"把裤子都输掉"，而美苏搞军备竞赛的一个重要历史教训就是，相关国家往往唯恐军备不足而遭致失败，然而真正的失败却来自过度卷入军备竞赛而导致的经济力削弱甚至经济崩溃。历史事实证明，正是军备竞赛拖垮了苏联经济，成为苏联垮台的重要原因之一。冷战以后，美国深知自己通过战后几十年积累起来并不断更新的尖端技术武库无人可敌，加上有盟国友国（特别是有堪称世界技术"老二"的日本）的配合和支持，再加上依靠从全世界吸引优秀人才和富裕移民，造就了"无人堪比"的强大军事科技实力。美国以此为后盾，诱使一些军事技术发展水平不及美国的潜在对手也就是中国按照传统的大炮巨舰模式来同它开展竞争，这既有利于"死亡商人"或"垃圾商人"——"军工复合体"通过向盟邦、友国乃至中国台湾地区推销武器以获取带血的巨额利润，又企图诱使中国通过急进式军备竞赛造成一个庞大、过时、最终派不上用场的武器库，形成一个军事机器陈旧庞大而民用产业技术、环境保护、文化教育、农业基础设施建设等相对落后的畸形国家，并让中国被周边国家视为"威胁"，刺激中国与周边国家之间的相互防范和对立情绪的升温，诱使中国周围的某些大小国家不得不更加依赖美国。美国通过将更先进的军事装备出售给中国的某些周边国家，并限制欧美发达国家乃至加入"瓦森纳协议"的、包括俄罗斯在内的30多个国家对中国的"军售"，延缓中国武器装备总体水平对世界最先进水平的追赶进程，企图使中国陷入加强军

---

① 美国的"军工复合体"（Military-Industrial Complex, MIC）由军方和企业这两大部分组成，是私人机构和公共机构的结合，由于军工企业与军方在经济、人事等各个方面的密切结合，它对政府政策，主要是政府的防务政策的影响远较其他一般企业大得多，在美国政治过程中扮演着一种特殊的利益集团角色，能极大地影响政府的决策。1961年，美国总统艾森豪威尔在著名的告别演说中曾警告过军方与"军工铁三角"这头"怪兽"发挥"过度的影响力"将导致损害美国国家利益，声称"我作为一个军人出身的总统，居然难以掌控'军工复合体'强烈的权力欲和发财欲"。由于军队要更先进的武器装备和更高的待遇，军工企业要更多的订单，国会议员想让他选区内的军工企业提供更多的就业机会，这些相互关联的利益需求决定了军方与军工铁三角成为一个靠军备竞赛发财的特殊利益集团。近半个世纪过去了，这头"怪兽"不仅愈加强大，而且打着"爱国"、"国家安全"等口号，挟持了美国政府。参见产军复合体研究会《美国的核军备与产军复合体》，新日本出版社1988年版。

备反而导致周边国家武器装备加快升级、导致自身的相对军事安全程度趋于下降的局面。

然而，中国有关部门一再表明我们不搞军备竞赛，把"不对外进行军事扩张，不搞军备竞赛"作为中国"国防政策的实质所在"，① 这说明我们的党中央既有明确战略即牢牢抓住加快现代化建设这个根本，又具有丰富的国际斗争经验，对苏联的教训有着深刻领悟，因此尽管美国机关算尽，中国决不会上圈套，当傻瓜。

美国重返亚太所隐含的第三个陷阱就是刺激中国同美国争夺"世界老大"地位，将中国定格为对美国霸权的"争夺者"和"挑战者"。美国在一系列国防报告、政策乃至军事部署中越来越明确地将中国设定为"假想敌"②，其实质用意就是刺激中国在军事上与美国对抗。

在西方政治学者看来，凡是向"领导者"叫板的"挑战者"都不会有好下场，那些得到好处的往往是追随"领导者"的"支持者"。16 世纪葡萄牙曾是西方世界"领导者"，到了 17 世纪，取代葡萄牙的领导地位的，不是作为"挑战者"的西班牙，而是作为葡萄牙的"支持者"的荷兰。尔后，英、法两国都曾向荷兰挑战，不过，在 17 世纪 70 年代第三次英荷战争之后，英国同荷兰结盟共同抗法，使自己在对荷兰的关系上从"挑战者"转换为"支持者"，而把法国推上对荷兰的主要挑战者的地位，其结果，在 18 世纪取得西方世界领导者地位的国家不是向荷兰挑战的法国，而是与荷兰站在一边反对法国的英国。到 20 世纪前叶，德国曾在1914 年、1939 年两次向英国的"领导者"地位挑战，然而，在第二次世界大战后取得西方世界领导者地位的不是德国，而是两次作为"支持者"站在英国一边同德国作战的美国。第二次世界大战后，美苏对立的冷战体制在某种意义上也可看做苏联作为主要"挑战者"向美国挑战的"两极对立"格局，而作为二战战败国的联邦德国和日本则充当了美国的"支持

---

① 《国防部胡昌明解读国防白皮书》，http：//wenku. baidu. com/view/c40556d233 d4b14e85246888. html。

② 例如，2008 年版美国《国防战略》提到中国多达 17 次，指出"在可预见的将来，我们需要防范中国不断推进的军事现代化及其战略选择会对国际安全造成的影响"。http：//news. xinhua-net. com/. . . /2008—08/01/content _ 8885682. htm。

者"的角色。经过几十年冷战的较量,作为主要"挑战者"的苏联不仅未能取代美国的"领导者"地位,反而落得了自身崩溃、解体的结局。与此同时,作为"支持者"的联邦德国(现在的德国)和日本却一西一东崛起为两大经济强国。莫德尔斯基提出,1494年以来的世界政治经历了五个周期,每个周期都始于一场全球性战争,战争之后总是领导者的同盟国而非挑战者作为世界大国脱颖而出,取代原来的领导者(国)的地位,尔后新的挑战者崭露头角,导致酝酿另一场全球性战争。[①]

如今,美国将中国"定位"为对美国"世界领导地位"的潜在"挑战者",就是设想让中国重蹈历史上曾向当时"领导者"挑战的西班牙、法国、德国等的下场。尽管我们未必赞同西方学者对数百年来大国地位变迁史的总结,但却不能不承认美国及其盟国正是照着这种逻辑打各自的如意算盘的。

中国坚持走和平发展道路,不与美国对抗与争霸,努力寻求与美国的合作与协调,这是因为美国的主导战略是构筑对中国进行制约和平衡的"围慑圈",只要中国不在军事上挑战这个威慑圈,就不会陷入一个与中国敌对的包围圈。然而中国经济的不断发展,国力的日益增强,一个绕不过去的矛盾就是让那个总担心世界上出现实力上能跟自己对抗(而不管有没有对抗的意图)的竞争对手的"世界老大"——美国感到不安,让一再坚称美国绝不当"世界老二"的奥巴马总统担心其在世界,尤其是在亚洲的"领导地位"和经济利益受到中国的挑战。

中国理所当然地应该有自己的国家利益和发展目标,中国海军理所当然地应该有"走向深蓝"的权利,然而正是中国的海洋战略极大地刺激了作为海洋霸权国的美国之神经,两者间形成了中美关系最重要的结构性矛盾。回顾世界历史,历代"世界领导者"几乎都是把称霸海洋作为登上"领导者"宝座的必由之路,比如葡萄牙国歌第一句话就称自己为"海上英雄";荷兰号称"海上马车夫";英国通过击败西班牙"无敌舰队"而树立海上霸权,19世纪处于全盛期的大英帝国自称"日不落帝国";美国在一战后成为世界上最强海权国家,前总统罗斯福评价为美国海军发展和

---

① 参见刘世龙《美日关系(1791—2001)》,世界知识出版社2003年版,第4页。

海上扩张打造海权战略、主张"得海权者得天下"的马汉是"美国历史上最伟大、最有影响的人物之一"。马汉的海权论不仅被美国,也被战前的德国、日本及战后的苏联奉为制定国策的理论指导。① 现在,中美战略互信"赤字"主要表现在中国的主权海权、新兴海权与美国的霸主海权、传统海权之间的矛盾和冲突,这种互信赤字随着中国海军走向深蓝的步伐与日俱增。美国在亚太阻挡中国海军走向深蓝的三个最重要战略前沿——日本与钓鱼岛周边海域、南海、中国台湾地区周边海域都与中国的领土主权利益有涉,特别是中国实现台湾地区统一大业的战略目标与核心利益与台湾地区对美国亚太战略的高度重要性之间形成了不可调和的矛盾,长期以来美对台"军售"则成为中美摩擦的"保留节目"。

如何化解中国海洋战略与美国海洋霸权之间的不可调和的矛盾,防止中美关系走向对抗,需要有创新的思维、切实的行动,共同探索经济全球化时代发展大国关系新路径。纵观世界历史,有太多大国争霸祸及自身、殃及世界的惨痛教训。我们身处 21 世纪,应该吸取教训,顺应大势,打破大国必然冲突对抗的所谓"历史宿命",为世界带来持久和平与繁荣。从美国方面来说,需要避免"修昔底德陷阱",吸取历史上斯巴达对于日益强大的雅典的担忧导致战争不可避免的教训;② 从中国方面来说,应该坚持和平发展或和平崛起,坚持不谋求霸权,坚决抛弃依靠战争实现霸权

---

① 尹卓指出:我们在谈中国海权的时候,很多人喜欢用马汉的"海权论",但实际上马汉的"海权论"是适应当时新兴力量美国的扩张理论提出的。中国没有这样的行为,中国主张的是"和谐世界,和谐海洋",但很多西方人认为这只是中国的一种宣传口号。这是西方的误解,这不是空洞的口号,而是有具体的内涵,"和谐海洋"的首义就是反对海上霸权,因为有霸权就没有和谐海洋。在中国人看来,整个太平洋、印度洋的国际海域都是全人类共享的,它不是属于哪一个国家的私产。如果说当其他国家要使用这些海洋时,有些国家就认为这是对海洋现状的挑战,这本身就是一种霸权心态。"当然,我也奉劝国内一些头脑发热的人,他们认为这几年中国的经济有所发展,综合国力有所提升,海军力量有所增强,就错误地提出一些口号,比如说'在军事以及海权上要跟美国争世界第一'等。我认为,这种观点是完全错误的。"参见尹卓《西方海权论并不适合中国》,《国际先驱导报》2012 年 3 月 6 日。

② 美军参谋长联席会议主席邓普西说:"美国将战略重点转向亚太地区,但这并不意味着美国决意要遏制中国崛起。我们不希望因为恐惧中国崛起而最终与中国爆发战争。……老牌强国与新兴大国之间常常横亘'战争陷阱',就像当年雅典崛起,却引发斯巴达的猜疑恐惧,最终双方爆发激战,陷入古希腊历史学家修昔底德所总结的'陷阱'之中。而这种猜疑如今恰恰徘徊在中美之间。我们将会避免落入修昔底德陷阱。"参见《东方早报》2012 年 5 月 3 日。

更迭的国际关系的原始逻辑，特别是在海洋战略方面坚持"和谐世界、和谐海洋"理念，尽最大努力将世界的海洋、特别是中国周边的海洋及西太平洋，建设成为和平之海、友谊之海、合作之海。

总之，我们必须深入分析隐藏在美国战略东移背后的叵测居心和隐晦意图，我们的战略对策必须建立在对美国真实战略意图的准确把握之上，否则就可能上大当，吃大亏。

三　坚持改革开放，顺应世界潮流

世界潮流，浩浩荡荡，顺之者昌，逆之者亡。

当今世界有三大潮流，其一是和平、发展、合作、改革（包括国内改革和国际秩序的改革）；其二是以亚洲为代表的东方的兴起和以欧美为代表的西方的相对衰落，东方正在回归国际体系的中心，西方对世界的统治正在削弱，世界权力在传统的西方大国与亚洲、拉美等地区的新兴大国之间的分配格局日渐朝向相对均衡的方向转变；其三是气候变暖等全球性环境危机日趋严峻，拯救地球家园成为日益紧迫的全人类课题和道义制高点。

无论是美国的战略东移还是中国如何应对之，都存在着是否顺应以上所述三大世界潮流的问题。如果美国战略东移不惜采取战争手段，对东方的崛起不是迎接而是抗拒，并且刺激亚洲军备竞赛甚至挑动地区战争冲突而无视这种行为对地球环境的无以复加的破坏，那就无疑是逆世界潮流而动，必将受到人类道义的谴责和备尝由此带来的恶果。另一方面，中国坚持和平发展，坚持改革开放，作为新兴国家群体性崛起的一员，推动东西方和平共处的崭新的国际格局的形成，并且积极地为保护本地区乃至全世界的自然环境、拯救当代世界人民和子孙后代"立身存命"之地——人类共同的地球家园而与世界各国同舟共济，共同努力，那就无疑是顺世界潮流而动之举，必将使自身的国际形象和软实力不断得到提升，在世界上争取到越来越多的友国和朋友，有力回击伴随美国战略东移而出现的各种企图包围和孤立中国的邪恶图谋。为此，我们必须全面、综合、系统地加强党的执政、执交（外交）、执军（党指挥枪）能力，坚决贯彻"和谐社会"和"和谐世界"的内政、外交路线，统筹国内国际两个大局，严防内忧外患齐发，以科学发展、政治改革、经济转型、社会进步、外交统一作为基础，以内养外，以内助外，在同外国有争议的海域实行"搁置争议，共同开发"和"不搁置以我为主共同开发"并举的方针，与美欧日发展有耐久性的成熟的大国关系，同时加强与新兴大国、中小发展中国家的合作，为实现"以和为贵"的中华思想治理下的世界和平而奋斗。

（写作于 2012 年 6 月，收入《国际关系学报》编辑部、国际关系学院国际战略与安全研究中心主办"美国战略重心东移与中国国家安全"会议论文集）

第五篇

中日关系

中日关系：历史的回顾与展望

　　在人们长期以来习用的简洁精辟的词语中，有一个似乎为隔海相望的中日两国所专用，这就是"一衣带水"："衣带"之长，象征着中日交往历史之悠久，"衣带"之窄，象征着中日地理位置之接近。开创日本律宗的中国唐朝鉴真和尚一千多年前在回答日本僧学恳请其东渡传法时说，"日本是有缘之国"。"有缘"二字，意义非常：它既指日本与佛法方面的缘分，也是指中日在历史、文化和宗教上的缘分。

　　然而，中日两国既有两千多年的友好交往，同时也有日本军国主义对中国半个世纪的侵略。有句话说得好："历史是凝固的现实，现实是流淌的历史。"历史与现实之间有着相辅相成、不可分割的联系。[①] 从历史的角度看，中日关系在不同的历史阶段分别呈现出不同的特点。可以认为，正是在这些特点当中，蕴涵着两国关系错综复杂性的根源和两国关系巨大发展潜力的源泉。

一　从"一强一弱"型关系走向"强强"型关系

　　首先，两千多年来中日关系史的特点在于，两国经过"强弱型"关系、"弱强型"关系，现在正向"强强型"关系发展。

　　人们记得，1955 年毛泽东主席在会见日本客人时曾说："我们两个民族现在是平等了，是两个伟大的民族。"[②] 这话真可谓言简意赅。毛主席讲

---

　　① 参见时任中国驻日大使王毅 2004 年 12 月在东京发表的演讲，http：//www. china‐embassy. or. jp/chn/ sgxx/t176374. htm。

　　② 中华人民共和国外交部、中共中央文献研究室编《毛泽东外交文选》，中央文献出版社、世界知识出版社 1994 年版，第 219 页。

这段话前的漫长的中日关系史可划分成两段，或者说过去的中日关系有"两个历史"，一是两千多年的中日交往史，另一是从 1894 年到 1945 年大约 50 年的日本侵华史。在前一个"历史"即两千多年中日交往的过程中，东亚地区是人类文明发祥最早的地区之一，东亚文明以中华文明为中心，经朝鲜半岛，向日本列岛，由西向东扩展，处于中华文明圈边缘的日本不断积极吸收中华文明，促进自身发展，像鉴真六次负笈东渡、阿倍仲麻吕埋骨长安这样脍炙人口的历史佳话，在两国人民中广为传诵。而从国力对比看，这个时期的中日关系是"强弱型"（中国强而日本弱）关系，从表 1 可以看出，从公元 1 年到 1820 年，中国经济的总体实力（以"国际元"计算的 GDP）接近甚至超过日本 GDP 的十倍。

表 1 　　　　　　　　　　**中国和日本的 GDP（公元 1—2001 年）** 　　　　（百万 1990 国际元）

公元年	中国	日本	中国/日本（%）
1	26820	1200	22.35
1000	26550	3188	8.33
1500	61800	7700	8.03
1600	96000	9620	9.98
1700	82800	15390	5.38
1820	228600	20739	11.02
1870	189740	25393	7.47
1913	241344	71653	3.37
1950	239903	160966	1.49
1973	740048	1242932	0.59
2001	4569790	2624523	1.74

资料来源：安格斯·麦迪森：《社会经济千年统计》，第 267 页。

后一个"历史"则是日本侵略中国的不幸历史。1600 年以来，随着欧洲的兴起，亚洲的衰落，欧洲取代亚洲成为世界体系的中心，而与国家强权合二为一的资本主义的逐利本性驱使欧洲向世界范围扩张，以武力征服亚洲的帝国、整个美洲大陆以及非洲的部落国家，把它们统统变成殖民地和半殖民地，而身处亚洲的日本被迫适应欧洲模式以保全自己。① 经过 1868 年的明治维新，日本走上了"脱亚入欧"、"富国强兵"，进而实行对外扩张的道路，1894 年日本发动甲午战争，凭借仅相当于中国几分之一的经济实力，打败了中国。

20 世纪一二十年代，在日本曾展开了"大日本主义"和"小日本主义"的激烈争论。作为主张"小日本主义"的代表人物，石桥湛山认为："大日本主义的要害就是鼓吹不仅要防卫'主权线'（指日本本土）、而且要保护'利益线'的侵略理论，按照这种理论，日本可以以保护其'利益线'为借口，随心所欲地进行侵略扩张。因此，大日本主义就是依靠领土扩张和保护主义，把军事力量和武力征服放在首位的军国主义、专制主义、国家主义。"与之相反，"小日本主义则是通过改革内政，促进个人自由和活力，立足于产业主义、个人主义，以达到利国富民之目的"。小日本主义的核心是"产业立国论"，认为领土扩张只能造成四邻皆敌，经济上得不偿失，主张"将国民的全部力量投入学问技术的研究和产业进步，不要建兵营而要建学校，不要造军舰而要盖工厂，以 8 亿日元军费之一半投入和平产业，使之在几年内面目一新"。② 然而，在战前日本军国主义狂潮翻滚的形势下，石桥等人主张的"小日本主义"被一些人认为是"痴人说梦"，事实上也确实无法阻挡日本走上侵略战争的错误道路。

从 1931 年开始，日本通过一系列局部事变不断蚕食中国领土，1937 年 7 月 7 日"卢沟桥事变"后中日战争全面爆发。1941 年 12 月日本发动了太平洋战争。经过世界反法西斯力量与法西斯力量的激烈较量，1945 年 8 月 15 日，日本宣布向同盟国无条件投降。从 1894 年甲午战争直至 1945 年这半个世纪，从中日国力对比看，两国关系是"弱强型"（中国弱而日本强）关系。

重温中日关系的"两个历史"，使我们感到中日在历史问题上应取"两点论"：既要看到"50 年"的不幸历史，又要看到两千多年和平交往的历史；既要不忘日本侵华史，又要珍视中日通过两千多年交往形成的、

---

① 参见张建新《后西方体系与东方的兴起》，《世界经济与政治》2012 年第 5 期。
② 增田弘编『小日本主義：石橋湛山外交論集』，草思社，1984 年，69 頁。

共有的历史与文化资源，"以史为鉴，面向未来"，这是发展两国关系的深厚潜力所在。

从毛主席讲那段话以后，可以说中日关系开始了"第三个历史"。1949年新中国成立，开始了社会主义建设；1952年日本独立，走上了和平发展道路。这为两个独立国家间的平等交往准备了条件。从日本方面来看，战败恰恰证实了石桥湛山指出的"大日本主义的幻想"必将破灭的预言，石桥认为，大日本主义的破灭对于日本来说"正是实现小日本主义的绝好机会"，为此，当许多日本人在战后之初为国家前途感到忧心忡忡之际，石桥却欢呼"日本前途洋洋"。

总之，中日关系可以说有了"三个历史"，在前两个历史时期，中日关系一直是"一强一弱"关系，而在二战结束，特别是新中国成立后，这种一强一弱的关系终成历史，并开始走向两千多年来从未有过的第三种状态——"强强型"关系。

但是，战后以来中日两国走向强大的速度有着很大差别。1949年新中国成立后，大力恢复国民经济，并开展了社会主义经济建设的初步探索，但在50年代末发起了"大跃进"，其后发生了"三年自然灾害"，从1966年5月至1976年10月又陷入了"文化大革命"动乱，国家被拖入了政治经济濒临崩溃的边缘。与之对照，战后日本从"脱亚入欧"转向"脱亚入美"，在依靠美国军事保护的条件下，集中全力发展经济，紧紧抓住以科技革命与石油文明兴起、人口年龄结构年轻化等为内容的发展机遇期，在实行民主和法制的前提下，以推动技术进步为中心，以重视"强固山脚"的教育普及为基础，特别是在60年代，池田内阁推行《国民收入倍增计划》，进一步推动了经济高速增长，以号称"一亿总中流"的相对平等的国家姿态，于1968年成为西方世界的第二经济大国。如表1所示，以"国际元"计算，1950年中国的GDP相当于日本的1.49倍，而到1973年，日本的GDP反超中国，相当于中国的1.7倍，人均GDP则相当于中国的13.6倍。[①] 在70年代，日本又成为西方国家中比较成功地克服

---

① 安格斯·麦迪森：《社会经济千年统计》，伍晓鹰、施发启译，北京大学出版社2009年版，第182页。

了两次石油危机的国家。

随着日本实现经济高速增长，成为西方发达国家的一员，"大日本主义"又渐渐开始回潮，虽然它并非是有些人所讲的"日本军国主义的复活"，但日本确实渐渐偏离战后20多年遵循的"小日本主义"，其实质就是把发展的着眼点渐渐地从"国民"转向"国家"。如果说60年代《国民收入倍增计划》体现了一个着眼于富民的"小日本主义"发展观的话，那么，自民党政权在70年代推行的核电发展战略①，则体现了一个着眼于"强国"的"大日本主义"的回潮，到了20世纪80年代后半期，日本仅着在经济总量上暂时占据优势，对内对外都摆出一副趾高气扬的姿态，甚至出现了"要买下整个美国"、"21世纪是日本的世纪"的狂热傲慢情绪。②

正当日本达到战后发展顶峰期的时候，中国在1979年开始实行改革开放，使战后中日"走强比赛"的"日快中慢"局面开始出现逆转。改革开放前一年的1978年，中国以美元计算的GDP仅相当于日本的六分之一，其后中国经济迅速增长，2005年中国的GDP达到日本的50%，2006年中国经济总量升至世界第四位，2007年中国超过德国成为世界第三经济大国，2010年又超过日本成为世界第二经济大国，但当年中国的人均GDP仍然只有日本的十分之一。③

---

①　通过比较美国、日本、德国的能源战略，人们可以看到日本核电发展确实存在着明显的冒进倾向。日本的国土面积约为37.8万平方公里，不到美国国土面积962.9万平方公里的二十五分之一，然而，日本建了55座核电反应堆，相当于美国核电反应堆数量的一半多，换句话说，美国平均每9.26万平方公里有一座反应堆，而日本平均每0.69万平方公里有一座反应堆，日本的反应堆的密集程度是美国的13.4倍！此外，美国全国电力中有五分之一来自核能发电，而地震多发的日本（日本的陆地面积仅占世界陆地面积的0.1%，然而全世界的地震竟有十分之一发生在日本，其中里氏6级以上的地震大约有五分之一发生在日本）的全国电力中有大约三分之一来自核电；1979年美国发生三里岛核电站事故后，其核电产业发展遭遇了约30年的停滞期，而日本在三里岛核电站事故和1986年切尔诺贝利核电站事故后，依然没有减慢核电站建设的速度。

②　据有的日本学者回忆，1988年正值日本"经济泡沫"膨胀的时候，一位豪气冲天的日本亿万富翁坐着黑色大型高级轿车在美国某地高级住宅区转来转去，购买了178套房子，害得当地的许多居民一夜间成了流浪者，无家可归。在那些年，"日本威胁论"在美国乃至西欧十分盛行。

③　按照"国际元"计算，中国的GDP早在2001年就超过了日本，达到日本的1.74倍（安格斯·麦迪森：《社会经济千年统计》，第182页）。又及，"国际元"是多边购买力平价比较中将不同国家货币转换为统一货币的方法。它最初由爱尔兰经济统计学家吉尔里（R. C. Ceary）创立，随后由哈米斯（S. H. Khamis）发展，故又称"吉尔里—哈米斯元"。这一术语在国际宏观经济的比较研究中被广泛应用。

　　中日两国经济总量对比的翻盘，是双方经济增长速度的鲜明反差所造成的，换句话说，它不仅是因为中国走上了改革开放和以经济建设为中心的正确道路，实现了经济的持续高速增长，也是因为日本经济陷入了低增长、零增长甚至负增长。从 1991 年至 2010 年这 20 年来看，1991 年中国的名义 GDP 为 21782 亿元，2010 年为 397983 亿元，2010 年是 1991 年的 18 倍，除去物价上升因素，2010 年实质 GDP 是 1991 年的 6.7 倍。与之相比，1991 年日本的名义 GDP 为 476.4 万亿日元，2010 年为 479.2 万亿日元，从 1991 年至 2010 年日本的名义 GDP 基本未变（增加了不到 3 万亿日元），由于物价水准下降，从 1991 年到 2010 年日本的实质 GDP 仅有小幅增长。

　　2010 年中国经济超越日本不久，在 2011 年 3 月 11 日，日本东部发生大地震，这场地震、海啸、核泄漏的复合灾难使日本原来就疲软的经济再遭重创，从而拉大了中国在经济总量上超过日本的距离：2011 年中国的 GDP 从上一年相当于 1991 年的 18 倍增加到 22 倍，实质 GDP 从上一年相当于 1991 年的 6.7 倍增加到 7.3 倍，而同年日本的 GDP 从 2010 年比 1991 年稍微增加转为比 1991 年减少了 8 万亿日元。刘迪指出，这次大地震"将促使人们反思日本战后只重视经济增长的现代国家理念"，这种国家理念将 GNP 增长作为国家成功的标志，"国家成为'增长机器'，只要可以增强国力，不惜饮鸩止渴。这种现代国家理念是危机的根源"。① 在日本，这种现代国家理念的表现就是大日本主义，而"饮鸩止渴"的一个具体表现就是按照美国这样一个国土广阔、基本上可不必担心海啸、地震也远不如日本那样频繁的国家的核电安全基准，来设计（或直接交给美国公司设计）、建设、安装核电反应堆等设施，这显然是一种过于专注与外国竞争、为了"以国为本"而牺牲"以人为本"的冒进主义路线。

　　这次灾难还进一步暴露了日本的自然条件之差，而战后日本凭借如此差的自然条件建设成为世界第二经济大国，确实是创造了奇迹，但这同时也反映出一个国家的发展不可能过度超越自然条件提供给本国的发展空间的极限。恩格斯说过："我们不要过分陶醉于我们人类对自然界的胜利。

---

① 刘迪：《现代国家不应是"增长机器"》，《环球时报》2011 年 6 月 11 日。

对于每一次这样的胜利，自然界都对我们进行报复。"① 对自然的过度索取和"征服"难免遭到自然的惩罚。在 1967 年至 1987 年这 20 年间，日本为了延长经济高速增长，不顾本国地震频发的客观条件，一鼓作气建成 34 座核反应堆（美国建一座核电站需要 10 年甚至 15 年，而日本只用五六年），由于日本核电生产在其"入口"（浓缩铀）与"出口"（用过的核燃料的再处理）方面基本依赖美英和法国，以致日本的核电站被形容为"既无厨房又无厕所的公寓"，这说明从日本的国情看，如此迅速地发展核电事业有些过度。

然而，尽管发生了被日本人称为"国难"的前所未有的大灾难，日本的经济大国地位还将保持一个较长时期。战后日本经济发展不仅实现了 GDP 或 GNP 的"量的扩大"，而且实现了经济的"质的提高"，是一个量与质兼备的、既快又好的国民经济现代化过程。中国科学院的《中国现代化报告 2010》指出，2007 年中国的综合现代化水平在世界排名中占第 78 位，而日本则仅次于美国居世界第二位。② 一个国家的经济增长不可能永远保持"高速"，因此高速或较高速的经济增长过程必然与培养未来经济增长减速时的社会承受力、适应力的现代化过程相结合。由于日本在经济高速或较快增长时期伴随着扎扎实实的现代化过程，因而 20 世纪 90 年代以来即便经济增长减速甚至陷入停滞和衰退，却没有引起社会矛盾趋于激化的现象，而是依然能够不受政局动荡的影响，基本保持着社会的和谐与稳定。目前中国虽然仍处于经济高速增长阶段，但应该同时为不远的将来可能出现的经济增长减速做好准备，大力推进全面的现代化建设和各项实质性的改革，以免一旦经济增长速度趋缓，被高速增长所掩盖和淡化的社会内部矛盾和对立就会日趋激化甚至爆发出来。

关于经济发展的质，尽管人们还没有设计出可与作为"经济的量的指标"GDP 匹配的"经济的质的指标"体系，但是，诸如民众平均文化素质、收入分配差距（基尼系数）、食品安全、环境保护、城市建设、城市

---

① 《马克思恩格斯选集》第 4 卷，人民出版社 1995 年版，第 383 页。
② 参见中国现代化战略研究课题组、中国科学院中国现代化研究中心《中国现代化报告 2010：世界现代化概览》，北京大学出版社 2010 年版。

平均房价相当于居民家庭年均可支配收入的倍数，等等，显然应列入经济发展质量的范畴。有学者在中国 GDP 超过日本已成定局的 2010 年，一再强调不仅要看经济发展的量的方面，而且要看经济发展的质的方面。[①] 比如战后日本用了 20 来年就发展出一个庞大的中产阶级（主要是拥有一技之长的高级蓝领工人和白领），但改革开放以来中国发展 30 多年了，中产阶级还是很小。"从基尼系数来看，中国的贫富差距比拉丁美洲国家都大。"[②] 刘江永以城市建设为例，提醒有关部门"到日本时不要眼睛老往上看，要往地下看，找我们与日本的差距，向日本学习，这是中国当前最重要的一件大事"。"日本的城镇建设非常重视环境，其中一个最重要的部分就是如何使城市的下水道排水系统进一步完善，以及如何利用雨水进行再循环。"与之对照，"中国的城市一般来讲比较重视高楼大厦，往高处看的建设，内外装修也有很大提高，但是中国最落后的部分是中国城镇、城市、城乡的下水道排水系统，这是最落后的部分，正是由于这个部分非常落后，所以造成一系列的城市问题"[③]。近年来我国多个大城市一遇大雨就陷入城市内涝，从一个侧面反映了我国经济发展的表里不一和"质"的低下。

2005 年美国一家研究中心公布的"全球态度项目"调查报告显示，日本国家形象多年位居世界第一，2012 年美国《时代》周刊公布的全球最新民意调查表明，全球最受敬重国家，排第一的除了加拿大，还有日本。王锦思分析日本国家形象被看好的原因主要有三点：其一，日本经济科技发达，展现在世界面前的日本货尽管近些年来受到冲击，但是总体表现良好，走向世界的汽车都是自主品牌；其二，日本吏治清廉透明，是世界上较为廉洁的国家之一，就连曾担任财政大臣的菅直人（前首相）都没有自己的房子，而日本一般房价却仅相当于正常职工收入的几倍；其三，国家形象的好坏根本取决于国民的表现。日本国民有害群之马，但总体良

---

① 参见冯昭奎《中国仍是发展中国家》，《解放日报》2010 年 5 月 7 日。
② 川村雄介、薛军：《汲取发达国家经验　加快经济增长模式转变——访日本拓殖大学校长渡边利夫》，《中国社会科学报》2011 年 9 月 15 日。
③ 刘江永：《中日关系面临重要机遇应加大战略投入》，中国日报网 2010 年 3 月 7 日。

好，日本人能较好地遵守社会公德，讲礼节、守信用，等等。①

据哈佛大学国际发展中心 2011 年发布的《经济复杂度报告》②，至 2020 年各国对世界 GDP 增长的贡献率的排序前四名依次为美国、中国、日本和印度，如果以对世界 GDP 增长的贡献率作为衡量经济大国的标准，那么日本的"世界老三"地位至少将可能保持到 2020 年。又据 IMF 的统计，2010 年日本的人均 GDP 为 42820 美元，居全球第 17 位，③ 中国为 4382 美元，约相当于日本的 1/10，居全球第 95 位。此外，从作为综合国力核心的科技力来看，日本的民生科技发展的总体水平居世界首位，日本全国的科技研究经费占 GDP 的比例居世界第一，日本民间企业的科技研究经费占全国的科技研究经费的比例居世界第一，又据上述《经济复杂度报告》，对各国出口结构中所包含的生产性知识的规模（反映该国生产日趋复杂的产品的能力）进行排名，日本在被调查的 128 个国家中居第一位（中国居第 29 位）。④

科技与经济实力是综合国力的基础，再综合考虑其他国力要素，可以认为正是在进入新世纪初，中日两国的国力基本达到平衡，正式形成了"强强型"关系。⑤ 随着中日形成强强型关系，有人说中日在东亚将形成"一山不容二虎"的紧张关系，有人则期待中日合作并成为推动东亚地区发展的"双引擎"。总之，从 21 世纪前十年来看，中日关系形成了相互合

① 引自王锦思《日本形象调查为何再居世界第一？》，中新网 2012 年 6 月 6 日。

② Hidalgo Hausmann et al. , *The Atlas of Economic Complexity*：*Mapping paths to Prosperity*，available at http：//atlas. media. mit. edu/media/atlas/pdf/HarvardMIT – AtlasOfEconomicComplexity – Part – I. Pdf，2011 – 08 – 27.

③ 人均 GDP 名列前茅的有九个是欧洲中小国家（其中卢森堡多年居世界第一），其余大多是有特殊收入的国家（如卖石油、铁矿石等）。

④ 又据国际竞争力中心亚太分中心、上海交大安泰经济与管理学院等发布的《2011 年亚太知识竞争力指数》报告，2011 年，在亚太经济较发达的 33 个地区中，按知识竞争力指数排名，东京、中国台湾、爱知县（日本）位居前三，中国内地的上海、天津、北京分列第 18、21、22 位，报告指出，日本仍然是亚太地区知识竞争力最强的经济体，在亚太知识竞争力排行榜上，日本的区域占据了十强中的九个席位。前十强中，仅中国的台湾跃升知识竞争力第二位。http：//www. sina. com. cn，2011 年 11 月 8 日。

⑤ 中国社科院 2006 年 1 月发布的国际形势黄皮书《2006 年：全球政治与安全报告》认为，中国的综合国力在世界主要大国中排名第六位，日本的综合国力排在第七位。日本主要是自然资源这项很弱，其他主要国力资源都排在较高的位置，仅次于美国。

作与摩擦并存的局面，在十年间的多数时段里摩擦大于合作，而且在双方不能达到互信的状况下，就会特别关注对方军事力量的加强和如何使用这种力量的意图，特别是日本会对中国这样的邻近大国的军事实力增长格外敏感，认为这种发展会打破原来国际关系的平衡，对自己形成"威胁"，而与此同时日本也会在经济上利用中国走向强大的机遇。

二　中日关系面临危机和风险

如前所述，中日关系进入了两千多年交往史上从来没有过的"强强"型关系，至少，双方已经没有一方是"弱者"，这种状态与过去的历史纠葛相联系，很可能出现在双方遇到矛盾的场合"谁也不肯示弱"的局面，而且当任何一方的政府在双方交涉中采取外交上所必要的妥协时，往往会被部分民众视为"软弱"，从而承受巨大压力，互联网的普及和网络民族主义情绪的升温，更增强了"民意"对"政策"的影响。在这种压力面前，双方政府外交部门首当其冲，其权威性和灵活性受到严峻挑战。但是，中日两国从各自国家乃至亚洲和平发展的利益出发，从维护"与世界潮流和双方国家利益相一致"的中日关系发展大局出发，正确引导各自国家因两国实力变化所致的不同形式的民族情绪，应该有可能避免使两国在国家实力上的"强强关系"延伸为两国在相互政策上的"强强对抗"。

然而，2012年正值中日复交40周年，两国关系却未见回暖的迹象，两国国民之间的相互感情跌到复交以来的最差状态，面对日本在钓鱼岛问题上动作频频的表现，中国方面依然以维护中日关系大局为重，勉为其难，柔中有刚，沉着应对，力求避免两国关系陷入对抗状态。其结果，2012年这个本可作为改善两国关系的十年一遇的契机，实际上变成了中国方面与日本的理性力量及有识之士竭力挽救中日关系的"解困之年"。

那么，近年来日本对华政策为什么会趋向强硬？在这种强硬的姿态后面，日本究竟在想些什么？日本国内政治与社会思潮究竟发生了什么变化？

第一个原因仍然根源于中日间的历史认识问题。由于日本未能深刻反省侵略战争历史并真正认识这段历史的本质，导致很多人特别是政治家倾向以战前的思维模式"度中国之心"，担心中国军事力量崛起以后，也会像战前日本军国主义者那样走上对外扩张之路，特别是在海权问题方面，日本将海上运输线视做"生命线"，作为"资源小国"也对开发海洋资源抱有极大期待，因此对中国增强海军力量、推进海洋战略尤其敏感。所以说尽管所谓"中国威胁论"在其他亚洲小国也有，但有过侵略战争前科、陆地资源贫乏的日本对曾遭受过其侵略的中国的崛起不仅感到"威胁"而且感到"恐惧"，这种恐惧驱使日本虚张声势，在事实上进入对中"备战"状态，其对华强硬政策其实是一种虚弱的表现。

第二个原因是美国出于全球战略的考虑，不愿意看到中日两国走近。因为在美国看来，中日如果团结起来，美国在亚洲的"存在感"和利益就会受到排挤和削弱，为此，早在1971年美国向日本"归还冲绳"之际就在中日间埋下了钓鱼岛问题这个"地雷"，致使中日围绕钓鱼岛主权归属摩擦不断，无法走近，这恰恰是"符合美国想法的中日关系"。而从日本方面看，加强日美同盟关系，对付中国就有了底气，特别是在钓鱼岛问题上有美国做后盾，就可以对中国强硬，而对中国采取强硬态度，反过来又可获得美国以更明确的防卫支持作为回报。从21世纪头十年看，从小泉、菅到野田内阁，凡是亲美的政府对中国就强硬，反之，像鸠山由纪夫首相，既跟美国要"平等"，又跟中国走近，结果只做了八个月首相就被美国操弄日本"民意"赶下了台。这意味着日本对中国强硬的一个重要原因，就在于日本依然受美国操纵。

第三个原因在于当今正值日本国内政治乱局。一些政客企图以对华强硬来赢得国内选票，特别是一些地方政治人物异军突起，大胆涉猎外交与国政，各色人等都想抓住"乱世出英雄"的机遇，展示一下独特的"英雄"风采。在美国"重返亚洲"和2010年撞船事件激发日本国民对华厌恶感情进一步上升的背景下，无论在经济上还是在战略上都被认为是日本所谓"重要国家利益"的钓鱼岛及其周边海域，成为一些投机取巧的政客们的"政治肥肉"，借此大搞"捍卫国家利益"的爱国秀，其中年届80、"思想很旧"的右翼政客、东京都知事石原慎太郎2012年4月在美国华盛顿突然提出要"购买"钓鱼岛，采取极为恶毒、极具煽动性的卑劣手法破坏中日关系，其国内政治算盘就是打着"捍卫国家利益"的旗号，纠集地方和中央的右翼势力，以"买岛"作为其在政治上登堂入室的"敲门砖"，煽动国内的极端民族主义狂潮，叫板所谓"对华软弱"的民主党政权，图谋组建新党争夺国会第三势力，填补"强人政治领袖"的空白，最终达到推翻民主党政权的目的。

面对这股作秀比赛，在国内政治上陷入困境的野田内阁当然不能置身事外。除了放任一些地方官员、右翼组织在钓鱼岛等问题上一再采取反复激怒中国的挑衅行为，肆无忌惮地破坏中日关系，作为政府本身也加入了这场危险的政治赌博，比如给钓鱼岛周边岛屿"命名"，对敢于说真话、直指石原买岛"将会对中日关系产生严重负面影响"的日本驻华大使丹羽宇一郎发出警告，等等。

第四个原因在于日本人对中国崛起的一种很不适应的纠结心理。尽管这种不适应心理在其他亚洲小国也有，但日本人对中国崛起的不适应心理更重，因为日本曾在 20 世纪成为亚洲"一枝独秀"的工业化国家，特别是在战后发展过程中创造了所谓"经济奇迹"，成为世界第二经济大国，然而如今日本"世界老二"的地位却被中国夺去，导致日本人对中国崛起，尤其是对自己被超过感到格外懊恼和沮丧，加上日本媒体对中国发展中的负面问题报道很多，使日本人一方面对中国经济持续高速增长感到惊羡，另一方面对中国在经济增长过程中凸显的问题之多感到不服气，甚至反而增强了"优越感"，看中国什么都不顺眼。此外，在中日围绕历史问题（比如日本领导人参拜靖国神社问题）发生摩擦的时期，日本曾出现过所谓"国论两分"（一半以上的国民不支持首相参拜）的情况，然而钓鱼岛争端事关国家利益，领土主权问题最容易获得民族认同感，长期被灌输"尖阁诸岛（钓鱼岛）属于日本"的日本人可以说从上到下立场基本一致，于是政府为了"捍卫主权利益"怎么强硬老百姓都会支持。

总之，对中国军事崛起的恐惧、对中国经济社会发展的复杂感情加上钓鱼岛领土争端的升温，导致日本人心目中的"中国形象"不是随着中国的发展越变越好，而是越变越差，在部分政客和媒体的炒作下，日本国民的"对华好感度"更降到了复交以来的最低点。这种状况导致掌权者觉得，越是采取对中国的强硬政策在政治上对自己越有利，同时这种状况也为占据某些地方领导职务的极端民族主义分子所利用，挖空心思"找碴儿”激怒中国，而中国越是被激怒，他们就越可以借此进一步煽动“中国威胁论”，在中日两国关系的紧张气氛中浑水摸鱼，谋求实现他们自己或后代的个人政治野心。

三　日本会"重返亚洲"吗

日本文化孕育于亚洲大地，主要得益于对中国古代文化的吸收和融合，诸如汉字、汉文、儒学、佛教、律令制度等，都是日本吸收中国文化的重要内容。正是在中国文明的巨大影响下，到公元4—5世纪，日本列岛就度过了原始蛮荒时期，进入到文明发展阶段，在飞鸟时代，圣德太子直接向中国派遣留学生，全面摄取中国文明制度，为日本文化发展奠定了坚实的基础。

大约在18世纪末，长期居于世界体系中心的亚洲开始走向衰落，逐渐形成了所谓"先进的欧洲与落后的亚洲"的世界格局，这种世界格局的形成在本质上是资本主义战胜封建主义的结果。1868年，受到西方资本主义工业文明冲击的日本以一场被称为"明治维新"的资本主义性质的现代化改革运动，开始告别落后的亚洲故乡，追求先进的欧洲文明，既学习欧美技术，也效法西方列强，走上了与列强瓜分中国领土和资源的对外侵略扩张之路。二战以后，作为战败国的日本"低调做事"，依赖美国的军事保护，集中力量发展经济，自50年代到70年代，其发展无论在速度上还是在质量上都优于中国，从而形成了"先进的日本与落后的中国"的地区格局，这种地区格局的形成在本质上是市场经济体制战胜计划经济体制的结果。1979年中国开始实施改革开放，告别从苏联移植过来的计划经济体制，逐步导入市场经济体制。当时决心改革开放的中国，与100多年前日本明治政府只向欧美派遣考察团吸取西方发展经验不同，而是几乎同时既向欧洲、也向日本派遣了考察团，这说明改革开放的中国虽有"脱苏入欧"倾向，却并未"脱亚入欧"，一个主要原因是在中国身旁出现了一个从战败废墟上实现经济增长"奇迹"的日本，值得关注和学习。经过30多年的发展，如今中国已不再是一个落后的中国，亚洲其他国家也在经济建设和社会发展方面取得了不同程度的进展，日本自身经济则日益融入并得益于亚洲，尤其是与中国形成了"你中有我，我中有你"的密切关系，正如俗话所说，"远亲不如近邻"，如今日本返回亚洲的理由越来越充分，也越来越势不可当。

如果说一个半世纪以前，"脱亚"曾给日本带来了发展机遇，那么，当今恰恰是"返亚"可能给日本带来新的发展机遇。日本是一个"藏龙卧虎"的国家，有很多拥有深厚的技术实力和管理能力的大企业，更有众多数十年甚至几代人磨炼一技之长的中小企业。很多了解生产第一线的专家说，中国虽然号称"世界工厂"，然而中国的工业特别是制造业缺乏根基，少有日本那样的技高一筹的中小民营企业，却有太多的浮躁、拜金、跳槽现象，这是我们在经济转型过程中必须解决的问题，而对于中国的经济转型和产业升级而言，为了大力培育环境与能源、下一代信息技术、生物技术、先进装备制造、新能源、新材料、新能源汽车七大新兴战略产业以及航天、海洋产业，推动中国"世界工厂"向着"世界新工厂"的高度攀登，与拥有世界一流民生产业技术、堪称"工业化最大成功者"的日本进一步发展和深化经贸关系，具有十分重要的意义。

但是，2011年以来，美国高调"重返亚洲"或"战略东移"，一个重要目的就是利用世界经济重心东移，吸取亚太地区经济增长的活力，同时拉拢亚洲的传统盟国和与中国存在领土主权争端的新兴国家，采取"一虎率群狼战术"来防范以中国为"领头羊"的新兴国家的群体性崛起，延缓美国霸权地位下降和西方中心主义式微的历史趋势。然而，如前所述，总是不想看到日本同中国走近的美国，在自己"重返亚洲"的同时，显然不愿意让其愚忠的盟国日本同它一道"重返亚洲"，而且美国越要"重返亚洲"，日本就越不能"重返亚洲"，以免中日接近导致美国在亚洲的利益和影响力受到挤压，而美国不让日本"返亚"，日本就必须听话，美国对日本的影响力已经达到可以让不听美国招呼的首相下台的程度，比如曾经积极推动日中复交的田中角荣首相，又比如高调推进"东亚共同体"建设、显示出"重返亚洲"真诚意愿的鸠山由纪夫首相，实际上都是被美国操弄日本的所谓"民意"拉下台的。为此，现在的野田佳彦内阁只能遵循美国"重返亚洲"的战略需要，一方面在钓鱼岛问题上表现出前所未有的强硬态度，另一方面在亚洲国家之间挑拨离间，比如在南海问题上支持与中国存在领土主权争议的亚洲小国菲律宾、越南向中国叫板，显然，这与鸠山由纪夫等亚洲派政治家所主张的从"脱亚"到"返亚"、以亚洲国家团结为宗旨"重返亚洲"的初衷完全是南辕北辙。

中日关系的发展，在很大程度上或者说在本质上，正是日本自一个半世纪前"脱亚入欧"以来能否"重返亚洲"、事关国家走什么道路的重大问题。与17、18世纪欧洲兴起和亚洲衰落相比，当前国际格局演变的趋势正好相反，即以亚洲为代表的东方的兴起和以欧美为代表的西方的相对衰落，以亚洲为代表的东方正在回归国际体系的中心，世界权力在传统的西方大国与亚洲、拉美等地区的新兴大国之间的分配格局正朝着相对均衡的方向转变。尽管美国依然是世界上唯一的"巨无霸"，但美国实力的相对下降已经使其再也不能在世界事务中独断专行，不得不更加重视盟国的作用，拉拢某些对其推行全球战略有价值的新兴国家，其中日本则成为美国在亚洲的最重要的战略伙伴。

但是，由于美国远在太平洋彼岸，与日本仅有"一衣带水"之隔的中国不必等到与美国的实力相当，就可能对日本产生与美国影响力相匹敌的吸引力，这从当今中日两国经济关系发展的密切程度已可见其端倪。已故哈佛大学教授亨廷顿早在本世纪初就曾表示，"21世纪是中国的时代"，在政治及经济上中国大陆的力量均将强大化，因此美日在对华政策上将拥有共同的利害，亦即美日将会合作来牵制中国。但是，接着他又预言：从中长期而言，日本将会摆脱对美国的依赖而追求某种自主性，长期而言，最后日本可能还是不得不追随中国。①

虽然日本无须像如今追随美国那样"追随"中国，然而，随着客观的经济规律推动日本经济进一步融入包括中国在内的亚洲经济，随着日本与中国等亚洲各国的经济与文化的凝聚力日益增强，随着"中国威胁论"在中国坚持和平发展道路的铁的事实面前不攻自破，随着日本国民对中国崛起的"不适反应"逐渐得到缓解，随着日本"亚洲派"及根植于民众深处的和平、民主力量的顽强奋斗，随着中日共同应对气候变化和地区性环

---

① 《亨廷顿：日本将来不得不追随中国》，三九军事网2011年2月19日，http://www.cn99.com/cgi - bin/getmsg? listname = willie07&id = 13。

境问题的紧迫性日益上升，在历史上曾被鉴真和尚称为"有缘之国"（与佛法有缘，与中国有缘）的日本终将认识到"远亲不如近邻"，诚心诚意地踏上"重返亚洲"之路。

（原载《外交评论》2012 年第 5 期）

建立与世界潮流相一致的中日关系

2008 年 5 月，胡锦涛主席和福田康夫首相在东京签署了《中日关于全面推进战略互惠关系的联合声明》（简称中日"第四个政治文件"），庄严宣布中日"互不构成威胁"，"相互支持对方的和平发展"、"长期和平友好合作是双方唯一选择"，"使中日关系的发展方向与世界发展潮流相一致，共同开创亚太地区和世界的美好未来"。①

毋庸多言，中日关系是亚太地区乃至世界之中的中日关系。"第四个政治文件"为中日关系所制定的蓝图，是"画在世界地图上的中日蓝图"，它准确地把握当今世界潮流，努力构筑适应世界潮流的两国关系，以便使中日战略互惠关系既惠及中日两国，也惠及亚太地区，惠及整个世界；使中日关系发展与世界发展潮流相一致的共识和决心充分体现出"第四个政治文件"的新的战略高度和精神境界。②

那么，什么是当今"世界发展潮流"？如何使中日关系的发展"与世界发展潮流相一致"？这就是本文讨论的问题。

一　什么是当今"世界发展潮流"

当今"世界发展潮流"也可表述为当今的时代主题或时代潮流。这里所说的"时代"是指整个国际形势在一个相当长时期发展的总趋势，主要涉及战争与革命还是和平与发展这两对时代主题或时代潮流。对时代主题或时代潮流的判断是一个国家制定战略方针的基础和前提。例如，在实行

---

① http：//www. chinavalue. net/wiki/showcontent. aspx？titleid = 32829.

② http：//www. chinadaily. com. cn/hqgj/2008—05/13/con.

改革开放以前，我们认为战争与革命是时代主题，因而把"世界革命"、"准备打仗"、依照"山、散、洞"方针①改变我国建设布局作为首要任务②，大力推进"三线建设"；③ 而在我国开始改革开放的 20 世纪 70 年代末，邓小平审时度势，对国际局势做出了正确判断，认为"世界和平力量的增长超过了战争力量的增长"，"在较长时间内不发生大规模的世界战争是有可能的"。④ 据此，我国果断地做出了改革开放和以经济建设为中心的战略决策，使原来被认为"处在战略前方"的沿海地区"加快对外开放，使这个拥有两亿人口的广大地带较快地先发展起来，从而带动内地更好地发展"。⑤ 显然，党中央做出这种与 20 世纪 60 年代旨在"备战"的一、二、三线建设布局相逆的、东部沿海地区率先发展的新建设布局，是与"在较长时间内不发生大规模的世界战争是有可能的"国际形势判断分不开的。如今，我们已相继在东部沿海地区建设了珠三角⑥、长三角⑦、环渤海经济圈⑧三大经济带，成为改革开放以来推动中国经济高速发展的主要力量，与此同时，我们在沿海地区建设了或正在建设多座核电站（截至

---

① "山、散、洞"是"靠山、分散、进洞"的简称。20 世纪 60 年代中期，为防备侵略战争，国家有关部门提出，国防尖端项目要搬到三线地区按照"靠山、分散、进洞"的方针进行建设，有的还要进山洞。参见《邓小平文选》第 3 卷，人民出版社 1993 年版，第 401 页。

② 60 年代初期，中共中央和毛泽东提出从战备需要出发，将我国各地区分为一、二、三线，一线指处在战略前方的一些省区，三线指全国的战略大后方，二线指一线和三线之间的省区。参见《邓小平文选》第 3 卷，人民出版社 1993 年版，第 401 页。

③ 三线建设被认为是"在世界军事史和经济史上前无古人"的宏大事业，从 1964 年至 1973 年，在把一线的大批重要工厂、工程迁到内地的同时，又在三线新建、扩建了大批重要项目，包括攀枝花、包头、酒泉等大型钢铁基地和为国防服务的石油、机械、电力及尖端技术项目。十年期间，三线建设者扎根山沟，艰苦创业，在"大三线"建成包括一大批国家重要的钢铁、常规兵器、航空、航天、能源、电子、重型机械、发电设备制造工业基地。

④ 《邓小平文选》第 3 卷，人民出版社 1993 年版，第 127 页。

⑤ 同上书，第 277 页。

⑥ "珠三角"的概念最早源于 20 世纪 90 年代初。2009 年 1 月国务院发布《珠江三角洲地区改革发展规划纲要（2008—2020）》。纲要提出，到 2012 年，由广州、深圳、佛山、珠海、东莞、中山、惠州、江门、肇庆九个城市组成的珠江三角洲地区率先建成全面小康社会；到 2020 年，率先基本实现现代化。

⑦ 长三角指以上海为龙头的江苏、浙江经济带。这里是我国目前经济发展速度最快、经济总量规模最大、最具有发展潜力的经济板块。

⑧ 环渤海经济圈指以辽东半岛、山东半岛、京津冀为主的环渤海滨海经济带，同时延伸辐射到山西、辽宁、山东及内蒙古中东部。

2009 年中国沿海地区已建成六座核电站，尚有十座正在建设当中），投巨资建设的南水北调工程也在顺利进行。总之，改革开放以来我国经济建设布局的变化及其所取得的成就，都与我们做出的"在较长时间内不发生大规模的世界战争是有可能的"这样的准确形势判断、紧紧抓住我国发展战略机遇期的伟大决策分不开的。

　　然而，尽管说和平与发展是当今世界的时代潮流，世界各国之间仍然存在着矛盾，甚至是十分尖锐、难以调和的矛盾；世界各国之间仍然存在着相互猜疑、相互防范、相互竞争，甚至存在着激烈到可称为"没有硝烟的战争"的那种竞争。就我国而言，尽管我们从主观愿望上要坚持走和平发展道路，但从世界到周边，依然存在着诸多不稳定因素，特别是近年来国际国内形势正在发生新的深刻复杂变化，国际汇率战争山雨欲来，以人民币汇率为核心的中美贸易争议持续升级，东北亚、南中国海局势出现了紧张、险峻的氛围，中国周边外交难题急遽上升。

　　但是，日益复杂的国际形势并没有改变我们对当今时代的基本判断。党的十七大报告指出："当今世界正处在大变革大调整之中。和平与发展仍然是时代主题，求和平、谋发展、促合作已经成为不可阻挡的时代潮流。"① 在 2010 年 10 月召开的党的十七届五中全会又一次明确指出，"我国仍处于可以大有作为的重要战略机遇期"，指明了和平与发展仍是当今世界的时代潮流，国际环境总体上有利于我国和平发展，我们依然要坚持以经济建设为中心的基本路线，聚精会神搞建设，一心一意谋发展，才能从根本上把握广大人民的愿望，把握社会主义现代化建设的本质。有权威调查表明，党的十七届五中全会对当今时代的基本判断也反映了中国广大民众的关切，"中国人最关心的话题是全球变暖问题（占受访者的比例为67％）；认为'环境污染、老龄化、人口过度膨胀是世界面临的最大威胁'的中国受访者比例在所有国家中是最高的"，"仅有 17％的受访者认为国家安全是一个问题"。②

　　当今世界已不是冷战时代互相割裂的"两个平行的世界"，随着经济

---

① 引自胡锦涛在中国共产党第十七次代表大会上的报告，新华社 2007 年 10 月 24 日。

② 纪双城、王跃西：《8 国民调：中国人最忧心全球变暖》，《环球时报》2010 年 11 月 4 日。

全球化的发展，国家间的彼此交融和相互依存日益加深，安全利益相互交错重叠，安全关系不再是"你失我得"、"你输我赢"的"零和博弈"，加之在传统安全问题之外，非传统安全问题的严重性不断上升，因而世界和平力量的增长依然在超过战争力量的增长；顺应世界潮流而动的力量的增长依然在超过逆潮流而动的力量的增长；较长时间内不发生大规模的世界战争依然是可能的，在此背景下，树立能应对包括传统安全和非传统安全在内的各种安全问题的"新安全观"日益成为时代的要求。① 2009 年 9 月，胡锦涛主席在第 64 届联合国大会一般性辩论当天发表的讲话中，再次阐述了"新安全观"主张，强调"安全不是孤立的、零和的、绝对的，没有世界和地区和平稳定，就没有一国安全稳定"，"我们应该坚持互信、互利、平等、协作的新安全观，既维护本国的安全，又尊重别国安全关切，促进人类共同安全"。②

综上所述，对于我国来说，一方面坚持科学发展观努力搞好我们自己的事情，另一方面与影响我国的、乃至影响世界和平发展的诸多不稳定因素作斗争，这两方面的结合，不仅是为了维护我国的和平与可持续发展，也是为了维护亚太地区乃至整个世界的和平与可持续发展的伟大事业。

二　中美博弈与中日关系

尽管和平与发展是当今世界的时代潮流，但世界依然很不太平，特别是在 2010 年，美国对华战略愈来愈紧迫，从北向南煽风点火：利用韩国"天安"号沉没事件③，美军从 8 月开始大举陈兵黄海，举行美韩大规模军演，在中国近海耀武扬威，并借此离间中韩关系；希拉里国务卿高调介入南海问题，企图利用南海岛屿争端纠集一些东南亚国家联合反华；同年 9

---

①　"新安全观"是对"冷战"后期开始出现的一些不同于"旧安全观"即"传统安全观"的新安全观念的统称。

②　胡锦涛在第 64 届联合国大会一般性辩论上的讲话：《同舟共济　共创未来》，中国新闻网 2009 年 9 月 24 日。

③　天安号沉没事件是指 2010 年 3 月 26 日晚间，载着韩国海军 104 人的天安号护卫舰，在黄海海域白翎岛和大青岛之间巡逻时，受袭沉入海底的事件，沉船导致 46 名舰上官兵死亡。

月中日之间发生钓鱼岛撞船事件后，日本积极谋求美国就所谓"日美安保条约适用于尖阁诸岛"进行表态，展开"口仗美势，趁火打劫"的外交攻势；同年 12 月美日举行了自 1986 年以来第十次联合实兵不使用实弹的军演，作为两年一次的例行演习虽然表面上剑指朝鲜，但更深层次的则是针对包括中国在内的东北亚国家；同年 12 月日本内阁会议通过了作为今后十年日本防卫整备指南的《新防卫计划大纲》，① 提出构建"机动防卫能力"② 新概念，将"中国急速军事扩张"视为"令地区和国际社会担忧的事项"，并强调日本将削减本土防卫力量，以大力加强对"西南海域"的防卫。③

美、日之所以在这一时期密集地挑衅中国，固然是与前些时候面临中期选举的美国与政局动荡的日本两国国内产生的"拿中国说事儿"、各政党比赛"对中国强硬"以迎合民族主义情绪的政治需要有关，但更根本原因还在于美国雷曼危机席卷全球以来，世界经济陷入谷底，美国尽管千方百计让世界各国为其肇始的危机埋单（甚至开动印钞机让美元贬值），仍无法阻止其经济不断下滑，而中国却抓住时机推出扩大内需政策，经济恢复状况引世人瞩目，从 2010 年第二季度中国的 GDP 超过日本以来，中美

---

① 日本的《防卫计划大纲》从 1976 年开始制定，迄今已制定了 1976 年《防卫计划大纲》、1995 年《防卫计划大纲》、2004 年《防卫计划大纲》。这次 2010 年《防卫计划大纲》与其联动的《中期防卫力整备计划（2011—2015 年度）》的突出特点是在财政极度艰难的背景下为了对付中国而"移缓济急"，将主要用于在北方防备俄罗斯坦克部队登陆的陆军装备费用集中投入到海空军，将坦克从 2004 年《防卫计划大纲》规定的 600 辆削减到 390 辆左右，将潜水艇从现在的 16 艘增加到 22 艘以上，日本的潜水艇群将以最新锐、世界最大型、采用 X 字形船尾舵、水中运动性强、具备在水中发电功能、航行时间超长的"苍龙型"潜水艇为核心。日本军事专家认为，只要这样的潜水艇在海面下游弋，就完全可以把中国舰队阻止在港湾外。此外，在现在拥有 90 架号称"潜水艇最强杀手"的、世界上最高性能的 P3C 巡哨机以外，还将装备国产新型巡哨机 P1，专家称它将可以"使任何潜艇部队裸露在光天化日之下"。

② "机动防卫能力"是相对"基础性防卫能力"而言的。日本从 1976 年开始出台防卫计划大纲，一直以来推进的都是"基础性防卫"。即：保证日本拥有一个独立国家所需要的最低限度战斗力。基于冷战思维，它的假想敌是俄罗斯。而新防卫计划大纲把中国作为假想敌，同时为了对付"已成为地区安保紧迫而重大的不稳定因素"的朝鲜，日本计划把更多的防卫力量放到"西南海域"，特别重视建设一支能够发挥多种作用，且机动性强、反应迅速的有效防卫力量。也就是要实现从"遏制力"到"对应能力"的转变。

③ 日本开展针对中国的军事部署不仅在两国复交以来从未有过，而且在冷战时期也从未有过，仅仅在 1894 年发动针对中国的甲午战争之前，制定了"征讨清国案"，展开过针对中国的军事部署。

关系第一次成为世界老大和老二之间的关系，世界老大如何对待世界老二，世界老二如何对待世界老大，成为中美关系的新焦点和两国外交新课题。与此同时，呈现为群体性崛起之势的中国等新兴国家成为拉动世界经济增长的主力，特别是中国经济的迅速发展，军事力量的不断增强，使在"后9·11时期"将战略重心向亚太调整的美国深深感到不安，担心自己在亚太地区的"领导地位"受到挑战，也令作为盟国的日本感到一种强烈危机感；在日本国内，对中国崛起既担心又不服气、既嫉妒又看不惯的民族主义情绪迅速升温。

（一）障碍之一：美国针对中国的计谋

美日采取的一系列刺激中国的政策，实质上隐含着以擅长计谋、善于施展"巧实力"（smart power）①的美国所主导的、设给中国的三个陷阱。其一是，在一系列国防报告、政策乃至军事部署中越来越明确地将中国设定为"假想敌"②，其实质就是将中国定格为对美国霸权的争夺者和挑战者，刺激中国在军事上与美国对抗。虽然中国坚持不与美国争霸，走和平发展道路，然而中国经济的不断发展，国力的日益增强，一个绕不过去的矛盾就是让那个总担心世界上出现实力上能跟自己对抗（而不管有没有对抗的意图）的竞争对手的"世界老大"——美国感到不安，担心其在世界、尤其是在亚洲的"领导地位"和经济利益受到中国的挑战；奥巴马总统一再坚称美国绝不当"世界老二"。

中国理所当然地应该有自己的国家利益和发展目标，当然不能为了消除美国的担心而不发展自己，这样，就不可避免地与美国之间形成了一种

---

① "巧实力"最早是由美国学者苏珊尼·诺瑟2004年在《外交》杂志上提出的，强调综合运用硬实力和软实力来实现美国外交目标。奥巴马入主白宫以后，新任国务卿希拉里提出的"巧实力"，就是要通过灵巧运用可由美国支配的所有政策工具，包括外交、经济、军事、政治、法律和文化等各种手段，恢复美国的全球领导力。"巧实力"强调软硬兼施，但在组合软、硬实力时两者所占比重问题上仍有模糊之处，其主旨就是要改变前总统布什过分依赖硬实力、导致美国实力受损、形象下滑的对外战略。

② 例如，2008年版美国《国防战略》提到中国多达17次，指出"在可预见的将来，我们需要防范中国不断推进的军事现代化及其战略选择会对国际安全造成的影响"。http://news. xinhuanet. com/.../2008—08/01/content_8885682. htm。

结构性矛盾。为了遏制中国的崛起，美国在 2010 年利用手中的外交、军事资源一次次地找中国麻烦，将明言"不称霸"的中国定格为美国霸权的潜在争夺者和美国"世界领导者"地位的潜在挑战者，并在既有的同盟国之外，更多地纠集中国的周边邻国充任其"世界领导地位"的"支持者"。在西方政治学者看来，凡是向"领导者"叫板的"挑战者"都不会有好下场，那些得到好处的往往是追随"领导者"的"支持者"。16 世纪葡萄牙曾是西方世界的"领导者"，而向葡萄牙的领导者和海上霸主地位挑战的是西班牙，荷兰则是葡萄牙的"支持者"，到了 17 世纪，取代葡萄牙的领导地位的，不是作为"挑战者"的西班牙，而是作为葡萄牙的"支持者"的荷兰。尔后，英、法两国都曾对荷兰的领导者和海上霸主的地位进行挑战，不过，在 17 世纪 70 年代第三次英荷战争之后，英国同荷兰结盟共同抗法，使自己在对荷兰的关系上从"挑战者"转换为"支持者"，而把法国推上对荷兰的主要挑战者的地位，其结果，在 18 世纪取得西方世界领导者地位的国家不是向荷兰挑战的法国，而是与荷兰站在一边反对法国的英国。到 20 世纪前叶，德国曾在 1914 年、1939 年两次向英国的"领导者"地位挑战，然而，在二战后取得西方世界领导者地位的不是德国，而是两次作为"支持者"站在英国一边同德国作战的美国。二战后，美苏对立的冷战体制在某种意义上也可看做苏联作为主要"挑战者"向美国的领导地位挑战的"两极对立"格局，而作为二战战败国的联邦德国和日本则充当了美国的"支持者"的角色。经过几十年的冷战、局部热战及长期军备竞赛的较量，作为主要"挑战者"的苏联不仅未能取代美国的"领导者"地位，反而落得了自身趋于崩溃、解体的结局。与此同时，作为"支持者"的联邦德国（现在的德国）和日本却一西一东崛起为两大经济强国。莫德尔斯基提出，1494 年以来的世界政治经历了五个周期，每个周期都始于一场全球性战争，战争之后总是那个与挑战者对立的、领导者的同盟国之一作为世界大国脱颖而出，取代原来的领导者（国）的地位，尔后新的挑战者崭露头角，导致酝酿另一场全球性战争。[①]

美国将中国"定位"为美国霸权和"世界领导地位"的潜在"挑战

---

① 参见刘世龙《美日关系（1791—2001）》，世界知识出版社 2003 年版，第 4 页。

者"，就是设想让中国重蹈历史上曾向当时"领导者"挑战的西班牙、法国、德国等的下场。尽管我们未必赞同西方学者对数百年来大国地位变迁史的总结，但却不能不承认美国及其盟国正是照着这种逻辑打各自的如意算盘的。

美国为中国量身定做的第二个陷阱，就是通过挑衅、激怒中国，动摇中国坚持以经济建设为中心的基本路线。众所周知，当今中国的国力不断增强，归根结底是因为改革开放以来坚持了一条以经济建设为中心的基本路线，生产力的巨大发展成为包括国防实力在内的中国整体国力提升的源泉。进入21世纪以来，中国的GDP逐年超过各发达国家并于2010年超过日本，与此同时中国的军事力量也有了巨大发展，海洋意识大大增强，中国的海军力量担负着维护中国分布于近海的主权利益和分布于全球的经济利益的重任。然而，致力于维护自身霸权地位的美国却把中国的和平之师、特别是中国海军力量的增强视作眼中钉、肉中刺，企图将中国的海军力量围堵在第一、第二岛链之内。

美国认识到中国军事力量之所以得到增强，其根本就在于坚持以经济建设为中心的基本路线，通过大力发展生产力，为经济、国防等各方面的实力增强提供了物质基础，为此，美国就是要通过挑衅、刺激中国，诱使中国动摇以经济建设为中心的基本路线，分散中国发展经济的努力，妄图使中国的经济发展变得不可持续，妄图使中国因为环境破坏、水资源短缺、贫富差距、教育滞后等原因"盛极而衰"。

美国国内存在着一个具有强大政治影响力的"军工复合体"，[①] 这个特殊利益集团的本性就是"唯恐天下不乱"，只顾出售武器和攫取高额利润。早在冷战时代，美国前总统里根在1983年推出"星球大战"计划时，就曾嚷嚷说，要让苏联人在耗费惊人的军备竞赛中"把裤子都输掉"。美苏军备竞赛最终拖垮了苏联经济，成为苏联垮台的重要原因之一。冷战以后，美国深知自己通过战后几十年积累起来的尖端技术武器库无人可敌，加上依靠从全世界吸引优秀人才、吸取日本的军民两用高技术成果，造就了"无人堪比"的强大军事科技实力。这更令美国政府

---

① 参见产军复合体研究会《美国的核军备与产军复合体》，新日本出版社1988年版。

在"军工复合体"的推动下产生一种居心叵测的企图，这就是刺激、诱使一些军事技术远不及美国的、它所要对付的大国按照传统模式来同它开展竞争，既有利于"死亡商人"——"军工复合体"通过向盟邦、友国乃至我国台湾地区推销武器以获取带血的巨额利润，又诱使它所要对付的中国等"潜在敌国"通过急进式军备竞赛造成一个庞大过时、最终派不上用场的武器库，形成一个军事机器陈旧庞大而经济科教落后的畸形国家，并让"潜在敌国"在周边国家中刺激产生出自己的对立面，美国则将先进的军事装备出售给"潜在敌国"对立面，使"潜在敌国"的相对安全程度趋于下降。

美国为中国量身定做的第三个陷阱，就是利用中国对美国挑衅的反弹，倒过来反诬中国军事力量"威胁"邻国，离间中国与近邻诸国的关系，首先将中日关系搅黄了，进而全面恶化中国的周边环境，妄图将中国推入周边外交危机。奥巴马在 2010 年 11 月隆重出访印度、印度尼西亚、韩国和日本，就是要展现正在或将要从伊拉克、阿富汗两场战争中脱身的美国欲重返亚洲、维护其在亚洲的战略和利益的决心，更新其在亚洲的领导地位，消除某些亚洲国家对美国领导力的狐疑。① 此前希拉里高调参加东盟会议，声称南海是一个国际水域，"不允许任何国家对它有一个垄断"，其钊对中国的用心昭然若揭。现在，美国称霸的主要手段是淋漓尽致地发挥其"巧实力"，而不像冷战时期那样赤膊上阵，打侵朝、侵越战争，美国利用中国周边国家对中国崛起感到担心害怕因而纷纷寻求美国来平衡中国保护自己的心理，从日、韩到越南、菲律宾、澳大利亚、印度，拉拢一些盟国友国，与其联手来防范和遏制中国，把中国的多个邻国绑到美国全球战略的战车上，在东海、黄海、南海等地区将美国与诸多中国邻国之间的双边同盟关系或双边伙伴关系串联成为新形势下围堵中国的包围圈，以求达到孤立、封堵中国的目的，其中特别是对于中日两国，造成一个有冲突、有对立、又可以被美国控制的中日关系对美国最有利。

---

① 据报道，奥巴马这次光是出访印度的四天，就动用了 40 架飞机、6 辆武装车，其中一辆还配有独立通讯设备。此外，还出动了 500 人力的美国国安人员，以及 34 艘船舰，包含 1 艘航母在印度洋巡逻。

（二）障碍之二：日本对美国对华计谋的配合

就美国对华政策中隐含的三个陷阱而言，日本与每一个陷阱都有着密切关系。美国等西方国家顽固地持有所谓"黄祸论"想法，对亚洲两大黄色人种国家——中国和日本，美国一直采取"跷跷板"政策，谁翘起来就压谁。20世纪80年代末至90年代初，日本翘起来了，就宣扬"日本威胁论"，在美日贸易摩擦中严厉打压日本，而通过很多受美国培养的日本经济官僚在日本推行"与其说是为了日本的利益、不如说是为了美国的利益"的汇率、利率等经济政策，可谓是美国整日本的最厉害一手；如今中国发展起来了，就压中国，宣扬"中国威胁论"。①日本在外交上历来采取"与强者为伍"的策略，尽管随着经济持续增长，中国的综合国力迅速增强，但是中国的国力增强和现代化发展还远远没有达到能让日本服气的水平，反而促使日本因为担心中国走向强大而更加求助于美国的"军事保护"，更加主动地在美国定格的"领导者—挑战者—支持者"的国际霸权政治舞台上将自己定格为支持美国"领导地位"的"支持者"、而且是重要"支持者"的角色。在2010年上半年，鸠山由纪夫首相曾提出要跟美国形成"对等的同盟关系"并在普天间基地问题上向美国叫板，激怒了傲慢的美国盟主，致使美国国防部部长盖茨在访日期间警告鸠山政府"如果日本违反与美国军事同盟关系，接近正崛起的中国，将面临严重后果！"为了消除鸠山内阁怠慢美国所造成的消极影响，现首相菅直人上台伊始就急忙表示要加强日美同盟关系，并趁着在民主党党首选举中击败小泽一郎的时机，发表应"再强化"日美安保同盟的论文②，又一次明确日本要支持美国对世界、特别是对亚洲的"领导地位"，以便谋求历史上曾力挺"领导者"的"支持者"——荷兰、英国、美国那样的好处。当然，未来

---

① 在20世纪80年代日本曾在经济上挑战美国，甚至狂妄地声称要把美国买下来，让21世纪成为"日本的世纪"，这让战后曾经大力援助过日本的美国感到需要狠狠地整一下这个"得志便猖狂"的昔日战败国。果然，由于日本自身的原因（人口老龄化加上金融政策的失误）和美国的整治（主要利用汇率、金融等政策手段），日本经济"失去了"整个20世纪90年代，其后再也无法恢复昔日的锋芒，以往那种挑战美国的勇气越来越被惧怕中国超过的危机感所取代。

② http://online.wsj.com/article/SB10001424052748703376504575492492252402682.htm.

日本不可能像荷兰、英国、美国那样，取前任霸权国而代之，但至少有可能争取到美国做出帮它防范中国的承诺，在亚洲地区升任美国的"霸权助理"。

日本为谋取积极支持美国"世界领导地位"的报偿，不惜恶化与"被定位"为"挑战者"的中国的关系，反映了日本当政者对当今世界大国关系的理解过于简单化和幼稚化。其实，在全球化时代，大国关系并不能归结为"领导者—支持者—挑战者"的简单图式，中美矛盾更不能简单地归结为"领导者"与"挑战者"的矛盾，而是具有一种"既是相互依存的关系，又体现了权力政治的矛盾"的"双重结构"①，美国一方面企图遏制中国崛起，围堵中国海洋战略，另一方面又在反恐、朝核、经贸、应对气候变化等重大问题上谋求同中国合作；作为最大的发展中国家和最大的发达国家，中美两国在事关世界和平与发展的重大问题上拥有广泛共同利益，肩负着重要责任，正如美国的重要智库——"战略与国际问题研究中心"发表的报告所言，"要解决21世纪的许多重大挑战，美中伙伴关系不可或缺"②。由于美国国内政治因素的影响，中美关系常有起伏，而当中美关系获得改善的时候，日本作为美国"支持者"的战略价值就会下降，它所期待的充任"支持者"的报偿很可能被过于追随美国而付出的沉重代价抵消有余，这个代价包括丧失外交独立性，不敢对美国开动印钞机导致日元升值说"不"，容忍美国对日本的"继续占领"（驻日美军基地达130多处），恶化同与之存在着紧密的经济相互依存关系的中国的关系；在中美关系改善的形势下，日本还可能遭到"领导者"轻视，例如20世纪70年代初美国搞的"越顶外交"（1972年尼克松访华没有事先知会日本，被日本称为"越顶外交"，over head diplomacy）、90年代"飞越外交"（1998年克林顿访华时过日本家门而不入）那样的窘境，所有这些都会严重损害日本的国家利益。

在美国刺激中国搞军备竞赛，动摇我国以经济建设为中心的基本路线的第二个陷阱上，日本也起到了推波助澜的作用。尽管战后日本基本上坚

① 李少军：《如何看待当前的中美关系》，《中国社会科学报》2010年11月4日。
② 《奥巴马：自称"太平洋总统"　不谋求遏制中国》，《东南快报》2009年11月15日。

持了和平发展道路，成长为世界上名列前茅的经济大国，特别是从中国改革开放以来，日本从中国持续的经济高速增长中得到了巨大好处，甚至可以说日本是从中国发展中得到好处最多的国家。但是，当中国取代日本成为世界第二大经济体的时候，日本感到"被中国超过"的滋味很不好受，国内的民族主义情绪迅速升温，恰好在此前后上台的民主党政权的对华外交也从鸠山内阁时期的"先经外交"（经济优先外交）转向菅内阁时期的由相继担任国土交通大臣、外务大臣的鹰派政治家前原诚司主导的"先军外交"（军事优先外交），借撞船事件恶化两国关系气氛，甚至在日本国内造成一种战争迫在眉睫的气氛，借以争取日本国民支持和理解其进一步加强日美军事同盟，同时扩充日本自身的军备，根据新防卫大纲（草案），日本政府将引进最尖端的战斗机、运输机和高速运输舰，扩充潜水艇部队，等等。① 日本加强军备固然是为了对付中国，但同样带有配合美国激发中国搞军备竞赛、借以分散中国致力于发展经济和推进现代化的精力的用心。但是，从日本财政那种捉襟见肘的窘境来看，日本搞军备竞赛必会力不从心，将导致财政赤字居高不下（2010 年度日本财政赤字占 GDP 的比重超过 9%）、公共债务高达 GDP 的 1.8 倍（居发达国家之首）的"寅吃卯粮财政"雪上加霜，难以为继。为此，在编制 2010 年新防卫大纲的过程中，虽曾提出将陆上自卫队编制从目前的 15.5 万人扩大到 15.7 万人的要求，但是鉴于严峻的财政状况和民主党内要求削减预算的强烈呼声，防卫省不得不放弃了这个要求，同时政府还将把 2010 年度至 2014 年度的防卫经费控制在 23.49 万亿日元，比 2005 年度至 2009 年度五年间的防卫经费下降 0.75 万亿日元，至 2010 年度日本的防卫经费已连续八年下降，防卫经费总额已比 2001 年度下降约 5.2%。为了加强用来对付所谓来自中国等的威胁的"西南防御"，只好拆东墙补西墙，新购战斗机、驱逐舰、火炮的数量均比以前的"大纲"和"计划"有所减少，扩充潜水艇部队（从 16 艘扩充至 22 艘）也并非是新购潜艇，而是继续留用本应退役的潜艇。

在美国力图离间中国与近邻诸国关系的第三个陷阱上，日本民主党政

---

① http：//japan. people. com. cn/35469/7203175. html.

权从鸠山内阁时期的积极友华、推动"东亚共同体"的策略转向菅内阁时期的"联美制华"策略，首先是自己主动"离华"。日本于2010年8月在冲绳和九州附近与美国开展针对中国的联合军演，并进一步计划在2010年12月于台湾地区以东的"尖阁诸岛"和八重山列岛周边海域展开以中国海军为假想敌的联合军演，其具体目标是阻止"中国从东海岸进攻台湾"。可以看出美国联合日本进行"既涉钓（鱼岛）又涉台（湾）"的军演，一个重要目的就是激怒中国，诱导日本走向敌视中国的方向，而日本则积极地接受这种"诱导"背离发展日中关系的大方向。

日本还积极充当协助美国在亚洲施行"离间计"的急先锋，力图唤起某些与中国存在领土争端的东南亚国家的"共鸣"，试图纠合越南、印度等邻近中国的大小国家"合纵抗华"，帮助美国构筑一种"四处都是对中国不友好国家"的"包围圈"。有专家分析说，日本的用心就是想使钓鱼岛问题升温，使之与南沙群岛、黄海一起，形成以中国为一方，以得到美国支持的周边国家为另一方，双方相互对峙的"世界性的海上纷争地区（对华包围网）"。① 在日本国内媒体上，还出现了"要用国际联合对付中国"的呼声。② 2010年10月，日本防卫大臣北泽俊美在河内出席东盟防长扩大会议期间，相继与越南、印尼、澳大利亚、泰国和新加坡五国防长举行了会谈，不仅阐述了"尖阁群岛是日本固有领土"的日本单方面主张，而且谈到了中国日趋活跃的海洋活动，强调各国"联合应对非常重要，希望密切交换意见"，但据反映，各国防长都只对"广泛意义上的合作"表示赞成，纷纷要求谨慎应对，其发言并未如日本所愿，点名提及中国。③ 由此可见，虽然日本积极配合美国离间中国与近邻诸国关系，但其"合纵制衡中国"的企图并未得逞。

（三）中国应对美国对华计谋、克服发展中日关系障碍的立场

中国对美国对华政策中隐含的每一个陷阱都有着清醒的认识，而这种

---

① http://tanakanews.com/100802china.htm.
② 《钻石》周刊2010年10月9日。
③ 日本共同社河内2010年10月12日电。

清醒认识的基础就是中国对当今时代潮流的正确判断，即中国对外战略必须顺应和平发展时代潮流。

对于美国设下的第一个陷阱，中国一再明确表明"永不称霸"的意向，这里的"永"字意味着今后中国即使强大了，也绝不称霸，"如果那时中国翘起尾巴来了，在世界上称王称霸，指手画脚……肯定就不再是社会主义国家了"。① 这意味着中国"韬光养晦"的根本含义就是"永不称霸"，而"永不称霸"则是中国的社会主义国家性质所决定的。由于在当今世界上已经存在美国这个霸权国家，所谓"永不称霸"正是"永不争霸"的同义词，也就是中国不会同美国争夺霸权，当然这并非意味着中国会完全接受美国所控制、主导的国际政治经济秩序，因为当今世界正处于大发展、大变革、大调整时期，建立公正、合理的国际政治经济新秩序已经成为时代潮流，中国正在同世界各国一道，为推动建立公正、合理的国际政治经济新秩序而努力，这就必然与美国之间形成竞争，但是这种竞争既不是要同美国争霸，也不会导致出现"中美冷战"。

中国应对上述第二个陷阱的态度也十分明确，这就是"中国不搞军备竞赛"，中国把"不对外进行军事扩张，不搞军备竞赛"作为中国"国防政策的实质所在"，② 长期以来中国坚持国防建设与经济建设协调发展，坚持使国防费的增长控制在国家经济建设的承受能力之内，正是遵循以经济建设为中心的基本路线的表现，而"不对外进行军事扩张"的方针显然又是中国的社会主义国家性质所决定的，中国不会像当年资本主义大国以战争手段实现崛起，与此同时，有着丰富的国际斗争经验的中国对苏联的教训有着深刻领悟，绝不会上美国挑动军备竞赛的当。

温家宝总理在2010年9月第65届联大一般性辩论上所做的《认识一个真实的中国》的讲演中指出："中国仍然处于社会主义初级阶段，仍然属于发展中国家。这就是我们的基本国情，这就是一个真实的中国。"③中

---

① 邓小平：《实现四化，永不称霸》，《邓小平文选》第二卷，人民出版社1983年版，第112页。

② 《国防部胡昌明解读国防白皮书》，http：//wenku. baidu. com/view/c40556d233d4b14e 85246888. html。

③ http：//news. xinhuanet. com/world/2010—09/24/c_12599183. html。

国若干重要产品产量位居世界前列，但总体上仍处于全球产业链的低端。中国已经成为国际贸易大国，但出口产品技术含量和附加值低，民用核心技术仍然大量依赖进口。2009 年中国人均 GDP 为 3678 美元，不到日本39731 美元的十分之一，而且中国目前的基尼系数为 0.45，已跨越了国际警戒红线（基尼系数越大反映收入差距越大）。2009 年中国的人类发展指数（HDI，Human Development Index，是联合国开发计划署在《1990 年人文发展报告》中提出的衡量各成员国经济社会发展水平的一个比 GDP 更全面、更科学的指标）为 0.772，在 182 个国家中名列第 92 位，即使在发展中国家中也位居"中级"档。据中国科学院中国现代化研究中心发表的《中国现代化报告 2010》，2007 年中国的综合现代化水平在世界排名中仅占第 78 位，日本则仅次于美国居世界第二。① 中国急需大力发展教育，培养人才，防止人才外流，更加扎实地提升我国的科技水平。中国还面临着区域发展不平衡，收入差距、城乡差距、国有民营差距拉大等堆积如山的问题。② 总之，中国需要大力落实科学发展观，需要大幅度地增加对环境治理、农田水利建设、教育和科研、发展医疗保险制度等的投入，十七届五中全会公报将"民富"目标置于突出的地位，正是反映了当前中国正在一心一意搞建设，大力改变经济发展不平衡、不协调、不可持续的局面，中国既没有意图也没有余力搞什么军备竞赛。

中国应对上述第三个陷阱的方针就是，针对美国为了巩固其"亚洲领导地位"，对亚洲实行"分而治之"的策略，中国一贯坚持奉行"与邻为善、以邻为伴"的外交政策，致力于推进与东亚各国的合作，积极营造和谐的周边环境，努力达到睦邻、安邻、富邻、互利双赢的境界，既为促进本地区和平与繁荣，也为中国自身发展创造良好的外部环境。中国同一些

① 中国科学院中国现代化研究中心：《中国现代化报告 2010 世界现代化概览》，北京大学出版社2010 年版，第 266—268 页。

② 就在中国 GDP 超日的消息传来之际，中国军民正在奋力救助惨遭泥石流袭击的甘肃舟曲、云南贡山的灾民。从 2011 年初以来，中国的自然灾害频繁发生，在全国 28 个省份（包括自治区）中有 18 个省份遭受旱灾，26 个省份遭受洪涝灾害，有专家指出许多灾害既是天灾，也与毁林、过度开发有关。与此同时，中国的江河水系 70% 受到污染，40% 严重污染（基本丧失使用功能），流经城市的河流 95% 以上严重污染，3 亿多农民喝不到干净的水，4 亿城市人口呼吸不到新鲜空气，一半多以上的城市空气都不达标，环境污染正在从城市向农村扩展，长此下去将可能影响到中国社会的稳定。

东亚国家的矛盾，包括领土主权的争议，很多都是历史遗留问题，或是地缘政治关系中难以完全避免的分歧，中国坚持以双边路径解决这些争端，防止将问题多边化、国际化，不给美国留下介入的空间，逐个地同有关国家继续探讨公平合理的解决途径，和平地解决有关争端。

三 对当前和今后中日关系的认识与建议

尽管中国坚持和平发展，明确地表明中国的发展不会对日本及其他周边邻国构成什么"威胁"，但是，菅直人内阁的对华外交却越来越展现出对中国的经济崛起欲加以利用，而对中国的军事崛起则加以防范的政策取向。2010 年 9 月上旬，在前国土交通大臣前原诚司的主导下，日方制造了扣押中国渔船船长、并依照所谓"国内法"处理中国船长的撞船事件，恶化了中日关系，导致两国关系出现了又一次逆流（战后中日关系出现过三次逆流，分别发生在岸信介内阁时期、佐藤荣作内阁时期、小泉纯一郎内阁时期）。

当前中日关系的主要特点是：

第一，随着民主党取代自民党成为执政党、菅直人取代鸠山由纪夫成为首相，中日关系进入了与缺乏执政和外交经验的民主党政权的磨合期，日本对如何应对中国军事崛起陷入了迷惘状态，对华战略出现了很大的摇摆性和不确定性，在 2010 年 9 月民主党党首选举后，菅直人重组内阁，让鹰派人物主导了对华外交。

在美国被称为"新保守主义者"① 的过激右派抬头时期，现任外相前原诚司曾被视为"日本的新保守主义者"，前原在菅内阁任国土交通大臣期间管辖海上保安厅，一手制造了依照日本"国内法"羁押中国船长的撞船事件，在民主党党首选举后，菅直人在重组内阁时为了讨好美国，又任命与美国有着长期紧密联系、得到美国政界赞赏的前原诚司为外务大臣，

---

① 新保守主义的政治哲学有三个特点：其一，对潜在敌国看重的是"强力"而非其表明的"意图"；其二，自由民主跟其所称的"专制"水火不容，民主国家应挺身反对"暴政"；其三，美国及其价值观至高无上，美国应担负起它的"世界使命"。新保守主义者对旧保守主义者模糊社会制度和意识形态的差别，发展同"共产主义国家"的关系表示强烈的不满。

主导日本的外交事务。

前原诚司制造并导演撞船事件或可称为"剧场外交"，其特点就是当事者表现欲强，急于"露一手"，利用日本国民危机感强的特点，在钓鱼岛问题上激化中日矛盾，以便把自己扮演成"国家利益捍卫者"，博取民众的好感和支持，甚至让自己的支持率一时间超过了菅直人首相，其政治目的昭然若揭。

但是，前原外相也可能是因为初涉外交水域，不知深浅，未能合理地权衡钓鱼岛问题与日中关系问题孰轻孰重，经过"船只冲撞"演化为"外交冲撞"，菅内阁的对华外交逐渐出现"软化"迹象，如菅直人不止一次地利用国际会议的场合寻求与中国领导人见面，前原外相也在2010年11月在日本横滨召开的 APEC 会议前夕，积极促成两国领导人会谈。①

第二，在撞船事件发生之后，日本国内的极端民族主义情绪高涨，右翼势力大为振奋，煽动说中国不仅要"入侵"钓鱼岛，而且威胁琉球冲绳，致使日本在所谓"捍卫尖阁列岛"问题上"全国空前一致"（在事关所谓"国家利益"的问题上，不管左中右，任何政党都会站在维护本国利益的立场上），日本国民的对华感情进一步下降到历史最低点。

鸠山前首相认为在对外关系上要"排除极端民族主义"②，然而，日本的右翼势力却反其道而行之，故意激发日本国内的极端民族主义，妄图通过中日两国"民族主义刺激民族主义"的恶性循环，葬送中日两国仁人志士为之付出了非凡努力、巨大心血乃至生命代价才培育起来的中日友好关系。

第三，当今中日关系逆流不是孤立的，有可能发生连锁效应，呈现双边外交多边化的倾向，对中国与彼此存在领土争端或其他敏感问题的某些

① 在 APEC 会议前夕，日本多个电视台反复重播日本前原外相在一次外交部记者会上对中国示好的谈话："外交工作有难度。想说不能说的话肯定有，或者说到什么程度也是非常有难度的事情。说一些严厉的话，实行严厉的政策，短期内可能会获得国民的支持，但是我们所有工作的结果不是以这个为定论的。所以不要看短期内的支持率怎样，特别是外交工作希望能让国民看到中长期效果。"连一向乐于报道中国负面新闻的《产经新闻》都表示，中国是日本在亚洲地区最大的贸易对象。菅直人输不起中日关系，如果中日关系无法修复，对于两国是两败俱伤，但是"日本损失更惨烈"。http://blog.ifeng.com/article/8714872.html。

② 鸠山由纪夫「私の政治哲学」，『VOICE』2009 年 9 月号。

东亚友好国家的关系产生负面影响，而企图推动这种连锁反应的背后操盘手正是美国。

第四，日本对华战略尚处在摇摆、彷徨、不确定的状态。日本既想利用中国的崛起，又想牵制中国的崛起；既想在经济上依赖中国，又想在安全上防范中国；既害怕受美国的全面控制，又想借美国的力量制衡中国；在世界权力从西方国家向非西方国家东移的时代，日本既想继续作为西方的一员，又想从"脱亚"转变为"返亚"。吴怀中认为："计入民主党的政策变量，基本可综合出日本安全政策在未来的四种主流演变趋势。（1）要适度整军经武，提高自身防卫能力，为此对各种束缚因素进行必要改革——在改革时间、程度和选项上有分歧，但已无主张一成不改的。（2）要在国际安全事务中发挥作用，自卫队要走出去，同时要积极参与地区安全的机制建设和合作推进，但在使用武力、参与方式及目的等问题上存在一定分歧。（3）要维持或强化日美同盟，但同时尽量在同盟框架内争取对等性或至少是主动权。（4）仍然对中国采取'两面下注'方针，在推动对话和协调的同时，不废（甚或加强）防范与制衡之功。冷战后，日本在军事安全领域一直对中国放心不下，这种势态与政权更替关联不大。……近未来一段时期则会在东海这一战略方向上加大对中国的安全关注和防范。"①

针对当前中日关系面临的严峻形势，笔者提出以下看法：

近来，尽管日本政府做了很多不利于中日关系发展的事情，引起了中方的强烈不满，而且在日本国内，菅内阁的外交政策也引起了国民的不安，②面对这种情况，中方仍然坚持以大局为重，遵循中日间四个政治文件的原则，坚持发展中日战略互惠关系的方向，为构建"与世界发展潮流相一致"的中日关系而努力，这是完全正确的，符合民意的。"世界潮流，浩浩荡荡，顺之者昌，逆之者亡。"我们坚信和平发展是当今时代潮流，

---

① 吴怀中：《参议院选举后的日本安全政策走向》，《日本学刊》2010年第5期。

② 据中新网2010年11月8日电，日本共同社于11月6—7日连续两天进行的全日本电话舆论调查结果显示，菅直人内阁的支持率为32.7%，比10月上旬调查时的47.6%大幅下降14.9个百分点，为上台后的最低点；内阁不支持率也从上月的36.6%上升至48.6%。报道称，74.0%的被调查者表示对菅内阁的外交感到不满，该结果应该是大受其缺乏长远考虑的对华外交姿态的影响。

坚信中国的和平发展道路会越走越好，坚信中日关系必将会走出目前的困局，走向健康、良好、互利双赢的发展局面。

当然，对别有用心的势力利用领土争端破坏我国与周边国家关系的图谋必须保持高度的警惕。钓鱼岛自古以来是中国的领土，但在 20 世纪 70 年代初，美国沿袭老殖民主义者在原殖民地获得独立时，故意在相邻国家之间留下纷争火种的惯用手法，在向日本归还冲绳时将属于中国的钓鱼岛及其附属岛屿的管辖权连带交给了日本，从而在中日之间埋下了一个容易引发纷争的"雷区"。在 1972 年中日复交和 1978 年中日签订和平友好条约之际，中日领导人发挥了高度的政治智慧，两次"绕过了"这个"雷区"，这既包括周恩来所说的"没有必要涉及钓鱼岛问题，与中日两国基于和平共处原则、恢复邦交这个事情相比，钓鱼岛不算什么问题，报纸上也不要拿这事儿干扰（复交谈判）"①，也包括邓小平所说的"我们这一代缺少智慧，谈这个问题达不成一致意见，下一代比我们聪明，一定会找到彼此都能接受的办法"②。自中日复交以来的大部分时间里，虽然围绕钓鱼岛问题的风波常有发生，但从总体看中日关系保持着良好的局面，这意味着在"搁置争议"的前提之下③，一个良好的中日关系可以与钓鱼岛问题"并存"，其原因就在于，发展中日关系是两国各自的国家利益之所在，这不仅包括经贸关系上的双赢，而且包括两国发展都需要一个稳定的周边环境，如果中日双方都采取"远交近攻"策略，或许可以多少弥补因为关系紧张导致两国经贸关系受到的负面影响，却损害了对于两国来说更为重要

---

①　引自日本外务省文件《第二次竹入义胜—周恩来会谈记录》（北京，1972 年 7 月 28 日）。周恩来上述谈话的背景是这样的：由于发现钓鱼岛海域有可能出产石油，加上美国将钓鱼群岛的行政管辖权划归日本，以及日本国内右翼势力故意利用钓鱼岛问题煽动狭隘民族主义以牵制中日关系的改善，日本国内舆论在 1971 年、1972 年期间热炒钓鱼岛问题，据查在这两年所谓"尖阁诸岛"、"鱼钓岛"等词汇在日本国会审议中分别出现 54 次、42 次之多（日本国会会议录检索系统 http：//kok-kai. ndl. go. jp/）。参见村田忠禧《尖阁列岛·钓鱼岛争议》，日本侨报社 2004 年版。

②　http：//book. sina. com. cn/1092898767 _ dengxiaopin/excerpt/sz/2008—05—05/1112235080. html。邓小平上述谈话的背景是这样的：在 1977 年、1978 年中日缔结和平友好条约的谈判进入了最后阶段，日本右翼势力又一次大肆炒作钓鱼岛问题，在 1977 年所谓"尖阁诸岛"、"鱼钓岛"等词汇在日本国会审议中出现 42 次，在 1978 年则达到创纪录的 91 次（日本国会会议录检索系统 http：//kok-kai. ndl. go. jp/）。

③　1979 年 5 月 31 日，邓小平在会见日本自民党众议员铃木善幸时，首次完整地提出在钓鱼岛采取"主权在我、搁置争议、共同开发"的建议。

的周边安全环境。总之，发展两国关系对于两国的利益比起双方都视为归属于本国的钓鱼岛（日方称为尖阁诸岛）这个局部利益更大、更重要、更带有全局性。日本前首相鸠山由纪夫曾说，"钓鱼岛的归属问题要同中国商量"①，中日关系需要"再破冰"，双方都需要避免做"小不忍则乱（本国）大谋"的事情。日本学者村田忠禧最近指出，在领土争端问题上"要经常持有以冷静、平和的态度解决问题的精神，最最重要的是应当绝对警惕和反对双方的挑衅性行为及煽动狭隘民族主义、伪爱国主义的行动，应该吸取先人提出的'搁置争议'的智慧，共同摸索对钓鱼岛及其海域'共同管理，共同开发'等和平解决方法"，② 笔者强烈主张：日方不应该单方面地"否定'搁置论'"，导致两国矛盾激化。

何方认为："发展中日友好合作是我对外总体战略的重要一环，是事关全局的大问题，不可因一时一事影响大局，也不能以群众情绪决定政策。""如果不搞好对日关系，总想敲打它，那就很难利用日美矛盾，还会促使日本向美靠拢。美国又正想离间和操纵中日关系。一位美国名人就说过，美国最怕的事是一觉醒来发现中日结成同盟。当然，利用矛盾既不是联美压日，也不是联日抗美，从我们的国家利益出发，也需要保持和发展对美关系。实际上，中日美三边关系，除了相互制约的一面外，还有相互促进的一面。""改善中日关系，也有利于缓和中美关系"，③ 反之亦然。

吕耀东认为：中日战略互惠关系是"中国坚持走和平发展道路、积极推动中日两国良性互动"的产物，④ 笔者认为中日关系发展的最终推动力正是两国对和平发展道路的坚持和执著。刘江永以 20 个字概括中日两国的相处之道："邻嫌我避、邻乐我喜、邻困我援、邻恶我防、邻好我学。"

---

① 2010 年 5 月 27 日，东京都知事石原慎太郎在日本全国知事会议上质问鸠山："如果日中间围绕尖阁诸岛发生冲突，是否发动日美安保条约？"鸠山由纪夫在回答中说了一句，"我理解美国的态度是，希望日本和中国在尖阁诸岛的归属问题上很好地进行议论，做出结论"。这句话引起石原慎太郎暴跳如雷，大骂"没见过这么混账的首相！"参见 2010 年 5 月 28 日《产经新闻》报道。

② 村田忠禧：《用智慧开创"日中关系新时代"》，《潮》2010 年 12 月号。

③ 中国社会科学院学者文选《何方集》，中国社会科学出版社 2001 年版，第 189 页。

④ 吕耀东在《中国和平发展与日本外交战略》（社会科学文献出版社 2010 年版）一书中详细分析了改革开放以来中国确认和平与发展的时代特征，坚持走和平发展道路的国际战略方向，对日本的外交战略及其对华政策调整所产生的深刻影响。

其中，"邻嫌我避"的例子：日本前首相福田康夫在参拜靖国神社问题上曾说"不做邻国讨厌的事情"，到日本旅行的中国人不要做给对方添乱的事、注意日本社会的礼仪和文化习俗；"邻乐我喜"的例子：日本参加和声援 2008 年北京奥运会；"邻困我援"的例子：中日两国发生严重的自然灾害之际相互支援（例如 2008 年 5 月中国发生汶川大地震之后日本在地震发生次日即表示愿意派遣救援队来华）；"邻恶我防"则不仅包括要防范来自邻国的侵犯，而且也包括吸取邻国失败的教训防止重蹈覆辙；"邻好我学"自然是指相互学习对方的长处。可以说这 20 个字是对中日复交以来大部分时间里两国之所以能够保持良好关系的经验的总结，这种经验无疑也适用于今后的中日关系发展。[1]

　　与此同时，我们需要更加注意中美关系对中日关系的影响，将改善中美关系作为促进中日关系改善的重要手段；我国还需要更加注意对日关系与我国对东亚地区其他国家的关系之间存在着相互影响，甚至可以说"中日关系成了预测中国整个周边外交的指标"，[2] 搞好对日关系也会为搞好同其他东亚地区国家、特别是同我国存在岛屿主权争端的国家的关系营造良好的氛围，对某些政治势力企图在东亚地区搞针对我国的"合纵策略"应保持高度的警惕。

　　笔者相信，遵照党的十七届五中全会的精神，我们一定能够紧紧抓住当今大有作为的战略机遇期，一定能够使我们党和国家的对日外交政策服从于我国全面建设小康社会的战略目标，在党中央的坚强领导下，统筹各个部门的涉日外交事务，明确统一的对日战略，防止"政出多门、各行其是"，步调一致地处理好当前面临的对日外交课题。中国仍是个发展中国家，仍处在工业化途中，实现社会主义现代化尚任重道远，虽然中国已经处在老龄化阶段，但我们还将有 20 多年的"人口红利期"（人口年龄结构有利于经济发展的时期）[3]，因此，在周边外交方面，我们正在做的事情就是争取延长我国发展的战略机遇期，而不是相反。

---

① 法政大学国际日本学研究所编集『転換期日中関係論の最前線—相互発展のための日本研究』，2010 年版，116 頁。

② 引自杨伯江于 2010 年 11 月 19 日在北京召开的"中日关系座谈会"上的发言。

③ http://news.sina.com.cn/c/sd/2010—09—09/014521065921.html。

四   日本特大地震后的中日关系

2011 年 3 月 11 日，日本东北和关东地区发生了里氏 9.0 级的强烈地震，引发大规模的海啸，导致福岛的核电站发生核泄漏，到目前为止遇难、失踪人数已达战后最高，经济损失预计超过 10 万亿日元，成为日本历史上最严重的自然灾害之一。

这次日本的特大地震，是人类的灾难，是世界级的灾难，灾害无情人有情，救灾不分国界。日本大地震发生以后，中国的领导人向日本人民表示了慰问，对在地震、海啸中死亡的受害者表示了哀悼，中国政府派出了救援队并提供了紧急人道主义援助物资和燃料，中国大多数网民也向日本人民表示了慰问，很多网友还把自己的友好善意的表示发到了日本驻华大使馆的网页上，引来日本驻华大使通过电视向中国人民表示感谢。而在全世界，超过 50 个国家向日本提出了救援申请。

在日本，当灾难来临之际，一位叫佐藤充的日本人为了安排中国研修生撤退而被无情的海浪吞噬；许多日本国民为灾民无偿提供食物、住宿，用实际行动践行了大爱无疆的真谛。灾害的影响虽然还在持续和扩大，但大多数日本国民沉着应对，没有慌乱，各项救灾工作正在紧张有序地进行。重灾区的中国灾民也得到了与日本人同样的救助。这种良好的社会秩序和一视同仁的品格给人们留下了深刻的印象。

众所周知，近年来由于担心中国军事力量增强和钓鱼岛争端，日本国民对中国的好感度降至 1972 年中日复交以来的最低水平，使得如何改善两国人民之间的相互感情成为改善两国关系的一个关键。而这次灾难发生之后，为两国人民相互认识对方提供了一个敞亮的窗口，在面对灾难之际，中日两国政府和人民相互支援，相互慰问，共同哀悼死难者，体现了超越国家、民族的人道主义精神，也显示出中国人民的传统美德和宽广胸怀，增进了两国人民的相互理解和心灵沟通，使中日两国人民在自然灾害面前拉近了心理距离。

中国是日本的最大贸易伙伴，日本则是中国第三大贸易伙伴，也是中国引入外国直接投资的重要来源国，截至 2010 年 1 月，日本对华投资项目累计 42516 个，实际到位资金金额 698.85 亿美元，两国之间的贸易和直接投资的数额巨大，日本对中国经济有重要作用。近年来中国对日本的投资也在迅速增长，仅 2010 年一年就购买了 194 亿日元的日本蓝筹股，其中就包括了受到地震灾害、股票价格下跌的一些日本的公司。由于余震和海啸威胁未消散，核电站爆炸和核泄漏事故仍在发酵，灾情进展仍难以预计，导致全球金融市场面临巨大的不确定性。

　　日本作为全球第三大能源消费国以及主要的粮食和金属消费国，这次震灾也必将在能源和大宗商品市场引发动荡，并波及中国，因为中国 36% 的煤炭和 21% 的原油出口日本，而 44% 的钢铁产品和 27% 的铝产品进口来自日本。有分析机构预计日本大地震造成的总损失（包括建筑、厂房等）将达到 16 万亿日元，是 1995 年阪神大地震的 1.6 倍。在灾难之后，日本会立即启动地震、海啸之后的大规模的重建工作，而近在"一衣带水"之隔的中国必将成为向日本重建工作提供其所需的生活资料和生产资料的重要来源。

　　日本是世界最重要的、具有高技术含量的机械设备、原材料、零部件的供应者。日本钢铁企业是对世界各地的重大建设项目不可缺少的高级钢材的供应者；是用于开发海底油气资源所需的、具有极强的耐腐蚀耐高压能力的管道的供应者；是活跃在世界各地矿山中的超大型铲车及载重量 200 吨的运矿石用卡车等的供应者；是汽车制造所必需的极耐磨耗的轧制模具的供应者；是被称为"信息化的粮食"的高级半导体芯片的供应者。上述这些在技术上有奇货可居的日本厂家订单如潮，有的交货期甚至排到了一年半以后。由此可见，哪怕是少数高技术产品的厂家受到震灾影响，也会对全球供应链造成明显的影响，进而影响到世界经济的增长，中国经济也难免受到波及。因此，期待日本一些半导体、汽车零部件、数控机床部件、化工、高级钢材等企业恢复正常生产，也是保证中国从日本进口重要电子器件及原材料、汽车零部件、机床部件、化工产品等高技术产品的需要。例如此次受灾较为严重的东北地区，是日本以及全球半导体原材料硅晶片的生产重镇，全球最大的硅晶片厂商日本信越化学的一家重要工厂正位于本次核电站出问题的福岛县，该工厂的硅晶片产量占全球产量 22%，也是中国电子生产企业的重要原料提供者，世界各国的电子和汽车产业都期待受到灾难影响的企业能够尽快恢复正常生产，防止汽车零部件等跨越国界的产业链的关键部位出现断裂。

可以预计，中日经贸关系将可能得到进一步的发展和深化，特别是核泄漏事故及其引发的对一个地震多发的狭窄岛国正在运行中的 50 多座核电站的安全问题的担忧，以及对未来日本（包括东京附近区域）可能再次发生大地震的担忧，将可能对日本的能源安全、粮食安全、工业生产力外移、人口减少等带来雪上加霜的负面影响。可以预计，日本将可能进一步回归亚洲，将可能需要向包括中国在内的近邻国家转移一些不适于建在地震多发地区的生产据点，特别是对生产精度要求极高的半导体芯片生产，哪怕是低强度的地震都可能导致关键制造设备的位移而影响产品质量和成品率，中国大陆可望成为日本某些高技术企业转移生产据点的一个重要方向。

由于地震、海啸所引起的核泄漏事故则增加了需要中日等东亚国家就如何应对核电安全问题加强合作的必要性，因为中国、韩国、中国台湾地区等也建有很多核电站，特别是中国，截至 2009 年中国沿海地区已建成六座核电站，尚有十座正在建设当中，因此如何吸取日本大地震的教训，应对核电安全问题，成为中日等东亚国家的共同课题，因为相互邻近的国家万一发生核事故，不仅会影响本国也会影响邻国，这是一个不分你我的共同的安全问题。

这次日本大地震虽然是与人类活动没有因果关系的大灾难，但是它显示出自然力的无比强大，警示人类要加强团结合作，共同应对与人类活动有因果关系的大灾难，包括环境污染、气候变暖、沙漠化扩大、热带雨林锐减，等等，这些灾难不像地震、海啸那样具有突发性，却在悄悄地、慢性地毁坏人类共同家园。中日之间是有矛盾，中美之间是有矛盾，但是在面对人类与破坏性的自然力的这个更大矛盾的时代，国家之间的矛盾难道不应该服从于解决更大矛盾的需要吗？从这个意义上，可以说这场灾难也有教育作用，并为世界各国，特别是在环境利益上命运相关、休戚与共的邻近国家解决彼此之间的矛盾提供有益的启示。

（写作于 2011 年 6 月）

邓小平对日外交思想与中日关系的现实

在千禧之年的开端，在国际斗争风云变幻的复杂形势之下，重温邓小平有关对日外交的伟大思想和实践，使人们备感珍贵和深刻。邓小平对日外交思想是邓小平对外战略思想的不可分割的组成部分，也是整个邓小平理论的一个重要组成部分。我们必须认真学习、领会邓小平对日外交思想，并以此指导当前的对日外交实践。也许，有人以为，鉴于近几年日本政治、中日关系乃至整个国际环境发生的重大变化，邓小平对日外交思想是不是还"管用"？然而，只要我们从整个国家的战略利益出发，以邓小平有关对日外交的论述认真对照当前国际关系和中日关系的现实，就可以发现，邓小平关于对日外交和中日关系的真知灼见具有多么重要的现实指导意义。可以认为，邓小平对日外交思想当中蕴涵着我国整个对外战略的深刻的指导性原则，也蕴含着处理中日关系的根本的哲学理念。

一　邓小平对日外交思想的五个重要特点

在邓小平有关我国外交和对外关系的论述中，有关对日外交和中日关系的论述最多，这体现了邓小平对中日关系的高度重视。邓小平为什么如此重视中日关系，这个道理很值得我们深入领会。笔者通过认真学习邓小平的对日外交思想，感到它具有以下五个基本特点：

（一）友好外交

邓小平关于中日友好的论述是十分丰富的。他说："'中日两国人民世世代代友好下去'的口号，代表了我们大家的理想。"并主张"把中日关系放在长远的角度来考虑，来发展。第一步放到 21 世纪，还要发展到 22

世纪、23 世纪，要永远友好下去"。这表明邓小平所说的"中日友好"绝不是一时的"权宜之计"，而是长远的对日方针的基础。邓小平还说，中日友好"这件事超过了我们之间一切问题的重要性"[1]。这意味着，在邓小平看来，中日间的争论和矛盾是局部性的问题，局部争执应服从大局，这个"大局"就是中日友好。遵照邓小平的友好外交思想，我们应该以处理"全局与局部的关系"这样的指导思想来处理"中日友好"与"中日之间的问题"这两者的关系。

（二）国民外交

邓小平说："我对中日友好有一种特殊的感情。即使在日本军国主义发动侵华战争时，也有很多日本人在反对侵略。讲历史要全面，既要讲日本侵华的历史，也要讲日本人民、日本众多友好人士为中日友好奋斗的历史，这些人多得很呐！"他还说："对一小撮不甘心中日友好的人，唯一的办法就是用不断加强友好、发展合作来回答他们。"[2]

邓小平所说的对中日友好的"特殊的感情"，正体现了这位伟人对包括中日两国人民在内的广大人民怀有一颗真挚的爱民之心。同时，邓小平把中日两国人民都当做中日友好的基本力量，把中日间的主要问题归结为中日人民同"一小撮不甘心中日友好的人"之间的矛盾和斗争。[3] 这就深刻地揭示了中日友好的恒久性和它的人民性，也指出了如何处理"中日友好"与中日矛盾之间关系的正确方法，因而对于我们正确处理中日关系无疑具有极其重要的、长远的指导意义。

（三）经济外交

邓小平十分重视通过加强中日友好来发展两国间平等互利的经济关系，以便促进我国的改革开放和经济建设。他亲自实践对日经济外交，会见了众多的日本政界、财界等各界人士，积极争取日本企业到中国来进行

---

① 《邓小平文选》第三卷，人民出版社 1993 年版，第 53 页。
② 同上书，第 349 页。
③ 同上。

直接投资和开展各种经济合作活动。从邓小平同志多次讲话及会见外宾的谈话中，特别是他与日本客人的谈话中，人们可以清晰地感受到他将外交与经济巧妙地结合起来的高度艺术性。可以说，正是邓小平在推动经济外交、使外交更好地服务于以经济建设为中心的基本路线方面作出了垂范。

开展经济外交离不开人与人之间的直接交流和对话。邓小平对日外交活动的一个重要特征就是尽量多地接触、会见日本各界人士，特别是经济界的人士。比如，1978 年邓小平在访日期间，除会见了日本天皇之外，还会见了日本很多的政治家、企业家。日本方面评论说，只要对发展中日关系有好处，邓小平几乎是"对什么人都进行了积极的会见"。

（四）谦虚外交

邓小平同志作为我国改革开放的总设计师，十分重视学习、借鉴经济科技先进的国家的发展经验与成果，其中，他特别重视对日本经济发展经验的学习和借鉴。1978 年 1 月下旬，邓小平为出席《中日和平友好条约》批准书交换仪式赴日访问期间，处处表现出对日本经济发展经验十分重视的热情。比如，1978 年 1 月 24 日，邓小平在会见日本众议院、参议院两院议长及在野党领导人时，谈起中国历史上徐福曾奉秦始皇之命东渡日本寻找长生不老药的故事。他说："听说日本有长生不老药，这次访问的目的是：第一，交换批准书，对日本老朋友所做的努力表示感谢；第二，寻找长生不老药。"话音刚落，议长室里一片笑声。接着邓小平补充说："也就是为寻求日本的丰富的经验而来。"①

在一次记者招待会上，邓小平又说，"中国必须承认自己落后，不是美人就不要硬说自己是美人。在科学技术和经营方面，我们需要很好地向发达国家、特别是日本学习"。邓小平重视吸取和借鉴战后以来日本经济社会发展的经验教训，是为了推进我国的发展、改革与现代化建设而从外部吸取有益的思想营养。同时，也展现了中国外交谦虚、真诚的风格。

邓小平的谦虚外交对中日关系乃至整个国际关系的发展具有十分宝贵

---

① 孙平化、肖向前、王效贤监修，田桓主编《战后中日关系文献集》，中国社会科学出版社 1997 年版，第 247 页。

的启示。中日两国都是在不同时期取得了重大进步与成就的国家，而这种进步与成就的取得，是与两国能谦虚地吸取、借鉴外国经济科技发展的先进经验与成果分不开的，而在取得一定的进步与成就之后，如何客观地、实事求是地估价自己，继续保持谦虚的态度，不仅关系到两国今后的发展，而且也关系到两国的关系。正如胡耀邦所说，"友好相处，需要一种谦虚的精神"①，两个傲慢的人是相处不好的，而两个谦虚的人则很容易相处得好。

（五）和平外交

邓小平对日外交思想的精髓就是从党的基本路线出发，高度重视发展同周边国家的睦邻友好关系，特别是高度重视发展同"一衣带水"的邻邦日本之间的睦邻友好关系，以便为我们开展经济建设争取一个和平的国际环境。这说明邓小平重视中日友好的出发点在于维护国家的战略利益，通过积极发展中日关系来达到"在国际上争取和平的环境"的目的，以便有利于我们"再用三五十年的时间"，使我国"在经济上接近发达国家的水平，使人民生活比较富裕"。

中日两国"和则两利，斗则俱伤"，这个判断具有实实在在的真理性。看看当前世界有多少邻近国家或民族为了各种争端而陷入不断的纷争、战乱之中，造成了无数的生命牺牲、生灵涂炭，更令人感到，邓小平对日外交思想和实践生动地体现了这位伟人高瞻远瞩、从人民利益出发积极推动中日关系发展的宽阔胸怀。

在重温邓小平对日外交思想的时候，当然也不能不注意到近年来日本国内政治变化及其对中日关系的影响，而近年来日本政治变化的主要特征可以用一句话来概括，这就是"政治保守化"。其表现如下：

第一，随着"1955年体制"（1955—1993年）的崩溃，随着"1955年体制"中抗衡日本最大保守政党自民党的主要革新政党——社会党的变质与垮台，以及自民党在1993年下台后得以卷土重来，日本的国内政治基本上形成了自民党一党坐大的"单极世界化"局面，最近有人甚至主张自

---

① 《邓小平文选》第三卷，人民出版社1993年版，第447页。

民党与自由党合并，以实现保守党的"破镜重圆"，从而使日本政治的"单极世界化"得到进一步加强。

　　然而，自民党的政治优势并非是凭借其政治路线、政治理念如何富有号召力和吸引力，而主要是凭借其金权政治与选举技术所拼凑成的国会议席数，凭借庸俗的"政治数学"。俗话说："时势造英雄"，正是日本国内政治的贫困造就了当今的自民党。"对于政治家来说，主义主张怎么都行，一切都要靠钱"，"政界成为与国民越来越疏远的世界，并不能代表国民的意志"。① 当然，也须看到日本国内政治分化与重组仍在继续。自民党内仍有鸽派与鹰派之争。② 自（民党）自（由党）两党之间仍有很大矛盾，两党想方设法拉公明党，则说明保守政治感到力量不够，因此拼命争夺中间力量。

　　第二次世界大战结束以来，社会党等革新势力经常在外交问题上与作为执政党的自民党唱反调，在当时虽给自民党造成不少"麻烦"和不稳定因素，然而，从事后来看，社会党等革新势力所发挥的牵制和制约作用，对维持整个日本对外战略的平衡构成了重要而有益的补充。比如，社会党等在野党在日本开拓对华、对苏外交方面起到了重要的推动作用；而在对美外交方面，则对自民党过于追随美国的外交起到了一定的纠正和制衡作用。③

　　现在，自民党失去了社会党这个对手，作为保守政党对立面的革新政党力量大不如过去了，这对自民党来说表面上看似乎是"好事"，因为给自民党找麻烦的对立面大大削弱了，从而导致政治上的保守权威主义得以大行其道。然而，从二战后的历史教训看，这对日本究竟是好事还是坏事，确实值得深思。

　　第二，由于对自民党能发挥制衡作用的在野党力量大为削弱，特别是作为主要保守党的自民党、自由党及公明党加强了政策协调，并组成三党联合政权，致使出自自民党之手的很多体现政治保守化倾向的法案、方针得以在国会上顺利通过，其速度之快为二战后以来所少见。比如 1999 年

---

① 森鸣通夫：《日本为什么没落》，岩波书店 1999 年版，第 28、30 页。

② 在在野党中，民主党与自民党内的鸽派比较接近，以致有人建议自民党内鸽派代表人物加藤纮一同民主党党首鸠山联合起来。不过，从现在看这种可能性极小。

③ 参见冯昭奎、刘世龙、刘映春等著《战后日本外交 1945/1995》，中国社会科学出版社 1996 年版，第 43—44 页。

4—5月众参两院通过了与《新日美防卫合作指针》配套的《日本周边地区安全法案》、《自卫队法修正法案》和《日美相互提供物资、劳务协定法案》三个法案；8月9日通过了《国歌国旗法》；8月12日通过了包括警方"拥有监控并窃听电话权利"等内容的《盗听法》；9月底自民、自由、公明三党就推进"日本受到攻击"时的"有事立法"、解除对自卫队参加联合国维和行动的限制等问题又达成了一致。

第三，政治的保守化及其"内向性"、"非国际性"也影响到国民的精神状态，推动着保守化社会思潮的形成。进入20世纪90年代以来，泡沫经济崩溃给日本国民造成的精神创伤乃至朝鲜发射"导弹"等事件，也成为刺激保守性增强、民族主义情绪抬头的重要因素。同时在诸如历史认识等问题上，近年来日本国内舆论在某种程度上呈现为所谓"同方向性"。

过去，日本国内对于民族主义的抬头存在着较强的制约力量，以致在很多重大原则问题上社会舆论往往分成两派，形成相互对立的观点。比如日本某些政要一有否定、篡改历史等错误言行，不仅会遭到中、韩等东亚国家的批评，即使在日本国内对之加以批评的声音也很强，甚至引起激烈的"内争"。然而近年来在历史问题等方面，国外批评传到国内而引起"内争"的"传统模式"基本消失。

日本政治保守化不能不对中日关系产生消极影响。曾对推动日中关系发展、制约自民党过于亲美作出过重要贡献的社会党的垮台，使日本国内对华友好力量失去了一个重要的政治中心，其消极影响已从近年来日本对美、对华关系发展不平衡的扩大中显现出来。

在对政治保守化的"刹车装置"失灵的背景下得以顺利获得通过的一部分政治保守化政策，也对中日关系带来消极影响，其中，特别是《新日美防卫合作指针》相关法案中的《日本周边地区安全法案》，由于政府拒不明确表态该法案不包括中国台湾，不能不对中日关系投下阴影，甚至引起中日间的政治摩擦。

日本国内舆论的保守化也对中日关系带来消极影响，例如中国方面要求日本正确认识历史的呼声被认为是"打历史牌"，在一部分国民中引起了"逆反心理"，这显示历史问题上的"顶牛"现象正在从政府之间扩展到民间，媒体则散布围绕历史问题的争执预示着"中国强大了就要压日本"，等等。

"保守化"的一个重要含义就是人们的思想不能适应新的形势，跟不上形势的发展。而当今亚洲形势的一个重要发展就是中国日益走向强大，这对于100多年来作为亚洲唯一工业化国家和发达国家、习惯于在亚洲"一枝独秀"的日本来说，必然提出一个能不能从心理上适应在自己身边出现一个强大国家的现实的问题。如果说得更远，两千多年来中日关系从来都是"一强一弱"型的关系，如何适应正在出现的"强强型"关系，对于中日两国、特别是对日本来说，不仅是一个全新的外交课题，也是一个全新的国民心理课题。

总之，日本政治保守化导致日本在对外政策上继续依恋冷战格局和所谓"基轴外交"（以日美关系为基轴）的现状，缺乏开拓能适应全球化、信息化时代的21世纪对外战略的大智大勇大手笔，这又成为导致中日关系保守化、中日关系总难打开局面的一个重要原因。

二 邓小平对日外交思想与中日关系的现实

尽管近年来日本政治和中日关系发生了一定的变化，特别是日本政治保守化的发展对中日关系产生了一定的消极影响。但是，这绝非意味着邓小平有关对日外交与中日关系的思想和论述已经不能适应这种变化，已经"过时"了，恰恰相反，通过对照邓小平同志的对日外交思想与近年来中日关系的现实，使我们不能不对邓小平同志对日外交思想的深刻性和远见卓识深深地感到折服。

（一）继续推进中日友好

不能否认，近年来中日关系确实出现了某种程度的冷淡、沉闷的局面，两国间的问题甚至影响到国民之间的相互感情。但是，绝不能因为中日关系出现一时的低潮而否定中日友好的大局，对邓小平关于"把中日关系放在长远的角度来考虑、来发展。第一步放到21世纪，还要发展到22世纪、23世纪，要永远友好下去"的思想产生怀疑。那么，为什么要坚持"友好外交"，其最根本的理由就是周恩来总理所说的："中日两国人民永远地友好下去，这是两国人民的根本利益所在，这是共同的，没有冲突的。"① 值得注意的是，周恩来在谈到中日关系历史的时候，总是强调"两个历史"，即几千年的中日交往史和几十年的日本侵华史。他在 1954 年会见日本客人时说："从中日关系的历史看，我们两千多年来是和平共处的。""同几千年的历史比较，60 年算不了什么。不幸的是，我们在座的人就处在这 60 年的时期中。但是，我们的子孙后代不应该受这个影响。我们不能受外来的挑拨，彼此间不应该不和睦。"② 这说明在历史问题上，周恩来采取的是"两点论"：既看到"60 年"的不幸历史，又看到两千多年来友好交往的历史；既"以历史为鉴"，又在历史问题上"向前看"。1961 年周总理在会见山本熊一率领的经济友好访华代表团时说："山本先生说了一些告罪的话，事情已经过去了，我们不必再提，双方都应该向前看，中日两国人民要永远地友好下去。"③

邓小平关于中日友好的论述，正是对毛泽东、周恩来所提倡的中日友好的外交思想的继承和发展。同时，人们可以看到，这种对日友好外交的原则，又在我党第三代领导集体之下，继续得到继承和发展，1998 年 11 月江泽民主席访日期间同日方协议建立"致力于和平与发展的友好合作伙伴关系"，正是对日"友好外交"在新时期的体现。

（二）加强国民外交

所谓"友好外交"，是建立在两国人民相互友好的基础之上的，正如周恩来同志所说："中日两国关系，从根本上说必须建立在两国人民友好的基础上。"④

最早提出中日之间开展"国民外交"的是周恩来，他在 1957 年曾指出，为了打破恢复中日邦交的困难局面，"我们的想法是，先从中日两国人民进行国民外交，再从国民外交发展到半官方外交，这样来突破美国对日

---

① 《周恩来外交文选》，中央文献出版社 1990 年版，第 304 页。
② 同上书，第 87 页。
③ 同上书，第 303 页。
④ 同上书，第 305 页。

本的控制"。① 周恩来处理对日外交课题的着眼点就在于争取日本广大国民，这是他的"国民外交"思想的精髓。

众所周知，由于历史原因，从中日复交到复交后的对日外交活动，经常出现极为复杂、棘手的难题。然而，周恩来、邓小平等领导人在处理这些外交难题时却能表现出高超的外交艺术与风范，这除去有赖于他们个人的能力和才智外，最重要的是他们坚持了"一切为了人民"和"着眼于争取日本国民"的立场。正如有的学者所指出的，在原则性与灵活性的关系中，前者的重要性和必要性是显而易见的，也比较容易做到并能得到普遍认同与支持。比如，在外交场合针对日方某些人的错误言行，不断重申和反复强调中国的原则立场和一贯态度，就是这方面的集中表现。相比之下，后一个方面无论是认同的难度，还是执行的复杂程度，都远远超过了前者，因为所谓"策略的灵活性"，从根本上讲，就是采取符合国家和人民的长远利益与根本利益的一切做法，包括那些表面上看起来似乎原则性不够鲜明，是非色彩不够强烈，甚至暂时得不到一般人理解的态度与做法。②比如为了两国关系的大局而作出必要的妥协等。这里最突出的例子就是邓小平在处理钓鱼岛主权问题上提出了"搁置争议，共同开发"的主张。邓小平同志提出这个主张，体现了他敢于从国家与人民的根本利益出发进行大胆决断的战略家的智慧和勇气，也是他胸怀坦荡，坚持"一切为了人民"这个最高原则的表现。

周恩来、邓小平的"国民外交"思想也表现在我们党和国家领导人具体的对日外交活动中。例如，1978 年邓小平访日期间同日本各界人士的广泛交往，1983 年胡耀邦访日期间同日本国民的亲切交流，至今仍令众多日本友人怀念。1998 年 11 月江泽民访问日本，在东京向日本人民赠送一对朱鹮，在仙台市鲁迅纪念碑附近栽树，在北海道访问牧场、农户，与农业专家交谈，并表示"亲身感受到中日人民之间的友谊"，等等，都体现了中国领导人身体力行，实践"国民外交"的精神。③

---

① 《周恩来外交文选》，中央文献出版社 1990 年版，第 228 页。

② 参见武寅《关于发展中日关系的思考》，《日本学刊》1998 年第 5 期，第 16—17 页。

③ 冯昭奎：《对话：北京与东京》，新华出版社 1999 年版，第 12—18 页。

近年来，日本国内政治虽发生了一些变化，但对这种变化宜作客观的、实事求是的估计，日本政治保守化并非意味着整个日本都"向右转"了。应看到日本国内和平主义和对华友好力量依然健在，即便是保守党内部也存在着不同派别，在对外政策上仍可划分为"鹰派"与"鸽派"，两者在亲美的程度上也有所差别。

同时，对于目前中日关系出现的变化，尤其是中日关系出现的某种程度的倒退，日本人的反应也是不一样的，总的来说是"右翼分子感到高兴；对华友好的人们感到焦急；一部分年轻人则觉得中日关系就应当是普通国家之间的关系"（日本友人的话）。

这种状况恰恰说明推进"国民外交"在当前具有特殊重要的意义。这就是争取日本的国民，争取和支持日本国内的和平主义力量和对华友好力量，争取和支持日本国内希望找回外交上的"平衡感觉"的政治力量，避免日美两国靠得更紧。我们应该力争在中日之间形成一种"中日关系改善——对华友好的政治力量获得更多支持——日本政治状况改善——中日关系得到进一步改善"这样的良性循环，而不是反其道而行之。

至于历史问题，毛泽东、周恩来曾一再强调要把日本军国主义势力同广大日本人民区分开来，邓小平也说："讲历史要全面，既要讲日本侵华的历史，也要讲日本人民、日本众多友好人士为中日友好奋斗的历史。"我们是否也须注意"把日本广大人民同在历史问题上散布谬论的少数右翼分子区分开来呢"？应该说，日本国民基本上并没有否认过去侵略战争的历史，比如在 20 世纪 70 年代末至 80 年代初，许多去日本工作或学习的中国人深切地感到许多日本人对中国所表现出的热情友好态度中，包含着一种真诚的赎罪心理。但是，由于二战后，日本政府在以历史的真实教育人民这一点上做得很差，导致一部分日本国民对历史问题的感情和认识同我们有差距，一部分人中间还存在着"不愿多听外国人批评他们祖辈所做的坏事"的情绪，面对这种现实，最根本的办法就是基于"日本人民的历史认识问题基本上还是要靠日本人民自己来认识、来解决"这样一种认识，通过发展"国民外交"来加强两国人民之间的日常交往和思想交流，逐渐增加在历史问题上的共识。

（三）将经济外交置于两国外交的中心位置

友好外交也好，国民外交也好，都不可能是百分之百的"精神的东西"，而必然包含有"物质的内容"，这个"物质的内容"就是两国通过友好合作给双方人民带来实惠。特别是当两国之中的任一国家的经济遇到困难需要帮助的时候，如果能通过中日经济合作多少帮助对方解决困难，那是最能赢得民心的事情。"物质"可以变"精神"，"合作"可以增"情谊"，"患难见真情"这个道理也适用于国家与民族之间。同时，由于中日经济存在互补关系，往往是当一方帮助另一方克服困难的同时，也有利于克服己方的困难，最终形成"双赢"的局面。

对于中日经济的巨大互补性，对于地理邻近给两国经济合作带来的优势，对于全球化、信息化潮流与发展中日经济合作这两者之间的密切关系都应作出充分的估计。现在日本是我国最大的贸易伙伴，直至1998年日本也是对华直接投资实际使用额累计最多的国家，日本向我国提供的政府贷款占我国接受的外国政府贷款的一半以上，包括最近北京建成的地铁复八线和新机场大楼当中，都使用了日元贷款。作为"一衣带水"的邻邦，两国在环境方面更有着融为一体的共同利益，而开展环保合作则是可持续发展的需要，不仅利在当代，更是功在千秋。再者，亚洲要复兴，彻底甩掉"亚洲落后"的帽子，也离不开地处亚洲的两大国——中日的合作，亚洲金融危机的教训以及欧元诞生、美洲的"美元化"趋势都在提醒我们，中日两国十分需要认真探讨一下如何加快包括中日在内的亚洲区域经济合作问题。

总之，经济外交最具有争取民心的作用。如果我们认真回顾一下二战后的中日关系史，不难发现经济外交对推动中日关系的发展起到了何等重要的作用。20世纪60年代的"LT备忘录"贸易，可说是中日复交前所开展的一次成功的经济外交活动。中日复交后，除中方积极推动两国经贸关系发展外，日方也积极开展了各种经济外交活动，在政府层次上有大平内阁所启动的对华"ODA（政府开发援助）外交"；[①]在民间层次上则有日

---

① 关于日本的对华政府开发援助，参见金熙德《日本政府开发援助》，社会科学文献出版社1999年版。

立、东芝、松下等大企业以及著名企业家松下幸之助积极推动的"家电外交"。这些经济外交活动带来了"双赢"的结果。

进入 21 世纪，中日经济外交的课题更加丰富，比如"金融外交"、"环境外交"、"亚洲经济合作外交"、"新干线外交"（此处所说的"新干线"是不仅仅限定于"京沪高速铁路"的"广义的"新干线），等等。众所周知，以法德为轴心的欧洲联合是从"煤钢联营"或"煤钢联营外交"开始的，可以预想，以中日为重要角色的亚洲联合很可能就是从上述的"金融外交"、"环境外交"、"新干线外交"起步，进而向着"亚洲产业共同体"、"亚洲货币"发展。总之，亚洲不能总是落在欧美后面；而一个先进的亚洲的出现，离不开中日两国的合作。

当然，经济外交不仅对于我国发展中日关系非常重要，而且对于我国发展同其他国家的关系也同样重要。同时，经济外交具有超出经济范畴的重要意义，特别是对周边国家和地区，积极开展经济外交是谋求"双赢"（互利）乃至确保周边安全环境的有力手段。

（四）谦虚外交永远重要

从邓小平 1978 年访日"寻求日本的丰富的经验"以来，至少是在 20 世纪 70 年代末至 80 年代，改革开放的中国对吸取二战后日本经济发展的经验教训给予了高度的重视。然而，进入 90 年代以来，一方面是中国的发展与改革取得了巨大进展，另一方面是日本经济陷入了二战后未曾有过的长期萧条甚至衰退，并同太平洋彼岸的美国经济的长年繁荣形成鲜明对照。因此，围绕"日本的经验"对于中国是否仍然重要，人们产生了不同的看法。另外，日本少数右翼分子在历史问题上的错误言行也破坏了人们对二战后日本的好感，谦虚对待日本经验的主张令一些人在感情上难以接受。

然而，一个国家不管取得了怎样巨大的进步，都应永远保持谦虚的态度，这个道理是不言自明的。90 年代，美国经济、特别是美国制造业实现"再生"，一个重要原因正在于它们谦虚地借鉴了自己的"小弟弟"日本的经验。反之，日本经济的退步在一定程度上又恰恰与它们陶醉于二战结束以来所取得的成功而陷入骄傲自大分不开的。同时，对于二战后日本的经验也应历史地看，不能以当今日本经济遇到挫折来否定二战后日本在追赶欧美过程中确曾创造了成功的经验，加之在信息化潮流中落后于美国的日本（这成为90年代日本经济萧条的一个重要原因）在工业化时代的确是成功者，日本在工业化方面的经验对于仍处在工业化途中的中国依然很重要。至于有人认为90年代中国已经从借鉴"日本模式""毕了业"而转向"美国模式"，这种看法并不符合事实。中国重视借鉴二战后日本经济发展经验，从来就不意味着要照搬什么"日本模式"，更不应采取"看到日本经济繁荣就仿效"日本模式"，看到美国经济繁荣就仿效"美国模式"的轻浮态度。今后，我们仍需要结合本国的国情，学习、借鉴包括日本、美国在内的所有外国的经济社会发展的有益经验，因为任何国家所取得的有益经验都是人类文明的共同财富的组成部分。

"谦虚使人进步，骄傲使人落后。"中日两国都不要骄傲自大，都应该严防过高估计自己，都不要因为取得一些进步而觉得自己多么了不起。一个国家在国际社会上的地位不是靠自己抬起来、吹出来的，而取决于自己的真正实力和对国际社会作出了多少贡献。一个谦虚的国家反而会博得国际社会的尊敬。

（五）高举"和平外交"的旗帜

邓小平一再强调，"中国是维护世界和平的坚定力量"。[①] 而发展中日关系正是中国为维护世界和平所做出的努力的一个重要组成部分。因为中日两国是亚洲地区的两个大国，中日两国"和则不仅两利而且利亚，斗则不仅俱伤而且伤亚"，一个良好的中日关系是亚洲地区和平稳定的重要保障。

世纪之交，国际风云变幻莫测。特别是在1999年，正当世界大多数国家致力于和平与发展的时候，科索沃战争打乱了这个相对平静的局面，甚至使一些国家对自己业已确立、正在推行的和平建设战略产生怀疑和动摇。被科索沃战争所震惊的世界各国正面临着"战略抉择的考验"。

进入21世纪之际，世界各国在不断激化的全球竞争中究竟是成为赢家

---

① 《邓小平文选》第三卷，人民出版社1993年版，第383页。

还是输家，在很大程度上将取决于各国面对科索沃战争后的世界作出怎样的跨世纪的战略抉择。错误的战略抉择不仅会极大地延误发展，甚至可能带来空前的灾难。

或许可以说，这正是美国布下的圈套。美国希望通过刺激新一轮军备竞赛来达到"一箭双雕"的目的：一方面通过刺激军需产业扩大军品出口来继续刺激其经济的繁荣；另一方面迫使中国这样的、被它认为可能成为其竞争对手的国家卷入危机和冲突，分散中国对以经济建设为中心的基本路线的注意力，使中国陷入动乱或背上沉重的军备包袱等。

在冷战时代，美苏搞军备竞赛，苏联成了输家。而从国土、自然资源等条件看，当前世界上还没有一个国家能比得上苏联，如果哪个国家重蹈同美国搞军备竞赛的覆辙，毫无疑问会比苏联输得更惨。

面对严峻的"战略抉择的考验"，中国唯有坚持邓小平的建设有中国特色的社会主义理论与"和平外交"战略思想，处理好坚持以经济建设为中心的基本路线与实现祖国统一大业之间的关系；处理好应对国际政治形势新变化与遵循邓小平关于"不当头"的指示的关系；处理好反对美国霸权主义与"中美关系终归要好起来"的关系；① 处理好反对日本"军事大国化"与坚持中日友好的关系；处理好经济建设与国防建设的关系等。我们处理上述关系的出发点只能是维护整个国家与全体人民的根本利益，维护世界和平与发展。如何处理上述关系决定性地影响到 21 世纪中国的命运和前途。

人们有理由相信，即便美国要把中国当做替代苏联的潜在敌人，中国也不会把自己当做苏联，重蹈苏联通过军备竞赛葬送掉几十年建设成果的覆辙。苏联解体的惨痛教训昭示我们，不重视经济建设就会导致综合国力的下降，大国地位一旦丧失，就无法同霸权主义和强权政治作斗争，也无法增强我国维护世界和平的力量。中国必须把自己国家的发展与人类命运联系在一起，联合包括美国、日本人民在内的全世界人民共同反对霸权主义，其中，重视发展同包括日本在内的周边国家的关系具有特别重要的意义。

---

① 《邓小平文选》第三卷，人民出版社 1993 年版，第 350 页。

总之，我们的对日政策方面必须坚持邓小平的"和平外交"思想，而决搞不得什么"远交近攻"。① 当今时代已不是"王不如远交而近攻，得寸则王之寸，得尺亦王之尺"② 的时代，而是经济全球化、地区化、信息化及可持续发展的时代。在这样的时代能给中日两国带来利益的不是"攻城略地"，而是通过加强经济合作实现互利；至于可持续发展更需要近邻国家真诚合作，因为在地理上越接近的国家就越具有共同的环保利益。这正是中日两国"真正'共存共荣'的和平种子"。③ 令人欣慰的是，1998 年中日已表明要建立"致力于和平与发展的友好合作伙伴关系"，这十分明确地表明我们对日本采取的是睦邻友好外交战略，是"近交"而非"近攻"。

（原载《世界经济与政治》2000 年第 2 期）

---

① 这种主张散见于 1999 年科索沃危机发生后十分活跃的一些小报。

② 这是战国时范雎为秦国筹划"连结远邦攻伐邻国"的外交战略时所说的话。

③ 《周恩来外交文选》，中央文献出版社 1990 年版，第 88 页。

回顾中日经济关系历程，
坚持走和平发展道路

今年是中日复交 40 周年。然而，战后中日经济交流早在两国复交之前就有所发展了。

1956 年 10 月在北京举办的"日本商品展览会"被很多专家认为是战后中日经济关系的起点，那次展览会的地点选在 1954 年 9 月竣工的苏联展览馆。当时围绕展览会是否升中日两国国旗的问题，相关部门有些不同意见，后来还是决定升国旗，然而日本的太阳旗在展览馆门前升起，仍在民众中引起了很大的反应，一位老太太正好路过此地，忽然看见太阳旗迎风飘扬，高呼一声"日本鬼子来了！"即昏倒在地。这令人想到当年日本的侵华战争有多么残酷！

一　复交之前的中日经济交流

新中国成立后，我国对日方针强调要严格区分日本人民与日本军国主义等，周恩来总理提出了"民间先行，以民促官"以及"贸易先行"的具体政策。在周总理的推动下，中日经济交流日益发展，特别是在 20 世纪 60 年代，日本取代苏联成为中国引进技术的一个重要来源国。在 1963 年北京从日本引进维尼纶尘产线，其后又引进了日本的半导体生产线，等等。笔者作为技术人员，就曾参加过一条日本半导体生产线的引进工作。

中日复交是在 1972 年实现的，经过复交、缔约、中国改革开放这"三部序曲"，在 20 世纪 80 年代正式开始了中日友好的华丽乐章。从 1980 年到 2011 年，中日贸易金额从不到 100 亿美元增加到 3430 亿美元，增加了 34 倍多，2007 年以来中国超过美国成为日本的最大贸易伙伴。

二　邓小平访日："为寻求日本丰富的经验而来"

1978 年 10 月，邓小平在访日期间参观日产公司的汽车工厂时，了解到这里的劳动生产率比当时长春第一汽车制造厂高几十倍，他感叹地说："我懂得什么是现代化了。[①]"邓小平说他通过访日"懂得什么是现代化"，可是当时中国的很多官员还不懂得。一位日本友人曾说，在中国改革开放初期，他曾作为翻译陪同到访日本的中国某省副省长考察东京的超级市场，当那位副省长看见顾客自由地随手将陈列商品放进篮子里时，就提问说："日本什么时候进入共产主义了？"因为马克思曾说，到了共产主义社会，人们就可以"各取所需"了。那位官员没有注意到，顾客"各取所需"地将商品放到购物篮后，还要到付款处付钱的。

为了让中国的广大官员乃至人民也"懂得什么是现代化"，邓小平提议开展中日经济知识交流，并说"中日两国友好合作，不光是做生意，还需要交流经验"。"我们接触了日本和欧美的管理经验后，觉得更需要汲取日本的经验。"汲取日本的经验，"这比做生意还重要"。在邓小平的推动下，中日经济界著名人士于 1981 年共同发起举办"中日经济知识交流会"，迄今该交流会已举行了 31 届年会，成为中国学习日本发展经验和中日相互交流发展经验的一个重要渠道。作为日本经济与科技的研究者，我深深感受到 20 世纪 80 年代至 90 年代初中国出现的一股"学习日本"的热潮。

记得在 19 世纪后半期，日本"脱亚入欧"，明治政府向欧美派遣考察团了解西方工业文明；而与之相比，1979 年中国开始实施改革开放，告别从苏联移植过来的计划经济体制，几乎同时既向欧洲、也向日本派遣了考察团。这说明，实施改革开放的中国虽有"脱苏入欧"倾向，却并未"脱亚入欧"，一个主要原因是在中国身旁出现了一个在战败废墟上实现经济

---

① 中共中央文献研究室、中央电视台编《大型电视文献纪录片——邓小平》，中央文献出版社 1997 年版，第 145 页。

增长"奇迹"、值得我们关注和学习的日本。

三　从中日经贸关系的特点看钓鱼岛风波的影响

复交以来，中日经贸关系迅速发展，其特点是：

第一，中日经贸关系本身虽然也发生过一些摩擦，但基本上没有发生剧烈的大型经贸摩擦，特别是与当年日美之间被很多人形容为这个"战争"那个"战争"（比如"日美半导体战争"等）的贸易摩擦相比，可以说是"小巫见大巫"，这是因为中日经济存在着很大的而且是持久的互补性。

第二，经贸关系发展基本上没有受到两国政治关系"冷热"的影响，即使在2002年至2006年小泉纯一郎内阁时期，政治关系冷到了"冰点"以下，经济关系和地方交流依然很热，被形容为"政冷经热"。但是，由于石原慎太郎挑起"买岛"风波，导致日本政府在错误地对我国领土钓鱼岛实施国有化以后，中日经贸关系将可能受到很大冲击。

第三，中日经贸关系稳定发展的根本原因在于中日经济关系是"相互依存"而非单向依赖，是互有所求而非单向有求。中日经贸关系不应被简单地理解为中国人买日本的汽车、家用电器等最终产品，其主流和本质是产业链或产业内分工。从市场的角度看，目前日本经济对中国市场的依赖性大于中国对日本市场的依赖性，这意味着如果中日经贸关系由于钓鱼岛问题而出现倒退的话，日方受到的影响会大于中国。从技术的角度看，不宜仅仅依据中日相互进出口的总量而忽视其内容，过高估计日本经济对中国的依赖性，因为日本从中国进口的产品大多数是技术含量较低、比较容易找到替代货源的；也不宜过低估计中国经济对日本的依赖性，因为中国从日本进口的产品中，有不少是技术含量较高、较难找到替代货源的。在中国经济增长已经放缓的经济形势下，对于中日经贸关系因为钓鱼岛问题受到的冲击，我们需要及时采取应对措施，防止中国经济雪上加霜，影响社会稳定。与此同时，也要认真吸取近年来我国把限制稀土出口作为对日本和其他西方国家的"反制措施"的教训，因为利用我国稀土产量占世界95%的垄断地位"反制"日本和西方国家，结果导致澳大利亚、马来西亚等国大力开发和冶炼稀土，中国在稀土生产方面的垄断地位将被终结，其原因是我国在稀土资源储量方面不仅不占垄断地位，而且仅占世界的25％，我国的稀土反制措施刺激了日本等西方国家的"反反制"措施，以其先进的技术在稀土资源丰富的国家大力开发和冶炼，而我国却未能依靠引进技术和自主技术迅速实现稀土产业升级，促进稀土产业核心竞争力的提高。

总之，我们必须密切关注钓鱼岛问题激化对中日经贸关系乃至中国经济整体形势的影响，采取既要坚决捍卫钓鱼岛主权、又要防止因为钓鱼岛问题给我国经济形势和社会稳定带来负面影响的正确对策。

四　要警惕日本右翼"一箭双雕"谋略

日本的"购岛"是在美国"重返亚太"的战略背景下演出的一场闹剧，这既是日本利用美国军方和官方做出的"协防"钓鱼岛的承诺，为自己争夺领土主权利益的非法行径鼓劲、壮胆，也是日本对美国"重返亚太"、牵制中国和平崛起战略进行积极配合的举动。

必须注意的一个重要问题是，日本右翼在钓鱼岛问题上挑事的背后，隐藏着一个更大、更深的谋略，这就是利用钓鱼岛问题刺激中国、打乱中国和平崛起的战略部署。2010年日本在经济总量上被中国超过，日本对中国崛起的不适应心理比美国更重，在牵制中国和平崛起方面比美国更加心切，借助美国的力量牵制中国的和平发展成为日本的一种战略需要。

所以，日本的"买岛"闹剧是针对中国的一个战略性的"一箭双雕"谋略：既谋取强化对钓鱼岛的主权宣示和实际控制的好处，又企图借此达到牵制中国和平发展的目的。今年4月石原慎太郎在美国华盛顿表示要由东京都"购买"钓鱼岛时，狂妄地宣称"中国反对日本'购'钓岛无异宣战"，安倍晋三最近故意挑动说"中国是不敢动用武力攻占钓鱼岛（日本称尖阁列岛）的，因为那将严重影响经济"。这一系列言论就像一批赌徒在演出"对华激将法"，非要激怒中国军队出手不可。

中国在钓鱼岛问题上绝不会后退，中国反制日本的手段很多，尽管中日目前都还没有动用军事手段解决钓鱼岛问题的意愿，但"一个巴掌拍不响"，中日之间的"和平大局"必须要由双方来共同维护，而绝不能听任日方乱来，由中国单方面承担维护"和平大局"的责任。

与此同时，我们必须搞清楚日本最害怕中国的是什么。日本，也包括美国，最怕的是中国的和平崛起，因为和平崛起正是中国国力不断增强的源泉所在，正是让日本感到如此嫉妒、如此不安、如此沮丧的"中国经济总量超过日本"的根本原因所在。可见，我们可以采用各种相互配合的反制日本的措施，而最大最根本的"反制"就是坚持和平发展，不断提高我国的现代化水平，壮大我国的综合国力，以一个强大的现代化中国把日本的谋略彻底击败。

我们要警告日本：纠正错误，淡化钓鱼岛问题才是正道。钓鱼岛问题早在1972年中日复交前就已经存在，至2010年撞船事件发生，钓鱼岛问题的存在与中日关系的发展两者并存的局面已持续38年。钓鱼岛问题不是中日关系的全部，在钓鱼岛问题之外，中日两国还有很多需要扎扎实实去做的互利双赢的事情和功课。不久前，《环球时报》发表我们日本研究所的同事金嬴女士的文章《福岛才是亚太最需关注的"岛"》，指出2011年"3·11"核泄漏导致的严重生态危机，仍然像幽灵一样在日本徘徊，而且正威胁着周边国家和整个太平洋，该文主张"首先日本应对此负起责任"，同时呼吁"中、俄、韩等国运用丰富的核技术经验向日本提供支持"。我对此十分赞同。当今，中日两国乃至亚太地区各国面临着海洋环境问题、气候变暖问题、粮食安全、核电安全以及能源问题等一系列非传统安全问题的严峻挑战，需要我们携手共同应对，这是拯救人类共同的地球家园的当务之急。记得1980年在大平正芳首相主持下日本制定过一个包括经济安全、能源安全、粮食安全等在内的"综合安全保障战略"，拿这个30年前日本制定的国家安全战略同目前野田政府所搞的"以钓鱼岛问题为纲"的国家安全战略相比，不能不说这一代日本领导人不仅没有比上一代领导人更聪明，反而更愚蠢！当前，正值中日邦交正常化40周年，日本右翼和政府不顾大局，无视国内有识之士发出的理性主张，围绕钓鱼岛问题采取煽动极端民族主义情绪、激化两国矛盾的冒险主义政策，这实际上是以"爱日本"为名，行"害日本"之实。正如有日本学者所说："狭隘的民族主义或对外强硬论，在一定程度上确实可以给国民带来一种愉悦。经济或社会越是停滞不前，政治或媒体就越是把国民不满的发泄口转向国外。可是，这样浅薄而情绪化的舆论会阻碍长远的国家利益。"显然，石原慎太郎和日本政府借钓鱼岛问题发难，向中国叫板，"在一定程度上确实可以给国民带来一种愉悦"，却极大损害了"当今日本的核心国家利益"，这个"核心国家利益"首先就是"东亚地区的稳定"和"在日本周边不出现敌对的国家"，这是日本外务省的一位审议官说的。而从国家之间的实力对比来看，当今中日关系已经不是历史上那种"一强一弱"的关系，而是进入了"强强型关系"，中国任人欺凌的历史已经一去不复返了，日本的强硬绝换不来中国的示弱，而只能形成强硬刺激强硬，双方的强硬主张相互提振、相互助势，直至走向全面对抗甚至是冲突的危险道路上去。

事实证明，只有推进中日战略互惠关系的发展才是日本真正"国益"所在。最近中日关系出现问题，已经影响到日本汽车等产品在中国市场的销量。日本人民、特别是日本的经济界心里很清楚，发展对华经贸关系对日本灾后重建和经济复苏是何等重要。尽管现在有80%以上的日本人对中国没有好感，但同样有80%以上的日本人认为日中关系很重要，如果日本政府对华外交做得太过分，引起两国关系发生全面危机，同样是日本国民不愿意看到的。目前，如何防止钓鱼岛问题冲击中日经贸关系，也是需要我们两国共同去做的"逃不掉的功课"。

总之，中国不走战前日本军国主义的老路，不走战后苏联同美国大搞军备竞赛的老路，在和平发展的道路上坚定不移地走下去，中国就一定能够实现现代化的伟大目标，一定能够粉碎日本右翼牵制中国和平崛起的图谋。

（写作于2012年9月15日，系作者在中日关系史学会
主办的"中日关系国际研讨会"上的发言稿）

中日关系中的美国因素

中日复交已有 40 年了。回顾 40 年来中日关系的发展，令人感到中日关系中始终存在着一个"第三国因素"，这就是"美国因素"。这个第三国的影响是如此强大，以致在一定意义上可以说，日本的对华关系是"美国全球战略中的对华关系"，是"在对美不平等条件下的对华关系"，是"在日美中三角形框架中发展的对华关系"。① 日本对华关系的这种"定位"，必然使中日两国关系发展受到很大制约。当然，从影响日本对外政策的因素来看，"美国因素"充其量不过是外因，日本基于自身国家利益所制定的对外战略才是内因，日本往往为了推行其对外战略而对"美国因素"主动地加以利用甚至"放大"，从而呈现为"内因主导外因"和"外因主导内因"交错出现的局面。与此同时，也需看到日美关系不是铁板一块，也存在很多矛盾，在很大程度上这是属于"领导和被领导之间的矛盾"或"日本一面承认从属于美国的现实，一面争取对美平等地位"② 的矛盾，其实，"领导和被领导之间"长期的积怨与矛盾也是很深的。

一　日美不平等对中日关系的影响

刘世龙通过对迄今 200 余年日美关系历史的深入研究，认为日美关系以 1911 年为界，经历了摇摆于平等（竞争）与不平等（合作）之间的两个周期。从 1952 年到 1989 年，日美关系处于"不平等时期"，两国关系的基调是"日本对美从属性合作"。③ 本文讨论中日复

① 细谷千博『日本外交の軌跡』，日本放送出版協会，1993 年，220 頁。
② 刘世龙：《美日关系（1791—2001）》，世界知识出版社 2003 年版，第 17 页。
③ 参见刘世龙《美日关系（1791—2001）》，第 3 页。

交以来两国关系发展中的美国因素，其本质正是日美不平等对中日关系的影响。

从战后到 1972 年，中日之间不存在外交关系。尽管两国人民之间的友好运动日益高涨。但两国政府之间不仅没有交往，而且在岸信介、佐藤荣作这两届内阁期间陷入了对立的关系，其原因除去岸、佐藤本人的反华性格之外，也取决于当时美国敌视中国，严格控制日本政府不得发展对华关系，而日本政府即便面对广大国民强烈要求发展日中关系的呼声，也不敢越雷池一步，只得在官方对华关系上步步追随美国疏远甚至敌视中国。1971 年 6 月日美签订《归还冲绳协定》，美国将钓鱼岛也划入"归还区域"，交给日本。尽管美国没有"深谋远虑"到钓鱼岛问题对于离间中日关系能够发挥如此大的作用，但客观上就是将钓鱼岛纷争的"地雷"埋在了中日之间。

1971 年，美国出于对付苏联的全球战略考虑，通过基辛格秘密访华，走出了改善美中关系的第一步。1972 年尼克松总统在不同日本商量甚至不事先告知日本的情况下突然访华，令日本产生羞辱感：美国一方面不允许日本发展对华关系，另一方面却由总统越过日本亲自飞到中国，与中国发展关系，作为日本的同盟国美国此举也太不仗义了。为了回击美国的"越顶外交"，在 1972 年当选为首相的田中角荣冒着被极端反华的日本右翼分子暗算的风险，顺应日本广大国民要求恢复与中国邦交的强烈呼声，抢先于美国与中国实现了邦交正常化，而美国直到 1979 年才与中国建交。虽然田中首相同中国复交与美国欲改善对华关系在大方向上是一致的，也可说是与美国全球战略"不谋而合"，但他"不听话"，未经美国"批准"抢先改善对华关系所体现的"自主外交"仍然令美国感到不快。加之1973 年石油危机发生以后，田中角荣对美国更加"不听话"，积极开展自主的"资源外交"（历访主要石油产出国，甚至包括会见苏联领导人），更是让美国恼怒。[①] 其后不久，田中首相就因为"洛克希德事件"而下

---

① 田原総一朗『アモリカの虎の尾を踏んだ田中角栄』，中央公论，1976 年 7 月。

台，其实是被美国整下台的。[1]

20 世纪 80 年代是中日关系发展得最好的时期，两国人民之间十分友好，经贸关系迅速发展，似乎美国也未对中日走得如此亲近有所不快。这是因为：（1）当时中日美"一条线"对付苏联"威胁"的背景下，中日关系发展符合美国全球战略利益；（2）中国改革开放主要就是向美欧日"西方"开放，日本通过提供政府开发援助、发展对华经贸关系以及开展日中经济知识交流等促进中国的经济体制改革也符合美国的战略利益；（3）当时美国的注意力主要放在了已成为美国最大经济竞争对手的日本，在 80 年代末不仅在美国，而且在欧洲，"日本威胁论"盛行一时。

根据上述日美关系周期论，从 1989 年以后至今是日美"准平等时期"，两国关系的基调是"合作与摩擦并存"。[2] 但从事实看，在苏联解体、冷战结束后，中日美失去了对付"共同威胁"苏联的战略需要，这对日美关系进入"准平等时期"产生了重要影响。90 年代前半期日美发生的严重经济冲突，正是日美关系平等化的结果。然而，进入 1995 年以后，美国出于全球战略的需要，在缓和与日本的经济摩擦、发展经济合作的同时，努力为美日同盟寻找一个可能取代苏联的新的共同威胁，以作为维系美日同盟的新纽带。而在这个时期，中国经济迅速增长、国力不断增强，美国渐渐意识到一个新的潜在竞争对手正在崛起，而日本经济则陷入了长期低迷，日益不被美国看做是经济上的主要竞争对手。

进入 21 世纪，正当美国开始"关注"中国迅速发展的时候，却被"9·11"恐怖袭击事件转移了注意力，接着陷入了对阿富汗、伊拉克两场战争的泥潭。与之相反，在 2001 年实现"入世"的中国却赢得了预计长达 20 年的战略机遇期的前十年顺利发展。这十年期间，中美两国的国力此消彼长，使 2010 年终于从"反恐挂帅"和战争泥潭中得以脱身的美国更加感到需要防范中国崛起所导致的对其霸权地位的"威胁"。

---

① 据记载，1976 年 2 月 6 日，美国洛克希德公司副董事长在参议院外交委员会听证会上证实该公司"通过丸红商社将 200 万美元交给了日本政府高官"。此后，三木武夫亲自写信给美国总统福特，要求美方公布全部有关资料。这成为包括田中角荣在内的数名高官最终被判刑下狱及罚金创下战后日本之最的错综复杂的反腐败案件的开端。参见石川真澄『戦後政治史』、岩波书店、1995 年、136 页。

② 参见刘世龙《美日关系（1791—2001）》，第 3 页。

"美国是个旧式霸权国，不愿放弃对日主导地位。日本要取得对美平等地位，就得与美国斗争。这将不以人的意志为转移。拥有主导权的美国为避免与日本对立，将推动日本把矛头指向其亚洲邻国，通过成为与美国无异的推行强权政治的旧式国家，实现与美国的平等化。""日本如果与美国一起推行霸权主义，就有可能充当美国在亚太地区推行霸权主义的马前卒。"① 这样，在1989年日美关系进入"准平等时期"后，两国关系不仅距"平等"依然甚远，而且反而使不平等有所加剧。这是因为日美关系周期论研究的是日美双边关系的演变规律，然而从90年代后半期以后，日美关系中有一个强大的"第三者"日益凸显，这就是"中国因素"或所谓"中国威胁"。正如日本学者所称：（1）日本在表面上虽然保持着独立国家的门面，实质上仍然被美国占领着，是美国的战略根据地；（2）日本牺牲"民族自尊心"、忍受"被外国占领"的最大理由是为了对付"中国威胁"；（3）军事同盟不是"慈善事业"，世界上从来没有过、将来也不会有与美国在军事上对等的同盟国；（4）由于美军的驻留，日本的国防费占国内生产总值的比例就可以保持在1%以下。从国家防卫的成本来说，这是很有效率的做法。② 这意味着被虚构为一种新的"威胁"的中国因素，导致进入"准平等时期"的日美关系依然很不平等。

21世纪头十年，日美关系的实际发展基本符合上述规律：除鸠山由纪夫执政期间（2009年9月至2010年6月）以外，日本在发展对华关系上没有偏离美国的全球战略轨道，尤其是在小泉纯一郎执政的约五年半期间（2001年4月至2006年9月），日本对美关系达到了战后最佳状态，而与中国等周边国家的关系越来越不友好。

二　美国"重返亚洲"对中日关系的影响

2010年，美国高调宣称要"重返亚洲"，然而"脱亚"近一个半世

---

① 刘世龙：《美日关系（1791—2001）》，第5页。
② 増田俊男『日本大復活』，PHP研究所，2006年，80頁。小川和久『日本の戦争力』，アスコム，2005年，108頁。

纪、原本就身处亚洲的日本却未见其"重返"迹象。虽然前首相鸠山由纪夫曾高调主张要实现"东亚共同体"大目标，显示出"重返亚洲"的真诚意愿，但他只做了八个半月首相，就因为处理不好普天间美军基地问题而辞职，实际上是被要"重返亚洲"的美国操弄日本"民意"赶下台的。此后上台的民主党"反小泽"派的菅直人、野田佳彦两届内阁，不但很少提"东亚共同体"，反而决定加入美国主导、与"东亚共同体"分道扬镳的跨太平洋战略经济伙伴关系协定（TPP）谈判，显示出要在"脱亚"一条路上走到黑的决心。

美国"重返亚洲"或"战略东移"的一个重要目的，是利用世界经济重心东移，吸取亚太地区经济增长的活力，防范以中国为"领头羊"的新兴国家群体性崛起导致美国霸权地位和西方中心主义的削弱。但是，美国却不愿意让盟国日本同其一道"重返亚洲"，而且显示出美国越要"重返亚洲"，日本就越不能"重返亚洲"的意愿，或者要日本只能遵循美国"重返亚洲"战略需要，在亚洲国家之间挑拨离间。比如，在南海问题上，日本支持与中国存在领土主权争议的亚洲小国菲律宾、越南向中国叫板；表示要加入TPP；提出所谓"太平洋宪章"构想，等等，显然，这是日本故意利用"美国因素"增强其在亚洲安全领域的影响力，推行"联菲、越等部分亚洲国家以达到制华目的"的战略，与日本的亚洲派政治家所主张的从"脱亚"到"返亚"、以亚洲国家团结为宗旨"重返亚洲"的初衷完全是南辕北辙。

然而，在经济全球化的大潮中，日本在经济领域越来越融入亚洲，特别是2007年以来中国已成为日本最大的贸易伙伴国和出口对象国。日本东部大地震之后，日本的灾后复兴也亟须加强与中国等亚洲国家的合作，日本"重返亚洲"应该是其国家根本利益之所在，也是亚洲人结束几百年来"先进欧洲、落后亚洲"噩梦、推动亚洲和平发展、实现"振兴亚洲"大目标的要求。

那么，日本能"重返亚洲"吗？这个事情就目前来看可以说很难，因为日本"重返亚洲"与美国"重返亚洲"的需要是相矛盾的，美国不愿意看到日本与亚洲特别是与中国走近。因为在美国看来，中日如果团结起来，美国在亚洲的"存在感"和利益就会受到排挤和削弱。如前所述，早在 1971 年美国向日本"归还冲绳"之际就在中日间埋下了"地雷"——钓鱼岛问题，致使中日围绕钓鱼岛主权归属摩擦不断，无法走近，这恰恰是"符合美国想法的中日关系"。

既然美国不想让日本"重返亚洲"，日本就不能"重返"，因为日本至今仍是一个被美国控制的国家，"依然是一个被美国占领的国家"。2010年小泽一郎被指控违反《政治资金规正法》以来，明眼人开始识穿在千方百计要打压小泽的势力背后，存在着一只美国操控手——美国中央情报局（CIA），其后 CIA 的名字在日本媒体上频频曝光。越来越多的事实表明，从日本的媒体到政界，美国对日本国内政治的渗透力和影响力足以使美国让日本首相服服帖帖顺从美国指挥棒，美国要日本向西日本就不敢向东，哪位首相对美国"不够听话"，就会重蹈田中角荣、鸠山由纪夫的覆辙。显然，只要日本在日美同盟中仍处于被控制的从属地位，哪怕是像前首相鸠山那样仅仅是想让日美关系变得"平等"一些，让过于侧重美国的日本对外关系变得"平衡"一些，主张"日美关系很重要，日中关系也很重要"，就会因为冒犯了美国盟主而被迫下台。美国特别是 CIA 对日本的影响力之大，使长期同美国打交道的日本政治家和官僚即使对美国的专横跋扈有所不满也只好忍气吞声。

但是，围绕美国"重返亚洲"战略，日美之间依然存在很大矛盾：首先就是前文所述"日本一面承认从属于美国的现实，一面争取对美平等地位"的矛盾；其次是美国借"返亚"加强对日本等盟国的控制与日本"一面接受被美国控制的现实，一面争取缓和美国对其控制"的矛盾；再次是日本看到中美战略对话无论在内容的充实上还是在对话的深度上都明显超过中日战略对话，因而不能不担心美国再次搞"越顶外交"而被"边缘化"，而美国则不肯明确表示为钓鱼岛问题而与中国兵戎相见、彻底摊牌的意愿。这实质上是格伦·H. 斯奈德所称的同盟国相互之间存在着"被抛弃"和"受牵连"的矛盾，即结盟的国家经常担心盟友的背叛，包括没有依据盟约向己方提供应有的支持、解除盟约甚至与敌国结盟等（"抛弃"），而结盟的另一方又害怕因盟友的利益而被拖入一场与自身利益相悖的冲突（"牵连"）。"为避免'被抛弃'，就必须以行动取得盟友的信任，而这样做势必增加'受牵连'的危险。为避免'受牵连'，就必须与盟友

保持距离，甚至在盟友与敌国发生冲突时不过深介入，但这样做又可能冒
'被抛弃'的风险。如果一国为增强自身安全感而强化同盟，那就可能引
起敌国敌意的上升。可如果一国为避免引起敌国加深对它的敌意而选择弱
化同盟，又可能事与愿违地纵容敌国的扩张意图。"①

　　尽管日美之间也存在着矛盾，但从日本目前受美国控制的处境来看，
要日本"重返亚洲"确实很难，但从中长期看也并非完全没有希望。这是
因为随着日本与中国等亚洲各国的经济与文化的凝聚力日益增强，随着
"中国威胁论"遭遇中国坚持和平发展和推进现代化的铁的事实而不攻自
破，随着日本国民对中国崛起的"不适反应"逐渐缓解，随着日本"亚
洲派"及根植于民众深处的和平、民主力量的顽强奋斗，随着中日共同应
对气候变化和地区性环境问题的紧迫性日益上升，在历史上曾被鉴真和尚
称为"有缘之国"（与佛法有缘，与中国有缘）的日本终将认识到"远亲
不如近邻"，诚心诚意地踏上"重返亚洲"之路。

三　复交 40 年的教训：中日应"共同排雷"

　　如前所述，钓鱼岛问题这个中日之间的"地雷"是美国埋下的。诚如
程亚文所指出："1972 年美国将冲绳交还日本时，不顾中国反对，顺手将
钓鱼岛一同打包，为今日中日交恶早早埋下伏笔，实际上应该认为这是美
国基于自身战略传统在东亚地缘政治中的一种特意安排，使东亚地区两个
最可能对美国形成战略挑战的国家，为钓鱼岛问题陷入彼此间争斗，美国
则可从中坐收渔利。日本大闹东海与中国过不去，背后也有美国的旨意在
起作用。在亚太区域，中国不仅与日本，实际上与美国将不可避免地产生
更多的摩擦。钓鱼岛问题同样是这种国际博弈的有机构成，它不简单地只
是中日关系。"② 今年是中日复交 40 周年，两国已经开展了多次纪念 40 周
年的活动，然而两国关系的气氛却因为钓鱼岛问题升温而十分紧张。最
近，继 4 月石原提出"购岛"，7 月野田示意国有化，8 月抓扣香港保钓人

---

　　① 梁志：《"同盟困境"理论的"困境"》，http://www.cssn.cn/news/518911.htm。
　　② 程亚文：《钓鱼岛回归路漫漫》，《南方周末》2005 年 2 月 24 日。

士，国会议员和右翼团体成员"慰灵"和登岛。日方这种"一波未平，一波又起"的倒行逆施，令众多相信中日两国关系发展有利于两国和两国人民的利益，并因而期待中日两国关系趋于改善和向前发展的中日两国人士感到非常失望和十分焦急。

（一）日本为何在钓鱼岛问题上气急败坏折腾不休

近年来，日本在钓鱼岛问题上频频挑衅，故意激怒中国。从日本国家战略层面来说，其目的就是为政者借钓鱼岛摩擦凸显"中国威胁论"，进一步向国内舆论证明其亲美外交路线的正当性。与此同时，日本越来越"成为与美国无异的推行强权政治的旧式国家"也完全符合上述日美关系"平等—不平等—平等"的演变规律。

其一，从日本国内政治层面看，一些政客企图以对华强硬来赢得国内选票，特别是一些地方政治人物异军突起，大胆涉猎外交与国政，各色人等都想抓住"乱世出英雄"机遇，展示一下独特的"英雄"风采。在美国"返亚"和2010年撞船事件激发日本国民厌华感情进一步上升的背景下，无论在经济上还是在战略上都被认为是日本所谓"重要国家利益"的钓鱼岛及其周边海域，成为一些投机取巧的政治家们的"政治肥肉"，借此大搞"捍卫国家利益"的爱国秀，其中年届八十、"思想很旧"的右翼政客、东京都知事石原慎太郎在2012年4月在美国华盛顿突然提出要"购买"钓鱼岛，采取极为恶毒、极具煽动性的卑劣手法破坏中日关系，其国内政治算盘就是打着"捍卫国家利益"的旗号，纠集地方和中央的右翼势力，煽动国内的极端民族主义狂潮，叫板所谓"对华软弱"的民主党政权，最终达到推翻民主党政权的目的。

对此，日本政府虽然对石原处心积虑的图谋"心知肚明"，但架不住其通过号召"捐款"突破了购岛资金的瓶颈，而日本政府对钓鱼岛及其附属岛屿的租约将在2013年3月底到期，于是野田首相在2012年7月上旬提出"中央政府有意购买（钓鱼岛）"，并表示要同"岛主"（埼玉县的土地资产所有者栗原国起）沟通，然而"岛主"表示不愿卖给中央政府，这使石原像打了强心针似的叫嚣要野田政府"闭嘴"。对石原和野田"抢买"钓鱼岛的出格行径，中国外交部发言人表示："中国的神圣领土决不允许任何人拿来买卖。中国政府将继续采取必要措施坚决维护对钓鱼岛及其附属岛屿的主权。"① 日本政府有关人士则诡称:"如果石原执意购买钓鱼岛,将进一步挑动中国敏感的神经,日中关系的恶化将无法避免,事态可能变得不可收拾。如果日本政府购岛,我们就能更好地处理与中国的关系。"有中国学者评论说,不排除日本政府与石原们上演"双簧戏"以强化日本对钓鱼岛主权归属主张的可能性。

其二,从国际关系层面看,美国高调宣称要"重返亚洲",一个重要目的就是加强对日本等亚洲盟国的控制,打着对付"中国威胁"的旗号,使日本等亚洲国家甘心于对美不平等地位。另一方面,日本以及与中国存在领土主权争端的一些南海"声索国"则将美国东进视为"战略机遇",在海岛主权、海域划界问题上纷纷向中国发难:2012 年 4 月 10 日起,中国的两艘海监巡逻船为保护在我黄岩岛海域作业的渔民而与菲律宾军舰对峙;2011 年 11 月和 2012 年 4 月,越南不顾中国反对先后与印度、俄罗斯商议联手开发南海油田,等等。在这种形势下,不肯自甘寂寞的日本与南海"声索国"相互串联和支持,在 2012 年 5 月下旬三艘日本军舰对正与中国吵得火热的菲律宾进行"亲善访问",日本还计划要向菲律宾提供十艘巡逻艇和两艘舰船,加强菲律宾海巡能力。石原慎太郎则乘中、菲在黄岩岛对峙之机,选择华盛顿作舞台,扬言要由东京都"购买"钓鱼岛并称"中国反对日本'购'钓鱼岛无异宣战",这一表演所选择的时机和地点十分耐人寻味,显示出日本借力美国东进之"机遇",与南海"声索国"一起跟中国闹的险恶用心。

其三,从民众情绪层面看,对于中国崛起,日本有一种既感到失落又觉得不服气的纠结心理。尽管其他亚洲国家也有这种纠结心理,但日本对中国崛起的不适应心理更重。因为日本在 20 世纪成为亚洲"一枝独秀"的工业化国家,特别是在战后发展过程中创造了所谓"经济奇迹",成为世界第二经济大国,然而 2010 年日本经济总量"世界老二"地位却被中国取代,而这个"被取代"问题对其他亚洲国家并不存在,这导致日本人对中国崛起尤其是对自己"被超过"而格外感到懊恼和沮丧。加上日本媒

① 《人民日报》2012 年 7 月 8 日。

体对中国发展中的负面问题报道很多，使日本人一方面对中国经济持续高速增长感到惊羡，另一方面对中国在经济增长过程中凸显的问题之多感到不服气甚至反而增强了"优越感"，看中国什么都不顺眼。此外，在中日围绕历史问题（比如日本领导人参拜靖国神社问题）发生摩擦的时期，日本曾出现过的所谓"国论两分"（一半以上的国民不支持首相参拜）的情况，然而钓鱼岛领土主权问题最容易获得民族认同感，长期被灌输"尖阁诸岛（我钓鱼岛）属于日本"的日本人可以说从上到下立场几乎一致，于是为了"捍卫主权利益"，无论政府对华怎么强硬，民众一般都会支持。

　　然而，日本以为有美国做靠山就可以为所欲为，这很可能只是一相情愿。正如日本评论家指出："军事同盟不是慈善事业"，尽管美国确实对中国崛起有防范心理，但美国内心很清楚，其"重返亚太"是为了自身的国家利益，而不是为了替亚洲大大小小同盟或非同盟伙伴一个一个地"打抱不平"；美国打的是全球战略大算盘，美国在多大程度上能为伙伴国的利害关系铤而走险、拔刀相助，实实在在还是一个未知数；日本如果以"事情闹大了等着美军来救援"作前提，怎么痛快就怎么玩地搞"买岛"甚至"驻军"之类的游戏，不得不说这是十分危险的。

　　总之，目前日本有些政客就像堂吉诃德大战风车那样面对所谓"中国威胁"舞枪弄棒，而美国在其背后却不动声色地加强了对这个企图争取平等地位的从属同盟国的实际控制和利用，加剧了美日之间的不平等。这恰是"螳螂捕蝉，黄雀在后"的生动写照。

（二）日本国内的理性声音在上升①

　　日本的政客妄图以对华强硬来赢得国内民众的支持，这也不是长久之计。因为在钓鱼岛问题上对中国示强虽然能一时获得部分民众的喝彩，但日本民众更关心的是国内问题，诸如提高消费税率、重启核电站等事关民生的大事，如果野田政权把日中关系搞得一团糟，影响到对日本灾后重建和经济复苏至关重要的对华经贸关系，也会引起民众的反感。尽管现在舆论调查显示有80%以上的日本人对中国没有好感，但同样有80%以上的

---

① 由于篇幅有限，诸如谷口诚、高原明生、猪间明俊、凌星光等人的言论不再一一列举。

日本人认为日中关系很重要，如果日本政府对华强硬得太过分，引起两国关系发生全面危机，同样是日本国民不愿意看到的。此外，还需注意到日本国内头脑清醒者大有人在，日本政府不能不倾听国内有识之士频频发出的理性主张和呼声，以下择其要者加以列举。

其一，"发展日中关系是日本的国家利益之所在"。前日本驻中国大使宫本雄二认为："对待领土问题应该超越国内的视野，要考虑如何为亚太地区的和平与发展大目标而努力。""与中国构筑稳定的可预测的合作关系，是日本的国家利益。""日中之间的问题有七成是基于误解和理解不足。"①

其二，"这个世界没有给任何民族留下只顾自己、恣意妄为要性子的空间，有时一个民族必须接受令其感到难以接受的现实"。日本前外务省国际情报局局长孙崎享最近发表题为《搁置的现状对日本有利》的文章指出："中国方面已从历史角度，阐释了……尖阁诸岛（我钓鱼岛）属于台湾地区，尽管对此有不同解释，但绝不能说中国方面的主张是站不住脚的。这对日本人来说也许难以接受，但却必须认识到尖阁诸岛并非日本的'固有领土'，而是一块'争议之地'。遗憾的是，无论日本的政治家还是国民都坚信，只有对中国采取强硬姿态才是正确的选择。然而，一味取悦舆论的外交，必将最终有损国家利益。日本强硬，中国也不得不强硬……那种认为因为有《日美安保条约》，美国会保护日本的想法，是一种幼稚可笑的想法。日本的政治家和国民都应理性地认识'搁置'争议的好处，这绝不是示弱。"②

其三，"国家利益界定的失误，必定导致国家衰退"。日本外交官小原雅博指出："一个国家的兴衰，归根结底取决于如何界定国家利益"，当今世界的现实"正在考验着日本的外交的真正价值取向，也考验着日本外交的'根本'，即国家利益如何界定"，"如果不能正确界定自身的国家利益，国家注定会衰败。战前的日本就是最典型的例子"，"不应当盲目主张追求僵化的本国利益，而应从更广泛的国际社会的整体利益中确保本国的

① http：//www.toyokeizai.net/life/review/detail/AC/6c5857eb0ce691bbb16beg8353e5384d8/page/3/.

② http：//www.asahi.com/news/intro/TKY201207100572.html.

利益","从主张对外强硬的国家利益论争中,我们不难发现……过多的防卫意识和短暂而情绪化的反应,这种现象恰恰说明今天的国家利益论争是多么危险"。小原主张日本应从"战前国家利益至上主义"即"封闭的国家利益",转向"国际协调主义"即"开放的国家利益","狭隘的民族主义或对外强硬论,在一定程度上确实可以给国民带来一种愉悦。经济或社会越是停滞不前,政治或媒体就越是把国民不满的发泄口转向国外。可是,这样浅薄而情绪化的舆论会阻碍长远的国家利益"。小原总结了今天日本的六大核心国家利益,其中第一是"东亚的稳定",第二是"防止日本周边出现敌对国家"。①

其四,"领土问题特别容易被作为煽动民族主义的手段,必须冷静地客观地加以应对,必须保持倾听对方的不同见解的意见和立场、以科学的综合的观点、致力于和平解决问题的精神"。横滨国立大学名誉教授村田忠禧列举了"钓鱼岛是 1895 年 4 月马关条约缔结之前日方偷偷地编入冲绳县八重山郡的,因此在马关条约缔结时并没有提及(钓鱼岛)"等事实,认为:"为了和平地解决钓鱼岛问题,首先必须做到'事实的共有化',将共有化的资料互相翻译成对方国家的语言,广泛地向全世界传播。从'事实的共有化'进一步向'认识的共有化'前进,通过双方的科学的客观的知识的积累,定将产生出和平地友好地解决问题的智慧,开拓日中关系的光明未来。"②

可以认为,在今天的日本,明白人大有人在,而当今日本的最大课题就是如何"让明白人当家",如果日本做不到"让明白人当家",甚至把家交给擅长作秀的疯子和赌徒一般的政客去当,那么日本的前途将可能是十分暗淡甚至危险的。

(三)中国如何与日本"共同排雷"

对于中国来说,人们看到日本一些政客在钓鱼岛问题上小动作不断,

---

① 参见小原博雅《日本走向何方》,加藤嘉一译,中信出版社 2009 年版,第 23、34、35、93—98 页。作者指出的其余四个核心国家利益是反恐、加强自由开放的国际经济体系、维护中东地区的稳定、海上航线的安全。

② 日中经济交流史研究会「配布资料」,2012 年 6 月 14 日。

右翼人物及少数政客借钓鱼岛问题掀起了一股接一股的反华浊浪,可以说,2012 年中日围绕钓鱼岛的摩擦是继 2002—2006 年中日围绕日本领导人参拜靖国神社问题发生的摩擦("靖国逆流")之后,中日关系出现的又一次大的"逆流"。表 1 示出了这两次逆流的比较。

表 1   **"钓鱼逆流"与"靖国逆流"的比较**

	"钓鱼逆流"	"靖国逆流"
主要人物	东京都知事、右翼人物石原慎太郎	首相小泉纯一郎
问题性质	起源于历史问题的现实利益问题(包括渔业、海底油气等资源、军事战略利益)	历史认识问题
舆论反应	大多数国民支持政府强硬立场	"国论两分",50% 以上国民不赞成参拜
理性主张代表人物	孙崎享(在《朝日新闻》发表文章)、村田忠禧(著有《怎样看待尖阁列岛钓鱼岛问题》)	加藤纮一、高桥哲哉(著有《靖国问题》)
日本国内政局	政局动荡,2012 年 7 月野田内阁支持率跌至 21.3%	小泉维持长期政权,2001 年 4 月至 2006 年 9 月任日本第 87—89 届首相
中日关系状态	中国坚决反对日本的买岛、钓鱼、视察等"系列闹剧",但没有打经济牌	领导人中断互访,"政冷经热"
美国态度	希拉里国务卿表示钓鱼岛"适用"安保条约第五条,但日本仍担心美国"口惠实不至",担心美国不会为日中钓鱼岛争端直接与中国兵戎相见	美众议院亨利·海德强烈批评小泉参拜,《纽约时报》发表社论批评参拜
周边国家反应	菲律宾、越南等南海问题"声索国"在与中国的岛屿争端问题上采取强硬态度,与日本相互呼应、支持;另一方面,俄罗斯和韩国在同日本的岛屿争端问题上均采取了比过去更强硬态度	韩国政府和民间强烈反对小泉参拜

通过对"钓鱼逆流"与"靖国逆流"的比较,可以看出"钓鱼逆流"对中日关系的损害要更加严重,中国的外交回旋余地收窄,面对问题更加棘手。从表 1 也可以看出,当前的逆流是右翼分子石原慎太郎所掀起、进而裹挟日本媒体和政府、煽动日本国民和舆情、讨好欲"重返亚洲"围堵中国的美国、企图通过激怒中国而将双方都无意进入直接对抗状态的中美两国拉入直接对抗甚至冲突、以达到其邪恶的政治目的的一场有预谋有计划的狂潮。从日本政府看,围绕钓鱼岛问题搞"岛屿命名"并向西南方向调兵遣将,特别是野田声称将会出动自卫队应对钓鱼岛争端,则反映了他

们的一种焦躁心理，这就是担心中国日益强大、中日国力差距日益拉大以后，终将使日本无力与中国争夺钓鱼岛。

然而，一个显然无误的事实是：钓鱼岛问题不必操之过急，时间在中国一边，随着中日力量对比继续朝有利于中国的方向变化，讲究实力哲学的日本也会倾向妥协的选项。与此同时，中国也不想同美国对抗，中国不会因为钓鱼岛问题而破坏稳定的周边环境，导致缩短"战略机遇期"。为此，我们对待钓鱼岛问题宜采取"双管齐下"的方针。

其一是发展对日关系与发展对美关系"双管齐下"，促使中日美三角形从目前过度不平衡的三角形（"日美边"太短也就是太近，"中美边"和"中日边"太长也就是太远）向比较平衡的方向发展（尽管中国不可能改变"日美边"的长度，却有可能改变"中美边"和"中日边"的长度），既防止日本利用中美对抗获取渔翁之利，也防止美国利用中日对抗获取渔翁之利。如前所述，钓鱼岛问题"不简单地只是中日关系"，至少它是涉及中、日、美三国的问题，美国所涉主要有：（1）1972 年美国归还冲绳时擅自把钓鱼岛行政管辖权划归日本；（2）战后美军长期把钓鱼岛附属岛屿黄尾屿、赤尾屿作为美军靶场；（3）2012 年 7 月 9 日美国国务院高官表示，钓鱼岛属于美日安保条约第五条适用对象，但那个第五条是指"在日本国施政下的领土"，而 1972 年被划归日本的只是钓鱼岛施政权，美国并未承认钓鱼岛是日本拥有主权的"领土"，怎能说钓鱼岛是那个第五条的适用对象呢？[①]

既然钓鱼岛问题涉及美国，那么，中日美围绕钓鱼岛问题展开三边对话大有必要，可以考虑利用美国的影响，使其向日本明确表达不愿中日开战的意愿。因为石原在钓鱼岛问题上挑衅，其"底气"就是认为如果中日因钓鱼岛开战，美国会帮助日本，所以此事症结还在美国。但美国并不愿中日开战把自己拖下水，因此美国表态对美国自身也是有利的。

其二是加强中日之间的危机管理机制与争取日本民间舆论"双管齐下"，加强危机管理机制是为了谋求双方对什么是"危机"（比如说可能发生对某种事态一方认为是"危机"而另一方却不认为是"危机"的情

---

① 参见刘江永《该给日美补历史法理课》，《人民日报》（海外版）2012 年 7 月 16 日。

况）和如何管控"危机"等问题达成共识，近期日本国民对华好感度虽然下降，但大多数人还是认为中日关系很重要，野田政府并不想负上使中日关系全面恶化的责任，中方可以与日本政府协商找出既能有效应对石原购岛、又不致过于伤及中日关系的办法。而在争取日本民间舆论方面，一个具体建议就是围绕钓鱼岛问题开展中日共同研究，或者至少双方都将有关钓鱼岛主权归属的争议公之于众，比如中方学者刘江永在 2011 年 1 月 13 日的《人民日报》发表了整版文章《从历史事实看钓鱼岛主权归属》，不仅说明了中方认为钓鱼岛主权属于中国的观点，也介绍了日方的不同意见，那么，日方也应该这样做，两国学者也可围绕这个问题在两国媒体上充分开展研究和争论。与此同时，正如叶小文所指出："中日之间现在难办的是，两国都可能出些极端分子，固执己见，挑起事端，制造麻烦。在全球经济萧条的背景下，特别是失业率趋高，国民心态最脆弱的时候，民族主义最容易被极端主义操控为一种不理性的、短视的群众热潮。中日关系当下的主要危险，在于'右翼极端主义'分子的挑衅和煽动。我们对此必须高度警惕和防范。"① 我们不要使中日各自国内的部分极端主张"相互助势"，将民意推到两国不得不动手的地步。不应让钓鱼岛争端破坏中国战略机遇期的大局。

其三是坚决维护领土主权与使用非军事手段维护主权利益"双管齐下"，这在中菲围绕黄岩岛对峙时已有过成功经验（菲律宾贸然出动军舰导致被动）。目前中国在维护海洋权益方面已有多家非军事机构在进行工作，今后宜进一步在国家统一的外交方针下加强相互沟通和协调。

其四是吵架与合作"双管齐下"。1972 年 9 月 27 日，正当中日复交谈判的关键时刻，田中角荣和大平正芳等日本客人在周恩来的陪同下，来到毛泽东住处。刚一进门，毛泽东就说道："你们吵架吵完了？"这句幽默、机智的话给人们留下了深刻的印象。复交以来的 40 年对于中日来说是两国关系不断发展的 40 年，同时，也可以说既是合作的 40 年也是"吵架"的 40 年，有时候"吵架"吵得太厉害，甚至影响到了两国关系的发展。比如，在上述的"靖国逆流"时期，围绕日本领导人参拜靖国神社问题，

---

① 叶小文：《中日都要防范极端分子挑事》，《环球时报》2012 年 7 月 27 日。

两国吵得非常厉害。当时，曾有人认为，解决历史问题是发展中日关系的前提，历史问题不解决，中日关系就无法发展，似乎历史问题成了中日关系的全部。后来，被实践证明为有效的方针是：既要认真解决历史问题，又要努力发展中日两国关系和民间交流；解决历史问题需要以发展中日关系、加强两国人民之间的交流作为依托。这个方针也被称为"双管齐下"模式。

如今，中日之间的钓鱼岛问题有所升温，两国间的气氛似乎又回到了某个问题不解决，两国关系就无法发展的怪圈。

其实，钓鱼岛问题早在 1972 年中日复交之前就已经存在，至 2010 年 9 月 7 日撞船事件发生，钓鱼岛问题的存在与中日关系的发展两者并存的局面已经持续了 38 年。钓鱼岛问题不是中日关系的全部，在钓鱼岛问题之外，中日两国还有很多需扎扎实实去做的互利双赢的事情和功课。因此，即便在撞船事件以后至今，中国采取的方针仍然是"双管齐下"：不为严峻挑战所动，不为复杂局面所惑，依然坚持"主权在我，搁置争议，共同开发"的立场，在围绕钓鱼岛主权争端问题上既坚决又不焦躁，将解决钓鱼岛问题和发展中日关系这两方面的努力"双管齐下"地继续向前推进。正如中国外交部部长杨洁篪在 2011 年所说："中方认为，有一百条理由使得东海成为和平、合作、友好之海。"①

然而，正值中日复交 40 周年的 2012 年，日本右翼和政府在美国"重返亚太"背景下，不顾中日复交以来两国政府在钓鱼岛问题上不互相刺激、不做过激举动的默契②，无视国内有识之士发出的理性主张，围绕钓鱼岛问题步步紧逼地采取煽动极端民族主义情绪、激化两国矛盾的冒险主义政策。如果日方继续一意孤行，将"吵架"推向"打架"，将可能给中方坚持"双管齐下"模式造成极大困难甚至打上句号，由此，中日关系将可能被推向复交以来甚至是战后以来最危险的境地。

（原载《日本学刊》2012 年第 5 期）

---

① 《人民日报》2011 年 3 月 8 日。

② 张慧玉：《日本首相公开加入"购岛"闹剧》，《世界知识》2012 年 8 月 1 日。

从古代到现代:日本人的历史观和亚洲观

在人们长期以来习用的简洁精辟的词语中,有一个似乎为隔海相望的中日两国所专用,这就是"一衣带水":"衣带"之长,象征着中日交往历史之悠久,"衣带"之窄,象征着中日地理位置之接近。开创日本律宗的中国唐朝鉴真和尚一千多年前在回答日本僧学恳请其东渡传法时说,"日本是有缘之国"。"有缘"二字,意义非常:它既指日本与佛法方面的缘分,也是指中日在历史、文化和宗教上的缘分。

周恩来总理在 1954 年 10 月和 1955 年 1 月两次会见日本客人时一再表明:"从中日关系的历史来看,我们两千年来是和平共处的。""中日间几千年有过良好关系的历史,只是从甲午战争后,日本军国主义欺负了中国,这只有 60 年。"[①] 这意味着中日关系有"两个历史",一是两千多年的中日交往史,另一是从 19 世纪八九十年代到 1945 年 50 年的日本侵华史。1949 年新中国成立,开始了社会主义建设;1952 年日本独立,走上了和平发展道路,从此中日关系开始了"第三个历史"。本文拟分析一下这三个历史时期日本人的历史观和亚洲观。

一　"两千年":日本人的历史观和亚洲观

从文化交流的角度看,中日两千多年的友好交往时期是日本向先进的中国学习的历史,也被称为"和魂汉才"时代。

亚洲地区是人类文明发祥最早的地区之一,尤其是以中华文明为中心

[①]　中华人民共和国外交部、中共中央文献研究室编《周恩来外交文选》,中央文献出版社 1990 年版,第 87—89 页;中共中央文献研究室编《周恩来年谱(1949—1976)》上卷,中央文献出版社 1997 年版,第 443 页。

的东亚文明，经朝鲜半岛，向日本列岛，由西向东扩展，处于中华文明圈的边缘的日本通过积极吸收中华文明，才出现了有文字可查的历史，可以说日本的文明是在亚洲文明，特别是中华文明的孕育之下成长起来的。日本自东汉光武帝授"汉倭奴国王印"开始就与中国发生了联系。日本天宝元年（公元742年），中国的鉴真大师应日本学问僧的邀请，六次东渡，五次被风浪所阻，最后在双目失明的情况下于天宝十二年到达日本，不但将中国的佛教带去日本，还带去了中国的建筑、雕塑、医学等技艺，他的弟子中多数长于汉诗。从大和朝廷初期以后，除去足利义满为了发展对明朝的贸易而采纳了虚拟朝贡贸易制度时期，日本有意识地置身于中华秩序之外，但却积极地吸收佛教、儒学等先进文明，贪婪地学习为统治国家所必需的知识，大凡知书达理的人对中华文明都怀有深深的敬意，笔者认识的很多上了年纪的日本人，不管是搞文科的，还是搞理工科的，都能够背诵不少汉诗，比同年龄的中国人还强。

在历史上，中国不仅先进而且强大。作为一个狭窄、多灾、"对中国怀有独特的自立感的岛国"[①]，日本基于强烈的扩张生存空间的意识，总抑制不住对邻近的朝鲜半岛和广阔的东亚大陆的觊觎之心，然而在"中强日弱"时代，日本只能是"心有余而力不足"，在唐朝和明朝中日间发生过两次军事较量，都是以日本的失败而告终，前一次战争的结果换来了东亚地区900余年的和平，后一次战争的结果换来了东亚300余年的和平。其间，当然还需提及的一次是："如果说历史上中国有一个民族侵略过日本，那是元朝的蒙古族上层，但是，他们打了败仗回来了。"[②]

这意味着，仅仅是先进，不足以使日本追随你；仅仅是强大，不足以使日本服膺你。在隋帝国时期，中国空前强大，当时正值日本改革派圣德太子执政，他仰慕汉文化，主动派出遣隋使，向先进的隋朝学习。隋朝以后的日本在政治上摆脱了对中国的依附，在公元663年，日本与中国首次在朝鲜发生了直接军事对抗，唐朝和新罗的联军大败日军于白村江口，这促使日本清醒地认识到与中国之间的巨大差距，并顺应时势，修正了对中

---

① 宫本雄二『これから、中國とどう付き合うか』，日本经济新闻社，2011年，58页。
② 《周恩来外交文选》，第87—89页。

国的外交政策，继续派"遣唐使"向中国学习。在其后百年间，日本创造出堪与盛唐文明相媲美的"平安文明"，建立起稳定繁荣的国家，以致有西方学者认为，东方文化起源于中国，绽放在日本。

　　这说明，只有一个既先进又强大的中国，才能让日本折服甚至追随，一旦日本折服于一个先进而强大的国家，就会拼命地向它学习，真正将学到的东西消化成为自己的血肉，以便追赶它甚至超过它。日本东京大学教授林周二曾说：什么是"和魂"？"和魂"的本质就是"消化"（digest），就是"出色的消化力"。尽管世界各国都会吸收、消化他国的文明和文化，但是日本对外来文化的极其出色的消化能力并非是一切民族和国家都具备的。也诚如叶渭渠先生所指出：日本历史上虽然也曾出现过全盘"汉风化"的思潮，但日本最终以"和魂汉才"作为对外交流的指导思想。①

　　总之，在中日两千多年的和平交往时期，日本积极追随、吸收中华文明，是因为"中华"既先进又强大，足以让日本服气。除去上述的两场战争，经济方面的数据也表明，从公元1年到1820年，中国经济的总体实力（以"国际元"计算的GDP）接近甚至超过日本GDP的十倍，② 充分说明，中日两千多年的和平交往时期也是"中强日弱"的历史时期。

　　在"和魂汉才"、"中强日弱"时代，日本人的"历史观"和"亚洲观"是密不可分、甚至是相互融合的：日本的成长史就是日本在与中华文明乃至亚洲文明"冲突、并存、融合"过程中，创造日本独特的文化体系和价值观念的历史；是日本从中华文明乃至亚洲文明受到极大恩惠的历史。与此同时，日本是"亚洲的一员"，亚洲是日本的"文化恩人"和"文明故乡"，对亚洲文明的礼赞和感恩，成为"和魂汉才"时代日本人的"亚洲观"。正如池田大作所说："日本从亚洲所获得的恩惠，不知有多少。农耕、汉字、建筑技术、医学、药学、宗教、思想，等等，都是从亚洲人民，特别是从'邻居'的中国、朝鲜半岛传来的。自古以来，那些带着优秀技术、知识及活力的人才，一代代从亚洲的各地涌来，构筑起日

---

① 叶渭渠：《日本文化通史》，北京大学出版社2009年版。

② 安格斯·麦迪森：《社会经济千年统计》，伍晓鹰、施发启译，北京大学出版社2009年版，第182页。

本的基础。从长远的历史来看，也有必要正视日本与'文化恩人'的亚洲各国之间的深厚缘分!"①

二 "50 年"：日本人的历史观和亚洲观

1600 年以来，随着欧洲的兴起，亚洲的衰落，世界进入了以"先进的欧洲，落后的亚洲"为特征的时代，欧洲取代亚洲成为世界体系的主角，而与国家强权合二为一的资本主义的逐利本性驱使欧洲向世界范围扩张，以武力征服亚洲的帝国、整个美洲大陆以及非洲的部落国家，把它们统统变成殖民地和半殖民地。特别是到了 19 世纪后半期，中国成为西方列强竞相争夺的牺牲品，其落后贫弱之貌在世界上展示无遗，日本对中国的尊敬和期待随之烟消云散。与此同时，面对不仅先进而且强大的欧洲，日本出于其追随先进、服膺强大的秉性，毅然决然地掉转船头投奔欧美文明，沐浴欧风美雨。日本近代著名的启蒙思想家福泽谕吉目睹了欧美国家现代资本主义文明的巨大发展，也反思了包括中日在内的东方国家封建主义的相继没落，遂萌生了要使日本摆脱中国的影响，成为欧洲型民族国家的所谓"脱亚入欧"思想。福泽谕吉发表著名的《脱亚论》一文主张日本"所奉行的主义，唯在脱亚二字。我日本之国土虽居于亚细业之东部，然其国民精神却已脱离亚细亚之固陋，而转向西洋文明"。② 福泽谕吉还主张日本与欧美列强一起瓜分、宰割中国和朝鲜，进而争霸亚洲与世界。

以 1868 年的明治维新为转折点，日本告别了"和魂汉才"时代，进入到"和魂洋才"时代，这个"洋"字是指"西洋"，指不仅先进而且强大的欧美国家，通过效法欧美国家，日本走上工业化和现代化的道路，成为亚洲唯一的资本主义大国。与此同时，日本又效法西方列强的殖民主义政策，叠加上本国源于古代中世纪的武士、武家当政及武士道的军国主义传统精神，这使得日本得以用"出色的消化力"，一方面学习西方的工业化现代化，另一方面学习西方强权政治殖民主义，均达到了"青出于蓝而

---

① http://news.qq.com/a/2006095/001596.htm.
② 福沢諭「脱亞論」，「時事新報」，1885 年（明治 18 年）3 月 16 日。

胜于蓝"的地步。日本以其通过迅速推进工业化所获得的实力挑战"西方老师"在亚洲业已建立的秩序，企图用以日本为中心的亚洲秩序取代以西方殖民主义为中心的亚洲秩序。在 1894 年，日本发动甲午战争，凭借仅相当于中国几分之一的经济实力，就打败了腐朽的大清帝国。1905 年在中国的土地上打日俄战争。1931 年发动"九一八事变"，在中国东北建立日本的傀儡政权伪满洲国。1937 年 7 月 7 日发动卢沟桥事变，开始了全面的侵华战争。这一系列的战争都是日本以反对西方列强、"解放亚洲"为名而对中国等亚洲国家发动的侵略战争。直至 1941 年 12 月，日本居然直接挑战美国，奇袭珍珠港，发动了太平洋战争。

"小人得志便猖狂。"在明治维新后，随着日本成为亚洲唯一走上工业化道路并取得成功的国家，发源于南北朝时期的"皇国史观"被日本统治阶级奉为全民族纲领，并通过自上而下灌输而形成日本人的历史观的主流。"皇国史观"的核心是把日本说成是"神的国家"，日本要以天皇为中心，对天皇是否忠诚成为判断一切是非的标准。在二战时期，军国主义者将其发动的侵略战争说成是"圣战"、是"解放亚洲"的"正义之战"。

显然，日本人的这种异化了的历史观是与其异化了的亚洲观紧密相连的，在日本人看来，亚洲各国就是一群落后、病态、固陋、贫穷的"恶邻"，因此才需要日本去"解放亚洲"，去解救亚洲的人民，而为了进行这场"正义的战争"，可以不择手段，可以对亚洲人"杀人不眨眼"，这才有了日本军国主义在侵略亚洲期间所犯下的罄竹难书的滔天罪行。

三　战后 65 年：中国的发展与日本的发展

1955 年毛泽东主席在会见日本客人时曾说："我们两个民族现在是平等了，是两个伟大的民族。"① 从毛主席讲那段话以后，可以说中日关系开始了"第三个历史"，既战后的中日关系史。1949 年新中国成立，开始了社会主义建设；1952 年日本独立，走上了和平发展道路。中日"一强一

---

① 中华人民共和国外交部、中共中央文献研究室编《毛泽东外交文选》，中央文献出版社、世界知识出版社 1994 年版，第 219 页。

弱”关系终成历史，并开始走向两千多年来从未有过的第三种状态——"强强型"关系。但是，战后以来中日两国走向强大的速度有着很大差别，1949 年新中国成立以来大力恢复国民经济，并开展了社会主义经济建设的初步探索，但在 50 年代末发生了"大跃进"，其后发生了"三年自然灾害"，从 1966 年 5 月至 1976 年 10 月又陷入了"文化大革命"动乱期，中国被拖向了政治经济濒临崩溃的边缘。与之对照，战后日本从"脱亚入欧"转向"脱亚入美"，在依靠美国军事保护的条件下，集中全力发展经济，以其出色的消化力，积极引进美欧的先进技术文明，紧紧抓住了以石油文明兴起和人口年龄结构年轻等为内容的发展机遇期，在实行民主和法制的前提下，以推动技术进步为中心，以"重视强固山脚"的普及教育为基础，推行"国民收入倍增计划"，以号称"一亿总中流"的相对平等的国家姿态，于 1968 年成为西方世界的第二经济大国。从中日经济实力比较看，1950 年以"国际元"计算的中国 GDP 相当于日本的 1.46 倍，然而到了 1973 年，日本的 GDP 反超中国，相当于中国的 1.7 倍，人均 GDP 则相当于中国的 13.6 倍。[①] 在 1973 年以后，日本又成为西方国家中比较成功地克服了两次石油危机的国家，成为源于西方的工业化（主要在民生产业技术方面）的最大成功者。

正当日本达到了战后发展顶峰期的时候，中国在 1979 年开始实行改革开放，战后中日"走强比赛"的"日快中慢"局面开始出现逆转。改革开放前一年的 1978 年，中国以美元计算的 GDP 仅相当于日本的六分之一，其后中国经济迅速增长，在 2005 年中国的 GDP 达到日本的 50%，2006 年中国经济总量升至世界第四位，2007 年中国超过德国成为世界第三经济大国，2010 年又超过日本成为世界第二经济大国，但当年中国的人均 GDP 仍然只有日本的十分之一。[②] 2011 年 3 月 11 日发生了日本东部大

---

① 安格斯·麦迪森：《社会经济千年统计》，伍晓鹰、施发启译，北京大学出版社 2009 年版，第 182 页。

② 按照"国际元"计算，中国的 GDP 早在 2001 年就超过了日本，达到日本的 1.74 倍（安格斯·麦迪森：《社会经济千年统计》，第 182 页）。又及，"国际元"是多边购买力平价比较中将不同国家货币转换为统一货币的方法。最初由爱尔兰经济统计学家 R. G. Geary 创立，随后由 Khamis 发展，这一术语在国际宏观经济的比较研究中被广泛应用。

地震，这场地震海啸核泄漏的复合灾难使日本原来就疲软的经济再遭重创，从而拉大了中国在经济总量上超过日本的距离：2011 年中国的 GDP 从上一年相当于 1991 年的 18 倍增加到 22 倍，实质 GDP 从上一年相当于 1991 年的 6.7 倍增加到 7.3 倍，而同年日本的 GDP 从 2010 年比 1991 年稍微增加转为比 1991 年减少了 8 万亿日元。

然而，尽管发生了被日本人称为"国难"的前所未有的大灾难，日本的经济大国地位还将保持一个较长时期。战后日本经济发展不仅实现了 GDP 或 GNP 的"量的扩大"，而且实现了经济的"质的提高"，是一个量与质兼备的、既快又好的国民经济现代化过程。中国科学院的《中国现代化报告 2010》指出，2007 年中国的综合现代化水平在世界排名中占第 78 位，而日本则仅次于美国居世界第二。① 一个国家的经济增长不可能永远保持"高速"，因此高速或中速经济增长过程必然与培养未来经济增长减速时的社会承受力、适应力的现代化过程相结合。由于日本经济高速增长或中速增长时期伴随着扎扎实实的现代化过程，因而自 20 世纪 90 年代以来即便经济增长减速甚至陷入停滞和衰退，却没有引起社会矛盾趋于激化的现象，而是依然能够不受政局动荡的影响，基本保持着社会的和谐与稳定。目前中国虽然仍处于经济高速增长阶段，仍应该同时为不远的将来可能出现经济增长减速做好准备，大力推进全面的现代化建设和各项实质性的改革，以免出现一旦经济增长速度趋缓，被高速增长所掩盖和淡化的社会内部矛盾和对立日趋激化甚至爆发出来。

关于经济发展的质，尽管人们还没有设计出可与作为"经济的量的指标" GDP 匹配的"经济的质的指标"体系，但是，诸如民众平均文化素质、收入分配差距（基尼系数）、环境保护、食品安全、城市建设、城市平均房价相当于居民家庭年均可支配收入的倍数，等等，显然应列入经济发展质量的范畴。有学者在中国 GDP 超过日本已成定局的 2010 年，一再强调不仅要看经济发展的量的方面，而且要看经济发展的质的方面。② 比如战后日本用了 20 来年就发展出一个庞大的中产阶级（主要是拥有一技

---

① 中国科学院中国现代化研究中心等编《中国现代化报告 2010》，北京大学出版社 2010 年版。
② 参见冯昭奎《中国仍是发展中国家》，《解放日报》2010 年 5 月 7 日。

之长的高级蓝领工人和白领）。但改革开放以来中国发展 30 多年了，中产阶级还是很小。"从基尼系数（Gini coefficient）来看，中国的贫富差距比拉丁美洲国家都大。"① 而 20 世纪 80 年代中期以来日本的显示不平等的基尼系数从 1985 年的 0.3 上升到 0.32，美国从 1985 年的 0.33 上升到 2008年的 0.37，同一时期英国从 0.3 上升到 0.35，日本的基尼系数虽比过去有所提高，但仍然明显低于美英。与之对照，2000 年中国的基尼系数是0.412，此后中国政府没有发布过基尼系数。

总之，尽管中国的 GDP 超过日本，但并没有改变"中国仍然是发展中国家，日本仍然是发达国家"的现实。在日文中，发达国家叫做"先进国"，这意味着在日本人看来，改革开放以来中国的巨大发展仍没有改变相对于中国而言日本是"先进国"的基本事实，因为日本既然是"发达国家"，当然属于"先进国"之列，而仍是发展中国家的中国则尚未进入"先进国"之列。这是日本人对于中国的一种优越感的来源之一。

四　战后 65 年：日本人的历史观和亚洲观

战后日本的历史观问题，主要是指如何对待过去那场侵略战争。战后以来，"皇国史观"虽被视为禁忌，但在少数右翼势力中仍具有相当大的影响力，战后"皇国史观"的核心思想是：继续神化大和民族和日本天皇；继续宣扬所谓"解放亚洲之圣战"、"正义之战"的谬论，罔顾日本军国主义发动侵略战争的铁的事实，将侵略战争中的战争罪犯看做是效忠天皇、"为国捐躯"的"英灵"。与之相反地，战后日本也有相当多的战争亲历者能够真诚地忏悔和反省自己国家所犯下的滔天罪行，无论是在日本还是在中国，很多中国人都遇到过这样的日本人，一再地向中国人表示道歉和谢罪。前通产省高官林信太郎曾说，正因为感到日本对中国做了坏事，心存内疚，他才与通产省的一些同事积极推动当时的首相大平正芳决

---

① 川村雄介、薛军：《汲取发达国家经验　加快经济增长模式转变——访日本拓殖大学校长渡边利夫》，《中国社会科学报》2011 年 9 月 15 日。

定对华提供政府开发援助（ODA）。① 然而，上述两种截然相反的历史认识都不能代表日本国家和国民历史认识的主流，因为只有统治者的意识形态才能主导和代表一个国家的意识形态。从日本统治者的历史观来看，最有代表性的是田中角荣的所谓"添了麻烦"的历史观。

1972 年田中角荣访华与中方谈判两国复交问题，在周总理举行的欢迎宴会上，田中首相讲话时轻描淡写地说日本在那场战争中给中国"添了麻烦"，而根本没有表示道歉。对此，周总理严肃地指出，日本军国主义的侵略战争给中国人民带来深重灾难，用"添麻烦"来表达，在中国人民中间是通不过的，而且会引起强烈的反感。面对周总理的批评，田中首相虽然作了一些解释，但是，事后据日本报纸透露，所谓"带来麻烦"的讲话，是当年日本外务省领导人经过深思熟虑后选择的字眼儿。他们出于如下的考虑："这不是战争刚结束时的那种谢罪。考虑到战后已经过了 20年，同时也考虑民族自尊心，不能让亲台派说（外务省）推行的是下跪外交。"当年参与起草讲话稿的外务省中国课课长桥本恕也说："（'添了麻烦'），绝不是翻译的问题，考虑到日本国内的舆论，那已经是到了极限的说法了。我考虑了不知多少天，推敲了不知多少次，夸大一点说，是绞尽脑汁写出的文章。当然也给大平外务大臣、田中首相看了几次，得到了他们的同意。"又据透露，后来大平外相向中方解释说："如果把谢罪字样写进联合声明中，自民党就会分裂。希望中方能理解日本的复杂情况。"②

可见，田中角荣讲"添了麻烦"绝不是一时的口误或中日文翻译上的问题，而是经过日本统治层面深思熟虑、精心设计、旨在尽量减轻罪责、模棱两可、旨在维护民族自尊心的一种历史观表述，体现了日本对那场侵略战争的不诚实、不道德、不确定的历史观。所谓"不诚实"，就是说日本领导人尽管也曾多次表示过"反省"，但却从来不肯诚实地承认那是一场"侵略战争"；所谓"不道德"，就是说对于给中国及其他亚洲国家人民带来如此巨大痛苦的侵略战争总是采取种种手法轻描淡写、模棱两可，

---

① 引自冯昭奎《与林信太郎的对谈》，《东北亚学刊》2009 年第 3 期。

② 参见刘德有在"回顾邦交恢复历程、展望中日关系未来"研讨会（2012 年 7 月 26 日，日本新潟）上的发言。

对日本人的"受害"（比如遭到美国的原子弹轰炸）则哭天抹泪，悲痛欲绝。然而，日本人是人，中国人也是人，同样是人，却表现出如此的差异，岂非很不道德？所谓"不确定"，就是说随着首相和内阁的更迭，日本领导人对历史问题的表态总是摇摆不定，既有村山富士 1995 年的"8·15"谈话，又有小泉纯一郎的靖国神社参拜，一个首相一个风格，一个首相一个调子，加之首相如同走马灯似的换来换去，无论说什么话都已经很难取信于亚洲人民。

　　日本之所以对中国及其他亚洲邻国的侵略历史问题有如此不诚实、不道德、不确定的表现，又是与日本的"亚洲观"密不可分的。如今，亚洲各国在现代化的道路上取得了很大的进步，然而，依然不能改变日本的"先进西方，落后亚洲"的偏执成见，特别是对中国，日本媒体总是聚焦于中国的缺点、问题、负面形象。日本至今仍然将自己视为"西方的一员"而非"亚洲的一员"，亚洲仍然是日本"不愿意待的地方"，是日本"拔着自己的头发也要离开的地方"（鲁迅语）。2010 年以来，美国高调要"重返亚洲"或"战略东移"，一个重要目的就是利用世界经济重心东移，吸取亚太地区经济增长的活力，同时拉拢亚洲的传统盟国以及与中国存在领土主权争端的发展中国家，采取"一虎率群狼战术"来防范以中国为"领头羊"的新兴国家群体性崛起，延缓美国霸权地位下降和西方中心主义削弱的历史趋势。然而，总是不想看到日本同中国走近的美国，在自己"重返亚洲"的同时，显然不愿意让它的愚忠的盟国日本同它一道"重返亚洲"，而且显示出美国越要"重返亚洲"，日本就越不能"重返亚洲"，以免中日接近导致美国在亚洲的利益和影响力受到挤压，以免出现中日结成伙伴关系主导东亚共同体的尴尬局面。而美国不让日本"返亚"，日本就必须听话，美国对日本的影响力已经达到可以让不听美国招呼的首相下台的深度，比如曾经积极推动日中复交的田中角荣首相，又比如高调推进"东亚共同体"大目标、显示出"重返亚洲"真诚意愿的鸠山由纪夫首相，实际上都是被美国操弄日本的所谓"民意"拉下台的。为此，现在的野田佳彦内阁只能遵循美国"重返亚洲"战略需要，一方面在钓鱼岛问题上表现出前所未有的强硬态度，一方面在亚洲国家之间挑拨离间，比如南海问题上支持与中国存在领土主权争议的亚洲小国菲律宾、越南向中国叫板，显然，这与鸠山由纪夫等"亚洲派"政治家所主张的从"脱亚"到"返亚"、以亚洲国家团结为宗旨"重返亚洲"的初衷完全是南辕北辙。

日本的拙劣的历史观还表现在对 70 年前世界反法西斯战争的立场上。日本在钓鱼岛、（俄罗斯控制的）南千岛群岛、（韩国控制的）独岛问题上的错误立场，是对世界反法西斯战争胜利成果的公然否定，是对战后国际秩序的严重挑战。由于日本坚持其对世界反法西斯战争的错误的历史观，导致亚洲一些国家围绕岛屿主权的争端愈演愈烈，远在太平洋彼岸的美国不远万里来到亚洲的海洋上与日本等同盟国频繁地大搞军演，严重污染海洋。与之对照，目前欧盟已于 2012 年 8 月公布了一份到 2020 年的海洋开发战略，推出了一张欧洲各国所有企业都可使用的欧洲海域海底的高分率海图，以便推动企业在遵守比陆地更严格的保护环境条例的前提下投资开发海洋。① 比较一下亚洲和欧洲在海洋开发上的国际关系、开发水平及环境保护，呈现给人们的依然是一幅"先进的欧洲，落后的亚洲"的图景。而这个至今还被日本看不起的亚洲之所以依然落后，一个重要原因就在于日本坚持错误的历史观，在经历过战争的一代人还在世的时期里实现同亚洲受害国家的历史和解（由于加害国与受害国以不同的历史观教育后代，离那场战争的年代越远，未来就越难以进行"历史和解的补课"），换句话说，对亚洲至今依然落后的现状，日本有很大的责任。

中日关系的发展，在很大程度上或者说在本质上，正是日本自一个半世纪前"脱亚入欧"以来能否"重返亚洲"的、事关国家定位和走什么道路的重大问题。与十七八世纪欧洲兴起和亚洲衰落相比，当前国际格局演变的趋势正好相反，即以亚洲为代表的东方的兴起和以欧美为代表的西方的相对衰落，以亚洲为代表的东方正在回归国际体系的中心，世界权力在传统西方大国与亚洲拉美等地区的新兴大国之间的分配格局正在朝向相对均衡的方向转变。尽管美国依然是世界上唯一的"巨无霸"，但美国的实力相对下降已经使其再也不能在世界事务中独断独行，不得不更加重视同盟国的作用并拉拢某些对其推行全球战略有价值的国家，其中日本则成为美国在亚洲的最重要的战略伙伴。

---

① 西班牙《国家报》2012 年 9 月 2 日。

但是，由于美国远在太平洋彼岸，与日本仅有"一衣带水"之隔的中国不必等到与美国的实力相当，就可能对日本产生与美国影响力相匹敌的吸引力，这从当今中日两国经济关系发展的密切程度已可见其端倪。美国哈佛大学教授山姆·亨廷顿在 2005 年曾经预言："在政治及经济上中国大陆的力量均将强大化，因此美日在对华政策上将拥有共同的利害，亦即美日将会合作来牵制中国。"但是，接着他发出这样的预言："从中长期而言，日本将会摆脱对美国的依赖而追求某种自主性，长期而言，最后日本可能还是不得不追随中国。"

虽然中国并不需要日本像如今追随美国那样"追随"中国，更无心恢复什么"朝贡体系"，然而，随着客观的经济规律推动日本经济进一步融入包括中国在内的亚洲经济，随着中国现代化的不断发展，随着日本与中国等亚洲各国的经济与文化的凝聚力日益增强，随着"中国威胁论"遭遇中国坚持和平发展的铁的事实而不攻自破，随着日本"亚洲派"及根植于民众深处的和平、民主力量的顽强奋斗，随着中日共同应对气候变化和地区性环境问题的紧迫性日益上升，在历史上曾被鉴真和尚称为"有缘之国"（与佛法有缘，与中国有缘）的日本在今后 15 年至 20 年，终将认识到"远亲不如近邻"，诚心诚意地踏上重返亚洲、重返故乡之路。

（写于 2012 年）

第六篇

日本经济研究

改革开放以来中国的日本
经济研究

改革开放以来中国的日本经济研究，是一个交织着、充满着苦学与思考、激情与理性、幼稚与成熟、率真与世故的曲曲折折的成长过程。本文的写作目的不是记述这 30 多年来成长的烦恼和故事，而是尽力从学术角度综述其成果（综述夹带评论），评论其发展（评论夹带综述），建言其今后（建言夹带展望）。作为置身于该研究领域的一员，笔者愿在本文开头强调一点：改革开放以来中国的日本经济研究是一个"过程"。

一 学术和思想成果的综述

本节就战后日本经济增长、泡沫经济、企业、财政、产业政策、金融、科技及国土开发，分别综述改革开放以来日本经济研究的主要的学术和思想成果，由于受到笔者的能力、交流力和阅读量等的限制，综述难免出现偏重偏轻、挂一漏万的缺陷，敬请读者批评指正。

（一）战后日本经济增长

第一，战后日本经济发展首先是战后民主改革所带来的巨大成果。中国有句老话叫"多难兴邦"，世界历史也充分证明，"国难"有可能成为国家复兴的契机。二战失败对于日本来说就是一场空前的国难，也可能成为将日本引向复兴的契机，而将这种"可能"转变成"现实"的就是战后民主改革。正如宫乡所指出的：战后美军占领当局"采取了许多措施，如实行大规模的土地改革，解散半封建性的财阀，引进西方民主制度，并削弱作为日本封建制度的天皇制。这样就大大削弱了日本资本主义制度中的封建性，使日本资本主义能够飞速发展"①。金明善认为："民主改革使日本最终完成了明治维新所未能完成的历史使命，即彻底清除残留在生产关系和上层建筑中的封建因素，成为日本资本主义现代化的一个新起点，为建立现代市场经济体制，实现日本经济高速增长准备了必要的政治经济前提。"② 中国社科院日本所课题组（以下简称为"日本所课题组"）认为，战后改革的"去封建化"、"去专制化"和在政治上"沉重地打击了军国主义，基本消除了军部恢复其特权地位的可能性"，使日本"发展成为一个法律相当完备，执法十分严格的'法治国家'"，"形成了具有权力制衡功能的现代化政治机构，……以民主和法制代替了少数人的意志左右一切的落后的政治运行机制"，消除了人们对于"一个不受约束和制衡的权力走向专断和极端，成为导致历史谬误、庇护政治家和官僚腐败的后台和根源，当然，在这一点上，日本现存的政治结构也远非是完善的"。③

上述学者都强调指出铲除封建主义对于一个国家现代化发展的极端重要性。只有通过彻底的反封建主义，才可能大大地解放生产力，真正实现从统制经济向市场经济的过渡，激发普通人积极劳动和创业的热情。与此同时，政府及其所属部门通过设立审议会制度等方式注意倾听不同意见，倾听知识分子的意见，而不认为自己所做的一切都是圣人之举。日本所课题组认为，战后日本经济的快速发展，固然体现了一个摆脱了封建主义桎梏的现代资本主义国家在经济上的崛起，然而日本之所以能够以基尼系数较小、贫富差距不大、社会相对平等的姿态，于 1978 年登上世界第二经济大国的地位并保持了 31 年，则缘于日本作为一个资本主义制度的国家，却导入了一些社会主义制度的因素，采用了一些社会主义的调节手段（当然这并没有改变日本的资本主义国家性质）。④ 为此，在这个被美国人视为

① 宦乡：《宦乡集》，中国社会科学出版社 2002 年版，第 301 页。
② 金明善：《现代日本经济论》，辽宁大学出版社 1996 年版，第 900 页。
③ 中国社会科学院日本研究所课题组：《日本经济的活力》，航空工业出版社 1988 年版，第 14、15 页。
④ 中国社会科学院日本研究所课题组：《日本的经验与中国的改革》，经济科学出版社 1993 年版，第 1、2、9、10 页。

"异质的资本主义"国家，随着高速增长的实现，在 20 世纪七八十年代，九成左右的国民都自认为是中产阶级，出现了"一亿总中流社会"的流行词。在 20 世纪 90 年代泡沫经济崩溃以后，收入差距虽然有所扩大，但日本依然是主要资本主义国家中贫富差距最小的国家。从工资差距看，（1）1000 人以上的大企业的人均月基本工资为 10—99 人的小企业的 1.34 倍（1985 年和 2010 年这个数字相同）；（2）工资最高行业的工资相当于工资最低行业的 1.53 倍（1985 年）和 1.75 倍（2010 年，电力、煤气、自来水业在上述两个年份均属于工资最高的行业）；（3）工资最高地区的工资相当于工资最低地区的 1.66 倍（1986 年，东京对山形县）和 1.85 倍（2008 年，东京对冲绳县）；（4）战后以来国家公务员与民间企业工薪阶层的工资差距一直保持在 1.5 倍左右；（5）日本大企业 CEO 的人均年薪相当于员工的 10.8 倍，不仅大大低于南美国家 40—50 倍的水平，也大大低于美国的 34.3 倍，据美国劳动总同盟最新公布的调查结果，2010 年美国企业 CEO 的平均年薪相当于劳动者人均年收入的 343 倍，而日本最大企业——丰田汽车公司的董事的人均年薪相当于其员工的 7.4 倍，仅相当于日本国内由法国雷诺控股的日产汽车公司的董事的人均年薪的 17.4%。

笔者尚未找到与上述"五大差距"可以完全对应的我国的统计数字。但任玉岭（国务院参事）指出：目前我国存在着"四大差距"，其中"城乡差距从 20 世纪的 1∶1.8 扩大到现在的 1∶3.3（日本在 1972 年已成功实现城乡收入无差距，并日益成为'农富城穷'型的发达国家)[①]；地区差距在 2002 年的数据是 1∶13（日本是 1∶1.85）；收入差距即低收入者和富人的收入差距在 20 倍以上，而在 20 世纪 80 年代日本只有 1∶4.3；行业差距，我们是 1∶15，日本只有 1∶1.62"。[②]

刘昌黎指出：日本"实现了工资分配的相对公平，而在工资占个人和家庭收入 70% 以上的情况下，（日本）一直是世界上收入分配基尼系数最低的国家之一。正因为如此，分配不公一直没有成为令日本头痛的主要社

---

① 括号内的内容引自谷军、彭祎《北京与美国、日本、韩国城乡收入差距的比较与借鉴》，《今日财富》2010 年第 1 期。

② 任玉岭：《缩小"四大差距"比涨工资重要》，《中国经济周刊》2012 年第 1 期。

会问题"①。或许可以说，正因为如此，2011 年在美国发生的"占领华尔街运动"，虽然波及了一些欧洲国家，但基本上没有波及与美国关系十分密切的日本。总之，战后日本是以一个基尼系数长期保持在较低水平的、收入相对平等的国家的姿态实现崛起的（例如 2002 年日本按不同年龄层生涯工资计算的基尼系数为 0.244，大大低于美国的 0.403，我国则已超过 0.5)②，当今中国贫富差距扩大，恰恰是因为我国作为社会主义国家，却出现了"公平、正义等社会主义因素和价值观的发展落后于社会经济现实的发展"的问题。③

江瑞平认为，战后日本资本主义"在本质上是一种法人垄断资本主义"，作为社会组织在法律上的人格化的"法人"（如金融机构、事业法人等）取代个人、自然人而成为"垄断资本的主要占有者"。"垄断资本的占有主体已由财阀家族转变为垄断法人"，成为"战后或当代日本垄断资本主义区别于战前的本质特征"，也成为"区别于欧美资本主义的本质特征"，因为战后日本"将资本占有的社会化程度提高到了全新的高度"，这里的"全新"显然是意味着战后日本的资本占有的社会化程度大大超过了欧美资本主义而形成了在一定程度上缩小了与"公有化"与平等社会之间的距离的资本主义。以致"'终极所有者'无法再归结为某种'个人'"，而在欧美，"许多国际知名的大垄断财团中家族仍是最主要的资本控制者，如杜邦财团的杜邦家族，梅隆财团的梅隆家族"。在此，笔者需要做一些补充发挥：在美国，人们说起"资本家"，首先会想到作为"资本家"的个人，想到"贪婪的资本大亨"，然而这种解释对日本就不大合适，在战后日本作为统治阶级的"资本家"应该说是号称"巨大企业"的系统，号称"资本主义经济"的系统，在这里，人与系统密不可分地连接在一起，它不再是"人"本身。江瑞平引用日本前首相池田勇人的话写道：战后日本经济体制就是"'政府是船长，财界是罗盘'，内阁更迭只

① 刘昌黎：《论日本的工资差距及其特点与控制经验》，《现代日本》2011 年第 3 期。

② http：hb. qq. com/a/20100521/000663. htm，2010—5—21.

③ "一般说来，基尼系数较小、社会贫富差距不大的国家通常都是在很大程度上运用社会主义政策对社会分配进行调节。"引自寒竹《解决社会不公，还得靠执政党》，《环球时报》2011 年 9 月 5 日。

不过是船长的调换，而无论谁当船长都必须按照法人垄断资本主义手中的罗盘指引的方向行事"。战后日本经济发展过程表明，这种资本占有高度社会化的法人垄断资本主义"适应了战后日本生产社会化程度空前提高的宏观要求"，"在 50—60 年代的日本经济高速增长中产生了多方面明显绩效，也在 90 年代的经济长期停滞中暴露出一系列问题"。[①] 刘昌黎认为"在资本主义制度下，法人所有制在本质上虽仍然属于私有制，但根据马克思主义观点，其所有权的社会性却有了很大进步，这也是战后日本经济、社会和生产关系在所有制方面的重大变化和进步……法人所有制是在股份公司的基础上发展起来的，是对资本家个人所有制的否定，是资本主义社会中孕育起来的社会主义因素"[②]。日本所课题组认为：日本资本主义常被西方学者认定为"包含着一种有别于西方主要资本主义发达国家群体的特殊性、'异质性'"，这种特殊性是否是日本"在某种程度上创造了为走向 21 世纪资本主义所需要的'制度上的创新'，这是值得研究日本经验的人们注意的"。[③]

莽景石认为：战后日本虽然历经了大规模的宪政（以宪法来治理国家，或可简单地表述为以宪法"限政"——笔者注）转轨，但由于其外生强制的性质，并没有成为一个西方式的立宪民主国家，而是成为一个具有权威主义倾向的官僚制多元主义国家，政党与官僚的长期结盟，导致了一种相对集权的政治结构出现，形成了实际政治经济过程的官僚制控制。由于三权分立不充分和民间部门的诉讼成本过高，日本政府比欧美国家的政府具有更强的议价能力，在由后发展经济向工业化经济转变的特定阶段，在协调与企业的关系和促进经济发展方面比欧美国家的政府具有更大的比较优势，从而获得更快的经济增长。

"以 20 世纪 70 年代中期为转换点，战后日本经济发展的漫长过程可划分为两个阶段，在前一阶段，成功地解决了'后发展问题'，在后一阶

---

① 江瑞平：《法人资本主义——关于日本模式的一种解析》，《中国社会科学》1998 年第 5 期。

② 刘昌黎：《现代日本经济概论》，东北财经大学出版社 2002 年版，2008 年修订，第 184—185 页。

③ 中国社会科学院日本研究所课题组：《日本的经验与中国的改革》，经济科学出版社 1994 年版，第 3 页。

段，则面临着严峻的'发展后问题'。"①对莽景石的上述观点，笔者感到需要讨论的是日本进入"发展后"阶段的时间点，这个时间点是在成为"西方世界老二"的 1968 年，还是在工业化基本完成的 70 年代前半期？如果认为 60 年代末或 70 年代前半期日本就进入了"发展后"阶段，那么，即便已经面临严峻的"发展后问题"的日本也有过一段"成功的经历"，具体表现在日本成功地跨越了"中等收入陷阱"②。1968 年日本 GNP 总量达到 1000 亿美元，超过联邦德国成为西方世界第二经济大国，然而这一年日本的人均 GNP 只排在世界的第 20 位。在此后十余年，日本人均 GNP 继续以高于欧美发达国家的速度较快增长，同时基本上保持了社会的稳定，平稳地度过了"中等收入陷阱"。因此，笔者认为，将日本"发展后阶段"的起点定在 80 年代中期或许更为妥当，那么，是什么将日本的"后发展阶段"推迟了大约十年？笔者认为一个重要因素是 70 年代发生的两次石油危机，这两次危机促使日本举国上下追求更加科学的发展（包括节能环保、努力实现人与自然的和谐和社会的和谐），③ 从而导致"后发展阶段"的延长。

然而，在进入"发展后阶段"以后，战后日本经济体制已不再适应继续发展的要求，越来越走到了一种不实行改革就没有出路的境地。徐梅通过对日本规制改革的研究认为，为了继续给予符合"后发展阶段"战略目标的那些传统工业部门的既得利益集团以政策上的支持，政府所采取的不合理的准入规制和价格规制，"极易使少数处于优势地位的企业维持高额

① 莽景石：《后发展国家的宪政转轨与政府比较优势——战后日本的案例分析》，《天则内部文稿系列》2001 年第 17 期。

② 陷入"中等收入陷阱"的国家在人均 GNP 或 GDP 达到大约 3000 美元之后，经济高速增长中积累的社会矛盾就会相对集中地爆发出来，导致经济增长减速甚至停滞，其具体表现有：贫富两极分化扩大、基尼系数增高（达到 0.5 或更高）、政府官员腐败蔓延、社会日趋动荡、日益普遍的信仰缺失和道德滑坡、政府决策被特权利益集团所主导，等等。而日本之所以能够成功地跨越"中等收入陷阱"的原因包括：注意增加农民和工人的收入，避免了伴随经济高速增长出现的贫富差距扩大问题；在 20 世纪 80 年代泡沫经济到来之前就基本上完善了社会福利保障制度；媒体和在野党对政界和官场的腐败现象穷追猛打，确立了比较完备的防治腐败的法律和制度，并在 1992 年制定并实施政治家必须详细透明地公示自己财产的《国会议员资产公开法》等。

③ 笔者在 1979—1981 年赴日进修电子技术期间，在滨松市两年生活中亲身体会到那种几近于"路不拾遗、夜不闭户"的和谐社会的情景。

利润，结果，在缺少竞争的条件下，受保护的企业即使不进行技术创新和降低成本也依然能够维持较高的盈利，由此会损伤民间企业的积极性，导致整个行业效率低下，……并使消费者蒙受一定的利益损失"。"政府规制者（掌握审批权等的政府官员——笔者注）也是'经济人'，同样也会谋求私利。……在企业利益集团对政府规制者施加较大影响、与规制者的私利相结合的情况下，极易出现所谓'寻租'现象"，为此，"动员全社会加强对规制的事后监督十分重要"。[①] 徐梅的上述分析对于我国的体制改革也具有重要启示，在当今中国，政府利益集团和垄断企业集团已经成为中国经济体制改革的主要阻力，特别是地方政府利益集团"在一定程度上变通执行或阳奉阴违执行中央政策以服务于自己和为自己服务的利益圈"，"垄断企业集团的业务领域在不断拓展并深化，（则使）非公有制经济发展空间不断受到挤压"。[②] 这意味着即使中国进入改革开放时代已 30 年有余，但仍然出现了垄断得势、"改革倒退"的现象。

第二，战后日本在 20 世纪五六十年代实现了高速增长，在 70 年代成功地应对了两次石油危机冲击，被誉为实现了"两个奇迹"，并构成了"'东亚奇迹'的开端"，[③] 其所以能做到如此，根本原因在于战后日本走了一条和平发展道路。何方指出：战后"日本选择了一条基本上走和平发展的道路并长期坚持，却是历史的真实"。"走这条民主改革和和平建设的道路给日本带来了巨大的好处。"首先是"经济得到飞速发展，创造了历史上的奇迹"[④]。宦乡指出："在整个西方世界里，高军费开支同工业成就大小之间的关系似乎是成反比的"，"日本与联邦德国便是很好的例子。它们在过去几十年里军费开支少，而它们的经济却发展较快。日本的经济增长率从 1955 年到现在（1987 年——笔者注）几乎都超过了美国和西

---

① 徐梅：《日本的规制改革》，中国经济出版社 2003 年版，"小结"。
② 孙剑：《不能让利益集团挡住改革》，《环球时报》2012 年 2 月 6 日。
③ 引自莽景石《日本与中国："奇迹"的政治经济学》，《南开日本研究 2011》，世界知识出版社 2011 年版，第 2 页。该文认为："（日本和中国的）高速增长如此密集地出现在一个地区，据说只有万分之一的可能性，以致被称为'东亚奇迹'。在这一罕见的人类经济发展的历史现象中，日本构成了'东亚奇迹'的开端，中国则将'东亚奇迹'引向新的高潮。"
④ 何方：《日本面临第三次选择》，《何方集》，中国社会科学出版社 2001 年版，第 165 页。

欧"。①战后 40 年来"日本经济在所有资本主义国家中是最成功的"②。金明善指出:"吉田在总的对外战略上坚持加入西方阵营,确立同美国的同盟关系,但一直抵制美国所要求的重新武装的规模和进度。吉田首相说,'为非生产性的军备花费巨额资金,将会严重推迟日本的经济复兴。……再者,日本如果重整军备,也许会刺激亚洲邻国',吉田茂的将发展经济作为头等大事的战略思想(所谓'吉田路线'——笔者注)便成为日本历届政府奉行的经济发展和对外政策的总方针。"③

　　第三,战后,从军国主义压迫下获得解放的广大日本人民"紧紧抓住了战后日本的'发展机遇期',其主要机遇有:战后科技革命和石油文明兴起;人口年龄结构年轻且人们吃苦耐劳;有欧美先进国家作为赶超目标;美国主导的自由贸易体制给日本推行'贸易立国'提供了有利条件;在冷战格局下日本依靠美国军事保护得以集中力量发展经济;朝鲜战争带来的'特需';作为在亚洲'一枝独秀'的工业化国家在本地区没有旗鼓相当的竞争对手等等"④。日本抓住发展机遇最主要靠什么?一靠教育,二靠技术。日本所课题组认为,战后日本推行"强固山脚比强固山顶更重要的教育方针",努力提高国民的文明素质和教养水平;培养了一支忠于职守的中小学和职业学校的教师队伍,教师被视为"特殊公务员",中小学校教职员的工资高于一般公务员的工资标准;在各个县、市、町、村,最好的建筑不是政府办公大楼而是学校;整个社会形成了以全民关注教育、尊重科学技术、倾全力发展生产力的价值观,从而为战后日本的技术进步打下了坚实的基础。

　　日本的大学教育不被认为是成功的,但战后日本没有把他们的一流大学办成"留学美国的预备学校",而是促使青年人的进取心能扎根于本国土地,大量培养具有敬业精神和"一心一意地专注于一件事情的人是最优秀和最值得尊重的"工作信念的、以进入工业生产第一线献身生产技术和技能工作为荣的青年才俊,源源不断地向企业和研究机构输送了为工业化

　　①　宦乡:《为世界的发展而裁军》,《宦乡集》,中国社会科学出版社 2002 年版,第 236 页。
　　②　宦乡:《关于当前世界经济形势的一些看法》,《世界知识》1986 年第 3 期。
　　③　金明善、宋绍英、孙执中:《战后日本经济发展史》,航空工业出版社 1988 年版,第 78 页。
　　④　冯昭奎、林昶:《当代日本报告》,中国社会科学文献出版社 2011 年版。

发展所迫切需要的人才，组成了充满集团意识和敬业精神的强有力的企业组织、产业大军和技术进步主力，成为战后日本取得工业化成功的最人原因。①

事实证明，在科技成果迅速传播于世界的时代，各国经济竞争的重心在于能否迅速有效地将科技成果结合于、应用于生产过程，因而占总劳动力一半以上的、从事生产的那部分人力是否受到良好的教育与训练，就成为决定经济竞争胜负的关键。日本经济能实现高速增长是与其"注重山脚"教育方针分不开的。

车维汉通过仔细考察日本百年资本主义经济周期史，发现"在二战后日本的经济周期相对缩短，危机对社会生产力的冲击及其所产牛的震荡明显减轻，原来意义上的危机所具有的对经济运行进行调节的职能，在一定程度上由政府代行了"。作者认为战后日本经济周期变形（不同于战前）的原因除去在客观上有科技革命的影响、对外贸易迅速发展的影响、资本积聚增大和企业系列化生产体制的影响、第三产业发展的影响之外，在主观（政府）方面则包括政府干预经济的诸种措施，如制订经济计划和提供情报信息、采取适时灵活的财政金融政策、以产业政策进行平衡协调、政府对企业实施行政指导等。在上述主客观原因中，日本政府对经济的干预起了最主要的作用。②

杨栋梁认为："日本经济的现代化向世人展示了一种后发国实现经济赶超的模式，旨在提高生产率的技术创新处于这一模式的核心位置。"③ 金明善认为："科学技术的飞跃发展及其在生产中的广泛应用，是战后重要资本主义国家经济普遍得到迅速发展的主要因素。"日本所处的历史条件，使"这一因素在战后日本经济发展中所起的作用尤其突出"。这个特定历史条件就是口本工业技术的后进性和战后日本所处的特定环境，它"使日

---

① 日本从学前教育开始就注意培养儿童热爱自然、向往科学、尊重劳动、喜欢动手的教养和素质，并借鉴了美国教育制度的经验，重视"毕业后能够立即在企业派上用场的职业教育"，全面提高普及教育的质量和理工科大学的水平。详见中国社会科学院日本研究所课题组《日本经济的活力》，航空工业出版社1988年版，第76—82页。

② 车维汉：《日本经济周期研究》，辽宁大学出版社1998年版，第399、431页。

③ 杨栋梁：《日本近现代经济史》，世界知识出版社2010年版，第8页。

本所进行的技术革命的深度、广度以及速度方面远远超过了欧美先进国家"。① 然而，随着日本的技术赶上欧美水平，技术上的"后发效应"对经济增长的促进作用日趋减弱，日本转向"挑战大于机遇"的发展新阶段。笔者认为，战后日本抓住机遇的能力与泡沫经济崩溃后日本面对挑战的无能恰恰形成了鲜明的对比。1989 年底日本股市达到峰值后，日本经济长达 20 多年低迷徘徊。经济增长趋缓，人口少子化老龄化，产业空洞化，失业率上升，GDP 世界老二旁落，以官僚机构为核心政官财勾结的组织结构，以及使其行之有效的保障——20 世纪五六十年代出台的各种法律法规，已成为日本继续发展的桎梏。总之，取代日本成为"世界老二"的中国如何吸取当今日本的失败教训与当年中国汲取日本的成功经验可以说同等重要。

第四，对于战后日本经济发展，应从现代化的高度来认识和把握。金明善与徐平合著《日本的现代化》认为日本现代化的内容"主要包括国民经济各部门的技术设备现代化、国民文化素质的现代化、企业经营管理的现代化、产业结构高度化、贸易结构的重工业化学工业化和消费结构的现代化"。日本最终成为国际公认的现代化经济大国"是在进入 80 年代以后"。日本的农业现代化与工业现代化是同步进行的，"这是日本实现现代化的主要经验之一"②。中国科学院的《中国现代化报告 2010》指出，2007 年中国的综合现代化水平在世界排名中占第 78 位，而日本则仅次于美国位居世界第二。③

战后日本经济发展不仅实现了 GDP 或 GNP 的"量的扩大"，而且实现了经济的"质的提高"，是一个量与质兼备的、既快又好的国民经济现代化过程。日本政府 1980 年提出《80 年代通商产业政策构想》报告，总结战后日本经济高速增长的成就，宣称"追赶型的现代化时代业已结束"。笔者认为，一个国家的经济增长不可能永远保持"高速"，因此高速或较高速经济增长过程必然与培养未来经济增长减速时的社会承受力、适应力

---

① 金明善：《现代日本经济问题》，辽宁人民出版社 1983 年版，第 122 页。

② 金明善：《现代日本经济论》，辽宁大学出版社 1996 年版，第 913、922 页。

③ 引自中国科学院中国现代化研究中心《中国现代化报告 2010》。

的现代化过程相结合。由于日本经济高速增长或较快增长时期伴随着扎扎实实的现代化过程，因而在 20 世纪 90 年代以来即便经济增长减速甚至陷入停滞和衰退，却没有引起社会矛盾趋于激化的现象，而是依然能够不受政局动荡的影响，基本保持着社会的和谐与稳定。目前中国虽然仍处于经济高速增长阶段，仍应该同时为不远的将来可能出现的经济增长减速做好准备，大力推进全面的现代化建设和各项实质性的改革，以免出现一旦经济增长速度趋缓，被高速增长所掩盖和淡化的社会内部矛盾和对立日趋激化甚至爆发出来。

关于经济发展的质，尽管我国还没有设计出可与作为"经济的量的指标" GDP 匹配的"经济的质的指标"体系，但是，诸如民众平均文化素质、收入分配差距（基尼系数）、食品安全、环境保护、城市建设、城市平均房价相当于居民家庭年均可支配收入的倍数，等等，显然应列入经济发展质量的范畴。有学者在中国 GDP 超过日本已成定局的 2010 年，一再强调不仅要看经济发展的量的方面，而且要看经济发展的质的方面。① 比如战后日本用了 20 来年就发展出一个庞大的中产阶级（主要是拥有一技之长的高级蓝领工人和白领）。但改革开放以来中国发展 30 多年了，中产阶级还是很小。"从基尼系数来看，中国的贫富差距比拉丁美洲国家都大。"② 刘江永以城市建设为例，提醒有关部门"到日本时不要眼睛老往上看，要往地下看，找我们与日本的差距，向日本学习，这是中国当前最重要的一件大事"。"日本的城镇建设非常重视环境，其中一个最重要的部分就是如何使城市的下水道排水系统进一步完善，以及如何利用雨水进行再循环。"与之对照，"中国的城市一般来讲比较重视高楼大厦，往高处看的建设，内外装修也有很大提高，但是中国最落后的部分是中国城镇、城市、城乡的下水道排水系统，这是最落后的部分，正是由于这个部分非常落后，所以造成一系列的城市问题"。③ 近年来我国多个大城市一遇大雨就陷入城市内涝（由于强降水或连续性降水超过城市排水能力致使城市内产

---

① 参见冯昭奎《中国仍是发展中国家》，《解放日报》2010 年 5 月 7 日。
② 川村雄介、薛军：《汲取发达国家经验　加快经济增长模式转变——访日本拓殖大学校长渡边利夫》，《中国社会科学报》2011 年 9 月 15 日。
③ 刘江永：《中日关系面临重要机遇应加大战略投入》，中国日报网 2010 年 3 月 7 日。

生的积水灾害）从一个侧面反映了我国经济发展的表里不一和"质"的低下。

（二）日本泡沫经济、经济转型及金融危机

20世纪90年代初日本经济泡沫破灭，陷入了长期停滞局面。对此，徐平等认为90年代以来日本经济出现的严重问题是在日本经济进入重要转型期的背景下产生的。日本经济转型表现为从赶超经济转向成熟经济，从消耗经济转向循环经济，从封闭经济转向开放经济，以及从追求增长到协调发展的转变。经济转型意味着从体制到结构的全方位调整。[①] 徐平等人还提出了"赶超后"概念，认为赶超经济可以促进后发国家的工业化发展，同时也留下了诸多隐患，日本经济在20世纪90年代后面临的问题，正是"赶超后现象"，[②] 这个观点与莽景石所称的"发展后问题"似有异曲同工之妙。

刘昌黎分析了战后日本经济体制的双重性，认为"包括特殊的制度、惯例以及政府干预经济的一系列独特做法在内的日本式经济体制，是在日本独特的历史文化传统和战后特殊的经济社会环境中形成的，它不仅有其存在的合理性，而且对战后日本经济发展特别是对高速增长发挥了重要作用。然而，20世纪90年代日本经济长期停滞和制度疲劳的事实说明，日本式经济体制虽适应经济赶超的时代，却不适应经济成熟化时代；虽适应工业化时代，却不适应信息化时代；虽适应内部性、封闭性的市场经济，却不适应开放的、竞争性的市场经济；虽适应国民经济的时代，却不适应经济国际化、全球化的时代"[③]。

崔岩认为日本经济陷入长期停滞是由于制度环境的变化使得既有的制度结构不相适应，因而发生制度失效的问题。长期经济停滞使得日本开始了全方位的制度变革，包括政府体制、金融体制和民间企业体制等，这一

---

①　参见徐平、李毅《对日本赶超经济的探求与思考》，《日本研究》2005年第3期。

②　徐平、金明善：《"赶超后"现象：对日本经济持续低迷原因的另一种解释》，《世界经济与政治》2004年第1期。

③　刘昌黎：《现代日本经济概论》，东北财经大学出版社2008年版，第212页。

深刻的变革是一个长期和艰难的过程。①

　　笔者认为，经济转型所要求的政治和经济体制改革的主要障碍在于战后日本的长期发展在中央和地方"造就"了一大批代表各行各业各阶层的利益集团并"俘虏"了政府相关部门，这些利益集团唯恐实施政治和经济体制改革会导致自己的权益的流失，极力阻碍为经济转型所必须的改革，致使日本无法通过改革来应对国内出现的新矛盾、新课题，而日本遇到的很多新矛盾、新课题可以说是因为"继续发展为'已发展的成果或后果'所拖累"，而作为"已发展"的一个最大"后果"就是形成了各种既得利益集团，政府各部门本身也成为一个强大的利益集团，既得利益集团和利益格局对改革的阻挡作用太大，从而造成了改革动力不足、改革阻力过剩，动力在与阻力的"博弈"中甘拜下风，足以对旧体制实施"创造的破坏"的政治力量远未形成，在很多场合放慢、叫停改革甚至开倒车更符合执政党谋求政治稳定的需要。

　　日本改革步履维艰的现状表明，与民众的利益相比，资本的利益总是强者；"与长期利益相比，短期利益总是强者；与全局利益相比，局部利益总是强者。短期利益之所以会对长期利益占上风，局部利益之所以会对全局利益占上风，就在于短期利益、局部利益比长期利益、全局利益更具体、更直接、更显见地触及人们当下的利害关系，同时政府部门和统治阶层则唯恐改革会触动政府部门和统治阶层自身的利益，因而在政官财界拥有一大批不惜为阻挡改革使出浑身解数的卫道士和代言人"。②

　　孙执中主编的《日本泡沫经济新论》阐述了泡沫经济对国民经济整体的危害，对认识我国经济中的泡沫现象也有深刻启示。孙执中强调要注意区分两类泡沫经济，一类是"物质生产领域类的泡沫经济，它是因盲目投资与重复建设引起的"；另一类泡沫经济"发生在金融领域活动发达的社会，由于投机之风盛行，资产价格剧烈波动，严重地与实体经济脱节"。他认为，"制止泡沫经济发生的根本出路是：把握好投资的回报率问题"，对有望获得高回报率的部门进行投资，比如"对新技术产业部

---

　　① 参见崔岩《日本经济体制变革研究》，辽宁大学出版社 2004 年版。

　　② 冯昭奎：《日本经济》（第二版），高等教育出版社 2005 年版，第 106 页。

门的投资或者是原有高技术的新产品群的投资","对国内经济生活中的
'瓶颈'产业的投资"。反之,对"奢侈性的消费品和服务行业的投资,
最容易出现泡沫经济",比如"日本在 80 年代后半期,阔佬们一掷千金,
挥霍无度。企业按照被扭曲了的市场信号投资,大批高尔夫球场、高级
轿车、豪华型别墅和服务项目等产业纷纷上马。很显然,这种高级甚至
是奢侈的消费,是畸形的,它不可能持久"。孙执中还强调,"一个国家
的政府预算支出中,用于生产性投资的比重愈高,则对社会经济的发展
愈有利",这里说的生产性投资"不能是重复建设与盲目投资,否则就会
造成未来的泡沫经济"。而且这里说的生产性投资"是指广义的生产性投
资,包括对教育、医疗等方面的支出……如美国总统克林顿上台后,减
少军费支出,用来扩大教育、医疗方面的投资",带来了美国经济的
繁荣。①

在与中国社科院日本所开展的一项合作研究报告中,余永定认为:
"自泡沫经济崩溃之后,日本经济政策主要解决两个问题:稳定金融和稳
定经济。稳定金融主要涉及不良债权的处理。稳定经济主要是使用扩张性
财政与货币政策刺激增长。中国有日本这样一个先行者、一个走在我们前
面的'趟地雷'者,是非常幸运的。无论日本是成功还是失败的方面,都
能使中国受益匪浅。今后,我们仍应继续持非常虚心的态度认真研究、吸
取日本的经验教训。"

余永定认为"自资产泡沫破灭以来,日本经济不景气已持续了 20 年,
其间日本政府和日本银行尝试了所有可以尝试的手段,但日本经济仍未能
恢复以往的增长势头。这一事实说明,日本的经济问题是由深层次的长期
因素决定的,宏观经济政策充其量只能保持日本经济的稳定,而无法让日
本经济保持活力和增长"。"日本宏观经济政策之所以无法扭转经济委靡不
振的趋势,同经济的供给和需求面的长期因素有关。除非出现革命性的技
术创新或外需增加等外部冲击,人口老龄化和投资边际收益过低等供给方
因素以及物质极大丰富、需求饱和等需求方因素可能决定了日本经济根本

---

① 孙执中主编《日本泡沫经济新论》,人民出版社 2001 年版,第 2、81、83、84、85 页。

无法转向较高的经济增长轨道。"① 崔岩认为日本经济的长期停滞存在着结构问题，但也存在着深刻的需求不足问题。对泡沫经济、金融危机、通货紧缩以及货币政策、财政政策等属于需求范畴的现象进行了实证研究，结果表明综合的需求因素对日本经济的超低增长和长期难以摆脱停滞状态，有着深刻的影响。②

有学者指出日本泡沫经济的发生以及偏向新自由主义的改革失误中存在着不容忽视的"美国因素"。③ 美国在经济上整日本的最厉害一手就是通过威逼、打压、诱导、渗透等手段，通过一批由美国培养、被美国洗了脑子的日本政府的"精英官僚"推行一整套新自由主义的思想理论政策，主张日本的改革就是使日本"美国化"，导致日本政府被美国每年提出的《改革要求书》所诱导，在金融政策等方面犯一系列错误，甚至让日本政府在很多重大经济政策方面把美国所要求的"国际协调"置于本国利益之上，以致日本的很多政策令人感到"弄不清是为了日本的政策还是为了美国的政策"（如 1987—1989 年的金融缓和政策、1990 年的《公共投资基本计划》等）。

（三）日本企业与产业组织

杜导正等的《探索日本》报告以深入而敏锐的洞察力，对日本的企业及其结构进行了精彩的分析。打开这份长篇报告，首篇文章不是介绍丰田、日立、松下电器等著名大企业，而是介绍"星罗棋布的日本中小企业"："这些中小企业星罗棋布，拥挤在日本狭窄的国土上，集结在大企业周围，构成了'金字塔式'的独特的经济结构。""这种结构，不是违背企业意愿人为地组织起来的，而完全是按照资本主义经济规律形成的。"中小企业"大家开展竞争和创新活动，争取大企业增加订货，这种既互相竞

---

① 余永定：《日本—美国金融危机比较研究——原因、救治措施、效果、前景及对中国的影响》，《日美金融危机比较研究报告》（中国社会科学院课题 2009 年 1 月至 2010 年 5 月，课题主持人余永定、李薇），第 5—29 页。

② 参见崔岩《平成时期日本经济增长与周期波动》，国家社科基金课题（编号 06BGJ017）的最终成果。

③ 冯昭奎：《21 世纪日本：战略的贫困》，中国城市出版社 2002 年版，第 2—4 页。

争，又互相依存的结构，可以说是日本企业具有活力的重要原因"。①

陈建安认为："企业间相互持股及主银行体系是二战后日本产业组织的基本特征，……集团内企业相互持股可以防止企业间的恶意并购，保持企业经营的稳定；可以排挤私人股东的力量，使经营者着眼于企业长期的发展。此外，主银行体系下企业集团内的系列融资，不仅能确保企业发展所需的资金，而且对银行本身的健全经营也能起重要的作用。主银行体系通过监督企业的经营、分散风险等功能节省了企业的融资成本，促进了企业的稳定发展。""以主银行为核心的产业组织体系下，形成了以长期和连续交易以及承包关系为特征的企业间多层次分工体系……促使企业将经营资源集中于主业，充分发挥与其他企业的分工优势，分散经营风险，最大限度地提高经营效率。"但是，"随着金融自由化和国际化的进展，资金雄厚的大企业脱离银行的倾向趋强，而主银行对企业的监督成本和信息成本不断提高，甚至无法履行对经营不善的企业实施救助的承诺"②。

日本所课题组将战后很长时期日本企业所保持的经营特点归纳为以下五点：（1）与其他资本主义国家相比，日本企业的所有与经营的分离更彻底，企业经营者可以放开手脚干，经营者受到来自股东方面要求分红的压力较小，因此有更多余裕来考虑企业的长期发展；（2）以终身雇佣制、年功工资制和按企业组织工会为"三大支柱"的日本式企业经营方式使企业成为富有凝聚力的组织，成为一个通过职工的录用、训练、福利、升迁等各个环节"把职工完全掌握起来的系统"；（3）在日本形成了一种"要忠于企业"的近乎宗教式的社会伦理；（4）与战前相比，战后日本企业不仅消除了企业内部人员的身份等级差别和收入上的悬殊差距，而且企业内部的收入差距明显小于美国等资本主义国家。显然，企业内部的平等化是发展现代化企业的必然要求；（5）为了追求长期发展的经营战略目标，日本企业往往把夺取市场占有率的需要看得比利润还重，把市场占有率当做

---

① 杜导正、宫箫、孙铭惠、高洁、刘延州、吴复民：《探索日本》，新华出版社1981年版，第1、8、11页。

② 陈建安：《日本市场经济体制：改革及其方向》，《南开日本研究2011》，世界知识出版社2011年版，第61页。

经营状况的关键指标。①但是，随着信息化、全球化以及日本人口老龄化的发展，终身雇佣制、年功工资制等"日本式经营"成为导致企业失去活力和劳动力市场机制僵化的重要原因。

日本所课题组还详细介绍了"日本政府促进中小企业技术进步的政策措施"，其中包括面向中小企业的金融机构，专门向中小企业提供低息设备资金贷款（例如在 1960 年，三个政府中小企业金融机构向中小企业提供的设备投资余额在整个金融机构的贷款中所占比重高达 29%），以缓解中小企业设备投资的困难，此外，考虑到许多中小企业不掌握选购机械设备所需的专业知识和技术，日本政府还制定法律设立设备租赁机构，由中央和地方政府与中小企业金融公库各出资一半，购入中小企业所需的先进设备，然后租赁给中小企业，各地方政府还遍设公立试验研究机关，对其辖区内的中小企业进行切合实际的技术指导等。② 而实施上述政策措施的行政机构和法律依据就是中小企业厅、中小企业事业团等政府部门和组织以及 1963 年颁布的《中小企业基本法》。对照当今中国的中小企业现状及其面临严重的"融资难"问题，日本政府的独特做法确实很值得我们参考借鉴，我国也需要制定能够更加切实有力地支持中小企业发展的法律，设立专门为中小企业提供配套服务的政府部门。

笔者认为，日本是一个"藏龙卧虎"的国家，拥有众多技术实力雄厚、管理经验丰富的大企业，更有众多的数十年甚至几代人磨炼一技之长的中小企业，与之对比，号称"世界工厂"的中国工业缺乏坚实的根基，少有日本那样技高一筹、奉行"拜技主义"的中小企业，却有太多的人心浮躁、员工跳槽和拜金主义，特别是制造业的核心技术大多掌握在外资企业手中，这是我们在经济转型过程中必须解决的问题。

莽景石指出："日本为迅速实现从后发展经济到工业化经济转变的国家目标，市场价格机制功能的相当部分被替代了，其一是宏观经济层面的政府替代市场，其二是微观经济层面的企业替代市场。仅从与日本公司治

① 中国社会科学院日本研究所课题组：《日本经济的活力》，航空工业出版社 1988 年版，第66—75 页。

② 中国社会科学院日本研究所课题组：《日本的经验与中国的改革》，经济科学出版社 1994 年版，第 175—178 页。

理结构相关的角度看，企业替代市场在很多方面造成了日本市场结构的特殊性：相互持股和主银行制替代了资本市场的很多本来的功能，企业之间的长期交易关系并非完全在竞争性市场上建立起来，终身雇佣制以及从企业内部选任管理者造成了劳动力市场的不完全。日本所进行的经济改革，可以理解为恢复被替代的市场价格机制的本来功能，在宏观经济层面推进规制缓和，在微观经济层面进行公司治理结构改革。"[1]

　　早在明治初期，日本在从西方移植现代工业的同时，就吸取了西方股份制的精髓，逐步形成了有日本特点的现代企业制度或"日本式股份公司制度"。然而战后日本企业制度以及相应的公司治理结构，"起源于美国占领军依据美国模式而进行的制度设计，但在其后的市场化、本土化的适应性演化过程中，发生了对美国模式的'偏离'，而在日本陷入长期萧条以来的新一轮体制变革中，似乎又发生了对美国模式的'回归'，股东和市场在这一演化过程中将会日益起到更大的治理作用。但是，美国次贷危机爆发后，美国模式遭受到昔日亚洲金融危机发生后东亚模式曾经遭受到的同样质疑，美国公司治理结构继续作为'全球化标准'引导日本公司治理结构向它'回归'的可能性已经开始降低；另外，日本公司治理结构变革的一个显著特征是，外部治理结构与内部治理结构是非均衡演化的，外部治理结构是美国化的，而内部治理结构仍是日本化的，两者之间如何磨合，增大了日本公司治理结构变革方向的不确定性"[2]。胡欣欣则认为："日本式股份公司制度的某些做法作为传统股份制的一种变形，或许对我们有着某种特殊参考意义。"[3]

　　胡欣欣还将其企业层面的思考上升到整个经济转型问题。她指出："在实现了'赶超'目标后，日本经济依靠企业本身的经营活力和巨大应变能力，比较成功地开始了技术革新性质的转换和产业结构转换。然而，从赶超型经济向成熟型经济的转换并不是那么简单的，成熟型市场经济应该比经济增长更重视提高整个社会的福利水平和生活质量，它意味着企业

---

①　荣景石：《略论日本的公司治理结构及其改革趋势》，《世界经济》2000 年第 7 期。

②　荣景石：《日本的公司治理结构：对美国模式的偏离与回归？》，《比较管理》2009 年第 1 期。

③　胡欣欣：《股份公司制度的机能与股票市场的利弊——关于战后日本股份制特点的思考》，《日本学刊》1991 年第 3 期。

要承担更大的社会责任，也应该意味着由'企业本位制'向'消费者主权'国家的转换。这一系列转换都具有相当大的难度，因为人的意识转换往往需要花费更长的时间，而包括制度在内的存量调整则更是要触动某些重要企业、机关团体或个人的既得利益，甚至也会给某些无辜的市民带来伤害。因此，'转轨'绝不是在较短时期内就能完成的。"①

（四）日本财政研究

在主要资本主义国家中，战后日本政府对经济的干预是比较有成效的，其最重要最直接的手段是利用财政杠杆干预国家经济。孙执中认为："一直到1974年，日本实行的是'小政府'政策，财政支出规模较小。但日本政府对公共事业的投资，仍远远高于美欧诸国。它既创造了市场需求，又形成了经济社会发展的基础设施，成为战后日本经济得以迅速发展的原因之一。""有些日本经济学者在论述经济与财政的关系时，探索了资本主义财政的最佳规模是：（1）财政规模可以达到国民生产总值的四分之一至三分之一；（2）课税水准可以达到国民收入的五分之一至四分之一。从战后日本情况来看，（在相当长时期）没有超出这个范围。""日本政府战后一直以增加公共工程投资和减税这两手作为调节经济的财政杠杆。"②1966年度日本政府开始发行《财政法》第4条允许发行的、用做公共投资资金的"建设国债"。从此，对于政府来说，国债成为与税收并列的一种财源。70年代中期以后，日本走上了持续发行巨额国债以弥补财政赤字的道路，其后财政体制的弊端日益暴露出来。张舒英认为："战后，日本政府长期奉行'生产第一，增长至上'的政策路线。……每当经济增长率出现下滑时，政府就大量发行国债以刺激景气复苏。问题在于，衡量经济是否'景气'的标尺，往往是用过去的经济增长率。随着追赶时代的结束……经济增长率下滑是必然趋势。如果总是用过去的经济增长率作为标尺，其结果必然是'不景气'的年份越来越多，动用财政刺激政策的频率

① 胡欣欣：《"赶超战略"及"转轨"问题小议——对〈中国的奇迹：发展战略与经济改革〉的若干疑问》，《日本学刊》1997年第2期。

② 孙执中主编《战后日本财政》，航空工业出版社1988年版，前言。

便越来越高。可以说，20 世纪 80 年代后期日本出现泡沫经济，在相当大程度上就是政策刺激出来的。"① 日本的教训告诉人们：一个国家的经济高速增长是有"时限"的，而当客观的经济规律决定其经济增长率趋于减缓的时候，持续采取财政刺激政策来"拔苗助长"、延续高速增长"大好形势"，难免会贻害一个国家长期的可持续发展。

2008 年 5 月我国开始实施《政府信息公开条例》。从 2009 年至 2011 年，上海财经大学公共政策研究中心对我国 31 个省市自治区的财政信息公开状况进行了三年连续调查，其结果表明，"越是敏感和细节的信息越是不透明。随着调查信息的内容逐渐由粗到细，或随着调查所涉及的项目越来越敏感，项目的透明度也就越来越差。其中，涉及'三公'经费的内容在这之前三年中几乎均未公开"。"2011 年，国务院要求中央各部委公开其'三公'经费，到目前已有 94 个中央部门按要求做了公开。"② 然而，从中央部门公布"三公经费"的实际情况看，大多数部门只是交代几个简单数据，对"三公消费"的解释惜墨如金，语焉不详，公众既看不出这些花费是否真实，也难以判断这些花费是否合理。此外，很多地方以卖地收入作为地方财政收入的重要部分，而这部分资金不在预算之内，因而不需要接受地方人大、市民的监督。

正是在这个背景下，笔者注意到 1993 年张舒英在日本所课题组报告中对日本财政进行细致入微考察的意义之所在。报告指出："法制管理贯穿日本财政运营的全过程和财政管理的各个方面，其中包括（1）政府机构设置实行'法定主义'……任何个人无权随意增减一科一室；（2）依法取得财政收入；（3）依法安排财政支出……每一笔大的财政支出，都须有相应的法律依据。"日本"可称得上家大业大，然而在财政资金的分配与管理上却是精打细算。任何机构的任何支出项目都列入预算。就连作为日本国象征的天皇，其每年开支多少，用在何处也都笔笔做出预算。例如，1991 年度，皇室房屋修缮费 108762.5 万日元，宴会费 8168 万日元，交际费 4593.8 万日元，汽车重量税 153.5 万日元，国外旅费 734.2 万日

① 张舒英：《日本的灾后重建缘何深陷财政困局》，《日本学刊》2011 年第 4 期。
② 刘小兵：《中国财政公开之路》，《南风窗》2011 年第 18 期。

元……至于总理府、内阁、国防等方面的开支，也都无例外地做出详细预算"。"日本政府每年都计算税收成本，并公布计算结果。1950、1960、1970、1980 和 1989 年度，日本每征收 100 日元的国税，平均付出的成本费分别为 2.78、1.81、1.40、1.40 和 0.95 日元。……税收成本分析的结果至少表明：政府为取得相同的税收所付出的费用在减少，税务部门的综合运营效率在提高。"① 通过对战后日本财政的细致考察，张舒英建议我国在改革旧的财政经济体制过程中，尽快建立起现代化财政管理的基础与框架："（1）财政管理法制化……财政约束的软化，各级政府机构的一味膨胀，都与缺乏基本的法律约束有关。……首先必须破除财政部门管理和运营财政的观念，树立靠法律管理和运营财政的意识。财政部门只是按照法律办事的执行机构。（2）财政运营公开化。……财政公开是向人民负责，是求得人民的监督与帮助。神秘主义的财政运营与管理方式，对社会主义经济机体的健康发展不仅无益，而且有害。（3）政府不应再有预算外资金。（4）严肃财政预算，实行事前议决原则。……应切实加强人民代表大会对预算的审查工作，不能将人民代表大会讨论和审查预算等同于补办手续，走走形式。（5）财政要算细账。……至少不能每年只有一张报纸，几笔大账，就算向全国人民做了交代。如果各级政府、各个部门都这样做，经济运行过程中的跑冒滴漏等各种形式的浪费就难以发现。（6）切实加强财政监察，公开监察结果。……财政监察不能只是对照预算检查落实情况……也要核查预算本身是否适当（有报道讲，我国预算编制中的虚报、冒报现象相当严重，个别工程单份预算的高估率竟达 53% 以上）……要核查有无夸大单位工程造价或费用、多报预算的情况，制度本身有无漏洞，等等。"② 笔者认为，财政算细账和加强财政监察是关系到防止官员腐败的大问题，因为财政预算中的哪怕一笔"小钱"、小芝麻，对于个人来说就是一个大西瓜、大金库。然而，在 18 年前就被提出的上述"财政应算细账"等建议至今仍没有得到重视和采纳，现在依然是年年"人大代表

---

① 中国社会科学院日本研究所课题组：《日本的经验与中国的改革》，经济科学出版社 1994 年版，第 35 页。

② 同上书，第 29、30、34、43—49 页。

'看不明白'的财政预算，最终都顺利通过了"。[1]

（五）日本产业政策研究

在战后很长时期，日本政府为了实现一定时期内产业结构调整的目标，以国内和国际市场为导向，通过制定产业政策引领企业和产业的发展，促进产业结构的持续升级以及科技创新的不断涌现。总的来说（除去部分产业）日本的产业政策还是有成效的。金明善通过理论层面的深入分析，认为日本产业政策是以"后发国家"实现经济赶超过程中存在的"有效供给原理"为基础的。[2] 丁敏认为：日本在经济高速增长的近 20 年间，"走出了一条日本型产业发展道路"，[3] 所谓"日本型产业发展道路"或可称之为有日本特色的国家资本主义模式。陈建安对这种模式的特征做了这样的概括："像日本那样有如此完整的政策体系、如此有效的政策工具搭配，并在产业结构调整中起了如此重要的作用，在第二次世界大战后西方发达国家中实属少见。""在战后日本迅速实现工业化的过程中，主导产业交错更迭，推动了日本产业结构合理化和高级化，日本也因产业结构高级化而走向成熟的工业社会。"[4]

车维汉指出日本的产业政策具有一定的缓和经济周期波动的作用："根据不同时期的经济发展目标，通过财政、金融、技术和能源方面的一系列政策，刺激和扶助一些工业部门，使它们尽快得到发展，与此同时抑制另一些部门的增长或使它们平稳地退出市场竞争，有步骤地使资本和劳动力从长期不景气的生产部门和地区向更有前途的部门和地区进行部门间的转移。"这种政策成为战后日本经济周期波动幅度弱化、震荡程度减轻的原因之一，使得经济周期中"危机对再生产过程和社会生产比例失调进行调整的'暴力'表现，（在一定程度上）被某种'温和'的形式所取代

---

① 李龙：《给代表时间，怎会看不懂预算?》，《广州日报》2012 年 1 月 17 日。

② 参见金明善《日本宏观经济管理的理论依据》，《日本研究》1986 年第 4 期。

③ 丁敏：《日本产业结构研究》，世界知识出版社 2006 年版，第 1 页。

④ 陈建安：《产业结构调整与政府的经济政策——战后日本产业结构调整的政策研究》，上海财经大学出版社 2002 年版，第 1、51 页。

了"。①

国内研究者大多认为二战后包括日本在内的发达国家普遍实行了凯恩斯主义政策，但莽景石较早注意到日本并未实行凯恩斯主义政策，实际上实行的是产业政策。他指出："就国家必须干预经济生活这一点而言，产业政策与凯恩斯主义政策殊途同归，但在干预方向上二者却分道扬镳了，前者属于供给调节政策，后者则属于需求调节政策。"② 作为具有后发经济属性的日本经济，在相当长时间里约束其发展的基本问题不是需求不足而是供给不足，不适于实行凯恩斯主义政策，同时战后日本相对缺乏实行以需求管理为核心的凯恩斯主义政策的宏观政策环境：长期实行预算平衡原则限制了包括财政赤字在内的宏观财政政策的运用，而低利率政策、超贷现象、证券市场不发达则限制了宏观货币政策的运用。

日本的产业政策是与贸易政策相衔接的。关于战后日本的通商产业政策，许多人把日本工业化特别是重化工业迅速发展归结为出口导向战略的成功。刘昌黎认为"这是一个很大的误解。实际上，日本重化工业迅速发展并非是出口导向战略的成功，而是进口替代战略的成功"。"特别是战后以来，日本工业化战略的重要特征就一直是进口替代而不是出口导向。""大国赶超目标与小国赶超目标的重要差别，就是大国要成为世界经济强国，而小国则要成为世界经济富国，而经济强国和经济富国的发展道路根本不同。""后进国家赶超先进国家的一般规律须以'取人之长、补己之短'为重，而不应长期停留在'发挥固有优势（指既有的、位于产业链低端的优势——笔者注）、扬长避短'的状态。"可以想见，如果日本当初按比较优势原则实施出口导向的工业化战略，长期坚持以自己具有优势的纺织工业等作为"出口导向产业"，"那么日本与欧美各国的差距就会越大"。③

（六）战后日本金融研究

从战后日本经济走势从上升转为下降（大致以 80 年代末至 90 年代初

① 车维汉：《日本经济周期研究》，辽宁大学出版社 1998 年版，第 401、425 页。

② 莽景石：《战后，一个民族的经济史话》，《读书》1988 年第 9 期。

③ 刘昌黎：《现代日本经济概论》，东北财经大学出版社 2008 年版，第 81 页；刘昌黎：《进口替代是我国赶超世界工业大国的长期战略》，《经济研究》1988 年第 7 期。

为分水岭），对日本经济各领域的研究和评价也随之从赞许转向批判，金融领域就是一个从赞许转向批判的典型领域。这或许是因为导致战后日本经济从上升转为下降的关键问题出在金融领域（例如泡沫经济主要是由于金融政策失误所引起的）。

余曷雕等人论述战后日本建立了体制健全、管理有力、分工完备的金融体系，通过国家财政和金融机关的有机配合，政府金融机关和民间金融机构相互补充，长期信贷和短期信贷分类进行，根据各行各业对各类贷款的不同需求实现资金的合理分配，引导社会资金流向急需资金的产业部门，特别是银行信贷体系的功能得到了最大限度的发挥，成为"产业的动脉"，资金供应的轴心，保证了经济高速发展资金的顺利供应，使信用制度起到了使资本主义再生产的发条"在这里被拉紧到了最极端的限界"，[①]使战后日本在资金不足的情况下，基本上依靠本国的财力实现了经济的高速增长。[②]

日本的金融体系十分注意强化监督和管理，各大银行都有一套内部管理的规章制度，严格地规定了银行内部经济核算、职工的工资福利待遇等事项，整个金融系统造就了一支训练有素、敬业廉洁、事业心旺盛、业务能力较强的职工队伍，他们能以服务于实体经济为重，而不是一味地追求自身的高利润高收入，如前所述，日本大企业 CEO 的年薪水平与员工的差距大大低于美国，而日本银行 CEO 的年薪水平在各个行业的经营者收入排行榜中很少进入前十名。日本的金融企业还十分注意杜绝职业腐败（比如在贷款活动中收受回扣）；他们注重提高效率，工作计划性和时间性强，计划时间甚至以分秒计算。[③]

总之，在 20 世纪 80 年代至 90 年代中期，国内学术界高度评价日本金融制度对经济发展所发挥的积极作用，笔者则认为，除去泡沫经济时期的

---

① 马克思：《资本论》第 3 卷，人民出版社 1953 年版，第 507 页。

② 余曷雕：《日本的银行制度及其在经济发展中的作用》，《吉林大学社会科学学报》1980 年第 4 期。

③ 参见中国社会科学院日本研究所课题组《问题　对策　机制——日本经济发展的经验教训》，经济科学出版社 1994 年版；余曷雕：《日本的银行制度及其在经济发展中的作用》，《吉林大学社会科学学报》1980 年第 4 期。

失误以外，战后日本自始至终没有放任金融资本像脱缰的野马那样追求自身利益，金融高管的薪金也被控制在较合理的水准而没有"同美国接轨"。

20世纪90年代日本经济陷入长期低迷后，国内学界开始对日本金融制度进行反思。王洛林等著《日本金融考察报告》汇集了多篇有关日本泡沫经济崩溃后金融危机问题研究论文（其中包括内部报告），是有关日本应对金融危机问题的代表作。其中，王洛林、余永定、李薇的《日本金融危机对我国的几点启示》一文指出，"在制定货币政策的时候，不但要重视货币供应对物价的影响，而且应当高度重视货币供应对于资产价格的影响。日本在80年代物价很稳定，国际收支也很好，于是……政策制定者逐年大幅度地增加货币供应量，忽视了其对房价地价股价等资产价格的影响，在资产价格暴涨的情况下没有及时调整货币政策紧缩银根"，这成为导致泡沫经济发生的一个重要原因。日本"没有在金融自由化过程中建立'新的规矩'，如扩大银行营业状况的透明度，加强对金融机构的内部管理，建立健全对贷款的审查制度，建立金融机构的破产机制等。这种金融管理体制改革滞后于金融自由化的状况，是导致金融危机的重要原因之一"。①

余永定总结日本金融危机的主要经验教训是："（1）警惕资产泡沫、坚决抑制资产泡沫；（2）对不良债权的处理不应拖延，应敢于使用公共资金；（3）在通货紧缩期，应敢于使用扩张性财政政策。中国之所以大胆使用扩张性财政政策，一定程度上得益于日本的经验教训；（4）在特定时期（流动性陷阱、通货紧缩），货币政策无法刺激经济增长；（5）汇率变动应反映市场的供求关系。汇率长期低估不利于资源配置……1985年日元升值（虽然造成一时的冲击）的长期好处是明显的：贸易条件改善，主要依靠企业努力，出口减少得并不多，产业结构升级，抑制了通货膨胀，促进了日本的海外投资；（6）在以美元作为核心储备货币为基本特征的国际货币体系下，出口导向发展战略存在致命弱点，日本已经吃了大亏，但仍不思改变。中国有可能重蹈覆辙；（7）假设5—10年以后，中国由于人口老化，贸易顺差消失，中国想用掉外汇储备了，到那时候，这些外汇储备能

---

① 王洛林等：《日本金融考察报告》，社会科学文献出版社2001年版，第6、7页。

换回多少真金白银、多少实际资本品、消费品和资源呢？日本也面临这样的问题。中国与日本应该加强合作保住我们的以美元资产为形式的储蓄。"①

刘瑞认为："20世纪90年代以来日本经历了两次金融危机，从泡沫经济崩溃后的日本国内金融危机到2008年源发于美国的国际金融危机，日本金融环境与经济发展均受到严重冲击。"②"在应对金融危机、摆脱经济萧条过程中，日本政府和中央银行是在不断'试错'中选择并调整金融政策的。"③"在全世界联手应对国际金融危机之时，日本20世纪90年代应对国内金融危机的经验教训备受关注。货币政策方面，日本银行在泡沫经济崩溃后零利率制约下实施数量宽松政策、购买风险资产等非传统货币政策的尝试，无疑为此次危机提供了一份宝贵的参照样本。另一方面，日本金融监管当局对审慎监管制度的建设和完善，对化解金融危机发挥了重要作用。"④崔岩比较分析了90年代末日本金融危机和2008年国际金融危机对日本经济的影响，认为日本金融结构存在的问题是日本金融危机产生的原因，而过度的外需依赖结构使得日本经济易受到外部经济环境变化的影响。⑤

（七）战后日本科技研究

改革开放以来，在属于社会科学的日本经济研究领域，也涌现出不少有价值的有关日本自然科技发展的研究成果。大量研究都强调了一个实实在在的道理，这就是经济发展的首要任务就是提高整个国民的素质，包括培养熟练、能干的技能劳动力、工程师和企业家，锻造一支廉洁而优秀的经济和技术部门的官员队伍，在技术进步的带动下不断提高劳动生产率，降低能源及其他资源的消耗，推进产业结构的升级。

---

① 余永定：《中国可以从日本学习什么？》，《世界知识》2010年第8期。
② 刘瑞：《金融危机下的日本金融政策：困境与挑战》，世界知识出版社2010年版，第12页。
③ 同上书，第268页。
④ 同上书，第1页。
⑤ 参见崔岩《金融危机的经济影响——日本两次景气衰退的比较分析》，《日本研究》2009年第1期。

战后日本遇到了一个"发展机遇期"，最主要的发展机遇就是战后科技革命，日本紧紧地抓住了这个发展机遇，在实行民主和法制的前提下，以推动技术进步为中心，通过以下四对辩证关系的矛盾运动有力地促进了经济增长。其一是技术进步与社会需要的关系：社会需要推动技术进步，技术进步开拓和提升新的社会需要；其二是技术进步与产业发展的关系：产业发展推动技术进步，技术进步促进产业发展和升级；其三是技术进步与企业间竞争的关系：企业间的激烈竞争真正转化为推动技术进步的动力，技术进步推动企业间竞争迈向更高层次；其四是技术进步与企业内问题的关系：企业家通过处理好经营者与所有者的矛盾、劳资矛盾、"白领"与"蓝领"的矛盾、从业员个人利益与企业集体利益的矛盾，而成为技术进步的领军人物。① 尤其是通过以科技为核心（"第一生产力"）的生产力落后状况与以美国生活方式为示范的广大国民日益增长的物质与精神生活的需要之间的矛盾运动（第一对辩证关系），经过战前和战后出生的一两代人的刻苦奋斗，终于在 20 世纪 60 年代末实现了经济高速增长和重化学工业化。

冯昭奎的《美国要日本提供什么军事技术》（内部报告）一文，第一次以大量案例论证了很多高技术具有军民"两用性"或"转用性"，② 指出民用技术也是发掘有军事利用价值的尖端技术宝库（即所谓"寓军于民"）。美国与日本结成事实上的"技术同盟"是两国军事同盟关系的重要支撑，也是美国在同苏联的军备技术竞赛中夺取优势的重要原因。1984年 7 月至 1985 年 3 月，在全国兴起讨论"新技术革命"或"新产业革命"的热潮之中，日本所课题组主持编写"日本的新技术革命"专刊四十多期，③ 其中《日本开发超大规模集成电路的若干经验》一文，通过对日本在 1976 年至 1980 年实施的"超大规模集成电路技术研究组合"这一案例

---

① 参见冯昭奎《日本技术进步的辩证法》，《日本学刊》2009 年第 4 期。
② 其中一个案例是："1981 年 2 月，时任美国总统里根提出要加紧开发隐形轰炸机，其中需研制具有吸收电磁波能力的材料。而日本电气公司和东京电气化学（TDK）公司就掌握了制造具有吸收电磁波能力性能的铁氧体材料的专长，但其研制目的是用于涂在家用微波炉箱体上，以免电磁辐射伤害人体。这项由日本民间企业为了民生用途而开发的技术引起了美国军方的兴趣，要求日本提供该技术用于开发隐形军机。"
③ 该专刊在国家有关部门、大学和研究机构乃至媒体界征得了 5000 多订户。

的调研，提出了在我国组织"开发尖端技术的'国家队'"的建议;[①] 另一篇报告《"资源小国"的压力与活力》于 1984 年底获中央领导批示并转发全国县团级文件,[②] 该文指出日本作为一个狭窄岛国和自然资源极其贫乏的"资源小国"，却在战后二三十年发展成为世界第二经济大国，并在许多技术领域超过了欧美。"可以说正是缺乏自然资源的压力，促使他们更加注意开发头脑资源、追求技术进步;拿日本与某些资源丰富的发展中国家相比，充分说明那种能把缺乏资源的压力转化为发展动力的机制，远比自然资源本身更宝贵。"[③]

1991 年日本所课题组出版了《高技术与日本的国家战略》一书，通过深入研究高技术与国家战略的关系，提出了"技术立国"战略思想绝非是日本一国的"专利"，而是一个具有普遍意义的世界性命题，我们必须将发展科技作为实现国家战略目标的核心手段;[④] 提出了增强国防力量也要以发展科技为中心，在军事技术革新导致武器装备迅速更新换代的情况下，注意避免大量生产或进口行将过时的大炮巨舰、堆积"废铜烂铁"而造成巨大浪费;提出了要大造"科技兴国"的声势，克服来自发达国家的"奢侈的高消费文明的传来超前于先进的生产文明的传来之间的不平衡"，防止"少数人的消费水平与大多数人的消费水平之间形成太大的反差"，警告如果出现这种反差将非常"不利于我们在生产和消费的正常循环中实现经济、技术的迅速发展"，该书认为大造"科技兴国"声势最有效的办法就是要将尊重科技的价值观和最新科技知识渗透于所有电视频道，把电视作为普及科学技术和生产技术知识的最重要阵地，并认为"培养现代社会所要求的文明素质、职业道德和商业信誉，在某种意义上比普及具体的科技知识更加根本，更加重要"。[⑤]

---

① 中国社科院日本所课题组:《日本的新技术革命》，湖南人民出版社 1985 年版，第 15—24 页。

② 中共中央办公厅《综合与摘报》第 121 期（1984 年 12 月 25 日）。

③ 丁刚写道:"中东地区那么多有石油的国家，没有哪个走上普遍富裕之路，没有哪个真正成为发达国家中的一员，不是因为他们没有石油，而是有太多的石油。"丁刚:《利比亚迎来了春天了吗》，《环球时报》2011 年 9 月 8 日。

④ 参见冯昭奎《论"科技兴国"》，《现代化》1989 年第 2 期。

⑤ 中国社科院日本所课题组:《高技术与日本的国家战略》，东方出版社 1991 年版，第 44、45 页。

研究表明，国家的技术进步是由千千万万民间企业追求技术进步的奋发努力组成的，没有千千万万民间企业追求技术进步的奋发努力就没有国家整体技术水平的提高，而日本企业追求技术进步的过程有很多值得关注的特点：① （1）积极利用技术引进，即使在很多科技领域赶上或超过欧美的情况下仍然注意引进国外的先进技术。（2）大中小企业都重视技术开发，重视培养技能劳动者队伍，② 成为国家发展技术的主力军。③ （3）将技术创新"进行到底"，在20世纪，许多科技发明出自欧美，日本显然不是一个充满发明创造活力的国家，然而，将出自欧美的新发明或试制品最终变成值得批量生产的"新商品"并推向市场的"最终阶段工作"大多是由日本人完成的。（4）成千上万家各怀"一技之长"和能工巧匠的中小制造企业构成了"日本制造"的基础，很多中小企业在某些关键零部件、原材料等产品方面居然能在世界市场上占很大比例甚至首位，还有众多企业能制造任何其他企业都做不出来的产品，被称为"only one"（仅此一家）企业。（5）高度重视机械、零部件、原材料的研发制造以促进产业升级，④ 日本"世界工厂"的主要特征在于它是高技术、高附加价值的机械设备、零部件、原材料的"世界供应基地"。（6）高度重视发展基础材料技术。日本钢铁企业能制造对世界各地的重大建设项目不可缺少的高级钢材；一个时期日本生产的半导体硅晶片占世界市场的份额高达70%；

---

① 参见中国社会科学院日本研究所课题组《日本的经验与中国的改革》，经济科学出版社1994年版，第254—292页；冯昭奎、林昶：《当代日本报告》，社会科学文献出版社2011年版，第168—184页。

② 比如日本从1959年开始每年举办"技能奥林匹克全国大赛"，还曾两次成为两年举办一次的世界技能奥林匹克大会的东道国，通过技能比赛使优秀的技能劳动者成为家喻户晓的明星。与之相比，我国对体育运动会等非生产领域的竞赛活动非常重视，频繁举办，耗资惊人，然而却很不重视生产领域的竞赛活动，至今尚未主办过世界技能奥林匹克大会，在社会上则狂热追捧体育和文艺方面的明星，却很少有人关注身怀绝技的技能工人或技术人员（或可称为"技星"），这种情况出现在工农业及服务业的劳动者理应占有重要地位的社会主义社会不能不令人感到惊讶和不可思议。

③ 日本有两个指标名列"世界第一"，其一是日本全国的研发经费占GDP的比例名列"世界第一"，例如2007年为3.67%；其二是由企业支出的研发经费占全国研发经费的比例也名列"世界第一"，例如在2006年占81.9%。

④ 在日本全产业的研发经费中，机械工业的研发经费所占比例高达61.4%。日本仅机械工业、即制造业下面的一个产业部门的研发经费就相当于中国全国的研发经费的1.94倍。在日本的工业品出口中，耐用消费品出口的比重不到20%，生产资料产品出口的比重却高达80%。

碳纤材料世界市场的70%为日本企业所占有。①（8）高度重视提高能源及其他资源的利用效率，拥有世界一流的节能技术。②（9）信奉"生产现场第一主义"，企业内部的等级差别比欧美企业要小得多，员工的士气较高，能积极搞技术革新。日本的经验启发我们，在改革中革掉平均主义、大锅饭体制是必要的，但千万不能革平等主义的命，真正的平等主义应成为我们社会主义企业的本质特征。（10）在技术开发中重视发挥集体主义精神。在日本，不仅本企业内部，而且相关企业之间，大家能互相交流合作、切磋琢磨，为提高劳动生产率和产品质量而共同努力，但是集体主义不利于鼓励个人发明创造（比如企业职工的发明创造成果也归属企业，影响了职工搞发明创造的积极性）。（11）重视提高产品质量，开展"全员质量管理（TQC）活动。（12）在科技发展中更重视实践，因为从科技理论出来的东西往往是易于移植易于引用的东西，从科技实践出来的东西往往是易于保密难于借用的东西。因此，一个国家要发展科技，应克服"重论文轻实践"的倾向。（13）上述日本传统的技术发展模式对以模仿、改良、市场导向为特征的渐进式创新（incremental innovation）很有效果，但是对于支持创造性的突变式创新则很不理想，亟须改革。③

（八）日本的国土开发

本节无意网罗有关日本经济的所有领域。在综述了以上七个领域外，还想提及一项令笔者感到印象深刻的重要研究成果。

---

①　又如，为了开发海底油气资源，需要具有极强的耐腐蚀耐高压能力的管道，2005年年底开始建设的、全长7600公里、总投资1万亿欧元的"北欧管道工程"（其中1200公里敷设在欧洲大陆与斯堪的纳维亚半岛之间的大西洋附属海域的海底）使用的直径1.5米的管道，就采用了日本某金属公司等制造的、对海水具有极强抗腐蚀性能的钢材。美国三大汽车制造企业使用的轧制模具点名要用"日本造"，因为美国造的模具轧制3万次就磨耗得不能再用了，而日本造的模具可以轧制6万—10万次。

②　日本为生产一个单位GDP所需的能源消费量，仅相当于中国的约九分之一。中国生产1吨粗钢需用煤炭1.5吨，美国为1吨，日本仅为0.6吨。日本钢材的成品率为0.98（即从1吨粗钢可生产980公斤钢材），美国为0.70，中国为0.60。

③　克里斯托夫·弗里曼将技术创新划分为渐进式创新（incremental innovation）和突变式创新（radical innovation），渐进式创新通常是不断发展的社会需要所推动的，以模仿、改良、市场导向为特征的、接连不断的技术创新，"这类创新对于各种生产要素效率的改善具有极其重要的意义"。引自克里斯托夫·弗里曼《技术政策与经济绩效》，东南大学出版社2008年版，第2页。

　　张季风的《日本国土综合开发论》是笔者读到的有关日本国土开发的一部全景式的研究成果，而只需放眼我国被代代传颂的"大好河山"、"可爱的土地"乃至"母亲河"在经济持续增长过程中遭到污染、糟蹋、不断遭到各种奢侈的不合理的用途侵食的现状，就可以感受到本书作者是带着对祖国大地的深厚感情、责任感和问题意识来研究日本的国土开发问题的。张季风认为："日本经过50多年的国土综合开发，基本实现了'缩小区域间差距'和'国土均衡发展'的目标。"作者也指出了战后日本的国土开发过程中出现的浪费、腐败、破坏环境、国土开发相关法人经营不善等问题，提醒我们吸取其深刻教训。此外，作者还高度评价了日本的高速交通体系的建设在"缩小区域间差距"和"国土均衡发展"这两大目标过程中的作用，并在2004年出版的著作中收入了作者早前所写的我国应"尽快建设类似新干线的高速铁路"的建议。[①] 从满足急速增长的物流、客流以及形成全国统一大市场的要求看，我们确实应该借鉴日本将运输工具重点从公路向铁路转移的经验，更加重视相等运输量对土地占用量要小得多的铁路运输建设和对人均能耗仅为小轿车的五分之一、大客车的二分之一、飞机的七分之一的高铁客运体系的建设。

二　改革开放以来我国的日本经济研究的主要特点

　　本节从人才、成果、方法论等诸方面对改革开放以来我国的日本经济研究的主要特点做一简要的评论。

　　第一，改革开放以来，我国的日本经济研究人才辈出（很多研究者、对日研究机构或课题组得到了日本有关方面和学者的很大帮助），以著作、论文、报告、评论等形式提出的研究成果数量很多，但高质量、理论性的研究成果仍嫌不足。

　　改革开放以来中国的日本经济研究者大致可以分为三代，第一代是"文化大革命"前培养的日本经济研究人员，他们在改革开放以来的日本经济研究中发挥了先导的作用；第二代是"文化大革命"后20世纪80年

---

　　① 张季风：《日本国土综合开发论》，世界知识出版社2004年版，第4、371页。

代从大学毕业、目前年龄在 50 岁以上的研究人员，他们当中很多人是
"第一代"所培养的大学毕业生或研究生，目前成为日本经济研究的中坚
力量；第三代是目前年龄在 30—50 岁的研究人员，他们当中很多人都有
在日本长期留学或研究的经历，外语基础良好，掌握两门以上外语者亦非
鲜见，还出现了一些取得不同学位、掌握多学科知识的复合型人才，[①] 他
们担负着将中国的日本经济研究推向更高水平的重任。

　　1983 年，金明善独自推出了国内学者最早的一部运用马克思主义政治
经济学研究日本经济的著作《现代日本经济问题》[②]，作为我国老一代日
本经济研究者的代表，他以日本经济高速增长以及战后日本经济体制作为
主要研究对象，从多方面对战后日本经济高速增长的原因和机制进行了系
统的理论探讨。[③]

　　1988 年，在"战后日本丛书"编委会开展跨所跨地区的合作努力之
下，"战后日本丛书"（九册）终于由航空工业出版社出版，[④] 其中八册是
关于日本经济的著作，这套丛书可以说是对 20 世纪 70 年代至 80 年代前
期中国的日本经济研究成果的总汇，是国内学者运用马克思主义政治经济
学研究战后日本经济的奠基之作。[⑤] 丛书作者如辽宁大学日本研究所所长

---

　　① 杨栋梁：《中国的日本研究新动态》，《南开日本研究 2010》，第 162 页。他在此文中将新中国
成立以来的日本研究人员划分为四代，笔者认为就日本经济研究而言，由于新中国成立以后较长时期
存在一个"研究空白期"，因此宜划为三代。

　　② 金明善：《现代日本经济问题》，辽宁人民出版社 1983 年版。

　　③ 在金明善推出这本著作之前，上海复旦大学"战后日本经济"编写组曾编著《战后日本经
济》（上海人民出版社 1973 年版）。又及，关于战后日本经济，金明善先生的著述甚多，最近笔者专
门请教了金先生本人："您认为自己撰写的最有代表性的日本经济论著是哪本？"他的回答是"1996
年由辽宁大学出版社出版的 80 万字的《现代日本经济论》"。

　　④ 1982 年 10 月中宣部、国家教委、社科院联合召开了全国社会科学规划会议，时任中国社科院
日本所所长何方任"国际问题规划组"之下的"日本问题规划组"组长，在规划组第一次会议上，决
定全国日本研究界合作撰写一套"战后日本丛书"，并成立以何方为主任的编委会，编委会就丛书的
每本书的写作大纲进行了讨论，并对书稿进行了审定，还为此在北京和东北等地多次召开了学术讨论
会。

　　⑤ 这八册著作分别是：《战后日本经济发展史》（金明善、宋绍英、孙执中主编）、《战后日本
产业政策》（金明善主编）、《战后日本国民经济基础结构》（盛继勤主编）、《日本的宏观经济管理》
（任文侠、吕有晨主编）、《战后日本财政》（孙执中主编）、《战后日本对外贸易》（郑励志、陈建安主
编）、《战后日本垄断资本》（金泰相、张赤宸主编）和《战后日本经济社会统计》（王琥生、赵军山
合编）。

金明善、河北大学日本研究所所长孙执中、吉林大学教授任文侠、东北师范大学日本研究所所长宋绍英等都属于"第一代"日本经济研究人员，他们在大学教授经济或日本经济课程，不仅著述颇丰，而且辛勤培养了一大批日本经济专业学生，成为改革开放初期中国的日本经济研究的中坚力量。

与此同时，除去不断有论著问世之外，有关战后日本经济的论文不断涌现，不仅发表在日本研究专业刊物，也发表在诸如《世界经济与政治》、《世界经济》、《中国社会科学》等日本研究专业刊物以外的学术刊物上。尽管笔者认为，有很多优秀论文的分量甚至超过著书，但由于笔者既无能力也无条件从 30 余年来有关日本经济的论文"海洋"中筛选出最有代表性的佳作，只好在注释中列举有关日本经济总论的较有影响的著作，① 希望此举不会对当前盛行的"片面追求出书"的倾向起推波助澜作用。

然而，至少是在 20 世纪 80 年代，大部分从事日本经济研究的中青年研究人员对日本经济还缺乏基础性的理论素养和真实切近的感受，这使大家感到一种压力，急需弥补自身水平距离专业要求的差距。正当这个时候，中国社科院日本所何方所长提出"研究日本就要到日本去考察"的要求，积极争取有泽广巳等日本著名经济学家以及日本国际交流基金等机构的帮助，由中国社科院日本所牵头，组织了包括全国各日本研究机构人员在内的日本经济研究人员赴日考察、学习、交流。其后，越来越多的大学和研究机构与日本有关机构和学者建立了直接沟通的渠道，比如南开大学日本研究所（后改称"院"）得到了日本国际交流基金的有力支持，许多

---

① 如池元吉、张贤淳的《日本经济》（人民出版社 1989 年版），余晶雕的《日本经济论》（吉林大学出版社 1989 年版），宋绍英的《日本崛起论》（东北师范大学 1990 年版），色文的《现代日本经济发展与对策》（北京大学出版社 1990 年版），车维汉的《日本经济周期研究》（辽宁大学出版社 1998 年版），冯昭奎编著的《日本经济》（高等教育出版社 1998 年第一版，2005 年第二版），孙景超、张舒英主编的《冷战后的日本经济》（社会科学文献出版社 1998 年版），田中景的《日本经济过去、现状、未来》（中国经济出版社 2004 年版），张淑英的《新时代的日本经济》（东方出版社 2006 年版），张季风主编《日本经济概论》（中国社会科学出版社 2009 年版，参与该成果的作者有中国社科院日本所经济室的胡欣欣、张淑英、刘瑞、丁敏、徐梅），刘昌黎的《现代日本经济概论》（东北财经大学出版社 2008 年版），江瑞平的《激变中的日本经济——世纪之交的观察与思考》（世界知识出版社 2009 年版），赵晋平的《走向新起点——日本的经济复苏之路与中日经济关系》（中国人民大学出版社 2009 年版），等等。

日本经济研究者个人或课题组也得到了日本学界的大力支持、指导和帮助。可以说，日本的许多优秀学者、大学、研究机构、基金组织乃至政府部门对我国日本研究机构和研究者个人所提供的积极支持对我国的日本经济研究在 20 世纪 80 年代实现一次"成功的跳跃"起到了重要的、不可或缺的助推作用。

1981 年 6 月，在邓小平的倡议下，中日经济界著名人士共同发起举办"中日经济知识交流会议"，从宏观角度讨论中日两国经济中的长期性、综合性问题，相互交流知识和经验，至 2010 年该经济知识交流会已举行了 30 届年会，成为改革开放后中国学习战后日本经济发展的经验教训的重要渠道。与此同时，很多日本著名经济学家相继来华讲学；一批批由中方官员和学者组成的访日团受到日本的大学、研究机构、政府部门及各界人士热情接待；由日本著名经济学家下河边淳主编，60 多位日本最前沿的优秀经济学家参与撰写的《现代日本经济事典》译成中文在中国出版（中国社会科学出版社 1982 年版）；很多国内学者到日本学习，在日本导师的指导下推出了质量上乘的日本经济专著；很多国内学者组成的课题组利用日本国际交流基金、丰田财团等基金组织的资助到日本进行考察和交流，提出了高水平的课题研究报告；很多由中日学者、官员等共同参加的日本经济研讨会，通过认真讨论和热烈的思想碰撞，激发出不胜枚举的真知灼见；很多青年学子赴日学习，在日本导师指导下获得了经济学硕士、博士、论文博士等学位，其中不少人学成归国，成为我国日本经济研究的新生力量。总之，中国的日本经济研究的发展和提高是与日本学术界、政府部门、民间企业和民间组织的大力支持和帮助分不开的。

在 80 年代至 90 年代中期，有关日本经济的话题经常成为媒体关注的热点，这个背景促使国内的日本经济研究在普及和推广方面也取得了很大成绩，许多日本经济研究人员带着中国经济发展的问题意识考察日本经济，作为研究成果的"外溢"，在报刊上发表了有关中日经济、世界经济以及"日本经验"的大量时评，无论在数量上还是在质量上，与日本经济有直接或间接关系的文章大大超过其他国别经济，形成了风靡一时的"日本经济热"，而借鉴"日本经验"成为改革开放以来中国的日本经济研究的最重要最见实效的业绩，但也有学者认为"日本经验研究"称不上是高水平的学术性理论性研究。

　　改革开放以来中国的日本经济研究的关注重点随着日本、中国乃至世界经济形势的变化而转移。20 世纪 90 年代初泡沫经济崩溃后，随着日本经济持续低迷，人们对日本经济的关注点从探寻二战后"经济奇迹"的奥秘，转向泡沫经济、规制改革、政府债务、不良债权等"问题领域"。也有研究者认为，"80、90 年代日本经济研究的那种火热状态似已风光不再。这恐怕与日本经济的衰落有直接关系。"除日本研究专业机构的人员外，在高等院校中研究国际经济学已成为主流，包括日本经济研究在内的国别经济研究的地位有所下降。但是，在国内几家专业的日本研究机构，日本经济学科建设正在扎实地向前推进，涌现了一批应用新的研究方法和理论将日本经济研究推向深入的年轻研究者和大学教师（其中不少是从日本等国留学归来的研究人员）；出现了一批高水平的厚重的研究成果，如中国社会科学院日本研究所组织全国日本经济研究人员编写的 2008 年、2009 年、2010 年、2011 年的日本经济蓝皮书（王洛林主编、张季风等副主编）汇集了众多作者有关日本经济最新发展的研究成果；又如南开大学世界近现代史基地主任杨栋梁教授主编、集该校日本研究院全体教师之力、费时十年完成的、计 500 万字的"日本现代化历程研究"（十卷）丛书，其中《日本近现代经济史》系丛书主编杨栋梁教授所著。

　　改革开放以来日本经济研究的发展，还表现在研究范围不断扩大，几乎涉及日本经济的各个主要领域：在宏观层面上，战后日本经济增长、产业结构变化、经济周期波动、2011 年发生的"3·11"大地震的影响等；在微观层面上，产业组织、企业制度、日本式经营管理、技术革新、有代表性的企业和企业家等；在国际经济层面上，对外贸易、对外直接投资、日元汇率变动、经济外交、"3·11"大地震对国际产业转移的影响等；在产业结构层面上，农业、工业、金融业、流通业（批发、零售、物流）等；在政策层面上，产业政策、金融政策、财政政策、科技政策、灾后重建对策等；在制度层面上，经济改革、日本型市场经济体制等；在国家权力层面上，政府在经济发展中的作用、与市场的关系、近 20 年来政局动荡对经济的影响等。以上仅仅是举其荦荦大者，实际上研究的广度还远远不止于此，并形成了相当规模的文献存量。

综上所述，30 年来中国的日本经济研究取得了丰硕的成果，对我国的改革开放和现代化建设作出了重要的学术性和思想性的贡献，日本经济学科本身的建设也获得了长足的进展。毋庸讳言，我们的研究水平离国家和学科建设的需要还存在着很大的差距和问题，中国的日本经济研究在国际上尚未掌握自己的话语权。

第二，改革开放以来的日本经济研究一直伴随着思想解放的过程，对此，邓小平多次讲话起到了巨大影响和导向作用。

就日本经济研究领域的思想解放而言，首先需要提到邓小平多次讲话的巨大影响和导向作用。1978 年 10 月，邓小平在访日期间称来"寻找长生不老药"——为"寻求日本丰富的经验而来"。[①] 1980 年 3 月邓小平进一步强调：中日两国友好合作，不光是做生意，还需要交流经验。在科学技术方面中国要向日本学习，在企业管理方面更要向日本学习，这比做生意还重要。我们接触了日本和欧洲、美国的管理经验后，觉得更需要汲取日本的经验。[②] 从 20 世纪 70 年代末到 80 年代，邓小平还曾多次同日本客人谈到中国经济发展"翻两番、小康社会、中国式的现代化"等设想。1979 年，国内一批马克思主义理论家和经济学家访日后，推出了题为《访日归来的思索》的考察报告，盛赞战后日本经济发展的巨大成功，在全国引起了极大震动，也有很多人深感疑惑："一个垂死、腐朽、没落的资本主义国家能搞得这么好，甚至比社会主义中国还要好么？"还有人批评赴日考察的理论家和经济学家是因为听信了日本垄断资本家阶级的片面宣传，才得出这种"美化资本主义日本"的结论。由于长期不开放，中国整个知识界乃至政府官员对这个"一衣带水"的近邻国家基本上不了解，对一些学者的不同意见无从判断。中国人民的老朋友林信太郎曾提到中国改革开放初期，连级别很高的政府干部对外国事情也很不了解。[③]

---

① 参见中共中央文献研究室编《邓小平年谱（1975—1997）》，中央文献出版社 2004 年版，第613 页。

② 同上。

③ 林信太郎说："听说当时中国某省副省长到日本考察超级市场，看见顾客自由地随手将陈列商品放进篮子里，就提问说：'日本什么时候进入各取所需的共产主义了？'"引自《东北亚学刊》2008年第 4 期。

　　实践是检验真理的标准。中国最高领导人和一批批政府官员通过赴日考察，明显感受到中日之间确实存在着很大差距，深刻认识到在改革开放和现代化建设中研究日本经济的高度重要性。为了推进经济体制改革和现代化建设，政府有关部门希望借鉴日本政府实行宏观经济管理的方法；企业界希望借鉴日本企业经营管理的先进经验；科技界希望了解日本科技发展战略和"技术立国"方针；理论界希望用马克思主义的政治经济学和哲学方法解释资本主义日本何以能创造战后发展的"奇迹"；广大知识界和民众也迫切希望知道日本经济发展的真实状况。总之，中国改革开放初期的特殊历史条件，给诞生于 70 年代的新中国的日本经济研究界提供了大有作为的广阔舞台。

　　思想解放的主要方面在于实事求是地认识战后日本的发展

　　其一是重新认识向来被国内主流舆论认为是"垂死、落后、腐朽的资本主义国家"的日本，客观地、实事求是地研究战后日本资本主义经济的发展。马克思指出："无论哪一个社会形态，在它们所能容纳的全部生产力发挥出来以前，是决不会灭亡的……"[①] 宦乡认为要注意到资本主义"也有自我调整能力"，"资产阶级也会在生产关系上做文章"，"资本主义还有相当长的生命力……还没有用尽它的应付困难的能力"。"必须实事求是地、辩证地看待资本主义，吸收发达资本主义国家现代化和科学合理、符合客观规律的管理方法。"[②]

　　对于我国的日本经济研究来说，思想解放的另一方面在于，广大人民对曾残酷地侵略过我国的日本抱有难以消除的反感和不信任，这种情绪化倾向也影响着我们的研究者。然而正如宦乡所指出，"研究问题，不应带感情"，作为学者应该"用科学的、客观的、不带感情的态度来研究一切问题"。我们常说要"坚持马克思主义的立场、观点、方法，这后面从来没有说要坚持什么'感情'"。[③] 何方也指出："我们的研究要建立在客观和实事求是的基础上，不能随风倒。列宁说，我们的政策不能受群众情绪

　　① 马克思：《政治经济学批判》序言，《马克思恩格斯选集》第二卷，人民出版社 1972 年版，第 81 页。

　　② 同上书，第 6 页。

　　③ 宦乡：《宦乡集》，中国社会科学出版社 2002 年版，第 329 页。

的影响。对此，我们的研究工作更应注意，特别是对日本的研究。由于中日关系的特殊性，也就是有日本长期侵略中国的历史背景，所以人们在看待日本上，很容易夹杂民族主义情绪。我们的日本研究工作，既要避免受民族主义情绪的干扰，也要协助国家正确对待和处理这个民族情绪问题，使中日关系建立在健康的基础上。"① 上述意见是针对整个日本研究说的，当然也适用于日本经济研究。

思想解放的第三个方面是战后日本是不是和平发展？新中国诞生以来，怀疑乃至否定战后日本走和平发展道路成为对日认识的主流，其代表作是60年代初发表在《人民日报》的《日本军国主义正在美国扶植下加紧复活》一文，② 即使在改革开放以后，这种"战后日本军国主义复活论"也长期占有重要地位。进入21世纪以后，又出现了"日本军国主义全面复活论"，认为2001年"9·11事件"以后，"世界格局全面改变之时，正是日本军国主义开始复活之日"。

由于"战后日本军国主义复活论"的存在及其影响，改革开放以来日本研究界尽管出现了对战后日本经济高速增长的肯定甚至颂扬，却对战后日本是否走和平发展道路这个根本问题采取了回避态度，直到2008年中日之间的第四个政治文件确认中日两国"相互支持对方的和平发展。双方确信，坚持和平发展的中国和日本将给亚洲和世界带来巨大机遇和利益"，作为日本研究者才得以"放心地"肯定战后日本走了一条和平发展道路。然而，如上所述，宦乡、何方等少数学者能够实事求是地依据自己进行观察和研究的成果，早在官方正式表态之前就明确肯定和积极评价了战后日本走了一条和平发展道路。③

我国日本研究者对战后日本走和平发展道路采取模糊甚至否定态度的一个重要原因在于日本对待历史问题的态度，很多人认为一个不能正确对

---

① 何方：《在日本研究所建所30周年纪念会上的发言——日本研究战线上一个老兵的几点希望》，《日本学刊》2011年第3期。

② 钟心青：《日本军国主义正在美国扶植下加紧复活》，《人民日报》1961年8月31日。

③ 又如汤重南认为，近代日本军国主义已于1945年败亡。战后相当一段时间，日本大体上是坚持和平发展道路的。"在纪念抗日战争胜利60周年的今天，我们必须对日本军国主义可能复活的危险保持足够的警惕。"转引自2005年7月12日凤凰台时事辩论会"日本军国主义可能复活吗？"

待那段侵略战争历史的国家怎么可能幡然悔悟、改弦更张，放弃军国主义道路而走上和平发展道路呢？其实，经过美国占领并推行非军事化和民主化改革，战后日本政府虽然长期未能从道义上真诚地反省侵略战争的历史并总结教训，但这不意味着在二战中遭到如此惨重失败的日本没有从战略上吸取失败教训。应该说战后日本在战略上和军事上还是总结了战争和战败（所谓"败于美国"）的教训的，参照《读卖新闻》编写的《检证战争责任》一书，日本从战略上和军事上总结过去战争的主要教训有：军部与政府误读国际形势；刚愎自用的军部官僚独揽了政策立案；日本帝国议会对军部的妄自行动未加制止而成了追认战争政策的机构；日本政府实施思想统制和扼杀言论自由；日本媒体煽动民族主义并争先恐后地迎合军队等。① 可以认为，战后日本走上和平发展道路是与日本统治者注意了从战略上和军事上总结战争教训分不开的。

第三，学习和借鉴日本成功的经验，成为改革开放以来一段时期中国的日本经济研究的主题和重点。

明治维新后，日本的国策就是"脱亚入欧"。然而中国改革开放后，虽有"脱苏入欧"倾向，却并未"脱亚入欧"，一个主要原因是在中国身旁出现了一个从战败废墟上迅速发展成为世界第二经济大国的、值得我们关注和学习的日本。

在80年代，随着以经济建设为中心的基本路线的贯彻，日本经济研究界乃至中国经济研究界掀起了学习"日本经验"的热潮，涌现了一大批介绍战后日本经济发展经验的课题报告、论文和文章。对"日本经验"的研究在经济学界也有不同的看法和争论。其一是认为改革开放以来中国的日本经济研究太"功利化"；其二是认为对"日本经验"的研究缺乏学术性和理论深度，有过高评价日本经验之嫌。

的确，在20世纪八九十年代我们非常重视研究日本经济社会发展的正反经验，以便为我国的发展与改革提供参考和借鉴，从这个意义上说，中国的日本经济研究具有很强的目的性或"为国家服务"意义上的"功

---

① 引自步平《我读〈检证战争责任〉》，http：//press. xinhuanet. com/spsj/2007—08/03/content_60714. htm。

利性"，隶属于中央和地方的社科院等单位的日本经济研究机构都以作政府相关机构的"智囊"、满足政府机构和广大读者了解日本经济的需要为己任。当然这绝非意味着我们"只有一个功利主义的视角"，很多研究者对"为国家服务"意义上的"功利性"的追求，并没有排斥自己或其他研究者开展非"功利性"的研究，在事实上呈现为既偏重"洋为中用"的"功利性"研究，又使之与非"功利性"研究相互促进的局面。

当然，为了做到"洋为中用"，也需注意"中为洋用"，研究日本经济要懂中国经济。如果我们没有对自己国家发展的高度关切，对自己国家的问题不懂或知之甚少，就不可能真切了解日本哪些"经验"对我们有哪些参考价值，因而就很难真正做到"洋为中用"，换句话说"洋为中用"与"中为洋用"构成一对相互作用、相互转化的辩证关系，只有很好把握这种辩证关系，才能做到"知己知彼"，达到"彼学"与"己学"相互交融的境界。①

作为置身于日本经济研究领域的一员，笔者不想站在学术"制高点"贬斥"日本经验"研究是"为满足改革开放造势需要而赶时髦的溢美颂扬型作品，缺乏学术性和理论深度"；笔者也不同意有些研究者将战后日本经济发展各方面的经验"打包"成所谓"日本模式"，主张中国全面地照搬"日本模式"。笔者认为八九十年代"日本经验"研究的意义在于，当人们关注战后日本经济增长的巨大成就的时候，"日本经验"研究者能着眼于日本取得令人称羡的成就的"过程"，认为我们看一个社会或一个国家的经济发展的时候，不应当只看它已经取得的成果，更应该看人民大众是如何参与和享受这个发展过程的。为了研究这个"过程"，一些欧美经济学者想方设法分析日本创造"两个奇迹"（实现高速增长和克服石油危机）的原因（有的学者甚至找出了几十条原因），美国社会学者傅高义在50年代用了两年时间对日本六个普通家庭进行了"家庭调查"，然后一直与之保持联系，

---

① 值得指出的是，在我国的日本经济研究界，涌现出一批也可称之为中国经济问题专家的学者，他们当中有的曾经给中共中央政治局作报告（如赵晋平于2009年2月以"世界经济形势和推动我国经济又好又快发展"为题给第十七届中共中央政治局第十二次集体学习讲课），一些人成为我国政府有关部门进行决策时的"参谋"或某些地方政府的"咨询委员会委员"（如刘昌黎任大连市政府咨询委员会委员）。

运用其社会学者的敏锐观察力和大量经济资料，在 70 年代写成了《日本第
一》，并强调"我说'日本第一'不是指日本经济是全世界最大最强的，
而是要告诉美国人日本是如何发展的，日本做得比美国好"。[1] 可以说，中
国的日本经济研究者是立足于本国的国情，做着与欧美学者同样的事情。
当然，需指出中国一部分"日本经验"研究者对"日本自身"的研究尚缺
乏学术和理论的深度，他们能够"直接"进入"日本经验"研究，在很大
程度上是与日本优秀的经济学家的帮助和指导分不开的。

　　另外，笔者与很多研究者一样，不认同所谓"日本模式"。胡欣欣认
为："由于战后日本经济在'赶超发达国家'方面取得的优异成果，政府
干预经济的日本模式为不少国家所效仿。尤其是韩国等东亚国家（或经济
体）通过借鉴'日本模式'而取得较为显著的发展成果之后，日本模式
被'扩展'为'东亚模式'。然而，应看到对于某些效仿'日本模式'的
经济体，在其发展初期所面临的课题与战后日本是有所不同的，因为它们
多少都面临着'低度发达的市场经济'所特有的市场体系不发达的问题。
换言之，它们不仅面临战后日本那样的赶超课题，同时还面临培育、健全
市场体系的课题，在某些情况下，甚至有必要通过政府干预的方式来弥补
市场体系本身尚未完备的功能。由于这些原因，某些国家在效仿'日本模
式'时，往往容易将政府作用加以进一步'放大'，这一因素反过来又使
一些人过高评价日本政府在战后经济发展中的实际作用。"[2]

　　过度的肯定往往会走向反面——过度的否定。20 世纪 90 年代以来，
主张"日本模式"的一些研究者转而对"日本经验"采取视而不见的态
度，很多人把好奇、羡慕、崇拜的目光投向了大洋彼岸，积极主张仿效
"美国模式"，而对"日本模式"表示不能认同的研究者却坚持认为，战
后日本经济高速增长和克服两次石油危机的成功经验仍然值得我们重视，
美国经济在 90 年代确有良好表现，确有很多值得我们借鉴的经验，特别
是应该紧紧抓住美国引领信息技术革命在 20 世纪 90 年代所取得的经济成

---

　　[1]　笔者曾经问傅高义先生："您是否打算写一本《中国第一》？"他支支吾吾，只是说了中国发
展很快，但是问题也很多，没有表现出当年写《日本第一》的热情，这值得我们深思。
　　[2]　胡欣欣：《政府干预经济的"日本模式"及其变革》，张淑英主编《日本经济发展模式再探
讨》，方志出版社 2007 年版，第 75 页。

就和经验，但美国资本主义模式存在着很大的问题（包括过度的物质消费和金融资本主义超越实体经济过度发展，等等），鉴于中国的实际国情（主要是不具有美国那样优越的自然禀赋和可以滥印钞票的美元霸权地位），中国不仅不宜照搬"美国模式"，而且应该将"脱'美国化'作为端正中国的发展方向的紧迫课题"。① 正如中外学者所一再指出的那样，一个美国儿童的资源消耗量大约是中国儿童的 30 倍，13 亿人口的中国如果像美国那样消费和消耗资源，再有三个地球也不够。与之对照，我们应继续重视战后日本经过经济高速增长后，以基尼系数较小、贫富差距不大、社会相对平等的姿态登上世界第二经济大国地位的有益经验，继续重视日本克服两次石油危机、推行"技术立国"方针的成功经验，傅高义也说"日本仍然值得中国学习"，"学习日本在发展过程中'做得比美国好的地方'，而非'学美国不好的地方'"。② 当然，我们既要关注战后日本所取得的那种成就与"奇迹"，也要关注日本在取得令世界称羡的成就之后变得骄傲自大、不可一世的经历及其所遭遇的由盛而衰的"败迹"。关于日本现代化发展的经验和教训是一个需要结合我国实际情况进行深入探讨和长期研究（包括争论）才能相对求解的复杂课题。

在有关"日本经验"的大量论述中，值得提到的一项成果是莽景石的《日本与中国："奇迹"的政治经济学》一文，该作者从"发展阶段变迁论"角度对日本经验做了如下的总结："日本的经验是，在向工业化经济转变的过程中，为了工业部门的增长，政府与工业部门的利益集团结盟，……但注意了避免政府为特殊利益集团所'俘虏'。日本之所以能做到这一点，首先使政府与企业的关系成为一种促进增长的制度资源，而不是成为一种攫取利益的共谋机制；其次，增长的成果不仅仅限于政府出于发展战略的目标的需要而扶植工业部门中的大企业内部分配，而是超越这些部门，使本来处于比较劣势的农业、中小企业等更为广泛的集团利益均沾；再次，官僚制相对于执政党的独立性和对经济过程的实际控制，这是一种'日本式的党政分离'，导致在大多数技术性问题上，行政效率高于

① 丁刚：《脱美国化———不可回避的问题》，《环球时报》2004 年 9 月 13 日。
② 傅高义：《日本仍然值得中国学习》，《环球时报》2011 年 9 月 15 日。

政治上的权衡，政治干预一般仅出现在十分重大的目标的制定上。战后日本的腐败、丑闻大多发生在政治家中间，而罕有发生在官僚中间，在包括严格的外汇管制在内的广泛的政府干预下，日本在由后发展经济向工业化经济转变过程中少见地没有发生大规模的寻租。"

日本的教训是，在进入"发展后"阶段以后，"日本政府拒绝放弃发展导向型政策，在相当程度上对一系列'发展后'问题的产生负有责任，如泡沫经济的形成，长期经济萧条以及始终摆脱不掉的通货紧缩倾向等"。"发展导向型模式已经历史地终结，但发展导向型政府依然故我，发展导向型政策仍在继续，最后落入'发展导向型模式的陷阱'。"莽景石联系到中国的现实，认为"中国在尚未完全解决'后发展'问题的同时，已经出现'发展后'问题症候，为避免在未来重蹈日本覆辙，陷入'发展导向型模式的陷阱'，从现在开始就应该致力于虽已倡导多年却迟迟难以落实的经济增长方式的转变，逐步放弃发展导向型模式"。然而，"放弃发展导向型模式"必将导致权力和利益的再分配，因此，正如邓小平早在1993年所指出："分配的问题大得很"，"解决这个问题比解决发展起来的问题还困难"。"过去我们讲先发展起来。现在看，发展起来以后的问题不比不发展时少。"[1] 重要的问题是如何防止出现那种在日本已出现的"政府为特殊利益集团所'俘获'"[2] 和政府追求自身利益最大化的不良现象，防止理应是推进转变增长方式和发展模式的主力和灯塔的中央和地方政府本身成为转变增长方式和发展模式的最大阻力，防止出现回扣经济、寻租经济、腐败经济等公然挑战社会主义的公平正义价值观的经济形态，努力使转变增长方式与推进全面改革（包括防止改革停滞甚至倒退）形成互相配套、相互促进的关系，发展有利于大多数人民的、符合中国国情和可持续发展要求的、真正体现公平正义社会主义价值观的市场经济。

第四，虽然我们需要很多专业的日本经济研究的成果，但在很多场合，研究日本经济不能脱离政治、外交及其他。比如战后在日本等资本主

---

[1] 《邓小平年谱》下卷，中央文献出版社2004年版，第1364页。

[2] 莽景石：《日本与中国："奇迹"的政治经济学》，《南开日本研究2011》，世界知识出版社2011年版，第20—23页。

义国家，政治干预经济的现象十分普遍，导致"经济与政治空前紧密地结合在一起"。[①] 最典型的就是日本在发展过程中形成的"政官财铁三角"、即政客、官僚与财界的结构性利益关系，是一个典型的政治与经济相结合的问题。财政也是如此，每年财政预算总是成为朝野政党激烈角逐的平台。此外，经济与外交也不可分，比如日本就十分重视能源外交，在1973年曾经顶住美国的压力开展自主的石油外交，在2012年初也没有像欧盟那样紧紧追随美国制裁伊朗，而是继续从伊朗进口石油并拉近同沙特阿拉伯的关系。近年来日本加入TPP问题也是一个涉及经济、外交、政治等的综合性课题。再者，研究日本经济还须与有关日本社会与文化的研究相结合，比如研究文化产业的发展，就是经济与文化相结合的课题。研究日本经济，还要把自然科学、技术科学的因素考虑到里面去，日本提出所谓"技术立国论"，实际上不单纯讲技术，而是包括了社会科学、自然科学、技术科学这三方面的内容。[②] 从已有的成果看，我国学者已经推出了很多能够将经济与政治、经济与外交、经济与文化乃至经济与相关联的各个领域结合起来的综合性、战略性的研究成果，今后应当再接再厉，将综合性、战略性的"问题研究"、对策研究推向新的高度。

三 对今后我国日本经济研究的建言

（一）日本经济研究依然很重要

随着国内外形势的变化，作为国别研究的日本研究在整个国际问题研究中的地位有所下降，在国际问题研究中所占的地位也不会像20世纪八九十年代那样突出，特别是与美国研究相比，其受关注度明显下降。近年来，随着日本经济长期低迷，特别是中国的GDP超过日本，国内有学者开始认为日本经济研究不再重要，至少是其重要性大大下降。对此看法笔者不敢苟同。其理由是：

1. 日本依然是世界名列前茅的经济大国，"3·11"大地震后，日本

① 宦乡：《宦乡集》，中国社会科学出版社2002年版，第324页。
② 宦乡：《关于研究世界经济的几个问题》，《宦乡集》，第323—336页。

经济受到重创，日本的整体国力会走向衰退，但日本的经济大国地位还将保持一个较长时期。据哈佛大学国际发展中心最近发布的《经济复杂度报告》（The Atlas of Economic Complexity），[①] 至2020年各国对世界GDP增长的贡献率的排序前四名依次为美国、中国、日本和印度，如果以对世界GDP增长的贡献率作为衡量经济大国的标准，那么日本的"世界老三"地位至少将可能保持到2020年。又据IMF的统计，2010年日本的人均GDP为42820美元，居全球第17位，[②] 中国为4382美元，约相当于日本的十分之一，位居全球第95位。

2. 科技力是综合国力的核心。日本十分重视发展科技，其民生科技发展的总体水平至今仍居世界首位。日本全国科技研究经费占GDP的比例至今仍居世界第一，日本民间企业的科技研究经费占全国科技研究经费的比例至今仍居世界第一，据上述《经济复杂度报告》，对各国出口结构中所包含的生产性知识的规模（反映该国生产日趋复杂的产品的能力）进行排名，日本在被调查的128个国家中居第一位（中国居第29位）。又据国际竞争力中心亚太分中心、上海交大安泰经济与管理学院等发布的《2011年亚太知识竞争力指数》报告，[③] 2011年，在亚太经济较发达的33个地区中，按知识竞争力指数排名，东京、中国台湾、爱知县（日本）位居前三，中国内地的上海、天津、北京分列第18、21、22位。报告指出，日本仍然是亚太地区知识竞争力最强的经济体，在亚太知识竞争力排行榜上，日本的区域占据了十强中的九个席位。前十强中，仅中国的台湾跃升知识竞争力第二位。[④]

3. 中日是"一衣带水"的邻国和大国，日本对中国而言处于十分重要的战略位置，中国对日本而言也处于十分重要的战略位置，对美国的全球战略而言，日本也处在一个十分重要的战略位置。这种地缘关系促使我

---

① http：//atlas. media. mit. edu.

② 人均GDP名列前茅的有九个是北欧中小国家（其中卢森堡多年居世界第一），其余大多是有特殊收入的国家（如卖石油、铁矿石等）。

③ 依据总部设在英国的国际竞争力中心制定的标准，知识竞争力的定义是"创造和革新产生新的主意、思想、程序和产品，并把他们转化为经济价值和财富的能量和能力"。

④ http：//www. sina. com. cn，2011年11月8日。

国十分重视观察和研究日本，也促使日本十分重视观察和研究我国，[①] 中日相互之间都很重视研究对方，而且可以说日本对研究中国之重视甚于我国对研究日本之重视，因此研究日本（包括日本对中国传统文化的继承）也有助于反观我国，有助于研究我们自身。再看看美国，鉴于日本的经济科技实力和重要战略位置，日本成为美国最重视的亚洲国家，而且美国人研究日本绝不是仅仅停留在"纸上谈兵"，可以说已经深入骨髓，对日学术研究加上政治渗透等软实力，使美国得以严密掌控这个最重要盟国。如有必要，美国中情局（CIA）在日本既能起到"The King Subverter"（首脑颠覆者）的作用（如田中角荣、鸠山由纪夫），还能起到"The King Maker"（首脑扶植者）的作用（如岸信介）。美国为什么拼命拉住日本？就因为日本对它很重要。同样，日本对我们也很重要，在重视对日研究方面我们应该向美国学习。

4. 日本是中国第二大贸易伙伴（按国别计）。2011 年上半年两国贸易比去年增长了 17.9%，就上半年而言达到历史最高值，其中中国对日出口比上年增长高达 21.4%，[②] 可以预计日本在未来很长时期将是我国最重要的贸易伙伴之一。当前，中国正在加快推进经济发展方式转变，致力于转型发展，并将推进节能环保贯穿于现代化建设的全过程，从而使节能环保领域展现出广阔市场和无限商机。日本在节能环保技术和管理方面居世界领先地位，特别是在节能方面堪称"节能模范国"。显然，将中国的市场优势与日本先进的节能环保技术与管理结合起来，推动两国节能环保合作取得新的突破性进展，不仅有利于中日两国可持续发展，而且也可能对整个世界应对气候变化和环境危机作出重要贡献。

5. 长期以来日本追随美国、成为美国全球战略的一名卒子的状态，也是导致人们轻视日本、认为对日研究不再重要的一个原因。但是，应该看

---

① 近年来日本进一步加强了对中国的研究，甚至调集针对世界其他国家或地区的研究力量聚焦到中国问题上来，某些财团加大了对中国问题研究的支持力度，日本的中国问题专家国分良成、高原明生等人在对华政策方面的影响力进一步增强。最近，国分良成提出"日中 1972 年体制"的三要素已经改变："双边"要素向"多边"、"区域"改变；"领导人决定性权威"要素向"为民意所左右"改变；"美国联华反苏"要素向"制衡中国"转变，为了适应上述"改变"，"日中关系"也需从带有道德、情感、儒教色彩的关系向"与国际规则接轨的日中关系"改变。

② 据日本贸易振兴机构根据日本财务省发表的按日元计价的贸易统计换算成美元的资料。

到尽管日美关系很密切却并非是铁板一块；尽管日美两国的战略利益存在互有所求的重叠部分却并非没有相互矛盾；尽管在当今日本主张追随美国的亲美势力占主流，然而要求摆脱对美从属和依赖的（极端的和理性的）民族主义力量正在上升；尽管日本外务省内部亲美派占上风，然而日本很多官僚对美国在对日交涉中那种居高临下、专横跋扈的傲慢表现存在着深刻的厌恶和忧虑，存在着"对美国不服气"，"不买美国的账"的情绪和气氛，因此可以认为，正如中美矛盾被一些日本智囊人物视为"战略机遇"，日美矛盾则可能成为中国施展对日外交软实力的空间，而加强对日研究对于提升我国对日软实力、防止日本成为积极配合美国牵制我国可持续发展的重大障碍，具有十分重要的意义。

（二）研究日本经济新问题，努力提高研究水平和成果质量

"3·11"大地震发生后，有日本学者将此次大地震对日本所造成冲击之大，与日本二战战败相提并论，认为日本将"迎来'灾后'时代"。[①]今后，我们在继续深入研究"战后日本经济"的同时，还需将"3·11后日本经济"作为一个新的研究课题。

日本经济会不会随着人口少子老龄化而迅速趋于萎缩；日本震后重建的前景如何；传统的日本式经营方式会不会被彻底否定甚至"消失"；日本的骨干企业大规模逃离日本是否成为一种不可逆转的趋势；日本制造业资本主义会不会走向没落；日本的国家财政会不会被接近 GDP 两倍的公共债务压垮；中日韩 FTA 实现的可能性及其对日本经济的影响；日本参与TPP 谈判的动机及国内相关争论的背后缘由；日本企业竞争力下降以及2011 年日本贸易出现逆差是"暂时、偶发，不是趋势性的"还是"长期、必然、趋势性的"；对东京直下型地震的预测将如何影响日本的经济前景和国家前途，等等，都是值得关注的研究课题。

这次由强震、海啸、核事故、液状化所构成的复合灾难进一步暴露了日本的自然条件之差，而战后日本凭借如此差的自然条件建设了世界第二经济大国，确实是创造了奇迹（这个过程中就包含着很多有益的经验），但

---

① 御厨贵：《"战后"终结"灾后"开始》，《中央公论》5 月号。

这同时也反映了一个国家的发展不可能过度超越自然条件提供给本国的发展空间的极限。恩格斯说过："我们不要过分陶醉于我们人类对自然界的胜利。对于每一次这样的胜利，自然界都报复了我们。"对自然的过度索取和"征服"难免遭到自然的惩罚。在 1967—1987 年这 20 年之间，日本不顾本国地震频发的天赋条件，一口气建成了 34 座核反应堆（美国建一座核电站需 10—15 年，而日本只用五六年就建成），当时日本核电生产在其"入口"（浓缩铀）与"出口"（乏燃料的再处理）方面基本依赖美英和法国，以致日本的核电站被形容为"既无厨房又无厕所的公寓"，这说明从日本国情看，如此迅速地发展核电有些过度，超越了日本的天赋条件。

改革开放以来，我们对日本经济的研究重点曾聚焦于如何使我国也取得像战后日本所取得的那种成就与"奇迹"，今后，有关如何使我国免遭日本在取得令世界称羡的成就和奇迹之后所经历的由盛而衰的"败迹"，或可能成为我国日本经济研究的一个重点，因为作为拥有 13 亿多人口的大国，我们的人均资源、人均干净水量、人均耕地面积等方面均低于世界平均水平，因此，也需十分注意和警惕：作为"人均资源小国"，我们为之付出环境污染、资源滥采滥伐、耕地丧失乃至社会道德滑坡等巨大代价的高速发展是不是已经或将会像日本那样超出自身的天赋条件和承受能力？

当然，导致日本"由盛而衰"的原因很多，主要有：人口老龄化；美国运用金融、借债、贸易战等手段对一个崛起经济大国的牵制（在 20 世纪八九十年代所谓"日本威胁论"在美欧曾经盛行一时）；在核电等"安全敏感领域"的冒进；未能推进真正的改革以克服可持续发展的障碍等。值得我们深思的是，上述这些"克日"的原因是不是我国正在或将要面临的瓶颈和问题？总之，从社会科学的视角研究"战后日本经济"如何转向"灾后日本经济"的机制和根源，找到其中的内涵和规律，或可能成为今后我国日本经济研究的一个重要任务。

应该肯定，改革开放以来的日本经济研究为我国政府有关部门的经济决策提供了大量有益的思想营养，当然，政府部门在制定政策过程中即使参考了日本的经验和做法，即使采纳了学者的见解和思考，也没有必要像学者写论文时注明"出处"，说清"来源"。然而，从政府制定的许多政策当中，学者是可以心知肚明的：即自己的研究确实对政府决策产生了积极的影响和渗透。另外，人们不得不承认的是，很多在 20 世纪八九十年代就提出的有关日本经济社会发展的有益经验和值得参考的政策建议，比如日本重视义务教育的经验、财政预算的透明化、重视对献身技术进步的中小企业的扶植、提高技能劳动者的社会地位以及其中佼佼者的社会知名度等，却长期得不到政府有关部门的重视和采纳（扶植中小企业政策直到 2011 年才引起我国领导人的重视），此外，如重视质量管理等经验，在改革开放开始阶段我们曾经给予了高度重视并进行了推广，但是却未能坚持下来。需要清醒地认识到，尽管学者满怀"献计献策"的热情，但学者的研究成果究竟能在多大程度上影响政府的决策，抱过大期待是不现实的，在网民人数接近 5 亿的当今中国，学者在努力以科学成果"影响决策"的同时，应该更多地做"面向公众"的工作，在公众中促进理性的理解，消除非理性的偏见，与媒体联合营造一个比较良性的舆论环境，对政府的正确决策起到一定的促进和"减压"作用，当可"知足"了。

我们应清醒地认识和理解对于政府部门管理者来说"知易行难"的政治处境，另外也应反思自己有哪些做得不足的地方？我们是否追赶上了时代需要？是否具备了"敢为天下先"的精神，努力使自己的研究成果更加切合国家和人民的需要，既为高层所重视，亦为大众所分享，对国家起一定的智囊和参谋作用，对群众起某种程度的舆论导向作用呢？是否努力做到了"提高与普及结合"，特别是"日本研究工作要发挥普及的作用，使广大群众对日本有一个比较正常和正确的看法"，以便"减少那种非理性的群众情绪和舆论对政府制定对日经济政策的压力？"① 在 5 亿中国网民关注、热议中日关系和日本研究的焦点、难点问题的信息网络化时代，作为日本研究者不能不深感肩上责任的分量之大。

当然，除去加强研究成果的向上向下的传播以外，更重要的是要努力提高自己的研究水平，作为"智囊"提供给决策者和政策执行者的必须是他们感兴趣的、简明扼要的"报告"而不是长篇大论的理论文章，但我们的"报告"必须要有理论指导，如果没有正确的理论指导，我们的"报

---

① 何方：《在日本研究所建所 30 周年纪念会上的发言——日本研究战线上一个老兵的几点希望》，《日本学刊》2011 年第 3 期。

告"很难有说服力，尤其是在各种利益集团极力施加影响的经济研究领域，在坚守学者道德底线的同时，以正确的理论武装自己就显得尤为重要。

我们要努力多出高质量的研究成果，加强严谨、精致的实证研究和深入、扎实的基础理论研究，加强定性和定量相结合的研究、长期性战略性研究，开展高层次的学术争论和辩论（至今在中国的日本经济研究界尚未出现值得关注的"学派"），要加强全国各日本研究机构之间的沟通和协调，减少在课题立项和研究成果上的低水平重复，要克服"似曾相识"的文章反复出现在各种学术刊物和媒体上的不正之风。为了达到上述目标，最根本的当然是要加强日本经济科研队伍和研究机构的建设，大力提高研究人员素质。

我们要继续坚持解放思想、实事求是的科学态度。尽管改革开放已经30多年了，实事求是地评价日本经济和"日本经验"不像过去那样难了，但解放思想不可能一劳永逸，对日本的事情要坚持实事求是仍然还会不断遇到新的困难，这需要我们增强智慧、努力和勇气。

（写作于 2012 年）

日本的土地问题

中共十七届三中全会通过的《中共中央关于推进农村改革发展若干重大问题的决定》中指出，按照依法自愿有偿原则，允许农民以转包、出租、互换、转让、股份合作等形式流转土地承包经营权，发展多种形式的适度规模经营。本文介绍土地流转在日本的情况，或可供关心土地流转问题的读者参考，当然必须注意中日两国的国情有很大不同，日本农业人口只有252万人，占全国人口比例只有4%，因此，即便允许股份公司进入农业，也不会引起大量失去土地的农民涌入城市乃至涌向国外的"菲律宾现象"。

一　问题的提起："小农论"、"大农论"、"中农论"

被誉为日本"农政之神"的战前农业官僚石黑忠笃曾主张："农为国之本，国以农为贵。"①

那么，如何发展日本的农业？早在明治时期就有人提出"大农论"，主张仿效美国发展大规模农场。但由于这种主张不适合当时日本的国情而未引起重视。

从战前到战后，贯穿日本农政的恰恰是与"大农论"背道而驰的"小农论"。日本战前即农户众多，经营规模零细，战后美国占领当局推进"农地改革"，解放了佃户，造就了大批自耕农，形成了较之战前更加零散的农业结构。1950年农户总数由战前的550万户左右增加为617.6万户。

1952年日本独立后，日本政府继续推行自耕农主义的农地政策，通过

---

① 其实，"农为国之本"思想在中国五千年的历史上早已存在。我们的老祖宗一直把"国家"称为"社稷"，而"社"（土地）与"稷"（粮食）合起来就是指"农业"。

财政、金融、价格等方面对自耕农小规模农业经营予以支持和保护，从而使小规模农户经营作为日本农业最基本的微观经营组织形式得以巩固和维持下来。到了 60 年代，日本政府虽曾采取了一系列政策措施来鼓励农民流动和农业经营规模扩大，但未能从根本上改变日本农业以小规模农户经营为基础和主体的特点。与此同时，伴随经济高速增长与农业现代化的发展，虽有大批农业劳动力转向农外就业，但多采取了兼业的形式，农户总数并未因此而大幅度减少。[1]

"小农论"政策束缚了日本农业经营规模的扩大，影响了日本农业的生产率和国际竞争力的提高，[2] 其中最突出的问题是：（1）与农业社会化大生产发展的矛盾。社会化大生产是现代农业发展的必然趋向，而在社会化大生产中，有许多重大问题是单个小农户所根本解决不了的，如流域治理、兴修水利、良种培育、农产品加工储运，等等；（2）与农业技术进步的矛盾。以大型高效农机农具的广泛使用为代表的农业技术的普及和推广，是经营规模狭小的一家一户的小农户所无力接受的；单个小农户既无力量单独购买，购置后也无法使其充分利用。如日本农户一般都配置了全套农业机械，而据调查其中主要的农业机械年使用量只有 20 天左右；（3）与农业生产持续增长的矛盾。小规模农业经营给农户增加收入造成了量的界限，要想进一步增加收入就必须从农外产业寻找机会。这就是战后日本和改革后的中国农户的农外兼业化高度发展的重要原因之一。而伴随农外兼业化的高度发展，农外兼业收入在农户家庭收入中比重和地位的迅速提高，使农户发展农业等产业利益判断明显弱化，许多农户的重要劳动力均已转向农外就业，这对保证农业生产发展的后劲，显然是一重大损害，等等。

---

① 在中国农村实行家庭联产承包责任制的分散、零细的小规模家庭经营亦成为农业经营的主要形式。到 1993 年，中国农村有实行家庭联产承包责任制的农户 2.3 亿户，占全国家庭总数的 75%。1993 年，中国农村每一农户平均经营耕地只有 0.41 公顷。可见中日两国农村家庭经营的特点都具有经营规模小、分散经营的特征。

② 与之对照，中国在改革开放以来，在农村普遍实施的家庭联产承包责任制，在推动中国农业空前大发展的同时，也使经营规模极端狭小的小农户经营成为农业经营的基础和主体，这和上述战后日本农业以小规模农户经营为基础和主体的情况颇为相似，从而都给两国各自的农业发展带来一定的制约和问题。

　　还需指出，由于长期推行"小农论"政策，也伴生了得益于"小农论"、成为"小农论"的坚定维护者的政治集团和利益集团，比如在日本的国会中，就有号称"农林族"的一批国会议员。

　　在日本，许多有识之士主张日本农政应该克服"小农论"，走向"大农论"，至少是改变"保护小农"政策，过渡到"中农论"（每家农户的耕作面积在2公顷即30亩以上，这是可能使农户把农业作为一种独立的职业、采取企业经营方式来运营农业的起码的规模）。但是，从1961年日本制定旨在改变零散农业结构的《农业基本法》算起，将近半个世纪过去了，日本农业的零散结构依然未能得到真正的改变。

　　那么，问题何在呢？一个十分关键的原因就在于碰到了"土地流转"这个棘手的难题。

二　保守政党需要保守化的农村做政治地盘

　　战后初期，美国占领当局对日本实行了农地改革。然而，美国强行推进的改革，却并没有将美国的"大农论"推广到日本。

　　美国占领当局使农地改革仅在两年内就草草收兵，其背后的企图在于把日本农村变成保守势力的坚固地盘，以使"对抗共产主义的渗透"。可以说这个企图基本上得到了实现，日本农民在战后农地改革中得到土地后就开始变得保守，不愿出租自己的地。战后一时间十分高涨的农村社会主义运动很快就消沉了。

　　为了巩固农地改革的成果，1952年日本政府制定了《农地法》，[①] 以图在农地改革的基础上，改善零散的农业结构，反对将限制土地保有规模作为一种永久性制度，但美国和日本的保守政党为了维护农村的保守化，继续限制土地保有规模，致使《农地法》并没有把此前农地改革的成果发展到继续扩大农业规模，只是单纯的维持现状。此外，《农地法》解除对

---

　　① 1952年制定的《农地法》的目的是，基于农地归耕作者亲自所有为最适当的认识，为促进耕作者取得农地，保护耕作者的权利，实现对土地在农业上的有效利用，而对利用关系进行调整，借以稳定耕作者的地位和促进农业生产力的发展。

土地出租的限制原本是希望保护租种权，却引发了出租人对于耕地无法收回的担忧，从而导致没有耕地愿意被出租。

在 20 世纪 80 年代以前，日本议会的选区席位反映了二战之后的人口分布，即三分之一的人口居住在城市地区，三分之二的人口居住在农村地区。到了 20 世纪 80 年代，日本已有四分之三的人口居住在城市，而选区席位的分配却没有做出相应改变，其结果是，在选举国会议员时，五个城市居民的选票相当于一个农村居民的选票，农村的政治影响力被放大了。

长期执政的自民党利用手中的权力保护农民利益以赢得农民的支持，使农村地盘成为自民党的重要社会基础，农民选票成为自民党的重要"票田"。20 世纪 80 年代前，自民党议员有一半以上从农村选区选出。为了自身政治利益，巩固自己的"票田"，执政的自民党使日本农业成为世界上受保护最多的农业部门，日本农业的低效率分散经营得以"温存"，走向规模经营所必经之途——土地流转则长期处于呆滞状态。

为了促进土地流转，改革农业的零散结构，日本政府在 1961 年制定了《农业基本法》，但由于执政的自民党缺乏对农业结构改革的政治热情和支持，该法并未能对原来的《农地法》进行根本修改。1964 年，时任农林大臣赤城宗德表示："为了扩大经营规模，应该触动一下农地制度。应允许一些团体可以买卖或租赁农地。"大臣的决心和热情感染了农林省的官员们，开始认真地讨论培育自立的经营农户的结构改造政策。农林省的两个局还竟相提出各自的政策方案，其主旨就是专设事业团管理农地的买卖和租赁，促进农地流动化。然而，当农林省向国会提出《农地管理事业团法案》时，执政的自民党态度消极；在野的社会党则认为该法案有"抛弃贫农"之嫌，表示反对；农协也未采取合作的态度，致使《农地管理事业团法案》两次向国会提出，均成了废案。由此，农地制度改革遭遇了很大挫折。其后，农林省放弃了通过农地买卖促进农业经营规模扩大的念头，选择了出租和租地的方式。

总之，土地流转的呆滞，起到了防止自民党"票田"流失的作用，使日本农业的小规模经营状态长期保持不变，从而使日本的农户数、农户人口虽然趋于减少、却减少得很慢（见表 1、表 2）。

表1　　　　　　　　　　　　　　　日本的农户数

	实际数量（单位：千户）				2005 年比 2000 年减少（%）	2005 年两类农户的构成比（%）
	1990	2000	2005	2006	2007（约数）		
总农户	3835	3120	2848	—	—	-8.7	100.0
销售农户	2971	2337	1963	1881	1813		68.9
自给农户	864	783	865	—	—		31.1

资料来源：1990 年、2000 年は世界の農林業センサス、06、07 年は農業構造動態調査。

表2　　　　　　　　　　　　　　　日本农户人口

	农户人口（千人）	农业从事者数（千人）	农业就业人口（千人）	骨干农业从事者（千人）	每家农户的人口（人）	
					农户人口	农业就业人口
1990.2	17296	10366	5653	3127	4.51	1.47
2000.2	13458	8577	4902	2778	4.31	1.42
2005.2	11339	—	—	—	3.98	—
销售农户						1.62
1990.2	13878	8493	4819	2927	4.67	1.67
2000.2	10467	6856	3891	2400	4.48	1.71
2005.2	8370	5562	3353	2241	4.26	1.70
2006.2	7931	5258	3205	2105	4.22	1.72
2007.2	—	—	3119	2024	—	

注：1. 表中除 2007 年数字是大概的数字以外，其他均为确定的数字。2. 由于本表对农业就业人口的定义与其他表有所不同，因此数字也有出入。3. 日本关于农业从事者的定义比较烦琐，请见注释。①

资料来源：1990 年、2000 年は「世界の農林業センサス」，2006 年、2007 年は「農業構造動態調査」。

---

①　"农业从事者"指在满 15 岁以上的农户家庭成员中，在调查期间之前的一年间从事农业的人。"农业就业人口"指在农业从事者中，"仅仅从事农业的人"和"虽然也从事农业以外的工作，但从事农业的天数多的人"的合计。"骨干农业从事者"指在农业就业人口中，以"从事农作业"为日常生活的主要形态的人，但不包括以家务和育儿为主的人。"专门从事农业者"指每年有 150 天以上从事农业的人。

三　农地如同"虫蛀"般地遭侵食

既然"土地流转"的目的是为了发展农业和扩大农业经营规模，那么，只有当流转出去的土地被真正作为农地利用，才算是真正意义上的"土地流转"；如果流转出去的土地被用做他途，那就不叫"土地流转"，而叫合法或非法的"土地转用"。或许，"土地流转"应严格地称之为"农地流转"，而旨在将农地转为非农利用的"土地流转"则应称之为"农地流失"。

战后日本农地变化的一个难以阻挡的趋势是："土地流转"难、"土地转用"易。尽管《农地法》限制农地转为非农利用，另一法律《农振法》则指定非农产业不得进入的"农用地区域"，然而这些很不错的规定却未能得到严格执行，而且执行难度很大，加之法律本身也存在漏洞：《农地法》没有严格限制地价，致使农户日益期待地价上涨而"惜售"或"惜租"，或期待以高价将农地出售给想将农地转用作宅基地的买家，导致住宅用地价格上涨带动农地价格的上涨。而对于欲买地或租地的农户来说，则顾虑通过买地或租地而获取的农业收益还抵不上不断上涨的买地或租地费用。因此，所谓《农地法》并未能起到促进土地流转的作用。

另外，《农振法》所规定的"农用地区域"的指定工作被委托给了地方官——市町村长，而对于以振兴地方为己任的市町村长来说，将土地作为经济效益低的农地，不如将其作为住宅用地或工业用地更有利于地方经济的振兴。而且，当选民要求将农地转用于他途，亟须博得选民支持和好感的地方官——市町村长也无法说"不"，于是对农地转用采取"睁一眼闭一眼"的态度。有些地方还在田地之中建设市政厅、弹珠游戏店，其结果，不仅不能将农地连成一气以追求规模效益和降低经营成本，甚至牵连到周围的农地，连太阳光都照不到了。为此，有专家生动地形容说："农地如同'虫蛀'似的被转用"。因此，所谓《农振法》并未能起到保证土地的"农业身份"、振兴农业的作用。

迄今50年来，日本的"土地流转"步履维艰，"土地转用"则大行其道，致使农地消失了250万公顷，相当于现有的全部水田的面积，而消失的农地的大约 半转用于工业用地。近年来，日本农业经营实体数在2000上下波动（见表3）①。

表3　　　　　　　　　　农业经营体数　　　　　　　　（单位：千经营体）

	2005			2006		2007	
	全国合计	都府县	北海道	全国合计	都府县	全国合计	都府县
农业经营体	2009	1955	55	1936	1884	1867	1817
其中家族经营	1981	1929	52	—	—	—	—

资料来源，2005年は「農業センサス」，2006、2007年は「農業構造動態調査」。

总之，作为战后制定的有关农业的两个重要法律，《农地法》并未能确保农地，《农振法》并未能振兴农业。两个法律中的合理部分也是制定易，执行难。

四　农民担心租出去的地"有去无归"

土地是农民的命根子。1952年的《农地法》规定要"加强租地农户的权利"，这就引起了出租土地的农户的担心：租地的一方会不会不归还土地？这种担心导致有地农户不愿出租土地。

1970年，日本政府对《农地法》进行了修改，缓和对农地保有规模的限制以及对出租和租地的规制，拟创设"农地保有合理化法人"开展出租和租地业务、促进农地出租给"规模扩大农户"，同时通过限制租地的解约以保护租地农户的权利。

然而，土地流转是租地农户和出租农户双方的事情，需要双方都感到

① 在2005年的农林业调查中，追加了对生产农林产品、或受托进行农林作业的农林业经营体的调查。农林业经营体对农业和林业作了区分，农业经营体是"经营耕地面积在30公亩以上、或具有超过对农作物、家畜按种类所规定的基准以上的规模的经营体"，林业经营体是"拥有育林或能够采伐的山林面积在3公顷以上的经营体"。农林业经营体由个人经营体（以前的农户、林户）、法人经营体、非法人的组织经营体所组成。作为2005年农林业调查的主体的"农业经营体中的家族经营"则是个人经营体（农户）与法人经营体中的一户一法人的总计。

放心。《农地法》修改以后，农地流动化仍未见进展，一个重要原因是拥有土地的农户担心租出的土地有去无还。这意味着租地农户和出租农户之间不能达到相互信任。租地农户担心租地权得不到保证，不能安心种地；出租农户担心租地农户到时不归还土地，不能放心出租。

为此，日本政府于1975年又修改了《农振法》，设立了"促进农用地利用事业"，对租地协议到期而自动终结的出租权提出"由多数农户集体讨论裁定"的方案。然而，经过这样的修改，仍难以消除出租土地的农户的担忧，农地的权利移动至2005年、2006年借入耕地占经营耕地的比例只有20%左右（见表4），所谓"销售农户"多采取将全部或一部分农活承包出去的办法（见表5），① 致使总农户的平均经营耕地面积仅从1990年的1.1公顷扩大到2005年的1.3公顷（见表6）。

表4　　　　　　　　　　　耕地的借入

	有借入耕地的农户（千户）	有借入耕地的农户所占的比例（%）	借入耕地的面积（千公顷）	借入耕地占经营耕地的比例（%）	每户借入耕地的面积（公顷）
总农户					
1990.2	704	18.4	404	9.3	0.57
2000.2	793	25.4	628	16.2	0.79
销售农户					
1990.2	704	23.7	404	9.6	0.57
2000.2	709	30.3	620	16.6	0.87
2005.2	621	31.7	691	20.0	1.11
2006.2	612	32.5	706	21.0	1.15
2007.2	612	—			1.2

① 根据1990年国情调查，经营耕地面积30公亩（1公亩＝100平方米，1亩＝6.667公亩）以上、或农产品销售额50万日元以上的农户称为销售农户，规模小于上述规定的农户称为自给农户。

表5　　　　　　　　水稻作业的承包（销售农户）（不包括冲绳）　　　（单位：千户）

	接受水稻作业委托的农户	接受全部作业委托的农户	接受部分作业委托的农户	接受插秧作业委托的农户	接受割稻、脱壳作业的农户	接受干燥、调制作业的农户	受托农户占水稻种植农户的比例（%）
2000.2	152	31	134	69	95	64	8.7
2005.2	93	26	78	44	58	44	6.6
2006.2	118	—	—	—	—	—	8.5

注：受托农户有重复。

资料来源：2000 年、2005 年は「農林業センサス」，2006 年は「農業構造動態調査」。

表6　　　　　　　　　　　日本的经营耕地状况①

	经营耕地总面积（千公顷）	每户经营耕地面积（公顷）		
		全国	北海道	都府县
总农户				
1995.2	4120	1.20	12.64	0.92
2000.2	3884	1.24	14.27	0.95
2005.2	3608	1.27	16.37	0.95
销售农户				
1995.2	3970	1.50	13.89	1.14
2000.2	3734	1.60	15.98	1.21
2005.2	3447	1.76	18.59	1.30
2006.2	3362	1.79	18.78	1.32

资料来源：1990 年、2000 年は「世界の農林業センサス」，2006、2007 年は「農業構造動態調査」。

在这里，需要避免的一个错觉是，人们可能以为平均每家农户拥有的 1.3 公顷的农地是"整块的农地"，实际上，即使是 1.3 公顷的农地，往往也是支离破碎的，即呈现为所谓"零细分散错圃"的格局，也就是说，

---

① 经营耕地指农户经营的耕地，为水田、旱田、树园地、牧草用地的总称，包括一时休耕地（但不包括农户以外的农业事业体的耕地和弃耕地）。经营耕地区分为自己所有地和借入耕地。借入耕地有耕地借入方的耕地，在委托农作业的场合系指委托者的耕地，在复种租种的场合系指耕种头茬作物一方的耕地。即使是受灾地，如果有望复原的耕地亦列入经营耕地。作为农业改革的一环，在 2007 年导入了跨品种的经营稳定对策。

一家农户所有的土地分散这儿那儿，并未连成一片。之所以形成这样的格局，也是自古以来日本农民积累的一种"智慧"，因为如果自家的土地集中一处，遇到自然灾害就"全完了"，而采取"零细分散错圃"格局则有助于分散风险。但是，这种格局严重地阻碍了农业的现代化和合理化，因为如果一家农户所有的农地分散于多处，需要花费很多时间来移动农机，不仅增大生产成本，而且考虑到播种、插秧、收获等农作业的"最佳时间"很短，为移动农机等而花费很多时间必然导致真正在地里进行的实际作业时间的减少，束缚了经营规模的扩大。

五　高米价影响土地流转

在战争期间，由于粮食供应紧张，日本于1942年制定了《粮食管理法》，政府直接管制粮食的收购和配给，以防止粮食严重不足导致出现饿殍遍野的景象。战后初期，粮食政策仍是保护消费者的政策，在国民购买力较弱的背景下，努力将大米价格维持在战前水准，比国际价格还低，例如1945年日本的粮食价格水准约相当于国际价格的一半，这种低价格一直维持到1953年。[1]　与此同时，政府还拿出补助金，将进口的粮食廉价地供给国民。

进入60年代，粮食产量有所增加，国民收入有所提高，以致农业政策可以不必多考虑消费者的家计了。特别是在高速增长期以后，农政的照顾对象转向农民，粮食政策转变为保护生产者的政策，通过抬高米价维持农户收入。至1967年，生产者米价年均升高9.5%，进入了"高米价时代"。

高米价政策导致大米产量在1967年增加到1445万吨，致使大米过剩。米价的提高，加快了消费者的"离米"倾向和饮食生活西洋化，致使人均大米的年消费量从1962年的最高值118公斤减少到2006年的61公斤，总消费量从1963年的1341万吨降低到2005年的874万吨。而从1970年开始实施的"减反"则逐年扩大，现在已达到110万公顷，相当于水田总面积250万公顷的约40%。

高米价政策对土地流转造成一定的负面影响。这是因为随着经济高速

---

① 　山下一仁「農地制度の問題点」，http：//www.tkfd.or.jp/research/sub1.php？id=215。

增长，日本农村出现了越来越多的不把农业作为主业的"兼业农户"，①
对于这类农户而言，农业以外的收入超过了农业收入，但他们仍不放弃农
业，尽管他们耕作小块农地，成本很高，但因为米价也高，致使"兼业农
户"的高成本农业照样可以维持，即使为了自家食用，与其购买高价大
米，不如自给自足更上算。

　　兼业农户不放弃农耕，就导致主业农户无法从兼业农户那里通过租地
或买地来集聚农地以扩大经营规模，稻田很难向生产率较高、生产成本较
低的主业农户集聚，从而导致在各种农作物中，稻米产业的结构改革最落
后，主业农户占稻米总产量的比例最低。比如，主业农户占小麦总产量的
74%，蔬菜的83%，牛奶的96%，主业农户占稻米总产量的比例仅为
37%。主业农户的地位之所以在不同农作物之间产生这么大的区别，主要
原因就在于米价居高不下。

　　如前所述，从二战结束至1953年，日本的大米价格甚至比国际价格
还低，而今却需要依靠778%的关税来进行保护，这意味着日本的米价相
当于国际价格的大约八倍。

表7　　　　　　　　　　　主业农户与副业农户数（销售农户）

	1990.2（千户）	2002.2（千户）	2005.2		2007.2		2006—2007年的增长率（%）
			总数（千户）	不满65岁的专门从事农业者的农户（%）	总数（千户）	构成比（%）	
主业农户	820	500	429	18.9	387	21.3	-4.4
准主业农户	954	599	443	7.1	411	22.7	-8.1
副业农户	1196	1237	1091	—	1014	55.9	-1.5
合计	2971	2377	1963	25.9	1813	100.0	-3.6

　　注：表中"不满65岁的专门从事农业者的农户"的百分数是指占销售农户总数的比例。

　　资料来源：1990年、2002年是「世界の農林業センサス」，2006年、2007年是「農業構造動態調
査」。

―――――――――――――

　　①　关于农户的分类，自从明治以来就有专业和兼业的分类法，1995年以后导入主业、准主业、
副业的分类法。现在以后一种分类法为主进行调查。主业农户是以农业收入为主、即农业收入占农户
收入的50%以上的农户；准主业农户是以农业以外的收入为主的农户。上述两种农户均要有不满65
岁的人有60天以上从事农业。副业农户是没有不满65岁的人有60天以上从事农业的农户。本文将
"主业农户"以外的农户统称为"兼业农户"。

六 强制"减反"限制了土地的流动性

所谓"减反"政策就是以"调整生产"名义强迫一部分稻田休耕，并对因此受到损失的农民发给补贴。这是因为高米价一方面减少了消费，另一方面刺激了生产，结果导致大米过剩。为此，在 1970 年以后日本政府依靠财政投入来实施"减反"政策，减掉的面积达 100 万公顷，超过全部水田面积的 40%，也就是强制规定约四成的水田不得种植稻米。1995年日本废除粮食管理制度以后，仍已"调整生产"为名，利用限制供给的卡特尔来维持高米价。

由于政府推行"减反"政策，主业农户即使租了或买了土地，也不被允许种稻米，无法通过扩大稻米种植面积来降低成本，从而影响了租地或买地的积极性；而拥有农地的农户则靠着"减反"政策获取补助，不种田照拿钱，对土地就更不愿撒手。由此可见，强制性的"减反"政策大大限制了土地的流动性，妨碍了农业向大规模经营发展，导致日本农业的国际竞争力十分脆弱。

由于推行"减反"政策，再加上很多农地被转用于建设住宅，还导致大量耕地被废弃。据 2005 年农林业调查，总农户的弃耕地面积从 1995 年的 162 千公顷上升到 2000 年的 210 千公顷、2005 年的 223 千公顷，弃耕地率从 1995 年的 3.8% 上升到 2000 年的 5.1%、2005 年的 5.8%。

水田面积也由于"减反"政策而在 1970 年以后转为减少。其结果，剩下的用于种植稻米和薯类的农地面积仅为 470 万公顷，勉强维持着日本人的生活。

通过休耕、即缩小耕地面积来维持农作物价格的做法，是日本特有的政策，欧美各国政府均未采用这种政策。在 2007 年、2008 年，鉴于人口减少和老龄化和人均大米消费量的减少，日本政府为了维持米价反而进一步加强了遭到诸多非议的"减反"政策。有专家指出，再过 40 年，"减反"或可能扩大到 210 万公顷，日本全国只需种植 50 万公顷的稻米就够了。

七　日本能否克服土地流转之难

　　长期以来，企业进入农业不仅受到法律的限制，而且受到以农协为代表的农业团体的强烈反对。而农业团体强烈反对公司取得农地的表面上的理由是，担心公司的进入会助长土地投机。但是，迄今为止，通过将250万公顷的农地（这个数字可与当今全部水田面积相匹敌）转用于非农方面而赚钱的主要不是股份公司，恰恰是农户自身。现在，65岁以上的农业从事者占全部农业从事者的比例高达80%，日本的农业已成为名副其实的"老人农业"，其原因之一就在于民间企业不能大举进入农业，因为限制企业进入农业在很大程度上就意味着限制有意从事农业的年轻人进入农业，从而导致农业的后继者从仅仅300万农户的后嗣中产生，而不是从1亿多国民当中产生。而农民的后代中有相当部分的年轻人不愿子承父业，倾向于流入大城市，其结果，"后继无人"成为日本农业衰退的一个重要原因。当然，股份公司搞农业经营未必都能够成功，失败的例子不少（例如菲律宾盲目推进农业"美国化"、致使大量失地失业农民涌向城市乃至国外），但至少应该吸取失败的教训，把股份公司也看做是农业的后继者之一。

　　在企业进入农业遭到各种阻力的情况下，20多年来日本的农协推进所谓的"村落农业经营"，村落农业经营组织本来是作为对人手不足地区为中心的中小农户的一种救济方式，现在成为具有村落等地缘上的一体性的农户相互帮助开展农业生产的农户的集合。村落农业经营组织的优点是，小规模农户通过参加村落农业经营组织，可以减少作业时间并增加收入。对水田种植总面积超过20公顷的村落农业经营组织的成员农户与同等规模的个别经营的农户进行比较表明，伴随农地集聚所导致的农作业效率的提高，以及伴随农机具等的共同利用所导致的经营费用的减少，村落农业经营组织的农户的农业收入大大提高，劳动时间缩短至五分之一。村落农业经营组织通过农业生产法人化之后，农业机械、劳动力等的集聚程度和农作业效率比村落农业经营组织又有进一步的提高。

　　实际上实施包括"农机共同化"等内容在内的"村落农业经营"并未得到迅速的发展，至今只有7000多个村落农业经营组织，仅占全国14

万村落的 5%。目前，日本各都府县的农业村落的平均农地面积为 28 公顷，大多数村落的农地面积不到 10 公顷。为此，有专家主张，如果政府断然实行结构改革，将分布于日本全国大大小小的村落的农地尽量集聚到只有 3—5 公顷的主业农户手里，就可能改变农地过于分散的现状，提高农业的生产率。显然，这种意见不同于农协关于支持"村落农业经营"的政策主张。

关于股份公司进入农业问题，在日本也是争论不休，直到 2003 年 5 月，日本政府才允许股份公司、餐饮连锁店在十分有限的"经济结构改革特区"内租借农地开展种植（一公顷土地的租借费约为 20 万日元左右），同时允许商社从事农资及农产品的经营。2005 年农林水产省又开始实施一项新的农业改革方案，其中一个重要内容就是修改《农地法》，促进农地的集中和有效运用。农林水产省初步认为，以允许法人企业进入农业生产和经营领域为主要内容的"农业特区"政策是有效的，决定将农业特区政策向全国推广，允许一般法人企业进入农业生产和农产品经销领域，在提高农业生产效益的同时，努力改变日本农业分散型的经营方式，逐渐扩大农业的生产规模，发挥农业规模经营效益和提高竞争力。新的改革方案还把自然环境的保护放在十分重要的地位，表明政府将通过法规、税收和行政等措施对破坏农村环境的行为严惩不贷，同时对环保农户和生产绿色农产品的农户将支付一定的补助金。

除此之外，为避免因农地分割造成的零散化，政府制定了遗产税的延期缴纳制度，规定如果农户坚持土地作为农地使用，待 20 年后再转做住宅用地出售，则可以不必纳税；如果不满 20 年就出租土地则不可延缓纳税（如果出租土地的对象是其他农户则可以继续享受延缓缴税的待遇）；对那些不再在土地上从事农业活动的农户则征收固定资产税。这个规定在一定程度和时间起到了抑制土地的"离农"流转。

在 2008 年 9 月就任麻生内阁的农林水产大臣的石破茂指出："我认为日本农业最大的问题在于农地制度。直率地说，根本问题在于必须形成一种机制，能够使农地集聚到有干劲有积极性的实体去，不管他是法人还是个人。必须形成能够使这种激励真正发挥作用的农地制度。

这样做的话，人们或许会产生各种担心，比如会不会出现以投机为目的的农地转卖，会不会出现把农地作为非法抛弃垃圾的场所，等等。针对这些问题当然需要研究相应的对策，但不应该因噎废食。首要问题是如何使农地集聚到有干劲有积极性的实体那里去。"

为了适应全球农业自由化的新形势，应对世界性的粮价上涨趋势，日本政府正在加大农业改革的力度，2008 年 11 月，日本农林水产省发布了农地制度改革的概要，对已有的《农地法》作了修改，农地借用在原则上可以自由化，股份公司也可以借用农地，以期促进企业进军农业，通过扩大规模以提高效率。可以预见，作为一种过时的生产方式，日本的小农经济必将得到改造，尽管这种改造可能需要整整一个历史时期。正如马克思所指出，"小块土地所有制按其性质来说就排斥社会劳动生产力的发展、劳动的社会形式、资本的社会积累、大规模的畜牧和科学的不断扩大的应用"，① 恩格斯也认为：小农生产方式是一种过时的生产方式，注定要灭亡的。资本主义的发展必然导致小农土地所有制的消灭。"……资本主义的大生产将把他们那无力的过时的小生产压碎，正如火车把独轮车压碎一样毫无问题的。"②

但是，最后需要指出，中国的社会制度和具体国情与日本不同，今后很长一段时期，中国解决"三农"问题，必须照顾到数以亿计的庞大农业人口如何安置的问题，必须继续坚持"耕者有其田"的原则，防止数以亿计的"耕者失其田"引起棘手的、甚至是不可收拾的社会问题。

（原载《当代日本报告》，冯昭奎、林昶著，

社会科学文献出版社 2011 年版）

---

① 马克思：《资本论》（第三卷），人民出版社 1975 年版，第 910 页。
② 《马克思恩格斯选集》（第 4 卷），人民出版社 1995 年版，第 500—501 页。

日本的粮食问题

日本大部分地区的年均降水量为 1000—2000 毫米，适合于水田农业的发展，使日本人形成了以大米为主食的传统，二战前日本的农作物生产以稻米为主，在稻米之外，也生产各种蔬菜、麦类、薯类等农作物，以满足国内的需求。二战后，随着人口增加和收入的提高，以及饮食生活的西洋化和多样化，政府和民间采取了各种措施增产粮食，促使大米、蔬菜、水果等的产量日益增加。但是，由于进口廉价的外国农产品的影响，小麦与大豆等的生产反而趋于减少，从而使各种农作物的相对比重发生了很大变化。从各种农作物占农业总产值的比例看，1955 年大米为 52%，蔬菜为 7.2%，麦类为 6.9%，工艺农作物为 5.1%，果类为 4.0%；2007 年大米为 21.9%，蔬菜为 25.0%，麦类为 1.1%，工艺农作物为 3.1%，果类为 9.2%，[①] 两相比较，可以看出大米的比重下降了近六成，而且在各类农作物产值比例的名次中从原来的第一位降至第二位，蔬菜的比例上升至近 3.5 倍，而且在各类农作物产值比例的名次中从原来的第二位跃升至第一位，果类的产值比例上升到原来的 2.3 倍，麦类则几乎被排挤出日本农作物的行列。

日本也是世界第十位大米生产国（见表 1），2008 年水稻与旱稻合计的收成为 882.3 万吨，种植面积 162.7 万公顷，其中水稻收成为881.5 万吨，种植面积 162.4 万公顷，旱稻收成为 8490 吨，种植面积0.3 万公顷，水稻占大米产量的 99.9%。由于大米生产成本高，其所产大米绝大部分供应国内消费，极少出口，进口少量大米主要用于储备、饲料或对外援助。日本的大米自给率为 94%，如果限于日本人的主食，

---

① 農林水産省「農林水産統計」。

大米自给率为100％。但是，由于日本人饮食习惯的变化，肉类等需要大量谷物作为饲料的需求迅速增加等原因，导致日本的食品自给率、粮食自给率大幅度下降，对粮食的进口的依赖日益上升，自给率超过90％的只有橘子、鸡蛋和甘薯这三种食物，小麦自给率只有14％，大豆自给率只有5％（均为2007年度数字）。① 今后，考虑到地球气候变暖和水资源不足对世界农业生产的影响，越来越多的玉米等农作物被用于生产生物燃料，世界人口增加导致对食品需求的不断增大，以粮食自给率低为标志的日本的农业问题正在成为影响到日本"国家粮食安全保障"的重大问题。

表1　　　　　　　　　　世界各国的米产量（稻谷量）　　　　　（单位：千吨）

	2004 年	2005 年	2006 年	2006 年比例（％）
中　国（包括台湾）	180529	181999	184070	29.0
印　度	124698	137620	136510	21.5
印　尼	54088	53985	54400	8.6
孟加拉	36236	39796	43729	6.9
越　南	36149	35791	35827	5.6
泰　国	28538	30292	29269	4.6
缅　甸	24718	25364	25200	4.0
菲律宾	14497	14603	15327	2.4
巴　西	13277	13193	11505	1.8
日　本	10912	11342	10695	1.7
美　国	10540	10125	8787	1.4
巴基斯坦	7537	8321	8137	1.3
埃　及	6352	6125	6500	1.0
韩　国	6737	6435	6305	1.0
柬埔寨	4170	5986	6264	1.0
世界合计（包括其他国家）	607318	631509	634606	100.0

　　资料来源：FAOSTAT/Production，http//faostat.fao.org，2008年2月22日下载。

---

　　① 農林水産省「食料需給表」。

一 日本粮食自给率及其国际比较

日本国土的五分之四是山地、丘陵，其余五分之一的国土多为分散的小平原，最大的关东平原（位于本州的东南部）的面积为 1.57 万平方公里。在整个国土面积中，可居住面积仅占 21%（远远低于美国的 49%、英国的 64%），耕地面积仅占国土面积的 14%。

日本大部分地区的年均降水量为 1000—2000 毫米，适合于水田农业的发展，使日本人形成了以大米为主食的传统，日本也是世界第十位大米生产国（见表 1），由于大米生产成本高，其所产大米绝大部分供应国内消费，极少出口（见表 2），与此同时，日本是第七位大米进口国（见表 3），所进口的大米主要用于储备、饲料或对外援助。

表 2　　　　　　世界各国的米出口量（白米重量）　　　　（单位：千吨）

	2003 年	2004 年	2005 年	2005 年比例（%）
泰　国	8510	10389	7686	30.7
印　度	3443	4802	4051	16.2
美　国	3978	3234	3955	15.8
巴基斯坦	2094	1931	2893	11.6
越　南	1712	2251	1108	4.4
意大利	596	677	767	3.1
中　国（包括台湾）	2684	934	739	3.0
埃　及	586	837	557	2.2
世界合计（包括其他国家）	26944	27965	25044	100.0

资料来源：FAOSTAT/Production，http//faostat.fao.org，2008 年 2 月 22 日下载。

表 3　　　　　　世界各国的米进口量（白米重量）　　　　（单位：千吨）

	2003 年	2004 年	2005 年	2005 年比例（%）
尼日利亚	771	1373	1180	5.0
伊　朗	945	985	1163	4.9

续表

	2003 年	2004 年	2005 年	2005 年比例（％）
沙特阿拉伯	681	1051	1091	4.6
中　国（包括台湾）	785	1304	954	4.0
塞内加尔	893	828	868	3.7
伊拉克	548	797	798	3.4
日　本	706	663	787	3.3
南　非	791	745	758	3.2
古　巴	419	533	726	3.1
世界合计（包括其他国家）	26843	26390	23611	100.0

资料来源：FAOSTAT/Production，http//faostat. fao. org，2008 年 2 月 22 日下载。

在 2006 年度[①]，日本的按热量（卡路里）计算的食品自给率（国民通过食用国产食物摄取的热量占所摄取的总热量的比例）跌破 40%，降至 39%。

在 1987 年度及其以前，日本采用以金额计算的食品自给率，由于计入了热量低、价格高、本国产品占比重较大的蔬菜和水果，因此，日本按金额计算的食品自给率至今仍高达 70%。[②]

从 1988 年度至 1994 年度，日本采取"按热量计算的食品自给率"和"按金额计算的食品自给率"两者同时并用的方式，直到 1995 年度才弃用"按金额计算的食品自给率"，仅仅留下"按热量计算的食品自给率"。为此，当年日本政府公布的食品自给率从 1987 年度的 76% 大幅降至 1995 年度的 42%。[③]

---

① 日本的财政年度从当午的 4 月 1 日算起，至次午的 3 月 31 日。

② 立木奈美：「真実は何？『統計のウソ』—つくられる常識—」，『日本経済新聞』2005 年 2 月 21 日。计算食品自给率有四种方法，其一是日本、韩国采用的以卡路里（热量单位）计算的食品自给率，即侧重食品的基础性营养价值，计算每个国民每天摄取的热量中，国产粮食所提供的热量的比例；其二是日本直至 1987 年所采用的按照生产额计算的食品自给率，按金额计算国民消费的食品当中国产食品所占的比例，这种计算的优点是能够更好地反映出虽然热量比较低、但对人体健康起到重要作用的蔬菜、水果等的自给率；其三是按照重量计算的自给率，即国内食品生产量占国内生产量与进口量之和的比例；其四是以谷物自给率代表食品自给率，这是多数发达国家采用的方法。

③ 農林水産省「食料需給表」。有专家分析，日本重视采用以热量计算的食品自给率的动机可能是为了以"本国的自给率低"为借口，在讨论大米自由化的国际谈判中为其实行农业保护政策辩解。

按热量计算的食品自给率并非是国际标准。发达国家多采用谷物自给率来反映本国食物自给水平。日本的谷物自给率只有27%。

粮食包括谷物（主要是大米和小麦）、豆类（特别是大麦）和薯类。日本的大米自给率为100%，小麦的自给率只有13%，豆类的自给率只有7%（见表4），薯类自给率为76%—92%。这反映了粮食中的谷物产量与大豆产量的极大不平衡，谷物中的大米产量与小麦产量的极大不平衡。

表4　　　　　　　　　　　　日本食品自给率的变化　　　　　　　　（单位:%）

年度	1960 年	1970 年	1980 年	1990 年	2000 年	2005 年	2006 年（概算）
谷　物（食用 + 饲料用）	82	46	33	30	28	28	27
米	102	106	100	100	95	95	94
小　麦	39	9	10	15	11	14	13
大　豆	28	4	4	5	5	5	5
蔬　菜	100	99	97	91	82	79	79
果　实	100	84	81	63	44	41	39
肉　类（除鲸鱼肉）	91	89	81	70	52	54	55
鸡　蛋	101	97	98	98	95	94	95
牛奶、奶制品	89	89	82	78	68	68	66
供给热量自给率	79	60	53	48	40	40	39

注：1.1980 年度以后包括冲绳县。2. 各品种的自给率按重量计算。3. 供给热量自给率为国内总供给热量中国产供给热量所占的比重。4. 2006 年度的肉类的详细供给率为：牛肉 43%，猪肉 52%，鸡肉 69%。

资料来源：農林水産省「食料需給表」。

此外，日本的蔬菜自给率为79%，肉类（除去鲸鱼肉）自给率为55%，鱼贝类自给率为52%—65%，海草类自给率为67%，菌类自给率为81%，牛奶及乳制品自给率为66%。但是，由于肉类、牛奶及乳制品的饲料（比如玉米等）在很大程度上依赖进口（例如牛肉、猪肉、鸡肉、牛奶及乳制品的饲料自给率分别只有26.2%、9.7%、9.7%、42.3%，其中本国生产的猪肉占猪肉消费量的比率虽然达53%，但是90%的猪肉饲料依靠进口），因此，以热量计算的肉类的实质自给率不到10%，牛奶及乳制品的实质自给率不到30%（大大低于表4所示数字）。此外，冷冻食品的自给率为百分之五十几。总之，从表4可以看出，日本的肉类、牛奶及奶制品、蔬菜等的自给率也不断下降。

　　2005 年 3 月，日本政府制订了《食品、农业、农村基本计划》，提出按热量计算的食品国产化率（自给率）提高到 50% 以上的目标，第一步的目标是将国产化率从 2005 年的不到 40% 提高到 2015 年的 45%。

　　一般认为，日本的食品自给率较低，是其耕地面积狭小等自然条件所致。也许，以占世界陆地面积的 0.1% 的狭窄国土养活占世界人口的约 2% 的国民，对于日本来说有些勉为其难，但是，自然条件较差并不能解释日本按摄取热量计算的食品自给率为何降至 39%，谷物的自给率为何只有 27%，小麦自给率为何只有 13%。因为在 40 多年前，日本的食品自给率曾经高达 79%，谷物的自给率曾经高达 82%，小麦自给率曾经高达 39%（见表 4）。

表 5　　　　　　　**各国的食品自给率**（2003/日本为 2005 年度数字）　　　　（单位：%）

	日　本	美　国	英　国	德　国	法　国	意大利
谷　类	28	132	99	101	173	73
食用谷物	61	198	99	104	157	64
小　麦	14	207	102	108	166	57
粗粒谷物	1	121	100	97	203	81
豆　类	7	143	55	10	87	21
蔬菜类	79	96	42	44	87	122
果实类	41	77	3	37	71	106
肉　类	54	108	66	96	106	78
蛋　类	94	102	92	78	98	102
牛奶、奶制品	68	96	92	117	125	71
供给热量自给率	40	128	70	84	122	62

　　注：1. 食用谷物包括米、小麦、裸麦等。粗粒谷物为大麦（日本的数字包括裸麦）、燕麦、玉米等杂谷的合计。2. 牛奶、奶制品均换算为鲜乳（包括奶油）。

　　资料来源：農林水産省「食料需給表」。

　　由于食品自给率和粮食自给率很低，日本每年需要从国外进口大量食物。谷物、加工谷物主要从美国、澳大利亚进口；肉类主要从澳大利亚、美国进口；蔬菜、果实类主要从中国、美国进口；鱼类和贝类主要从中国、美国进口；加工食品类主要从美国、中国、泰国进口（见表 6）。日本每年进口近 3000 万吨玉米等谷物和饲料，为此利用的海外的农地面积达 1245 万公顷，相当于国内农地面积的大约三倍之多！[①]

表6　　　　　　　　　　2006 年日本主要食品的进口情况

	亿日元	主要进口来源国及其所占比例
谷物、加工谷物	5884	美国 70.6%，澳大利亚 10.4%
肉类	7576	澳大利亚 30.5%，美国 19.4%
蔬菜、果实类	4824	中国 31.4%，美国 24.2%
鱼类和贝类	12594	中国 14.3%，美国 11.0%
加工食品类	20028	美国 26.4%，中国 25.9%，泰国 8.8%

资料来源：JETRO 资料。

日本主要进口的谷物是小麦，这与日本小麦生产减少而小麦消费却不断增加有关。在 1980 年，日本的小麦产量不及 1934 年至 1938 年期间的平均年产量的一半（见表7）。在 90 年代以后，日本的小麦产量有所增加，但仍然远远不能满足需要，不得不从世界第三位小麦生产国美国、第六位小麦生产国加拿大、第 15 位小麦生产国澳大利亚等国大量进口（见表8 和表9）。加拿大和澳大利亚的小麦产量虽然并非名列前茅，但是由于人口少，小麦出口余裕大。日本的小麦自给率降到只有 13%，从而拉低了日本整个谷物的自给率。

表7　　　　　　　　　　日本的小麦的供需　　　　　　　　（单位：千吨）

	1934—1938 年平均	1980 年	1990 年	2000 年	2005 年	2006 年（概算）
生　产	1287	583	952	688	875	837
进　口	266	5564	5307	5688	5292	5464
出　口	394	5	0	0	0	0
供给量	1180	6054	6270	6311	6231	6228

注：1. 小麦粉的进出口换算为小麦。2. 1980 年以后为财政年度。3. 供给量包含库存的增减。
资料来源：農林水産省「食料需給表」。

[①] 中村実：「中規模高性能国家へのビジョン（下）」，『知的資産創造』2009 年 5 月号。

表 8　　　　　　　　　　　日本的小麦进口来源　　　　　　　　　（单位：千吨）

	2005 年	2006 年	2007 年	2007 年比例（%）
美　国	3102	3002	3167	60.0
加拿大	1243	1193	1136	21.5
澳大利亚	1107	1134	948	18.0
合计（包括其他国家）	5472	5337	5275	100.0

表 9　　　　　　　　　　　世界的小麦产量　　　　　　　　　　（单位：千吨）

	2004 年	2005 年	2006 年	2006 年比例（%）
中　国（包括台湾）	91956	97449	104470	17.2
印　度	72156	68637	69350	11.4
美　国	58738	58740	57298	9.5
俄罗斯	45413	47698	45006	7.4
法　国	39693	36886	35367	5.8
加拿大	25860	26775	27277	4.5
德　国	25427	23693	22428	3.7
巴基斯坦	19500	21612	21277	3.5
土耳其	21000	21500	20010	3.3
英　国	15473	14863	14735	2.4
伊　朗	14568	14308	14500	2.4
阿根廷	15960	12574	14000	2.3
乌克兰	17520	18699	14000	2.3
哈萨克斯坦	9937	11066	13500	2.2
澳大利亚	21905	25090	9819	1.6
埃　及	7178	8141	8308	1.4
意大利	8639	7717	7092	1.2
世界合计（包括其他国家）	633303	628698	605946	100.0

资料来源：FAOSTAT/Production，http//faostat.fao.org，2008 年 2 月 22 日下载。

日本的农业产值占国内生产总值的比例只有 1.1%，农产品出口占出口总额的比例只有 0.3%，农产品进口占进口总额的比例接近 10%（见表 10）。日本堪称"工业大国"和"农业小国"。

表 10　　　　　　　　　　**农业在日本国民经济中的地位**

	1970 年	1980 年	1990 年	2000 年	2005 年
国内生产总值（10 亿日元）	75299	246226	449997	504119	498280
农业生产总值（10 亿日元）	3131	6007	7701	5522	5327
农业产值占国内生产总值的比例（%）	4.2	2.4	1.7	1.1	1.1
出口总额（10 亿日元）	6954	29382	41457	51654	65657
农产品出口额（10 亿日元）	140	209	162	169	217
农产品出口占出口总额的比例（%）	2.0	0.7	0.4	0.3	0.3
进口总额（10 亿日元）	6797	31995	33855	40938	56949
农产品进口额（10 亿日元）	1511	4007	4190	3971	4792
农产品进口占进口总额的比例（%）	22.2	12.5	12.4	9.7	8.4
总就业人口（万人）	5109	5552	6280	6453	6365
农业就业人口（万人）	811	506	392	288	252
农业就业人口占总就业人口的比例（%）	15.9	9.1	6.2	4.5	4.0
国家预算额（亿日元）	82131	436814	696512	897702	867048
与农业有关的预算（亿日元）	8851	31084	25188	28742	22559
农业预算占国家预算的比例（%）	10.8	7.1	3.6	3.2	2.6

注：1. 进出口为历年数字，其他为财政年度的数字。2. 农产品进出口不含棉花、羊毛、天然橡胶。3. 2005 年的国内生产总值、农业产值等数字为 2004 年度数字。

资料来源：農林統計協会「食料·農業·農村白書参考統計表」，2007 年。

二　从日本农村看粮食自给率偏低的原因

在 1960 年、1970 年、1980 年、1990 年，日本的谷物自给率分别为 82%、46%、33%、30%。直到 2000 年，谷物自给率才开始跌破 30%（见表 4）。这说明日本粮食自给率偏低，既有客观的、自然条件方面的原因，也有主观的、农业政策及人们的饮食生活习惯发生变化的原因，而且后者是主要原因。

从客观的、自然条件方面的原因看，日本国土狭小、耕地面积占国土面积的比例较低，是导致粮食自给率偏低的一个重要的客观原因。据总务省的"世界统计"，日本的耕地总面积为 445 万公顷，中国的耕地总面积为 14363 万公顷（2001 年数字），换句话说，人口相当于中国的大约 1/10 的日本，其耕地总面积仅为中国的 1/32。[①]

耕地面积较少，可能致使日本在粮食等食物方面很难达到自给自足，但却不至于导致食品自给率跌破 40%，更不至于导致谷物自给率跌破 30%。如果不是由于人为的、政策的以及其他方面的原因，日本的食品自给率和粮食自给率不至于下降到目前这样低的水平。

从人为的、政策的以及其他方面的原因看，日本粮食自给率偏低的主要原因有：

第一，农业的经营规模偏小，农业劳动生产率偏低。据农林水产省 2007 年版《食品、农业、农村白皮书》公布的数字，2005 年日本每家农户的平均耕地面积为 1.8 公顷，远远不及欧盟的 16 公顷，当然更不能同自然条件优越的美国的 178 公顷相比。偏小的经营规模影响了农业劳动生产率的提高，[②] 决定了日本农业的高生产成本体质，无法在价格上与从国

---

① 如果与美国相比，美国农业由 270 万家农场（其中 90% 为家族经营）经营，而在日本，农户数为 480 万家，相当于美国的农户的 1.8 倍，其所经营的耕地面积仅为美国的 1/27，其所经营的牧草地仅为美国的 1/500。这就可见日本每家农户经营的农地或牧草地的规模之小了。

② 在美国，10 公亩稻米的生产劳动时间仅需 2—2.5 小时，10 公亩小麦的生产劳动时间仅需 0.7 小时，饲养肉牛的生产劳动时间为每 100 公斤 1.3 小时，而日本分别需要 72 小时（相当于美国的 32 倍）、22.6 小时（相当于美国的 32 倍）、16.5 小时（相当于美国的 13 倍）。

外进口的农产品竞争。

马克思说："超过劳动者个人需要的农业劳动生产率，是一切社会的基础。"他还指出："农业劳动不仅对于农业领域本身的剩余劳动来说是自然基础，而且对于其他一切劳动部门之变成独立劳动部门，从而对于这些部门中创造的剩余价值来说，也是自然基础。"① 农业劳动生产率偏低不仅影响到日本的农业，而且影响到整个日本经济。

顺便提一句，中国每家农户的平均耕地面积仅为 8.25 亩，相当于 0.55 公顷，不到日本每家农户的平均耕地面积的三分之一。

第二，战后日本推行"贸易立国"战略，在 20 世纪五六十年代实现了经济高速增长与重化学工业化。大批农村青年流入城市，进入工厂或公司工作，或参加建设公路或高楼。这虽然推动了日本经济的迅速增长，却导致农村人口趋于"过疏化"和"老龄化"，致使农业日渐走向衰落。特别是进入 20 世纪 80 年代以来，日本一方面大量出口汽车等工业产品，另一方面增加农产品的进口，由于日本的农产品不敌从国外进口的廉价农产品的竞争，导致日本农业进一步衰退。这成为日本食品自给率下降的一个基本原因，或许也可以称为经济增长与工业化的"成长的代价"。

第三，以农业为主业、以农业收入为家计的主要来源、有志于务农的"主业农户"不断减少，2005 年专业从农者为 224 万人，仅相当于 1960 年（1175 万人）的大约五分之一。与此同时，以农业以外收入为生计主要来源的"兼业农户"越来越多，在高米价的背景下，这些"兼业农户"为了自家消费（省得购买高价大米）② 或在自家消费有余的情况下少量出售农产品，安于耕种小块土地，安于低效率高成本的经营，从而拉低了整个日本农业的平均生产率和户均经营规模。

据 2001 年数字，"兼业农户"的年平均收入不仅比"主业农户"的年平均收入高，也比工人家庭的年平均收入高，三者分别为 801 万日元、642 万日元和 646 万日元。这些数字一方面反映了"脚踩两只船"的"兼业农户"不肯放弃小块土地的经济原因，另一方面反映了"主业农户"

① 《马克思恩格斯全集》第 25 卷，第 885 页。

② 山下一仁「農地制度の問題点」，http：//www.tkfd.or.jp/research/sub1.php? id=215/。

的规模经营水平不高，致使其年均收入还不如普通工人家庭。

其实，如果日本政府改变高米价政策，就可能促使将农业作为"副业"的"兼业农户"中止其小规模高成本的耕作，将农地借出去，这样，农地可望集中于"主业农户"，使他们得以通过扩大经营规模，降低生产成本和提高农业生产率。与此同时，如果"主业农户"通过扩大规模使成本下降，那么，出租农地的"兼业农户"的地租也可望增加。然而，由于政治等方面的原因，日本政府的相关部门没有这样做。

顺便提一句，日本的农林水产业从业者人数为231万人，中国为51057万人，换句话说，日本的农林水产业从业者人数相当于中国的1/221（2003年数字）。当然，这个数字一方面反映了工业国家与尚未实现工业化的国家之间的差别，另一方面需注意中国方面的数字也是有水分的，因为中国有相当多的"农业人口"已经离乡背井，从事非农行业了。

第四，从事农业的人口日益减少并趋于老龄化。比如，在2007年，从事农业的骨干当中，有58%为65岁以上的老人（见表11）。在"老人农村"中，可以想见随着老年人口的逐渐"走人"，随之"消失"的农户也趋于增加。虽然城市里的退休职工也有人想把务农作为"第二人生"，但是由于机械化农业的初期投资较高，①优良农地难以找到等原因，不少有志于务农的退休职工不得不望而却步。

表11　　　65岁以上的农业劳动力（15岁以上）所占的比例（销售农户）　　（单位:%）

	农户人口	农业从事者	农业就业人口	骨干农业从事者
1990.2	19.5	20.6	33.1	26.8
2000.2	28.0	33.1	52.9	51.2
2005.2	31.6	37.8	58.2	57.4

① 日本每公顷的机械装备率达100万日元，相当于美国的三倍。日本农田的机械装备率之所以比较高，在很大程度上与农地的分散有关。比如，虽然日本的人均耕地面积近1.3公顷，但是，实际上这"1.3公顷"土地并非是整块的土地，而是与住宅地等混杂的、分散在各处的土地的总和。假定农户的土地分成三块，位于不同场所，那么，为了减少在分散的田地之间移动的麻烦，往往需要重复购入某些农机具。

续表

	农户人口	农业从事者	农业就业人口	骨干农业从事者
2006.2	32.4	37.8	57.8	57.2
2007.2	—	—	59.3	58.2

资料来源：1990 年、2000 年は「世界農林業センサス」，2005 年は「農林業センサス」，2006年、2007 年は「農業構造動態調査」。

顺便提一句，务农人口老龄化的现象在中国的部分农村地区也已经出现，年轻人外出打工，留下年迈的父母在家种田（连带为儿女抚养第三代），这样的农村家庭可以说比比皆是。

第五，日本的农地逐年减少。日本的耕地面积在 1961 年达到最高值的 608.6 万公顷以后，逐年趋于减少。2007 年减少到 465 万公顷，比 40年前减少了约 23.6%。虽然日本各地也做了一些扩展农地的努力，比如农地开发、排水开垦、填海造田等，但是这些努力远远跟不上由于各种原因所招致的农地缩小的速度。

其一是放弃耕作（撂荒）的农地增加，其二是农地不断被非农利用（主要是工业用地和住宅用地）"蚕食"。近年，耕作废弃地的增加超过了农地的转用等。而以防止大米生产过剩而采取的所谓"减反"政策则是导致大量耕地被废弃的主要原因。据 2005 年农林业调查，总农户的弃耕地面积从 1995 年的 162 千公顷上升到 2000 年的 210 千公顷、2005 年的 223千公顷，弃耕地率从 1995 年的 3.8% 上升到 2000 年的 5.1%、2005 年的 5.8%。

水田面积也由于"减反"政策而在 1970 年以后转为减少。① 由于强行实施"减反"政策的结果，一部分稻田转种蔬菜等其他农作物，另一部分稻田干脆被放弃了。现在，剩下的用于种植稻米和薯类的农地面积减少到470 万公顷，勉强维持着日本人的生活。

日本的农地减少问题也给中国发出了警告：由于地方政府出于发展

---

① 日本政府采取的高米价政策一方面减少了消费，另一方面刺激了生产，结果导致大米过剩。为此，在 1970 年以后日本政府以"调整生产"名义，依靠财政投入来实施"减反"政策，也就是强制规定一部分稻田休耕，并对因此受到损失的农民发给补贴。

当地经济的考虑，往往对农地的转用（比如转用于宅基地或建工厂）"睁一眼闭一眼"或甚至与房地产商等法人企业暗地勾结，从农地转为他用当中谋求好处，因此，如果不以严厉的法制和非凡的努力来阻止农地减少，将可能影响到 13 亿多人口的中国的粮食安全，而 13 亿多人口国家的粮食安全问题与日本那样的不到 1.3 亿人口国家的粮食安全问题是不可同日而语的，后者不至于发展成世界性问题，而前者必然发展成世界性问题。

三　日本人饮食等生活变化对粮食自给率的影响

以上，主要从生产的角度分析了日本粮食自给率偏低的原因，其实，日本人的饮食习惯的变化、消费量的增加、廉价农产品的进口也是导致日本的食品自给率和粮食自给率偏低的一个原因。

长期以来，日本人习惯于吃当地出产的大米、鱼类、蔬菜，形成了日本人固有的饮食习惯。然而，在战后初期，美国的小麦、大豆等农作物生产过剩，于是把不得不乖乖听话的战败国日本作为出口剩余农作物的重要对象，特别是在 1954 年，美国国会通过了《剩余农产品处理法》（PL480），以"美日共同推进'营养改善运动'"的名义，通过官民并举的活动大力推动美国剩余农产品（包括做面包的小麦、做饲料的玉米，等等）的对日出口。在一定意义上可以说，日本人的饮食习惯的"欧美化"正是美国的小麦等剩余农产品的推销战略取得成功的结果。

以日本人的早餐为例。如果大家都吃米饭、豆酱汤、晒干的鱼贝类、凉青菜等传统的日本式早餐，那么，日本的食品自给率高达 85%；如果大家都吃面包、火腿蛋、牛奶、沙拉等西式早餐，那么自给率只有 15%。因为日本不能生产制造面包的强力小麦，只得从美国进口。日本人开始把面包作为重要的主食的时候，就意味着日本不得不依赖美国小麦的进口。为此，对应不同的吃法，有着不同的自给率。而整个日本食品自给率下降的过程也就是日本农业生产偏离了食物消费结构、无法适应消费结构变化的历史。

农林水产省将"国民饮食生活的欧美化"看做是日本食品自给率下降

的一个主要原因。而战后日本人的饮食生活迅速"欧美化"与"美国因素"或"美国压力"有很大关系。

但是，早在 20 世纪 60 年代，既然预计到大米的需求会减少，与面食关联的小麦的需求会增加，相关的政府部门本应采取一方面通过降低米价以抑制大米生产并扩大对大米的需求，另一方面通过提高小麦的价格以促使小麦产量增加并抑制对小麦的消费的政策，但是，相关的政府部门却依然维持高米价政策，从而加快了日本人饮食生活的西洋化，促使人均大米的年消费量从 1962 年的最高值 118 公斤减少到 2006 年的 61 公斤，总消费量从 1963 年的 1341 万吨降低到 2005 年的 874 万吨。

在 1973 年发生谷物危机之际，日本政府也曾提高国产麦的生产者价格，导致麦产量恢复到 100 万吨，但是，那时消费者吃惯了进口小麦制造的面食，对小麦的需求未能转向品质有所不同的国产麦。例如，著名的"赞岐面条"使用从澳大利亚进口的 ASM 品种小麦，做出来的面条很白，很受消费者欢迎，如果使用国产小麦就做不出这么白的面条，就会卖不出去。

总的来看，国产小麦的生产者价格仅仅与物价上升程度相当，国家将收购的小麦卖给面粉制造厂家价格、即"消费者价格"长期被压抑在低水准，这导致小麦产量从 1960 年的 383 万吨大幅下降到 1975 年的 46 万吨，而小麦的消费量却从 60 年代的 600 万吨增加到近年的 850 万吨，其结果，日本每年进口小麦多达 700 万吨，而且其中 90% 不得不依靠从有竞争力的美国、加拿大等国进口，致使小麦的自给率只有 13%。对小麦消费的增加和对大米消费的减少，反映到国民摄取热量的结构上，自然就是进口小麦的比重增大，国产大米的比重缩小。比如，大米从 1960 年的 1106 千卡降低到 2006 年的 595 千卡；畜产品从 1960 年的 85 千卡提高到 2006 年的 394 千卡；油脂从 1960 年的 105 千卡提高到 2006 年的 368 千卡；小麦从 1960 年的 251 千卡提高到 320 千卡。可以看出，只有大米的热量供给在减少，而大米是日本自给率最高的谷物（见表 4），自给率最高的谷物在国民人均每日热量供给来源结构当中的比重大幅度下降，自然导致日本的总的粮食自给率日益下降。

在日本人的饮食生活中，食物的废弃（food loss）成了一个大问题。

为了烹调而不惜扔掉可以食用的材料，饭馆抛弃顾客吃剩的东西。例如，结婚宴席有 23% 的食物被抛弃，便利店则大量抛弃过期的盒饭（在笔者看来，就饭馆餐桌上的 food loss 而言，若将日本与中国比较，可谓是"小巫见大巫"）。日本从世界各地进口食品，却把吃不掉的东西大量废弃。日本国内生产的粮食、食品 1500 万吨，进口 5800 万吨，合计 7300 万吨，其中，有大约 2000 万吨被废弃掉，包括在加工阶段废弃 400 万吨，流通阶段废弃 700 万吨，消费阶段废弃 900 万吨。按照热量计算，2003 年日本人通过食物摄取的人均热量为 1863 千卡，[1] 而供给的人均热量为 2588 千卡，[2] 这意味着按热量计，有 30% 的食物被浪费掉了。有专家指出，为了提高粮食的自给率，当然需要发展农业，与此同时，也需改善饮食生活和饮食文化，努力减少食物废弃。特别是在饮食文化方面，回归到"和食"还可以减少饮食生活欧美化招致的疾病（比如，在战前日本很少发生的癌、糖尿病、动脉硬化、心脏病、痛风等在一定程度上被认为是"欧美型食生活"所带来的），可谓一举两得。

四　日本农业问题对中国的启示

30 年前中国的改革开放始于农村，如今我们要继续前行依然需要着眼于农村。如今，在改革开放的大旗下，在居世界第四位的广阔国土上，社会主义新农村的建设如火如荼。与此同时，人们期待通过大力开拓荒地和改造沙漠，为我国农业发展提供更加宽广的舞台，以便取得"一箭六雕"之效：发展农林牧渔生产力、保护自然环境、振兴生物能源产业、振兴生物纤维产业、振兴农业观光产业、吸收大量就业。

十几年前曾有学者质疑："谁来养活中国？"近年来有日本人鼓吹"中国粮食威胁论"，声称美国人、中国人多有"大食汉"，担心今后日本人将陷入粮食不足的危机。然而，在事实上，仅占世界耕地面积 7% 的中国，养活了世界人口的 22%；与粮食自给率只有大约 30% 的日本相比，中国

[1]　厚生劳働省「2003 年国民健康栄養調查」。
[2]　農林水产省「食料需給表」，2003 年。

的粮食自给率十年保持在95%上下。有鉴于此，与其质疑"谁来养活中国"，质疑"谁来养活日本"不是更有道理吗？与其关注"中国粮食威胁论"，回顾一下20世纪80年代末美国人鼓吹"日本粮食威胁论"不是更有意义吗？听听当时美国人怎么说的："日本人把我们的午餐都给吃掉了"，美国人甚至警告日本人"不许抢他人的盒饭!"[①]

然而，尽管2007年以来爆发的全球粮食危机中，中国显得十分从容，但是，考虑到今后，我们不应该也不能够躺在95%的粮食自给率上高枕无忧。要充分估计全球气候变化、水资源短缺以及在气候变化背景下日趋频繁的自然灾害对我国粮食生产可能带来的严重的不利影响，也要充分估计到"坚守1.38亩人均耕地红线"、即阻止本来就不到世界平均水平40%的人均耕地面积继续减少[②]的难度之大（日本的耕地不断遭到"蚕食"的教训值得我们记取），总之，我国的粮食安全保障依然面临着严峻的挑战。而且，由于我国的人口相当于日本的十倍多，我国的粮食自给率减低几个百分点，也会对世界粮食市场造成很大的冲击，甚至可能遭到粮食出口国利用我们急需进口粮食的机会对我进行各种无理刁难。

如果说，饮食生活习惯的"欧美化"导致了日本粮食自主性的削弱的话，那么，我国不能不警惕在生活方式上的"美国化"正在削弱我国的粮食安全保障的能力。比如，当一些人追求美国生活方式，享受豪车、豪宅的时候，大众却不得不吃被污染的农产品，饮肮脏的河水，吸污浊的空气，连最基本的生存权利都得不到保证。中国的人均耕地面积不到美国的十分之一，中国不应该模仿美国建设"汽车轮子上的国家"。诸如到处建设大面积占用良田并造成严重污染的高尔夫球场之类的"缺德"行为应该立即加以制止。

在世界粮食供应紧张可能趋于长期化的形势下，我国作为一个负责任的大国，不仅应该保障自身的粮食安全，而且应该争取成为粮食出口国，

---

① 下村满子：「日本たたきの深層—アメリカ人の日本観—」，朝日新聞社，1990年，27頁。
② 考虑到我国人口还在增加，笔者提出"坚守1.38亩人均耕地红线"的要求比"坚守18亿亩耕地红线"更高。

为缓和世界性粮食紧张形势作出贡献。这是因为我国国土面积在世界上仅次于俄罗斯、加拿大和美国，居世界第四位，我国拥有数以亿计的勤劳的农民，只要精心建设、整治好我们的大好河山，中国拥有既做"世界工厂"又做"世界农场"的双重条件。

"民以食为天。""世界工厂"需要在保证"粮食安全"的前提下发展，需要得到农林牧渔业（或可称之为"大农业"）的支撑。至少，数以亿计的"世界工厂"的劳动者要有饭吃，而且吃得安全。

随着大农业的发展与兴旺，农民、牧民、渔民和林业劳动者的收入不断获得提高，也会为"世界工厂"提供更大的市场，与此同时，在世界农产品价格出现刚性上涨的形势下，出口农产品大有可为，有利可图。

大农业在很大程度上可说是"露天的工厂"，它不像一般工厂那样主要是在人造环境中进行生产，而是主要在自然环境中进行生产，可以说是与大自然融为一体的产业，为此，它更需要也更重视人与自然的和谐，更需要也更重视维护良好的自然环境。当前，我国国内日益尖锐化的环境污染问题首当其冲的受害者正是农业生产和农民的生存。

如果我们利用迅速发展的生物农业技术和生物燃料技术，大力建设社会主义新农村，大力推进农业基础设施、优质粮食工程、水利灌溉项目的建设，大力培养农业科技人才，特别是发挥"能够动员全国力量办几件大事"的社会主义优越性，以举办奥运会的干劲大力开拓荒地和改造沙漠，可望取得"一箭多雕"之效：既保护了自然环境，又有利于扩大农林牧渔生产，有利于促进生物能源产业的发展，可培养高端人才和吸收大量就业，促使农业成为提供粮食、蔬果、生物质能源、生物质纤维并具有环境保护、国土保全、旅游观光等功能，并包括城市农业、海洋农业在内的综合化、多元化、战略性的"大农业"。

值得通过认真计算比较一下，我们冒着被海盗劫持的危险，不远万里到非洲等地开发和进口能源，与我们开拓国内某些地区的广大荒漠，综合发展生物能源、太阳能、风能，到底哪一种选择的成本更低？况且后者还可以使更多的国土披上绿衣。

在包括农林牧渔在内的大农业中，发展林业具有特殊重要的意义。因为森林植物是陆地上二氧化碳的最大吸收器，它的"呼吸"与人类等动物的"呼吸"正好相反：在白天通过光合作用，吸收二氧化碳，放出氧气。① 因此，大规模植树造林，对于吸收大气中的二氧化碳、减缓全球气候变暖可起到明显作用。中国政府和人民现在一再强调要为世界作贡献，那么，什么是国际社会最期待我们作的贡献？什么是对改善我国的国际形象最有效的贡献？毫无疑问，这就是在应对气候变化、拯救地球方面作出我们应有的贡献。

2007 年 11 月联合国政府间气候变化专门委员会（IPCC）第四次报告指出：气候变化正在成为对地球生态环境与人类社会可持续发展的重大威胁。在此背景下，世界各国人民正在行动起来，拯救地球，拯救人类文明，保卫我们共同的天空、海洋、河川和大地。作为"世界工厂"中国也应该责无旁贷地为此积极作出贡献。正如美国著名生态经济学家莱斯特·布朗先生所说，现在已经到了必须以"战争动员"的办法来应对环境问题的时候了。② 以"战争动员"方式拯救地球的一个重要课题就是开展大规模的植树造林运动，为此，发挥社会主义"能够办大事情"的优势，不仅发动民间的力量，不仅像举办北京奥运时那样发动志愿者的力量，而且也像在 2008 年抗震救灾时那样动用一部分军队的力量。面对人类生死存亡的危机，军队应义不容辞地承担起"保卫祖国"和"保卫地球"的双重任务，因为连地球都危险了，祖国还能安全吗？正如"联合国维和行动"那样，笔者建议开展"联合国维绿行动"，这种行动并不需要百万大军"倾巢出动"，而是以各国军人为骨干，发挥军队的组织动员优势，带领当地广大的年轻人和志愿者开展大规模的科学的种树治沙行动。与此同时，如果我们的年轻人能够为了保卫人类共同家园而在其青春年华度过一段纪律严明的劳动生活，对培养年轻人的社会责任感和艰苦奋斗品质会带来终生的益处。

---

① 据估算，森林每生长 1 立方米的蓄积，平均能吸收 1.83 吨二氧化碳，释放 1.62 吨氧气。
② 《环球时报》2008 年 6 月 20 日。

五　从日本看世界：人类粮食够吃吗

2009—2010 年，盛产粮食的东南亚和中国西南地区发生严重干旱；从1970 年有饥饿人口数字的记录以来，全球饥饿人口在 2009 年首次突破 10亿，达到了创纪录的 10.2 亿，比 2008 年增加了 1 亿人，约占世界人口的六分之一。这些事实再次引发了人们对粮食问题的关注："现在乃至今后十几年或几十年，世界粮食够吃吗？"

世界粮食够吃吗？回答是：够吃，也不够吃。

现在世界粮食够吃。2007 年世界谷物总产量达 23.5139 亿吨，2008 年世界总人口数为 67.5006 亿人。[①] 如果不计大豆和薯类，仅谷物的人均产量就达到约 0.35 吨，即每天 0.95 公斤，相当于 1955—1993 年间中国实行粮票制度期间一般人每日定量上限（大约 1 斤）的近两倍，1993 年以来中国不用粮票了，而粮票制度却在美国"复活"，现在八分之一美国人靠"粮票"生活，其定量多少不得而知。[②] 反正，如果世界的人们都平等的话，人均近一公斤的粮食应该可以说是"够吃"的了。

但是，现在世界很多人"粮食不够吃"。由于分配极不平均，一部分人"粮食不够吃"，比如东非一些老百姓每天才能吃一到两餐，而且食物分量只有西方人的四分之一到十分之一，食物营养也很低；近几年来由于粮食价格不断上涨，从非洲的科特迪瓦到拉美的海地，数十个国家爆发了"饥饿骚乱"或"饥饿暴动"。[③] 总的来说，在 20 世纪 80 年代至 90 年代前半期，饥饿人口有所减少，但是，从 90 年代后半期以来，饥饿人口不断增加。

一部分人"粮食不够吃"是因为有些人"吃得太多"，比如北美人均粮食消耗量近年来超过 3 公斤/天（因为吃肉多，而生产 1 公斤牛肉、猪肉、鸡肉、鸡蛋，分别需要 11 公斤、7 公斤、4 公斤、3 公斤谷物）；很多

---

① 联合国人口部："World Population Prospects：The 2008 Revision"。

② http：//www.sina.com.cn，2010 年 1 月 6 日。

③ http：//hi.baidu.com/hl＿azd/blog/item/f2aa9a54aab。

西方人每天大餐小餐多达 6 次；非营利组织美国卫生信托（Trust for Amer-ica's Health）和罗伯特·伍德·约翰逊基金会（Robert Wood Johnson Foun-dation）公布的 2009 年美国肥胖率调查数据显示：30 个州的儿童肥胖率超过 30%；全国超重和肥胖成年人比率平均超过 66%！总的来看，全球肥胖人口数量也超过了饥饿人口的数量。

"吃得太多"与"不够吃"的差距也存在于一些国家、甚至是富国的内部。比如，2009 年 11 月美国政府发布报告说，七分之一的美国人难以吃饱饭，超过三分之一的人有时会挨饿。这是 1995 年美国实行"食品不安"（food insecurity）报告制度以来的最高比例。美国农业部称，在 2008年，14.6% 的美国家庭（约等于 4910 万人）"由于财力匮乏难以为所有家庭成员提供足够的食物"。约 5.7% 的美国家庭（约为 1730 万人）"食品保障很低"，意味着家庭中的一些成员不得不吃得更少，美国农业部称，这些家庭一年当中有七八个月要饿几天肚子。①

不过，总的来看，当今世界的饥饿人口绝大多数都在发展中国家，饥饿人口最多的是亚太地区和非洲。2009 年亚太地区的饥饿人口达到了6.42 亿，撒哈拉以南非洲的饥饿人口达到了 2.65 亿。②

显然，如果"吃得太多"的发达国家的人们能够匀一部分粮食给"粮食不够吃"的发展中国家的人们，或许我们这个世界可能达到"人人够吃"的境界。可惜的是，"吃得太多"的发达国家很不情愿将太多吃的匀给有饥饿人口的国家。比如，自 20 世纪 90 年代以来，发展中国家农业获得的援助"被减少"了 75%。虽然早在 1996 年，各国领导人齐聚罗马，共同做出了"人人享有粮食安全，在 2015 年前将全球饥饿人口减半"的庄重承诺，并在 2000 年将这一指标列入"联合国千年发展目标"；③ 尽管2002 年在罗马举行的世界粮食峰会通过了《反饥饿宣言》，重申实现联合国千年发展目标的共同愿景。然而，在 2009 年 11 月中旬又一次召开世界粮食安全峰会时，西方发达国家对这次重大会议的态度十分冷淡，除了东

---

① http：//www. nytimes. Com/2009/11/17/us/17hunger. html.

② http：//faostat. fao. org/2003.

③ http：//www. yara. com. cn/sustainability/shaping _ issues/food _ security.

道主意大利总理外，八国集团（G8）的其余七国首脑一个都没有到场，而唯一与会的意大利总理贝鲁斯科尼竟然在会议上瞌睡连连，急得联合国秘书长潘基文在会上激动地说："今天，有17000多名儿童死于饥饿，每六秒钟就有一名儿童因饥饿而丧生，每年600万。世界有充足的粮食。但是，今天有10亿多人在忍饥挨饿。这是不可接受的。我昨天绝食了，我感到这并不容易。但是，对许多人来说，没有饭吃是每天的现实。"① 一位联合国秘书长在绝食的状态下参加了一次峰会，这在历史上也是极为罕见的场景，凸显了世界粮食安全问题的严重性。

"吃得太多"和"粮食不够吃"并存。"吃得太多"的国家很不情愿匀一部分食物给"不够吃"的国家，这就是当今世界粮食问题的基本图景。在现存的国际政治经济秩序下，这个基本图景看来很难改变。目前，贫穷国家总共需要每年高达440亿美元的援助来发展农业，而与此形成对比的是，2007年以发达国家为主的经合组织的农业补贴总额高达3650亿美元，相当于贫穷国家所需援助额的8.3倍；当年全球军费开支高达1.34万亿美元，相当于贫穷国家所需援助额的30多倍！②

如果这个基本图景不改变，世界"粮食不够吃"问题会越来越严重，这是因为世界总人口将持续增加，比如1996—2006年世界人口增长率为13.6%，1997—2007年谷物产量增长率为12.2%，由于人口增长率超过谷物产量增长率，预计至2050年粮食产量还需要增加70%，才能满足届时可能增至91亿的世界人口；与此同时，气候变化对世界粮食生产的影响将可能越来越显著，从1990年到2008年，在全世界发生的异常气象超过11000次，③ 给世界各国的农业生产造成了重大损失，随着气候变化的加剧，这种情况将可能日趋严重；再者，当今世界谷物生产有48%集中在中国、美国、印度三国，2007年中国的谷物产量为4.5744亿吨，美国为4.1517亿吨，印度2.6048亿吨，如果谷物生产大国的农业收成因为异常气象等原因出现波动，对世界粮食市场的影响较大，控制着世界粮食交易

---

① http：//www. chinanews. com. cn/gj/gj-gjzj/news/2009/11—17/1968430. html.

② http：//hi. baidu. com/hl＿azd/blog/item/f2aa9a54aab.

③ http：//www. germanwatch. org/.

量的80%的四大跨国粮商（美国 ADM、美国 Bunge、美国 Cargill、法国 LouisDreyfu）利用粮食生产波动在国际粮食市场上兴风作浪,[①] 加之有些国家利用玉米等食物来生产汽油，因此，很可能导致再度发生2008年国际食品价格飙涨（比2005年涨了33%）或更严重的情况，进而引起更大范围的"饥饿恐慌"。

"民以食为天"，"食以粮为本"。对于国家来说，"手里有粮，心里不慌"，粮食安全是关乎国计民生的大事；对于世界来说，"饥饿问题成为和平与安全的威胁。饥饿人口是冲突和强迫移民的严重的潜在根源"，[②] 粮食安全是实现和谐世界的保证。当今饥饿和粮食安全保障成为全球规模的问题。在很多发展中国家，饥饿问题带来的负面影响波及经济政治社会的各个方面，对此，有幸处于温饱状态的人们不应熟视无睹，隔岸观火，而应该虑及世界人口仍在继续增加等事实，共同关注今后有可能对整个世界造成威胁的粮食安全问题，紧急行动起来，采取切实措施努力实现人人共享的"食物安全保障"（food security for all）。[③]

（原载《当代日本报告》，冯昭奎、林昶著，中国社会科学出版社2011年版）

---

① 管克江、陶短房等：《跨国粮商左右全球粮价》，《环球时报》2010年4月9日。

② http：//www. Reuters. Com/article/idUSTRE5ABIRE20091112.

③ http：//faostat. fao. org/2003.